에듀윌과 함께 시작하면,
당신도 합격할 수 있습니다!

대학 졸업을 앞두고 바쁜 시간을 쪼개가며
자격증을 준비하는 20대

하고 싶은 일을 다시 찾기 위해
새로운 도전을 시작하는 30대

재취업을 위해, 모두가 잠든 시간에
책을 펴는 40대

누구나 합격할 수 있습니다.
이루겠다는 '목표' 하나면 충분합니다.

마지막 페이지를 덮으면,

에듀윌과 함께
합격의 길이 시작됩니다.

에듀윌 전산세무회계
합격스토리

NO 베이스! 에듀윌 전산회계 1급 교재로 3주 만에 합격!

전산회계 1급 정○윤

회계 직무로 취업을 준비하기 위해 자격증을 알아보던 중 지인의 추천으로 에듀윌 교재로 시작했습니다. 실무 점수의 비중이 크지만, 시험에 합격하기 위해서는 탄탄한 이론 공부가 뒷받침되어야 합니다. 10초 암기 포인트를 활용하여 파트별 핵심 내용을 정리하였고, 출제 빈도를 확인하면서 중요한 개념을 집중적으로 공부했습니다. 또 에듀윌에서 제공하는 무료강의를 활용하여 이해가 부족한 개념을 보완하고, 이를 통해 실무 문제의 오답률을 줄이며 고득점으로, 단기간에 합격할 수 있었습니다. 에듀윌과 함께 전산세무 2급도 준비할 예정이에요~ 여러분도 에듀윌과 함께 합격의 길로!

노베이스 비전공자 전산회계 1급, 전산세무 2급 동시 합격!

전산세무 2급, 전산회계 1급 강○연

취업을 위해 전산세무회계 자격증을 알아보다가 에듀윌 전산세무회계를 알게 되었습니다. 외국어 전공으로 세무회계 분야는 기본 용어조차 모르는 노베이스였고, 두 개의 자격증을 한번에 준비하다 보니 공부량이 많았는데 무료강의를 통해 핵심이론을 익힌 후 단계별로 수록된 문제를 풀며 저의 부족한 부분을 확인할 수 있었습니다. 자연스럽게 회독을 한 덕분에 회계 1급, 세무 2급 모두 90점대의 높은 성적으로 합격할 수 있었습니다. 제공되는 여러 무료강의도 완성도가 높아서 놀랐고 합격 이후에 AT 핵심기출특강까지 활용한 덕분에 FAT 1급, TAT 2급까지 취득하여 단기간 동안 4개의 자격증을 취득할 수 있었습니다.

전산세무 2급 프리패스, 에듀윌!

전산세무 2급 이○민

회계팀 취업을 위해 에듀윌로 전산세무 2급 자격증 취득을 준비했어요. 한 번의 실패를 경험하고, 에듀윌을 만나서 2개월 동안의 공부 끝에 세무 2급 자격증을 취득했어요! (처음부터 에듀윌과 함께 공부했으면 참 좋았을걸 하는 생각이 드네요) 교재의 내용은 말할 것도 없이 깔끔하고 좋았고, 특히 부록의 활용도가 매우 컸어요! 세법 잡는 O/X 노트는 빈출 지문 위주, 그리고 O/X 정답뿐만 아니라 자세한 해설까지 수록되어 있어서 시험 직전에 빠르게 암기하기 너무 좋았어요. 덕분에 가장 걱정하던 세법 문제들을 실전에서는 막힘없이 풀 수 있었어요. 에듀윌과 자격증 취득부터 취업까지 함께한 탄탄대로, 여러분도 함께하세요!

다음 합격의 주인공은 당신입니다!

더 많은
합격 스토리

독학 또는 강의와 함께 회계 기초 다지기!

2주/1주 학습 플래너

공부한 날	2주 플랜	차례	1주 플랜	공부한 날
____ 월 ____ 일	1일	**PART 01 회계의 기초** CHAPTER 01 재무제표의 원리	1일	____ 월 ____ 일
____ 월 ____ 일	2일			
____ 월 ____ 일	3일	CHAPTER 02 복식장부의 작성원리	2일	____ 월 ____ 일
____ 월 ____ 일	4일			
____ 월 ____ 일	5일	**PART 02 계정과목론** CHAPTER 01 상기업의 영업활동	3일	____ 월 ____ 일
____ 월 ____ 일	6일	CHAPTER 02 제조기업의 원가		
____ 월 ____ 일	7일	CHAPTER 03 당좌자산과 유동부채	4일	____ 월 ____ 일
____ 월 ____ 일	8일	CHAPTER 04 비유동자산		
____ 월 ____ 일	9일	CHAPTER 05 비유동부채와 충당부채	5일	____ 월 ____ 일
____ 월 ____ 일	10일	CHAPTER 06 자본		
____ 월 ____ 일	11일	CHAPTER 07 손익계산서 및 재무제표 결산		
____ 월 ____ 일	12일	**핵심 500제 분개노트** 001~200번	6일, 7일	____ 월 ____ 일
____ 월 ____ 일	13일	201~400번		
____ 월 ____ 일	14일	401~500번		____ 월 ____ 일

◀ 강의페이지 바로가기

◀ 기초회계 무료특강(7일간)은 [에듀윌 전산세무회계(math.eduwill.net)] – [무료특강]에서 수강 가능

시작하는 방법은

말을 멈추고

즉시 행동하는 것이다.

– 월트 디즈니(Walt Disney)

2025

에듀윌
분개로 익히는 기초회계원리
2주완성

eduwill

PREFACE

머리말

공부는 쉽고, 합격은 빠르게!

믿고 보는 회계 전문 교수진

- 에듀윌 전산세무회계 교수
- EBS 회계학 강사
- 공단기 공무원 회계학 교수
- FTA관세무역연구원 회계학 교수
- 한국경제TV 회계학 강사
- 한국직업방송 회계학 교수
- 우덕세무법인 성동지점 대표

[주요저서]
분개로 익히는 기초회계원리_에듀윌
전산세무회계 시리즈_에듀윌
논리 공무원 회계학 시리즈_에스티유니타스
감정평가사 · 관세사 회계학 시리즈_더나은

김성수 / 세무사

- 에듀윌 전산세무회계 교수
- 한국세무사회 주관 국가공인 전산세무회계 시험관리위원장
- 서울사이버대학교 겸임교수
- 선일세무회계사무소 대표 세무사
- (전) 한국세무사회 주관 국가공인 세무회계 · 기업회계 출제위원
- (전) EBS 전산세무회계 교수
- (전) 웅지세무대학교 전산세무회계 교수

[주요저서]
분개로 익히는 기초회계원리_에듀윌
전산세무회계 시리즈_에듀윌

박진혁 / 세무사

"회계는 인류가 발명한

가장 위대한 작품 중 하나이다."

-괴테-

독일의 대문호 괴테는 왜 이런 말을 했을까? 회계는 기업의 언어이기 때문이다. 언어란 말하는 사람과 듣는 사람이 의사를 표현하기 위해 사용하는 말과 글 또는 행동으로, 기업에서는 회계가 그 역할을 담당한다. 우리가 일상생활에서 언어를 알지 못하면 살아가는 데 많은 어려움에 직면하듯 회계를 알지 못하면 기업이 어떤 식으로 돌아가는지 파악하기 힘들다.

기업을 알지 못하는데 어떻게 취업을 하고 직장에서 살아남을 수 있을까? 우리가 회계에 능통해야 하는 이유가 바로 여기에 있다. 원하는 회사에 취업하거나 근무 중인 회사의 핵심 인재로 성장하려면 최소한 회사의 재무제표를 보고 최근의 추세와 올해 실적이 어떤지를 이해할 수 있어야 한다. 회계는 기업의 언어이기 때문에 자본주의 사회에서 회계는 생존의 문제인 것이다.

이와 같은 회계의 필요성 때문에 회계 공부를 시작하기는 하지만 쉽게 포기하는 경우가 많은데, 외국어를 처음 배우는 것이 어려운 것처럼 회계 언어를 능숙하게 구사하는 것이 어렵기 때문이다. 이를 극복하기 위해 수년간의 회계 강의와 많은 연구를 통해 터득한 회계에 대한 쉬운 접근 방법 및 노하우를 담아 집필하였다.

이 책을 통해 다양한 실무적 사례를 차근차근 따라 하다 보면 회계 언어의 구조와 특징을 이해하면서 회계 학습에 자신감을 얻을 것이다.

이 책이 출간되기까지 많은 격려와 도움을 준 에듀윌의 지속적인 발전을 기원하며, 출판사업본부의 노고에 깊은 감사를 드린다.

저자 김성수, 박진혁

START

회계 & 분개

왜 '회계'를 배워야 할까?

회계(Accounting)란?

- 나가고 들어오는 돈을 따져서 셈을 함
- 빚이나 물건값, 월급 따위를 치러 줌
- 개인이나 기업의 경제 활동 상황을 일정한 계산방법으로 기록하고 정보화함

1. 내가 투자할 회사, 일하는 회사를 직접 분석한다!

회계는 단순한 돈 계산이 아닌, 기업의 언어이자 한 기업을 대표하는 얼굴이다. 회계를 배우면 내가 투자할 회사, 일하고 있거나 일하게 될 회사의 재무제표를 직접 분석할 수 있다.

이런 것도 배운다 ➡ 재무제표 보는 가장 쉬운 방법!

전자공시시스템(dart.fss.or.kr)에서 회사명과 기간을 선택하여 검색하면 재무제표를 직접 볼 수 있다. 손익계산서의 당기순이익으로 기업의 손익을 알 수 있으며, 몇 년간의 재무제표를 비교하여 매출, 자산, 부채의 증감을 파악할 수 있다.

2. 취업, 공무원 모든 분야에서 유리하다!

회계를 알면 회사에서 재무/자금/경리/결산 등 다양한 업무를 할 수 있다. 또한 회계/세무 인력 수요의 증가로 상대적으로 취업의 문 역시 넓은 것을 알 수 있다. 전산세무 1·2급과 전산회계 2급은 경찰공무원 필기 가산점 대상 자격증이기도 하다.

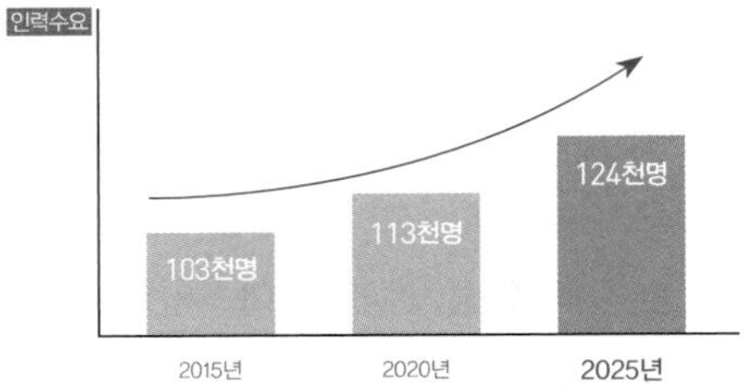

〈회계/세무 인력 수요 증가〉

※ 출처: 중장기 인력수급 수정전망 2015~2025(한국고용노동정보원)

3. 연말정산이 쉽다!

13월의 월급이 궁금하지 않은가? 간단한 세법만 알아도 환급을 받을 수 있는지, 내게 맞는 소득세 감면 혜택은 무엇인지 알 수 있다!

이런 것도 배운다 ➡ 소득공제 많이 받는 방법!

- 신용카드보단 체크카드! 현금영수증은 꼭 챙길 것!: 체크카드 및 현금영수증 공제율은 30%, 신용카드는 15%로 2배가 차이 난다!
- 부부라면, 소득공제에 유리한 배우자 카드를 집중 사용하라!: 연봉이 비슷하다면 소득이 적은 사람의 카드를 사용하여 둘 다 소득공제의 문턱을 넘는다. 연봉이 현저하게 차이 난다면 소득이 많은 사람의 카드를 사용하는 것이 유리하다.

왜 '분개'로 시작해야 할까?

분개(Journalizing)란?

부기에서 거래내용을 차변과 대변으로 나누어 적는 일

1. 분개는 회계순환의 시작이다!

분개란 발생한 거래의 항목을 나누어 장부에 기입하는 것을 말하며, 모든 회계 과정은 경제활동의 증감변화를 기록하는 것을 바탕으로 한다.

거래발생 > 분개 > 전표발생 > 장부기록 > 마감 > 재무제표 작성

2. 분개만 알아도 재무제표를 읽는다!

분개가 모여 재무제표가 된다. 즉, 분개만 알면 기업의 재무상황을 살펴볼 수 있는 재무상태표 및 손익계산서 등의 재무제표를 작성하고, 읽을 수 있다. 이를 통해 기업활동, 투자 등에 관하여 올바른 의사결정을 할 수 있다.

3. 분개오류는 회계 오류로 직결된다!

계정과목, 금액, 차/대변 등은 회계 전문가가 직접 선택해야 한다. 분개에서의 오류는 자동으로 수정되는 장치가 없기 때문에 큰 오류로 이어진다.

빠르고 정확한 분개 방법

STEP 01 거래유형 분류하기

차변	대변
자산의 증가	자산의 감소
부채의 감소	부채의 증가
자본의 감소	자본의 증가
비용의 발생	수익의 발생

STEP 02 알맞은 계정과목 선택하기

복리후생비 외상매출금 현금 **보통예금** 토지 예수금 도서인쇄비

STEP 03 차변과 대변 합계액 확인하기

대차평균의 원리

차변 합계 = 대변 합계

연습이 답이다!
다양한 '분개사례'와 '핵심 500제 분개노트'를 통해
기초회계이론을 이해하고 실무에 철저히 대비할 수 있다!

1초가 소중하다! 시험장 '계산기 활용법'

늘 시간이 부족한 회계 시험, 계산기만 잘 써도 시간을 절약할 수 있다!

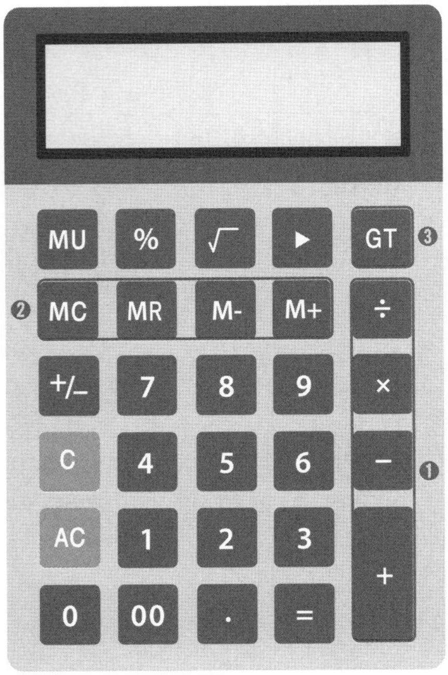

• 시험장에는 일반전자계산기만 반입 가능(공학용 계산기 반입 불가)
• 수험생들이 보편적으로 사용하는 계산기 기준이며, 계산기마다 기능이 상이할 수 있음

❶ 상수 기능

계산에 공통으로 사용할 수를 입력한 후, 사칙연산 기호를 두 번 입력하면 연속하여 계산에 사용할 수 있다.

예) 5×10,000, 5×14,000, 5×17,000 각각의 값은?

5 [×][×] 10,000 [=] → 50,000
14,000 [=] → 70,000
17,000 [=] → 85,000

❷ 메모리 기능

[M+] 화면에 표시된 값을 메모리에 저장
저장된 값이 있으면 화면에 M 또는 MEMORY가 표시된다.
[M-] 화면에 표시된 값을 메모리에서 차감
[MR] 저장된 메모리 전부 불러오기
[MC] 메모리 초기화

예) (5개×2,000원)+(7개×3,500원)−(8개×500원)의 값은?

5 [×] 2,000 [M+] → 10,000
7 [×] 3,500 [M+] → 24,500
8 [×] 500 [M-] → 4,000

[MR] → 30,500

❸ GT 기능 GT-ON/OFF 스위치가 있는 계산기의 경우에는 GT-ON으로 설정하여야 사용 가능

[=] 결과 값이 메모리에 저장
저장된 값이 있으면 화면에 GT 또는 GRAND TOTAL이 표시된다.
[GT] 저장된 메모리 전부 불러오기

* 메모리 기능과의 차이
[=]를 눌러서 나온 모든 결과 값이 저장되고, 메모리 차감 기능은 따로 없으며 [AC]로 초기화 가능

예) (10개×1,000원)+(10개×1,100원)+(10개×1,200원)의 값은?

방법 1 상수 기능 + GT 기능 이용한 계산

10 [×][×] 1,000 [=] → 10,000
1,100 [=] → 11,000
1,200 [=] → 12,000

[GT] → 33,000

방법 2 상수 기능 + 메모리 기능 이용한 계산

10 [×][×] 1,000 [=] → 10,000 [M+]
1,100 [=] → 11,000 [M+]
1,200 [=] → 12,000 [M+]

[MR] → 33,000

추천! 회계 자격증 '커리큘럼'

나의 위치를 확인하고 나에게 맞는 자격증을 선택하여 공부해야 한다. 목표를 세워 준비하자! 비슷한 난이도의 시험을 같이 준비하여 한 번에 두 개의 자격증을 취득하는 것도 좋은 전략이다.

☑ ***전산세무회계:*** *연간 응시 약 20만 명! 인지도 최고의 회계 자격증*
☑ ***ERP 정보관리사:*** *기업에서 가장 많이 쓰는 ERP 인증시험*
☑ ***AT 자격시험:*** *실무와 가장 유사! 최근 각광받는 자격증!*

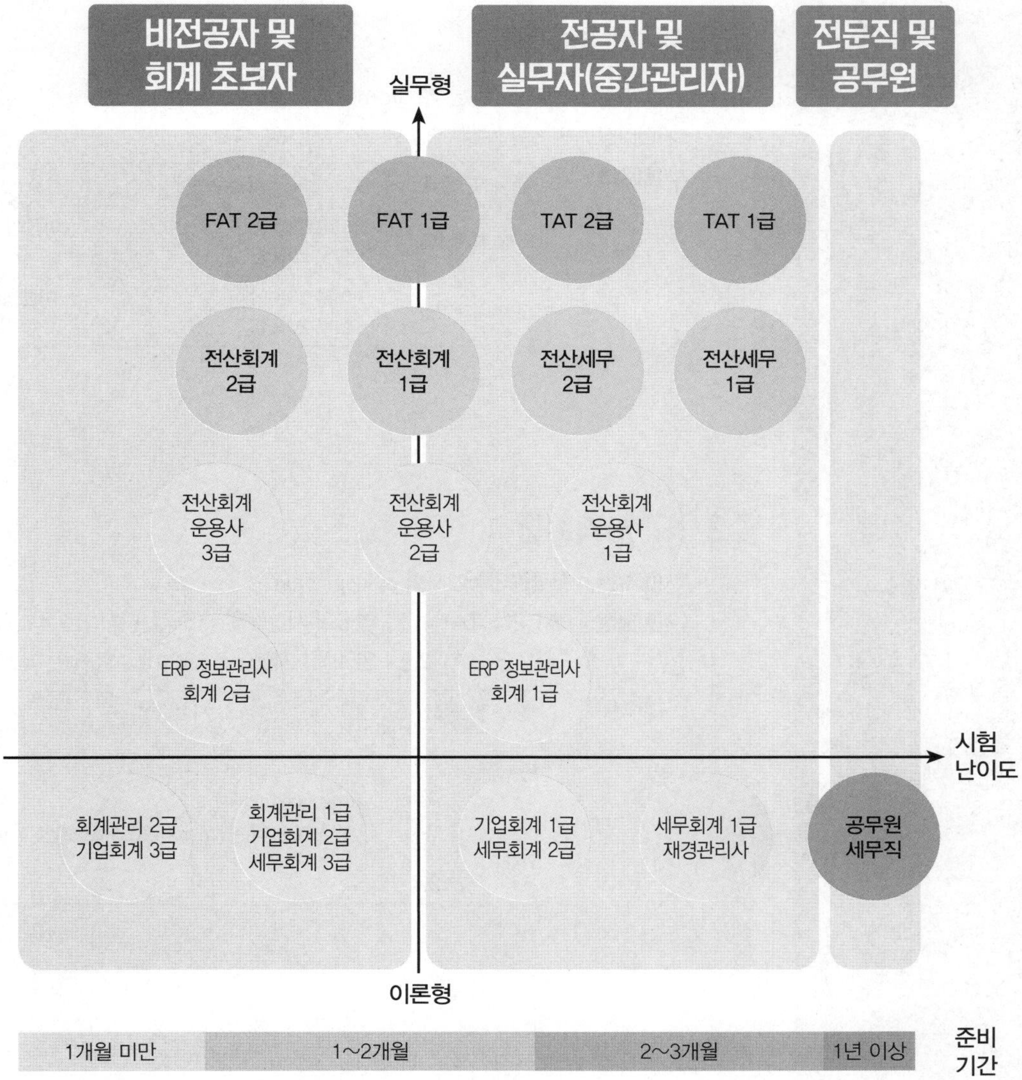

GUIDE

회계관련 자격시험

취업과 실무를 한 번에 잡는 '실무형' 시험

1. 전산세무회계

시험주관 한국세무사회 license.kacpta.or.kr

시험일정 연 6회 시행(2월, 4월, 6월, 8월, 10월, 12월)

시험정보

종목 및 등급		시험구성	합격기준
전산세무	1급	• 이론 30%(객관식) • 실무 70%(KcLep 프로그램 이용)	100점 만점에 70점 이상
	2급		
전산회계	1급		
	2급		

2. ERP 정보관리사

시험주관 한국생산성본부 license.kpc.or.kr

시험일정 연 6회 시행(1월, 3월, 5월, 7월, 9월, 11월)

시험정보

종목 및 등급	시험구성	합격기준
ERP 회계 1급	• 이론 32문항 • 실무 25문항	이론형, 실무형 평균 70점 이상 (각 60점 미만 시 과락)
ERP 회계 2급	• 이론 20문항 • 실무 20문항	이론형, 실무형 평균 60점 이상 (각 40점 미만 시 과락)

3. AT 자격시험

시험주관 한국공인회계사회 at.kicpa.or.kr

시험일정 FAT 2급, TAT 1급 | 연 6회 시행(2월, 4월, 6월, 8월, 10월, 12월)

※ 2024년 기준 FAT 1급, TAT 2급 | 연 10회 시행(2월, 3월, 4월, 5월, 6월, 7월, 8월, 10월, 11월, 12월)

시험정보

종목 및 등급		시험구성	합격기준
FAT	1급	• 이론 30%(객관식) • 실무 70%(더존 SmartA(iPlus) 프로그램 이용)	100점 만점에 70점 이상
	2급		
TAT	1급		
	2급		

회계이론 지식을 확인하는 '이론형' 시험

1. 기업회계, 세무회계

시험주관 한국세무사회 license.kacpta.or.kr

시험일정 연 6회 시행(2월, 4월, 6월, 8월, 10월, 12월)

시험정보

종목 및 등급		시험구성	합격기준
기업회계	1급	필기시험(객관식 · 주관식 혼합)	합산 평균이 70점 이상
	2급	필기시험(객관식)	
	3급		70점 이상
세무회계	1급	필기시험(주관식)	각 등급을 세법 1, 2부로 구분하여 각각 40점 이상, 합산 평균 60점 이상
	2급	필기시험(객관식 · 주관식 혼합)	
	3급	필기시험(객관식)	

2. 회계관리, 재경관리사

시험주관 삼일회계법인 www.samilexam.com

시험일정 연 8회 시행(1월, 3월, 5월, 6월, 7월, 9월, 11월, 12월)

시험정보

종목 및 등급	시험과목 및 구성	합격기준
회계관리 1급	재무회계, 세무회계(과목별 40문항, 객관식)	전 과목 과목별 100점 만점에 70점 이상
회계관리 2급	회계원리(40문항, 객관식)	
재경관리사	재무회계, 세무회계, 원가관리회계 (과목별 40문항, 객관식)	

3. 공무원 세무직 (9급 기준)

시험일정 일반적으로 매년 1월에 공고하여 4월에 시행

시험정보

구분	1차	2차	3차
시험과목	국어, 영어, 한국사, 세법개론, 회계학		면접

※ 회계 관련 자격시험에 대한 내용은 시험주관처에 따라 일부 변경될 수 있습니다.

※ 시험 전에 반드시 시험주관처 홈페이지에서 상기 내용을 확인하시기 바랍니다.

STRUCTURE

구성과 특징

중요한 부분을 짚어주는 '이론'과 '최신 기출&확인 문제'

앞으로의 회계 공부를 위한 기본과 큰 흐름을 학습하고, 이론 적용을 위한 다양한 예시와 문제를 풀어본다.

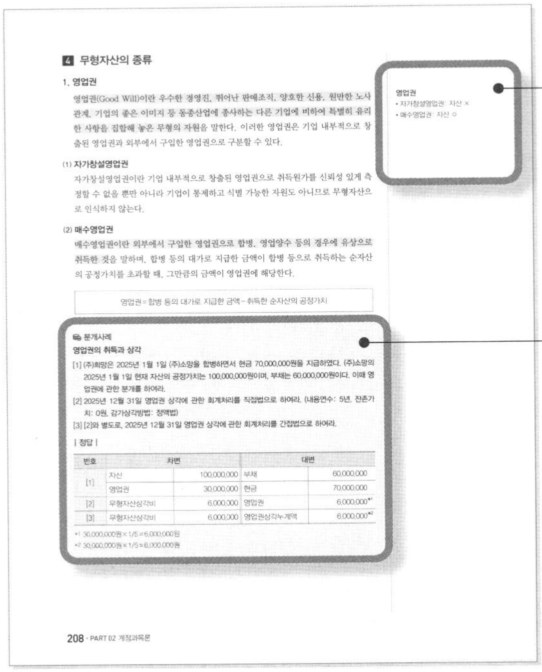

4 무형자산의 종류

1. 영업권

영업권(Good Will)이란 우수한 경영진, 뛰어난 판매조직, 양호한 신용, 원만한 노사관계, 기업의 좋은 이미지 등 동종산업에 종사하는 다른 기업에 비하여 특별히 유리한 사항들을 집합해 놓은 무형의 자원을 말한다. 이러한 영업권은 기업 내부적으로 창출된 영업권과 외부에서 구입한 영업권으로 구분할 수 있다.

(1) 자가창설영업권

자가창설영업권이란 기업 내부적으로 창출된 영업권으로 취득원가를 신뢰성 있게 측정할 수 없을 뿐만 아니라 기업이 통제하고 식별 가능한 자원도 아니므로 무형자산으로 인식하지 않는다.

(2) 매수영업권

매수영업권이란 외부에서 구입한 영업권으로 합병, 영업양수 등의 경우에 유상으로 취득한 것을 말하며, 합병 등의 대가로 지급한 금액이 합병 등으로 취득하는 순자산의 공정가치를 초과할 때, 그만큼의 금액이 영업권에 해당한다.

영업권 = 합병 등의 대가로 지급한 금액 − 취득한 순자산의 공정가치

영업권
• 자가창설영업권: 자산 ×
• 매수영업권: 자산 ○

분개사례

영업권의 취득과 상각

[1] (주)희망은 2025년 1월 1일 (주)소망을 합병하면서 현금 70,000,000원을 지급하였다. (주)소망의 2025년 1월 1일 현재 자산의 공정가치는 100,000,000원이며, 부채는 60,000,000원이다. 이때 영업권에 관한 분개를 하여라.
[2] 2025년 12월 31일 영업권 상각에 관한 회계처리를 직접법으로 하여라. (내용연수: 5년, 잔존가치: 0원, 감가상각방법: 정액법)
[3] [2]와 별도로, 2025년 12월 31일 영업권 상각에 관한 회계처리를 간접법으로 하여라.

| 정답 |

번호	차변		대변	
[1]	자산	100,000,000	부채	60,000,000
	영업권	30,000,000	현금	70,000,000
[2]	무형자산상각비	6,000,000	영업권	6,000,000*1
[3]	무형자산상각비	6,000,000	영업권상각누계액	6,000,000*2

*1 30,000,000원 × 1/5 = 6,000,000원
*2 30,000,000원 × 1/5 = 6,000,000원

208 · PART 02 계정과목론

[필수이론]을 보조단에 배치하여 보조단만으로도 간단한 복습과 암기가 가능하다.

회계의 기초가 되는 [분개사례]를 통해 회계의 흐름과 스킬을 확인할 수 있다.

[유형별 문제]들을 풀어보면서 이론이 어떠한 유형으로 문제화되는지 연습해 볼 수 있다.

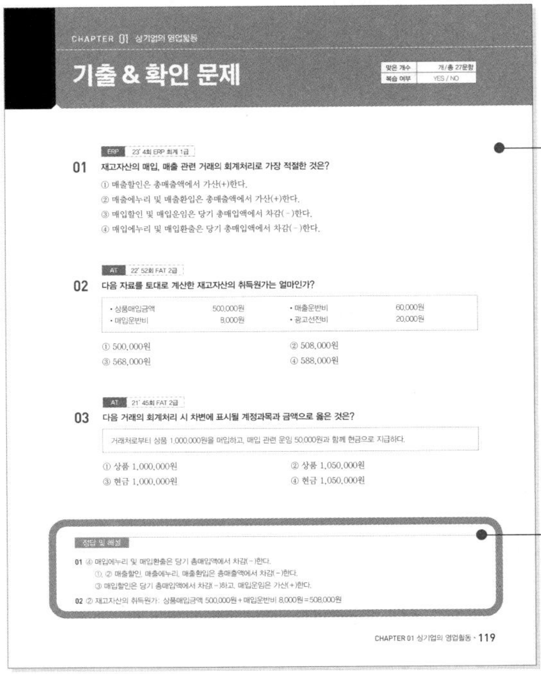

CHAPTER 01 상기업의 영업활동

기출 & 확인 문제

맞은 개수	개 / 총 27문항
복습 여부	YES / NO

ERP 23' 4회 ERP 회계 1급

01 재고자산의 매입, 매출 관련 거래의 회계처리로 가장 적절한 것은?

① 매출할인은 총매출액에서 가산(+)한다.
② 매출에누리 및 매출환입은 총매출액에서 가산(+)한다.
③ 매입할인 및 매입운임은 당기 총매입액에서 차감(−)한다.
④ 매입에누리 및 매입환출은 당기 총매입액에서 차감(−)한다.

AT 22' 52회 FAT 2급

02 다음 자료를 토대로 계산한 재고자산의 취득원가는 얼마인가?

• 상품매입금액 500,000원 • 매출운반비 60,000원
• 매입운반비 8,000원 • 광고선전비 20,000원

① 500,000원 ② 508,000원
③ 568,000원 ④ 588,000원

AT 21' 45회 FAT 2급

03 다음 거래의 회계처리 시 차변에 표시될 계정과목과 금액으로 옳은 것은?

거래처로부터 상품 1,000,000원을 매입하고, 매입 관련 운임 50,000원과 함께 현금으로 지급하다.

① 상품 1,000,000원 ② 상품 1,050,000원
③ 현금 1,000,000원 ④ 현금 1,050,000원

정답 및 해설

01 ④ 매입에누리 및 매입환출은 당기 총매입액에서 차감(−)한다.
① ② 매출할인, 매출에누리, 매출환입은 총매출액에서 차감(−)한다.
③ 매입할인은 당기 총매입액에서 차감(−)하고, 매입운임은 가산(+)한다.
02 ② 재고자산의 취득원가: 상품매입금액 500,000원 + 매입운반비 8,000원 = 508,000원

CHAPTER 01 상기업의 영업활동 · 119

전산세무회계, ERP 정보관리사(회계), AT 자격시험 등 회계 시험의 최신 기출문제를 담았다.

최신 3개년으로 구성된 기출 풀이를 통해 시험 출제 경향을 확인하는 동시에 실전력을 높이고 나에게 맞는 유형의 시험을 고를 수 있다.

페이지마다 위치한, 간결하면서도 확실하게 풀이된 해설을 통해 문제의 정답과 오답을 빠르고 정확하게 체크할 수 있다.

'핵심 500제 분개노트'와 저자의 '무료특강'

꼭 알아두어야 하는 핵심 분개를 반복 풀이하면서 확실한 이해와 복습이 가능하고, 잘 모르는 부분은 저자가 제공하는 무료특강을 통해 자세한 풀이를 확인할 수 있다.

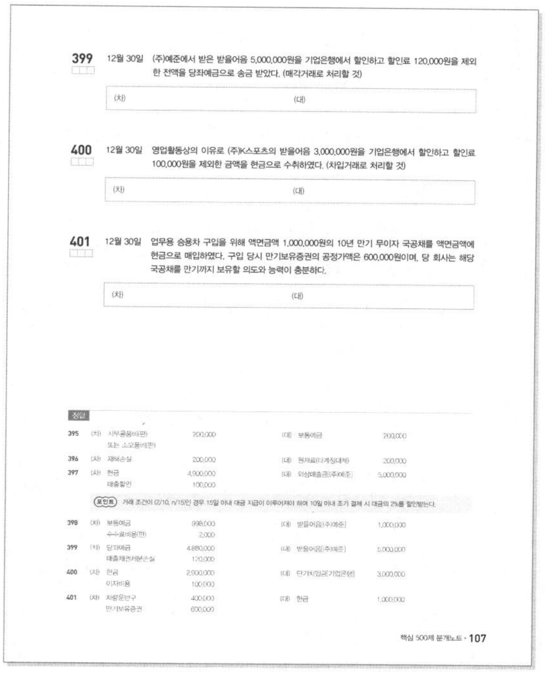

[저자의 유튜브 채널]

[에듀윌 도서몰]

강의는 교재 출간 후 두 채널에 순차 업로드 예정

* [저자의 유튜브 채널] '성수샘' 검색
* [에듀윌 도서몰(book.eduwill.net)] – [동영상강의실] – '분개노트' 검색
* 추후 예고없이 하나의 채널에서만 서비스될 수 있음

PDF로 제공되는 필기용 분개 연습장을 활용하여 핵심 500제 분개노트를 n회독할 수 있다.

* [에듀윌 도서몰] – [도서자료실] – [부가학습자료] – 교재 검색

⊕ 특별 제공

기초회계 무료특강(7일간)

[에듀윌 전산세무회계]

포인트만 알기 쉽게 정리한 기초회계의 개념, 예시, 설명으로 더 탄탄하게 회계의 기반을 다질 수 있다.

* [에듀윌 전산세무회계(math.eduwill.net)] – [무료특강]
* 본 혜택은 예고 없이 변경될 수 있음

2주/1주 학습 플래너

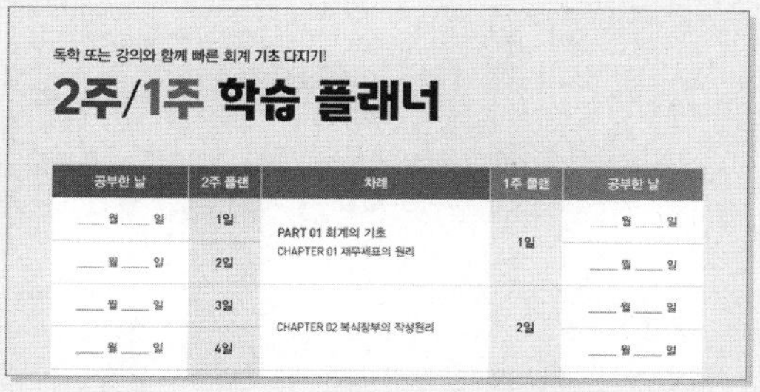

* 교재 내 수록

핵심 이론(PDF)

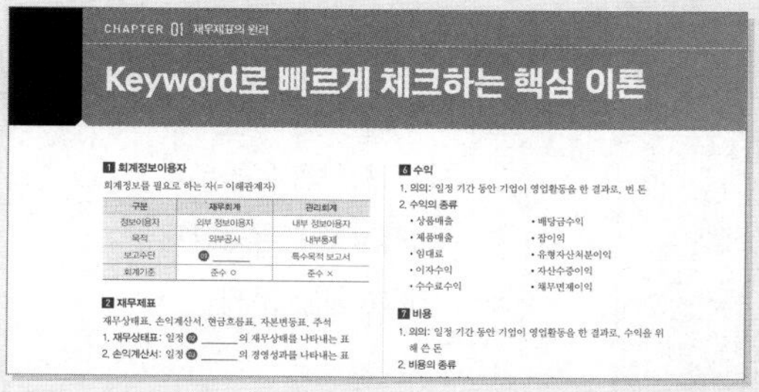

* [에듀윌 도서몰] – [도서자료실] – [부가학습자료] – 교재 검색

CONTENTS

차례

PART 01 | 회계의 기초

PART 02 | 계정과목론

PART 1

회계의 기초

CHAPTER 01

재무제표의 원리

핵심키워드
- 회계정보이용자
- 재무제표
- 자산·부채·자본
- 당기순이익
- 수익·비용

■ 1회독 ■ 2회독 ■ 3회독

01 부기와 회계

1 부기와 회계

회계(Accounting)란 무엇인가? 혹은 회계의 정의란 무엇인가? 이러한 질문을 받는다면 대답하기가 쉽지 않을 것이다. 일반적으로 회계라 하면 돈, 계산, 복잡한 것 등으로 생각하기 쉬운데 과거에는 회계를 장부기입의 줄인 말인 '부기'로 생각해 왔다. 장부를 기입하는 이유는 과거와 현재의 수입과 지출을 확인하여 더 나은 미래를 설계하기 위해서이다. 개인의 경우만 보더라도 용돈기입장과 가계부 등을 통해 일정 기간 동안 돈의 유입과 지출을 관리하여 재산을 늘리는 데 힘쓰는 것을 쉽게 볼 수 있다. 하물며, 기업의 경우는 수입과 지출의 규모가 가계에 비해 월등하게 클 것이므로, 장부기입의 중요성은 더욱 강조된다. 즉, 장부기입의 약칭인 부기(Bookkeeping)란 기업이 경제활동에 따른 재산의 증감변화를 일정한 원리에 따라 기록하는 절차라고 할 수 있다.

그럼, 회계란 무엇인가? 회계란 부기를 통해 얻은 정보를 정보가 필요한 기업의 이해관계자에게 전달하는 과정을 말하는데, 부기의 개념에서 정보 전달과정을 추가한 것으로 이해하면 된다.

회계는 이해관계자(= 회계정보이용자)들이 합리적으로 의사결정을 할 수 있도록 유용한 정보를 제공하는 것을 목적으로 한다. 즉, 기업의 경제활동에 대해 신뢰할 수 있고 도움이 되는 각종 정보를 주변의 이해관계자들에게 제공함으로써 기업의 영리를 지속적으로 창출하고자 하는 것이다.

부기 vs. 회계
- 부기: 장부기록
- 회계: 부기+정보 전달

회계의 목적
이해관계자(= 회계정보이용자)들의 합리적 의사결정을 위한 유용한 정보 제공

+ 회계정보의 산출과정

경제활동으로 인한 재무상태의 변동	➡	인식 및 측정 회계자료의 기록	→	저장 및 처리 회계자료의 분류와 요약	→	저장 및 처리 회계보고서의 작성	➡	회계정보 이용자가 의사결정에 활용

2 기업의 경제활동

장부를 기입하는 주체는 기업이다. 기업은 영리를 얻기 위하여 만들어진 조직체를 말하며 경제활동을 통해 영리를 지속적으로 창출하고자 한다. 경제활동은 기업이 하는 모든 활동으로 영업활동과 재무활동 그리고 투자활동을 의미한다. 즉, 기업은 영업활동을 하기 위해서 필요한 자금을 재무활동을 통해 조달하며, 영업활동을 위한 시설투자 및 여유자금에 대한 주식, 채권, 부동산 등의 투자활동을 통해 규모를 확장해 갈 것이다. 이러한 기업은 다음과 같이 분류된다.

1. 법률적 형태에 따른 기업의 분류 중요

기업의 소유구조, 즉 소유와 경영의 분리 상태에 따라 개인기업과 법인기업으로 나눌 수 있다.

개인기업 vs. 법인기업

구분	소유		경영
개인기업	사장	=	사장
법인기업	주주	≠	대표이사

(1) 개인기업

개인기업은 출자자 개인과 기업이 분리되지 않아 별도로 독립된 법인격을 갖지 못한 형태의 기업을 말한다. 즉, 소유와 경영이 명확하게 분리되지 않아 소유와 경영이 일치되는 형태의 소규모 기업으로 기업의 성쇠가 출자자 개인의 역량에 달려있다.

(2) 법인기업

법인기업은 개인기업과 달리 완전한 법인격을 가지고 스스로 권리와 의무의 주체가 되며, 기업의 소유자로부터 분리되어 독립적으로 존재하는 기업이다. 즉, 소유와 경영이 일치되지 않는 대규모 기업을 말하며 개인의 자금으로는 사업을 영위할 수 없으므로 다수의 투자자에게 자금을 조달 받은 후 전문경영인을 통해 경제활동이 이루어진다. 이러한 법인기업의 종류에는 합명회사, 합자회사, 유한회사 그리고 주식회사가 있는데, 우리나라 회사는 대부분 주식*을 통해 자금을 조달하는 주식회사 형태이다. 주식회사는 소유와 경영이 완전히 분리되어 주주(투자자)가 주인이 되는 회사로서 주주는 출자를 통해 가지게 되는 주식 수만큼 권리를 행사할 수 있게 된다. 주주가 출자를 통해 회사에 대하여 갖게 되는 몫을 '지분'이라 하고, 지분을 나타내는 증서를 '주식(주권)'이라 한다. 주식회사는 개인기업보다 대외 공신력과 신용도가 높기 때문에 신주 및 회사채* 발행을 통한 자금조달이 용이하고, 영업 수행에 있어서도 기업의 이미지가 제고되어 유리한 점이 많다.

▶ 주식이란 주식회사에 장사밑천을 출자한 투자자에게 주는 소유권을 나타내는 증표라고 보면 된다.

▶ 회사채란 주식회사가 일반 사람들에게 채권이라는 유가증권을 발행하여 사업에 필요한 자금을 조달하는 채무이다.

+ 기업 명칭(상호)의 예

구분	명칭(상호)
개인기업	○○무역, □□상회, ××산업, △△유통
법인기업	○○주식회사, □□유한회사, ××합자회사, △△합명회사

2. 영업활동에 따른 기업의 분류

기업에서 무엇을 판매하는지에 따라 상기업과 제조기업으로 나눌 수 있다.

(1) 상기업

상기업은 상품을 싸게 사와서 비싸게 파는 기업이다. '상품'이란, 주된 영업활동을 통해 판매 목적으로 만들어진 물건을 사 온 경우 그 물건을 의미한다. 예를 들어, ○○마트에서 판매 목적으로 만들어진 노트북을 사 온 경우 그 노트북을 상품이라고 한다.

(2) 제조기업

제조기업은 원자재를 사와서 공장에서 제품을 만들고 만들어진 제품을 비싸게 파는 기업을 말한다. '제품'이란, 주된 영업활동을 통해 판매 목적으로 직접 제조하여 만든 물건을 의미한다. 예를 들어, ○○전자에서 판매 목적으로 노트북을 직접 제조하여 만든 경우 그 노트북을 제품이라고 한다.

상기업 vs. 제조기업

구분	제조 과정	내용
상기업	×	상품을 구매해서 판매하는 회사
제조기업	○	제품을 제조해서 판매하는 회사

3 부기의 종류

1. 기록 · 계산하는 방법에 의한 분류

(1) 단식부기(Single Entry Bookkeeping)

재산의 증감변화를 일정한 원리 없이 결과만 한 번 기록하는 것이다. 단식부기는 계산이 간단하다는 장점이 있으나 기업의 경제활동에 관한 내용을 체계적으로 보여주는 데에는 불완전하다는 단점이 있다. 따라서 단식부기는 가계, 소기업, 비영리법인 등에서 사용될 뿐 일반적으로 사용되지는 않는다.

단식부기 vs. 복식부기

- 단식부기: 한쪽 면에 기록
- 복식부기: 양쪽 면에 기록

(2) 복식부기(Double Entry Bookkeeping) 중요

재산의 증감변화를 일정한 원리원칙에 따라 원인과 결과로 나누어 두 번 기록하는 것이다. 기록을 두 번 해야 하므로 기록하는 장소가 두 곳이 필요하다. 두 곳 중 왼쪽을 차변, 오른쪽을 대변이라 하며 원인과 결과를 차변과 대변에 나누어 기록한다. 복식부기는 거래의 이중성, 대차평균의 원리, 자기검증기능의 특징이 있으며 대부분의 기업에서 사용된다. 일반적으로 부기라 하면 곧 복식부기를 의미한다.

+ 복식부기의 특징

- 거래의 이중성: 재산의 증감변화를 차변 요소와 대변 요소로 나누어 기록하는 것을 말한다. 차변 요소와 대변 요소는 서로 원인과 결과가 된다.
- 대차평균의 원리: 모든 거래는 차변과 대변에 동일한 금액으로 기록되므로 일정 기간 동안의 차변 합계와 대변 합계는 항상 일치하게 된다.
- 자기검증기능: 모든 거래는 동일한 금액을 이중으로 기록하므로 차변 합계와 대변 합계는 항상 일치한다. 만약 일치하지 않는다면 기록 · 계산상의 오류나 탈루가 있다는 것을 자동으로 발견할 수 있다.

복식부기의 특징

- 거래의 이중성
- 대차평균의 원리
- 자기검증기능

2. 영리성의 유무에 따른 분류

(1) 영리부기

영리를 목적으로 하는 기업의 장부기입을 말하며 상업부기, 공업부기, 은행부기, 보험부기 등이 이에 해당한다. 특히 상업부기는 상기업의 부기를, 공업부기는 제조기업의 부기를 말한다.

(2) 비영리부기

영리를 목적으로 하지 않는 단체의 장부기입을 말하며 관청부기, 학교부기, 가계부기 등이 있다.

4 회계정보이용자와 회계의 분류 중요

기업의 재무정보는 주주, 채권자, 회사의 경영자, 종업원 등 다양한 이해관계자들의 필요에 의해 만들어진다. '이해관계자(= 회계정보이용자)'란 회계정보를 필요로 하는 자를 말하며, 이해관계자는 크게 외부 이해관계자와 내부 이해관계자로 구분할 수 있다.
외부 이해관계자는 회사 외부에 있는 주주, 채권자, 정부(국세청) 등을, 내부 이해관계자는 회사 내부에 있는 경영자를 말한다. 외부 이해관계자를 위한 회계를 재무회계, 내부 이해관계자를 위한 회계를 관리회계라 한다.

구분	재무회계	관리회계
정보이용자	외부 정보이용자 예 주주, 채권자 등	내부 정보이용자 예 경영자 등
목적	기업 외부 이해관계자의 경제적 의사결정에 유용한 정보 제공	기업 내부 이해관계자인 경영자의 관리적 의사결정에 유용한 정보 제공
보고수단	회계기준에 의해 작성된 재무제표	특수목적 보고서(양식의 규정 없음)
회계기준	준수 ○	준수 ×

재무회계 vs. 관리회계
- 재무회계: 외부공시 목적
- 관리회계: 내부통제 목적

재무회계의 경우 외부 이해관계자에게 재무제표를 작성하며 보고할 책임은 경영자에게 있다. 재무제표가 일정한 기준으로 작성되지 않는다면 기업 간 비교·분석을 하고자 하는 정보이용자에게 큰 어려움을 주기 때문에 이를 해결하기 위해 만들어진 기준이 기업회계기준이다.

포인트 회계기준

모든 상장기업과 금융기관, 일반기업 중 원하는 기업은 한국채택국제회계기준(K-IFRS; Korean-International Financial Reporting Standards)을 적용하여 재무제표를 작성해야 한다. 반면, 한국채택국제회계기준을 적용하지 않는 기업은 일반기업회계기준에 따라 작성한다.

또한, 이해관계자들이 기업정보를 얻고자 하는 목적은 다음과 같다.

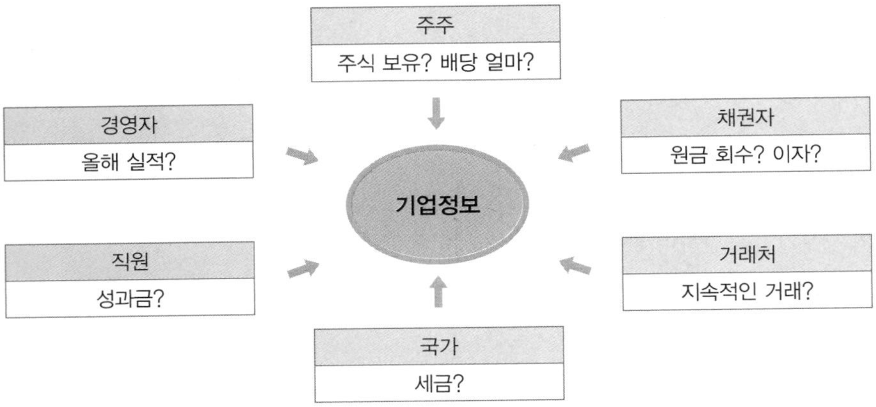

5 재무제표의 구성

재무제표는 외부 정보이용자에게 기업실체에 관한 정보를 전달하는 보고수단으로, 기업의 경영성과 등을 외부 이해관계자인 주주와 채권자에게 전달하기 위한 보고서이자 일종의 성적표를 의미한다. 재무제표는 재무상태표, 손익계산서, 현금흐름표, 자본변동표로 구성되며, 주석*을 포함하는 개념이다. 단, 주기는 포함하지 않는다. 이익잉여금처분계산서를 재무제표에서 제외하고 「상법」 등 관련 법규에서 요구하는 경우에 주석으로 공시할 수 있도록 한다. 또한, 전달하고자 하는 정보의 성격을 충실히 나타내는 범위 내에서는 사용하는 재무제표의 명칭이 아닌 다른 명칭을 사용할 수도 있다.

재무제표의 구성
- 재무상태표
- 손익계산서
- 현금흐름표
- 자본변동표
- 주석

▶ 주석이란 재무제표의 해당 과목 또는 금액에 기호나 숫자를 붙이고 별지에 그 내용을 간결하게 기재한 것이다.

+ 주기

재무제표상의 해당 과목 다음에 그 회계사실의 내용을 간단한 문자 또는 숫자로 괄호 안에 표시한 것이다.

6 회계연도(회계기간)

회사의 경영활동은 영업 개시한 때부터 폐업할 때까지 계속 이루어진다. 이해관계자는 일정 기간 동안의 경영성과에 대한 정보가 필요하므로 회사는 6개월 또는 1년 등의 적당한 시간적 단위로 구분·설정할 필요가 있는데, 이렇게 인위적으로 구분·설정한 기간을 '회계연도' 또는 '회계기간'이라 한다. 개인기업은 회계연도가 무조건 1월 1일~12월 31일로 정해져 있으나 법인기업은 설립할 때 작성되는 정관에서 설정한 기간을 회계연도로 한다. 단, 현행 「상법」에서 회계연도는 원칙적으로 1년을 초과할 수 없다고 규정하고 있으며, 일반적으로 대부분의 기업은 1월 1일~12월 31일로 정하고 있다.

회계연도
=회계기간
=보고기간
=시간적 단위

회계연도(회계기간)가 1월 1일～12월 31일인 경우

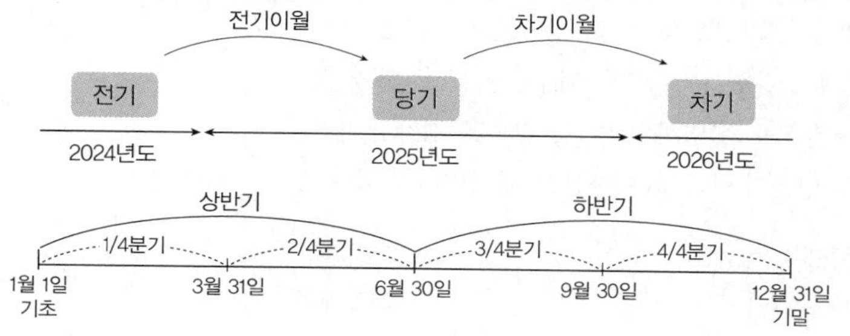

7 회계단위(장소적 계산범위)

기업이 소유하고 있는 자산의 증감변화를 기록, 계산, 정리하기 위한 장소적 범위를 회계단위라고 한다. 예 본사와 공장, 본사와 지점

회계단위
= 장소적 범위
= 장부기록의 범위

02 재무상태표

1 재무상태표의 정의

재무상태표(Statement of Financial Position)는 '일정 시점의 재무상태를 나타내는 표'이며, 여기서 '일정 시점'이란 보통 회계기간 마지막 날인 결산일(보고기간 종료일)을 의미한다. 회계기간이 1월 1일부터 12월 31일이라면 보고기간 종료일은 12월 31일이 된다. 그러나 재무상태는 거래가 발생할 때마다 변화하고 재무상태표는 외부 이해관계자가 요구하는 시점이 달라지면 그 시점에 맞추어 작성될 수 있기 때문에, 사업 개시일, 매월 말, 매 분기 말 또는 매 반기 말 등 어떤 특정 시점도 재무상태표를 작성하는 기준일이 될 수 있다.

재무상태표는 회사의 재산, 즉 자산이 주주의 투자금액(=자본)과 타인에게서 차입한 금액(=부채)으로 이루어져 있음을 나타낸 것이다. 회계정보이용자는 재무상태표를 통해 회사의 재산상태와 부채 및 자본의 정도를 확인할 수 있다.

재무상태표
일정 시점의 재무상태를 나타내는 표

2 재무상태표의 등식

자산은 재무상태표의 왼쪽(차변)에, 부채와 자본은 오른쪽(대변)에 기재한다. 이때, 왼쪽의 자산 총계와 오른쪽의 부채와 자본 총계가 항상 일치하도록 작성하는 것을 재무상태표의 등식이라 한다.

자산 = 부채 + 자본

재무상태표의 등식
자산 = 부채 + 자본

3 재무상태표의 의미

재무상태표는 특정 시점의 재무상태를 나타내는 보고서로 자산, 부채, 자본으로 구성된다. 재무상태표의 오른쪽은 기업이 자금을 어떻게 조달했는가를 나타내는 자금조달의 원천을 채권자 지분인 '부채'와 소유주 지분인 '자본'으로 설명하고 있고, 왼쪽은 경제단위인 기업이 이렇게 조달한 자금을 어떻게 운용하고 있는지 나타내는 '자산'으로 설명하고 있다.

재무상태표

(주)에듀윌 2025년 12월 31일 (단위: 원)

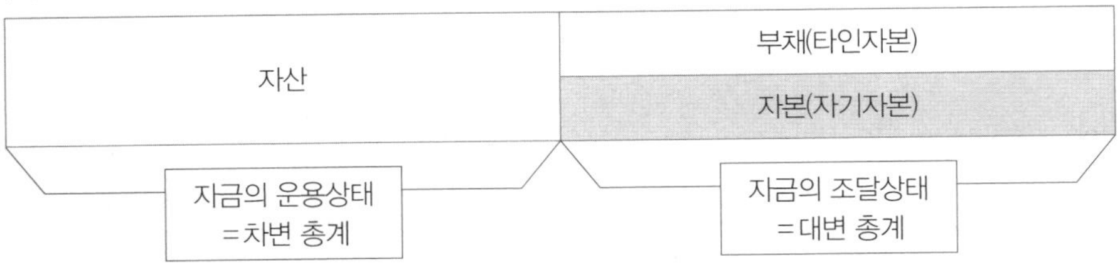

여기서 부채(타인자본)는 채권자 지분이므로 갚아야 할 의무가 있으며, 자본(자기자본)은 소유주 지분이므로 갚아야 할 의무가 없다.

사례

다음은 2025년 12월 31일 김비전 씨의 재산상태를 조사한 구체적인 내역이다.

• 현금	30,000,000원	• 건물	500,000,000원
• 토지	100,000,000원	• 주식	50,000,000원
• 은행예금	10,000,000원	• 펀드	10,000,000원
• 자동차	30,000,000원	• 자동차 할부금	30,000,000원

• 건물을 구입하기 위해 은행에서 빌린 돈(차입금): 300,000,000원

김비전 씨의 이러한 재산상태를 요약정리하여 표(재무상태표)로 작성하면 다음과 같다. 표를 작성할 때 왼쪽에 김비전 씨의 재산(자산)을 기록하고, 오른쪽에 김비전 씨가 갚아야 할 빚(부채)과 나머지 순자산(자본)을 기록한다.

재무상태표

김비전 씨 2025년 12월 31일 (단위: 원)

자산		부채	
현금	30,000,000	할부금	30,000,000
건물	500,000,000	차입금	300,000,000
토지	100,000,000		
주식	50,000,000		
은행예금	10,000,000		
펀드	10,000,000	자본금	400,000,000
자동차	30,000,000		
	730,000,000	=	730,000,000

김비전 씨가 보유하고 있는 총재산은 730,000,000원이지만 빚 330,000,000원이 있기 때문에 12월 31일 현재 순수한 재산은 400,000,000원이라 할 수 있다. 그러나 김비전 씨의 재산은 시점마다 달라진다. 왜냐하면 김비전 씨가 가지고 있는 건물, 토지, 주식, 펀드 등의 가치가 변동하기 때문이다. 위의 사례는 개인의 재산상태를 표로 나타낸 것이며 기업 역시 이와 동일하게 적용될 것이다.

4 재무제표 작성과 표시의 일반 원칙

재무제표 작성과 표시의 일반 원칙
- 계속기업의 가정
- 재무제표의 작성책임과 공정한 표시
- 재무제표 항목의 구분과 통합표시
- 비교재무제표의 작성
- 재무제표 항목의 표시와 분류의 계속성
- 재무제표의 양식

1. 계속기업의 가정

경영진은 재무제표를 작성할 때 계속기업으로 존속할 가능성을 평가해야 한다. 경영진이 기업을 청산하거나 경영활동을 중단할 의도가 있는 경우 또는 청산이나 경영활동의 중단 외에 다른 현실적인 대안이 없는 경우가 아니라면 계속 기업을 전제로 재무제표를 작성한다.

2. 재무제표의 작성책임과 공정한 표시

재무제표의 작성과 표시에 대한 책임은 경영진에게 있다. 재무제표는 경제적 사실과 거래의 실질을 반영하여 기업의 재무상태, 경영성과, 현금흐름 및 자본 변동을 공정하게 표시하여야 하며, 일반기업회계기준에 따라 적정하게 작성된 재무제표는 공정하게 표시된 재무제표로 본다.

3. 재무제표 항목의 구분과 통합표시

중요한 항목은 재무제표의 본문이나 주석에 그 내용을 가장 잘 나타낼 수 있도록 구분하여 표시하며, 중요하지 않은 항목은 성격이나 기능이 유사한 항목과 통합하여 표시할 수 있다.

4. 비교재무제표의 작성

재무제표의 기간별 비교가능성을 제고하기 위하여 전기 재무제표의 모든 계량정보를 당기와 비교하는 형식으로 표시한다. 또한 전기 재무제표의 비계량정보가 당기 재무제표를 이해하는 데 필요한 경우에는 이를 당기의 정보와 비교하여 주석에 기재한다.

5. 재무제표 항목의 표시와 분류의 계속성

재무제표의 기간별 비교가능성을 제고하기 위하여 원칙적으로 재무제표 항목의 표시와 분류는 매기 동일하여야 한다.

6. 재무제표의 양식

재무제표는 재무상태표, 손익계산서, 현금흐름표, 자본변동표 및 주석으로 구분하여 작성한다.

5 자산(Assets)

1. 자산의 의의

자산(Assets)이란 과거의 사건이나 결과에 의해 현재 기업이 소유하고 있는 것으로 미래 경제적 효익의 유입이 예상되는 것을 말한다. 즉, 기업이 보유하고 있는 여러 가지 재화와 채권을 의미한다.

① **재화**: 기업이 소유하고 있는 물건으로 현금, 상품, 토지, 건물 등을 말한다.

② **채권**: 돈 받을 권리로서 각종 예금, 외상매출금, 대여금 등을 말한다.

자산
기업이 소유하고 있는 것 중 미래 경제적 효익의 유입이 예상되는 것

2. 자산의 종류

과목		내용
현금		기업이 보유하고 있는 현금(지폐와 동전) 및 수표
보통예금		입·출금이 자유로운 예금
당좌예금		지불의 편의성을 목적으로 당좌수표를 발행하여 돈을 인출하기 위해 가입한 예금
정기예금		일정 금액을 일정 기간 동안 금융기관에 맡기고 정한 기한 후에 일정 금액과 이자를 받기로 한 예금
정기적금		목돈을 만들기 위해 일정 금액씩 일정 기간 동안 금융기관에 맡기고 정한 기한 후에 목돈을 받기로 한 예금
상품		상기업에서 판매를 목적으로 구입한 물건
제품		제조기업에서 판매를 목적으로 만든 물건
비품		영업활동에 사용할 목적으로 구입한 책상, 컴퓨터, 에어컨 등
소모품		영업활동에 사용할 목적으로 구입한 사무용품 등
매출채권	외상매출금	상품, 제품을 외상으로 판매한 경우
	받을어음	상품, 제품을 판매하고 대금을 어음으로 받은 경우
미수금		상품, 제품 이외의 자산을 외상으로 처분한 경우
단기대여금		보고기간 종료일부터 1년 이내에 회수하기로 하고 빌려준 경우
장기대여금		보고기간 종료일부터 1년 이후에 회수하기로 하고 빌려준 경우
선급금		상품 등을 구입하기로 하고 미리 지급한 계약금
토지		회사가 보유하고 있는 땅
건물		회사가 보유하고 있는 건물
차량운반구		영업용으로 사용하는 승용차, 승합차, 트럭, 오토바이 등
기계장치		제품 생산을 위해 사용하는 기계 등

3. 매출채권

매출채권이란 일반적인 상거래에서 발생한 채권으로 외상매출금과 받을어음으로 구분된다. 실무에서는 외상매출금과 받을어음을 구분하여 관리하지만 재무상태표에 공시할 때에는 두 계정을 통합하여 매출채권 계정으로 표시한다.

+ 일반적인 상거래

당해 기업의 사업 목적을 위한 계속적·반복적 영업활동에서 발생한 거래
- 상기업의 경우: 상품을 매입하여 판매하는 거래
- 제조기업의 경우: 원재료를 사 온 후 공장에서 제품을 만들어 판매하는 거래

4. 외부감사제도

외부감사(External Auditing)제도란 기업의 경영자가 제시한 재무제표가 회계기준에 따라 작성되었는지를 독립적인 외부전문가가 감사하고 그에 따른 의견을 표명함으로써 재무제표의 신뢰성을 높이고 재무제표의 이용자가 회사에 관하여 올바른 판단을 할 수 있도록 한 제도이다. 우리나라의 경우 「주식회사 등의 외부감사에 관한 법률」의 규정에 의하여 직전 사업연도 말의 자산 총액이 일정액 이상 또는 직전 사업연도의 매출액이 일정액 이상인 주식회사는 회계법인으로부터 의무적으로 재무제표에 대한 감사를 받아야 한다. 또한 외부감사를 받은 재무제표는 전자공시시스템 DART(http://dart.fss.or.kr)에서 확인할 수 있다.

포인트 수표와 어음

수표는 발행인이 지급위탁을 받은 은행에 대하여 수취인 또는 그 밖의 정당한 소지인에게 일정한 금액을 지급할 것을 위탁하는 증권을 말한다. 회사가 수표를 통해 돈을 인출할 목적으로 맡긴 예금을 당좌예금이라 하며, 당사가 수표를 발행하면 당좌예금에서 돈이 인출될 것이다. 또한, 수표를 받은 회사는 수표에 적혀 있는 은행에 제시하면 바로 돈으로 교환할 수 있으므로 현금으로 처리한다.
반면, 어음은 신용을 기본으로 하여 유통을 목적으로 발행되는 것으로 어음의 발행자가 어음의 소지인에게 일정한 금액을 일정한 날에 조건 없이 지급할 것을 약속하는 증권을 말한다.
- 수표
  - 당좌예금: 우리 회사가 발행한 수표(당사, 당점 발행수표)
  - 현금: 다른 회사가 발행한 수표(동사, 동점 발행수표)
- 어음
  - 지급어음: 상품, 원재료를 매입하고 지급한 어음(당사, 당점 발행어음)
  - 받을어음: 상품, 제품을 판매하고 받은 어음(동사, 동점 발행어음)

+ 외부감사대상 법인

주식회사의 경우 직전 사업연도 말 재무제표를 기준으로 아래 4가지 요인 중 2개 이상에 해당하면 외부감사대상이다.
- 자산 120억원 이상 • 부채 70억원 이상 • 매출액 100억원 이상 • 종업원 수 100명 이상

6 부채(Liabilities)

1. 부채의 의의

부채(Liabilities)란 미래에 갚아야 할 채무 또는 의무로서 미래 경제적 효익의 유출이 있는 것을 말한다. 즉, 경영활동 과정에서 타인으로부터 금전을 빌리거나 외상으로 상품 등을 매입한 경우에 발생하는 갚아야 할 빚을 의미한다.

부채
미래에 갚아야 할 채무 또는 의무로서 미래 경제적 효익의 유출이 있는 것

2. 부채의 종류

과목		내용
매입채무	외상매입금	상품, 원재료를 외상으로 산 경우, 갚지 않은 매입대금
	지급어음	상품, 원재료를 외상으로 매입하고 어음을 발행한 경우
미지급금		상품, 원재료 외의 물품을 외상으로 구입하고 지급하지 않은 경우
단기차입금		보고기간 종료일부터 1년 이내에 지급할 조건으로 빌려온 경우
장기차입금		보고기간 종료일부터 1년 이후에 지급할 조건으로 빌려온 경우
선수금		상품 등을 판매하기로 하고 미리 받은 계약금

채권 · 채무 관련 계정과목

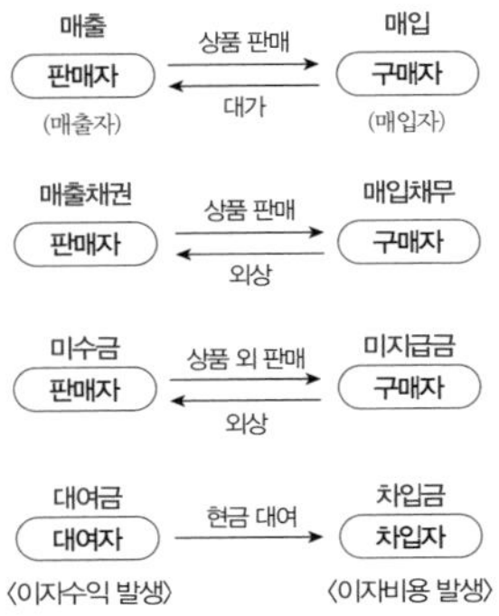

7 자본(Equities)

1. 자본의 의의

자본(Equities)이란 회사의 소유주 자신이 투자한, 출자금으로서의 소유주 지분을 말한다. 또한 기업의 자산에서 부채를 차감한 잔여지분이라고도 한다. 즉, 회사의 재산인 자산을 팔았을 때 부채를 갚아야 하므로 부채 부분은 채권자 지분에 해당한다. 그 나머지에 대하여는 소유주 자신의 것이므로 자본은 소유주 지분이라 한다. 또한 회사의 자산 중 부채를 우선적으로 갚아야 하므로 자본은 잔여지분 또는 순자산이라고도 한다.

자본(순자산)
자본 = 자산 − 부채

2. 자본의 종류

과목	내용
자본금	회사의 주주가 출자한 재산(장사밑천)
이익잉여금	회사의 경영활동으로 인한 순이익의 합계액

유형문제 1

다음을 자산, 부채, 자본으로 분류하여라.

[1] 현금	( )	[2] 외상매출금	( )	[3] 상품	( )
[4] 외상매입금	( )	[5] 토지	( )	[6] 자본금	( )
[7] 대여금	( )	[8] 비품	( )	[9] 받을어음	( )
[10] 건물	( )	[11] 정기예금	( )	[12] 제품	( )
[13] 미지급금	( )	[14] 기계장치	( )	[15] 지급어음	( )
[16] 차입금	( )	[17] 매출채권	( )	[18] 매입채무	( )
[19] 선급금	( )	[20] 선수금	( )	[21] 정기적금	( )
[22] 미수금	( )	[23] 당좌예금	( )	[24] 차량운반구	( )
[25] 소모품	( )	[26] 보통예금	( )	[27] 이익잉여금	( )

| 정답 |

[1] 자산	[2] 자산	[3] 자산	[4] 부채	[5] 자산	[6] 자본
[7] 자산	[8] 자산	[9] 자산	[10] 자산	[11] 자산	[12] 자산
[13] 부채	[14] 자산	[15] 부채	[16] 부채	[17] 자산	[18] 부채

[19] 자산　[20] 부채　[21] 자산　[22] 자산　[23] 자산　[24] 자산
[25] 자산　[26] 자산　[27] 자본

유형문제 2

(주)에듀윌의 자료에 의하여 1월 1일, 12월 31일의 재무상태표를 작성하여라.

[자료 1] 2025년 1월 1일 재무상태

• 현금	700,000원	• 미지급금	950,000원	• 보통예금	850,000원
• 단기차입금	830,000원	• 외상매출금	900,000원	• 받을어음	1,380,000원
• 지급어음	650,000원	• 차량운반구	1,400,000원	• 건물	2,000,000원
• 외상매입금	500,000원				

재무상태표

(주)에듀윌　2025년 1월 1일　(단위: 원)

차변	금액	대변	금액
합계		합계	

[자료 2] 2025년 12월 31일 재무상태

• 현금	680,000원	• 보통예금	790,000원	• 단기차입금	1,000,000원
• 외상매출금	650,000원	• 차량운반구	1,870,000원	• 지급어음	980,000원
• 상품	1,510,000원	• 건물	3,200,000원	• 외상매입금	800,000원

재무상태표

(주)에듀윌　2025년 12월 31일　(단위: 원)

차변	금액	대변	금액
합계		합계	

| 정답 |

재무상태표

(주)에듀윌 2025년 1월 1일 (단위: 원)

차변	금액	대변	금액
자산		부채	
현금	700,000	미지급금	950,000
보통예금	850,000	단기차입금	830,000
외상매출금	900,000	지급어음	650,000
받을어음	1,380,000	외상매입금	500,000
차량운반구	1,400,000		
건물	2,000,000	자본	4,300,000
합계	7,230,000	합계	7,230,000

재무상태표

(주)에듀윌 2025년 12월 31일 (단위: 원)

차변	금액	대변	금액
자산		부채	
현금	680,000	단기차입금	1,000,000
보통예금	790,000	지급어음	980,000
외상매출금	650,000	외상매입금	800,000
차량운반구	1,870,000		
상품	1,510,000		
건물	3,200,000	자본	5,920,000
합계	8,700,000	합계	8,700,000

유형문제 3

다음의 ( ) 안에 알맞은 금액을 산출하여라.

자산	부채	자본
(1)	1,100,000원	2,300,000원
5,000,000원	(2)	3,500,000원
4,300,000원	1,800,000원	(3)
(4)	3,200,000원	4,500,000원
8,500,000원	4,300,000원	(5)

| 정답 |

(1) 3,400,000원 (2) 1,500,000원 (3) 2,500,000원 (4) 7,700,000원 (5) 4,200,000원

03 손익계산서

1 손익계산서의 정의

손익계산서(Income Statement)는 '일정 기간의 경영성과를 나타내는 표'이며, 보통 I/S 라고 줄여서 표현한다. 여기서 '일정 기간'이란 회계기간을 말하며, 1년, 6개월(반기), 3개월(분기), 1개월을 단위로 할 수 있고 일반적으로 1년(1월 1일～12월 31일)을 의미한다. 즉, 일정 기간 동안 기업이 벌어들인 수익과 수익을 위하여 지출한 비용, 그리고 그 결과로 남은 순이익(경영성과)을 표시하는 보고서가 손익계산서인 것이다.

손익계산서
일정 기간의 경영성과를 나타내는 표(한국채택국제회계기준에서는 당기순손익과 기타포괄손익을 보여주는 포괄손익계산서를 적용함)

손익계산서

(주)에듀윌 2025년 1월 1일～2025년 12월 31일 (단위: 원)

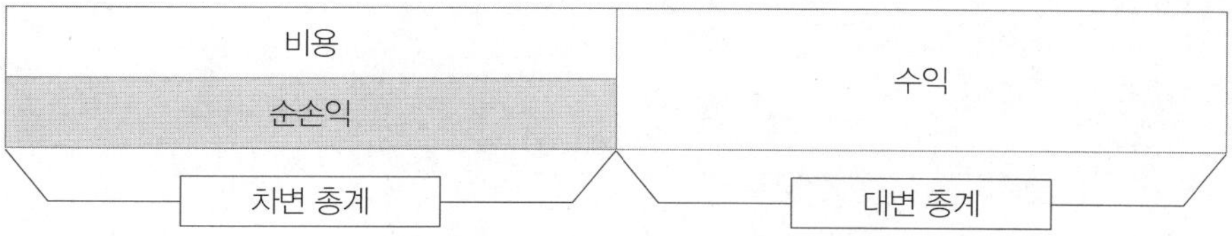

손익계산서 등식
수익－비용＝순손익

사례

다음은 2025년 1월 1일～2025년 12월 31일 김비전 씨의 경영성과를 조사한 구체적인 내역이다. (다음의 내용은 2025년 1월 1일～2025년 12월 31일 합계 정보이다)

• 김비전 씨가 받은 급여 총액	70,000,000원
• 식비 총액	20,000,000원
• 교육비 총액	10,000,000원
• 보험료 총액	5,000,000원
• 이자비용 총액	3,000,000원
• 문화 관련 비용 총액	5,000,000원
• 기타 비용 총액	10,000,000원
• 배당금수익 총액	10,000,000원

김비전 씨의 경영성과를 요약정리하여 수입지출표로 작성하면 다음과 같다.

1년 동안 김비전 씨의 순손익액		
수입		80,000,000원
급여수익	70,000,000원	
배당금수익	10,000,000원	
지출		53,000,000원
식비	20,000,000원	
교육비	10,000,000원	
보험료	5,000,000원	
이자비용	3,000,000원	
문화 관련 비용	5,000,000원	
기타 비용	10,000,000원	
순손익		27,000,000원

1년 동안 김비전 씨의 순수입은 수입에서 지출을 차감한 27,000,000원이다.

이 사례는 1년 동안 한 가정의 성과를 나타낸 것이지만 기업에서도 마찬가지로 경영성과를 계산할 수 있다. 이러한 성과표를 손익계산서라고 한다.
김비전 씨의 사례로 손익계산서를 작성하면 다음과 같다.

손익계산서

김비전 씨　　2025년 1월 1일~2025년 12월 31일　　(단위: 원)

차변	금액	대변	금액
비용		수익	
식비	20,000,000	급여수익	70,000,000
교육비	10,000,000	배당금수익	10,000,000
보험료	5,000,000		
이자비용	3,000,000		
문화 관련 비용	5,000,000		
기타 비용	10,000,000		
순손익			
당기순이익	27,000,000		
	80,000,000		80,000,000

2 수익(Revenue)

1. 수익의 의의

일정 기간 동안 기업이 영업활동을 한 결과로, 번 돈(자본 증가의 원인)을 수익이라 한다.

2. 수익의 분류

분류	내용
영업수익	기업의 주된 영업활동에서 발생한 수익
영업외수익	영업활동 이외에서 발생한 수익

3. 수익의 종류

과목	내용
상품매출	상품을 매출할 때 발생하는 금전 및 금전청구권
제품매출	제품을 매출할 때 발생하는 금전 및 금전청구권
임대료	건물이나 토지 등을 대여하고, 집세나 지대를 받은 경우
이자수익	대여금이나 은행예금 등에 대하여 발생한 이자
수수료수익	용역을 제공하고 수수료를 받은 경우 예 상품중개알선료 등
배당금수익	주식, 출자 등의 투자에 대한 이익분배를 받은 금액
잡이익	영업활동 이외에서 발생하는 기타의 이익금액 예 폐휴지 매각대금 등
유형자산처분이익	유형자산을 처분하였을 때 발생하는 이익

자산수증이익	주주 등이 무상으로 증여한 자산금액
채무면제이익	채권자에 의해 채무를 면제받은 금액

3 비용(Expense)

1. 비용의 의의

일정 기간 동안 기업이 영업활동을 한 결과로, 수익을 위해 쓴 돈(자본 감소의 원인)을 비용이라 한다.

2. 비용의 분류

분류	내용
매출원가	상품매출을 위해 사 온 금액
판매비와 관리비	판매 및 관리활동에서 지급된 금액(영업활동과 관련된 금액)
영업외비용	영업활동과 관련이 없는 비용
소득세비용	개인의 소득에 부과하는 세금

3. 비용의 종류

과목	내용
상품매출원가	상품의 매출액에 대응하는 상품원가
제품매출원가	제품의 매출액에 대응하는 제품원가
급여	직원에게 근로의 대가로 지급하는 금액
퇴직급여	직원이 퇴직할 때 지급하는 금액
복리후생비	직원의 복리를 위해 지급하는 금액 예 직원 회식비 등
임차료	토지·건물 등의 부동산을 빌리고 지급하는 금액
기업업무추진비	영업 목적의 접대를 위하여 지출하는 금액
세금과공과	국가에 대한 세금과 기타의 공과금(세금 이외의 강제적 부담금) 예 재산세, 자동차세, 상공회의소회비, 협회비, 교통유발부담금 등
수도광열비	수도, 전기, 가스 등의 이용 금액
광고선전비	판매를 위한 광고, 홍보, 선전 등을 위한 지출액
여비교통비	업무상 교통요금과 출장경비 등으로 지급하는 금액
소모품비	영업활동에 사용할 소모품을 구입하고 지급한 금액
통신비	전화, 인터넷, 우편 등의 이용 금액
운반비	상품발송 등의 운송비 지급 금액 예 택배비 등
보험료	보험료 지급 금액 예 자동차보험료 등
수선비	건물, 기계장치 등의 수리비 지급 금액
교육훈련비	직원의 교육과 훈련을 위한 지출액
도서인쇄비	신문, 도서 등의 구입액 및 인쇄비

임차인·임대인 회계처리

구분	임차인(세입자)	임대인(집주인)
월세	임차료(비용)	임대료(수익)
보증금	임차 보증금(자산)	임대 보증금(부채)

유사비용의 구분

구분	업무 관련성	대상
복리후생비	○	특정인(직원)
기업업무추진비	○	특정인(거래처 등)
광고선전비	○	불특정 다수
기부금	×	특정인(기부단체 등)

차량유지비	차량 운행을 위한 지출액 예 유류, 부품 교체 및 차량수리비 등
이자비용	차입금 등에 대한 이자로 지급하는 금액
수수료비용	용역의 제공을 받고 지급하는 수수료 금액 예 이체수수료 등
기부금	영업과 무관하게 기부하는 금품 및 물품의 금액
잡손실	영업활동 이외에서 발생하는 기타의 손실 금액 예 분실, 도난 등
재해손실	천재지변이나 재해 등으로 입은 손실 금액
유형자산처분손실	유형자산을 처분할 때 발생하는 손실
소득세비용	개인기업의 소득에 부과하는 소득세 상당액
법인세비용	법인기업의 소득에 부과하는 법인세 상당액

차량 관련 비용

- 세금과공과: 자동차세, 벌금 및 과태료 등
- 보험료: 자동차보험료 등
- 차량유지비: 유류대, 부품 교체 및 차량수리비, 정기 주차요금, 통행료 등

유형문제 4

다음 과목 중 수익 항목은 '수', 비용 항목은 '비'로 구분하여라.

[1] 급여 ( )	[2] 배당금수익 ( )	[3] 여비교통비 ( )
[4] 임대료 ( )	[5] 수수료수익 ( )	[6] 상품매출 ( )
[7] 기부금 ( )	[8] 기업업무추진비 ( )	[9] 잡이익 ( )
[10] 소모품비 ( )	[11] 세금과공과 ( )	[12] 수수료비용 ( )
[13] 도서인쇄비 ( )	[14] 잡손실 ( )	[15] 통신비 ( )
[16] 운반비 ( )	[17] 이자수익 ( )	[18] 제품매출 ( )
[19] 채무면제이익 ( )	[20] 재해손실 ( )	[21] 임차료 ( )
[22] 복리후생비 ( )	[23] 광고선전비 ( )	[24] 차량유지비 ( )
[25] 수선비 ( )	[26] 매출원가 ( )	[27] 이자비용 ( )

| 정답 |

[1] 비	[2] 수	[3] 비	[4] 수	[5] 수	[6] 수
[7] 비	[8] 비	[9] 수	[10] 비	[11] 비	[12] 비
[13] 비	[14] 비	[15] 비	[16] 비	[17] 수	[18] 수
[19] 수	[20] 비	[21] 비	[22] 비	[23] 비	[24] 비
[25] 비	[26] 비	[27] 비			

유형문제 5

(주)에듀윌의 수익과 비용 자료에 의하여 손익계산서를 작성하여라.

• 상품매출	8,000,000원	• 매출원가	4,000,000원	• 급여	1,500,000원
• 소모품비	50,000원	• 이자수익	250,000원	• 임대료	1,200,000원
• 통신비	90,000원	• 광고선전비	530,000원	• 퇴직급여	2,000,000원
• 차량유지비	190,000원	• 잡손실	80,000원	• 도서인쇄비	150,000원

손익계산서

(주)에듀윌 2025년 1월 1일～2025년 12월 31일 (단위: 원)

차변	금액	대변	금액
합계		합계	

| 정답 |

손익계산서

(주)에듀윌 2025년 1월 1일～2025년 12월 31일 (단위: 원)

차변	금액	대변	금액
비용		수익	
매출원가	4,000,000	상품매출	8,000,000
급여	1,500,000	이자수익	250,000
소모품비	50,000	임대료	1,200,000
통신비	90,000		
광고선전비	530,000		
퇴직급여	2,000,000		
차량유지비	190,000		
잡손실	80,000		
도서인쇄비	150,000		
당기순이익	860,000		
합계	9,450,000	합계	9,450,000

04 순손익 계산

1 순이익과 순손실

1. 순이익

일정 기간 동안 기업의 경영성과(영업활동)에 의하여 수익 총액이 비용 총액을 초과한 부분을 순이익이라 한다. 즉, 이것은 기초자본에서 기말자본으로 증가한 부분이다.

2. 순손실

일정 기간 동안 기업의 경영성과(영업활동)에 의하여 비용 총액이 수익 총액을 초과한 부분을 순손실이라 한다. 즉, 이것은 기초자본에서 기말자본으로 감소한 부분이다.

2 순손익 계산방법

1. 재산법(자본유지접근법)

재산법은 기초자본과 기말자본을 비교하여 당기순손익을 계산하는 방법이다. 기초자본보다 기말자본이 많으면 그 차액을 당기순이익으로, 기말자본보다 기초자본이 많으면 그 차액을 당기순손실로 본다.

재산법
- 기초자본<기말자본: 기말자본－기초자본＝당기순이익
- 기초자본>기말자본: 기초자본－기말자본＝당기순손실

2. 손익법(거래접근법)

손익법은 회계기간의 총수익과 총비용을 비교하여 당기순손익을 계산하는 방법이다. 총수익이 총비용보다 크면 그 차액을 당기순이익으로, 총비용이 총수익보다 크면 그 차액을 당기순손실로 본다.

손익법
- 총수익>총비용: 총수익－총비용＝당기순이익
- 총수익<총비용: 총비용－총수익＝당기순손실

3 재무상태표와 손익계산서의 관계 중요

일정 기간 영업활동과 관련된 노력의 과정을 정리한 것을 '손익계산서'라고 본다면, 노력을 쌓아 올려 만들어진 결과를 일정 시점의 누적상태로 표시한 것은 '재무상태표'가 된다. 결국, 손익계산서의 수익과 비용은 당기순이익에 집계되어 자본의 이익잉여금에 반영되어 사라지고 재무상태표의 구성요소는 차기로 이월된다. 따라서 손익계산서의 구성요소는 임시 항목이며, 재무상태표의 구성요소는 영구 항목이다.

사례

회사에서 퇴직한 김비전 씨는 2025년 1월 1일 자신의 돈 30,000,000원과 은행에서 장기차입한 돈 20,000,000원으로 과일장사를 시작하였다.
사업 개시 시점의 재무상태표를 작성하면 다음과 같다.

재무상태표

김비전 씨　　　　2025년 1월 1일　　　　(단위: 원)

자산		부채	
현금	50,000,000	장기차입금	20,000,000
		자본	
		자본금	30,000,000
총계	50,000,000	= 총계	50,000,000

2025년에 김비전 씨는 과일을 10,000,000원에 현금 구입하여 개인 소비자에게 20,000,000원에 현금 판매하였다. 이 과정에서 인건비 4,000,000원이 현금 지급되었다. 이를 손익계산서로 표시하면 다음과 같다.

손익계산서

김비전 씨 　　 2025년 1월 1일~2025년 12월 31일 　　 (단위: 원)

비용		수익	
상품매출원가	10,000,000	상품매출	20,000,000
급여	4,000,000		
순이익	6,000,000		
총계	20,000,000	= 총계	20,000,000

2025년 12월 31일 사업종료 시점의 재무상태표를 작성하면 다음과 같다.

재무상태표

김비전 씨 　　 2025년 12월 31일 　　 (단위: 원)

자산		부채	
현금	56,000,000*	장기차입금	20,000,000
		자본	
		자본금	30,000,000
		이익잉여금	6,000,000
총계	56,000,000	= 총계	56,000,000

* 현금 50,000,000원+상품매출 20,000,000원−상품매출원가 10,000,000원−급여 4,000,000원 =56,000,000원

• 재산법: 기말자본 36,000,000원−기초자본 30,000,000원=당기순이익 6,000,000원

• 손익법: 총수익 20,000,000원−총비용 14,000,000원=당기순이익 6,000,000원

위의 사례를 요약하면 다음과 같다.

재무상태표

김비전 씨 　　 2025년 1월 1일 　　 (단위: 원)

자산	50,000,000	부채	20,000,000
		자본	30,000,000

재무상태표

김비전 씨 　　 2025년 12월 31일 　　 (단위: 원)

자산	56,000,000	부채	20,000,000
		자본	36,000,000

손익계산서

김비전 씨 　　 2025년 1월 1일~2025년 12월 31일 　　 (단위: 원)

총비용	14,000,000	총수익	20,000,000
순이익	6,000,000		

위의 사례를 통해 재산법에 의한 당기순이익과 손익법에 의한 당기순이익이 항상 같음을 확인할 수 있다. 결국, 영업활동 과정에서 얻은 손익계산서의 순이익과 재무상태표의 두 시점을 비교하여 얻은 결과인 순이익은 반드시 일치할 수밖에 없다.

4 기초자본과 기말자본의 관계

기초자본에 당기순이익을 더해서 기말자본이 나오는 것은 가장 단순한 계산식이다. 여기에 덧붙여 주주로부터 추가 출자 받은 금액이 있으면 기말자본은 증가할 것이며, 추가 인출된 금액이 있으면 기말자본은 감소할 것이다. 따라서 계산식을 다음과 같이 요약할 수 있다.

- 기초자본＋추가 출자액(주주)－추가 인출액(기업주)±당기순손익＝기말자본
- 기말자본－기초자본＝추가 출자액－추가 인출액±당기순손익＝자본 변동액

유형문제 6

다음 표의 빈칸에 알맞은 금액을 기입하여라. (단, 순손실은 "－"로 표시한다)

기초자본	기말자본	순손익
12,000,000원	15,500,000원	(1)
(2)	8,000,000원	－1,200,000원

| 정답 |

(1) 3,500,000원　(2) 9,200,000원

유형문제 7

다음 표의 빈칸에 알맞은 금액을 기입하여라. (단, 순손실은 "－"로 표시한다)

총수익	총비용	순손익
4,500,000원	2,300,000원	(1)
2,780,000원	(2)	－580,000원

| 정답 |

(1) 2,200,000원　(2) 3,360,000원

유형문제 8

다음 표의 빈칸에 알맞은 금액을 기입하여라. (단, 순손실은 "－"로 표시한다)

자본		총수익	총비용	당기순손익
기초	기말			
800,000원	1,200,000원	950,000원	(1)	400,000원
1,000,000원	(2)	650,000원	380,000원	(3)
430,000원	370,000원	210,000원	(4)	(5)

| 정답 |

(1) 550,000원　(2) 1,270,000원　(3) 270,000원　(4) 270,000원　(5) －60,000원

유형문제 9

다음의 자료를 이용하여 기초부채를 구하여라.

• 기초자산	1,500,000원	• 기말자산	2,380,000원	• 기말부채	1,120,000원
• 총수익	1,850,000원	• 총비용	1,460,000원		

재무상태표

2025년 1월 1일

자산	부채
	자본

재무상태표

2025년 12월 31일

자산	부채
	자본

손익계산서

2025년 1월 1일~2025년 12월 31일

총비용	총수익
순이익	

| 정답 |

재무상태표

2025년 1월 1일

자산 1,500,000	부채 630,000*4
	자본 870,000*3

재무상태표

2025년 12월 31일

자산 2,380,000	부채 1,120,000
	자본 1,260,000*1

손익계산서

2025년 1월 1일~2025년 12월 31일

총비용 1,460,000	총수익 1,850,000
순이익 390,000*2	

*1 기말자산 2,380,000원 – 기말부채 1,120,000원 = 기말자본 1,260,000원
*2 총수익 1,850,000원 – 총비용 1,460,000원 = 순이익 390,000원
*3 기말자본 1,260,000원 – (당기)순이익 390,000원 = 기초자본 870,000원
*4 기초자산 1,500,000원 – 기초자본 870,000원 = 기초부채 630,000원

유형문제 10

(주)에듀윌의 기초, 기말 재무상태와 회계연도 중의 경영성과를 자료로 기초재무상태표와 기말재무상태표 및 손익계산서를 작성하여라.

[자료 1] 1월 1일 재무상태표

• 현금	380,000원	• 당좌예금	730,000원	• 외상매출금	910,000원
• 지급어음	450,000원	• 미지급금	350,000원	• 받을어음	690,000원
• 단기차입금	590,000원	• 외상매입금	780,000원	• 미수금	720,000원
• 선급금	300,000원	• 선수금	610,000원	• 기계장치	620,000원

재무상태표

(주)에듀윌 2025년 1월 1일 (단위: 원)

차변	금액	대변	금액
합계		합계	

[자료 2] 12월 31일 재무상태표

• 현금	580,000원	• 당좌예금	630,000원	• 외상매출금	810,000원
• 지급어음	210,000원	• 미지급금	230,000원	• 받을어음	740,000원
• 단기차입금	230,000원	• 외상매입금	390,000원	• 미수금	720,000원
• 선급금	213,000원	• 선수금	485,000원	• 기계장치	420,000원

재무상태표

(주)에듀윌 2025년 12월 31일 (단위: 원)

차변	금액	대변	금액
합계		합계	

[자료 3] 1월 1일～12월 31일 손익계산서

• 상품매출	4,358,000원	• 매출원가	1,580,000원	• 임대료	1,400,000원
• 급여	1,120,000원	• 기업업무추진비	530,000원	• 복리후생비	230,000원
• 이자수익	370,000원	• 보험료	380,000원	• 세금과공과	210,000원
• 퇴직급여	750,000원	• 기부금	215,000원	• 잡손실	115,000원

손익계산서

(주)에듀윌　　　2025년 1월 1일～2025년 12월 31일　　　(단위: 원)

차변	금액	대변	금액
합계		합계	

| 정답 |

재무상태표

(주)에듀윌　　　2025년 1월 1일　　　(단위: 원)

차변	금액	대변	금액
자산		부채	
현금	380,000	지급어음	450,000
당좌예금	730,000	미지급금	350,000
외상매출금	910,000	단기차입금	590,000
받을어음	690,000	외상매입금	780,000
미수금	720,000	선수금	610,000
선급금	300,000		
기계장치	620,000	자본	1,570,000
합계	4,350,000	합계	4,350,000

재무상태표

(주)에듀윌　　2025년 12월 31일　　(단위: 원)

차변	금액	대변	금액
자산		부채	
현금	580,000	지급어음	210,000
당좌예금	630,000	미지급금	230,000
외상매출금	810,000	단기차입금	230,000
받을어음	740,000	외상매입금	390,000
미수금	720,000	선수금	485,000
선급금	213,000		
기계장치	420,000	자본	2,568,000
합계	4,113,000	합계	4,113,000

손익계산서

(주)에듀윌　　2025년 1월 1일～2025년 12월 31일　　(단위: 원)

차변	금액	대변	금액
비용		수익	
매출원가	1,580,000	상품매출	4,358,000
급여	1,120,000	임대료	1,400,000
기업업무추진비	530,000	이자수익	370,000
복리후생비	230,000		
보험료	380,000		
세금과공과	210,000		
퇴직급여	750,000		
기부금	215,000		
잡손실	115,000		
당기순이익	998,000		
합계	6,128,000	합계	6,128,000

Keyword로 빠르게 체크하는 핵심 이론

1 회계정보이용자

회계정보를 필요로 하는 자(= 이해관계자)

구분	재무회계	관리회계
정보이용자	외부 정보이용자	내부 정보이용자
목적	외부공시	내부통제
보고수단	01 ________	특수목적 보고서
회계기준	준수 ○	준수 ×

2 재무제표

재무상태표, 손익계산서, 현금흐름표, 자본변동표, 주석

1. 재무상태표: 일정 02 ________의 재무상태를 나타내는 표
2. 손익계산서: 일정 03 ________의 경영성과를 나타내는 표

3 자산

1. 의의: 기업이 소유하고 있는 것 중 미래 경제적 효익의 유입이 예상되는 것
2. 자산의 종류
   - 현금
   - 보통예금
   - 당좌예금
   - 정기예금
   - 정기적금
   - 상품
   - 제품
   - 비품
   - 소모품
   - 미수금
   - 단기대여금
   - 장기대여금
   - 선급금
   - 토지
   - 건물
   - 차량운반구
   - 기계장치
   - 매출채권
3. 자산의 등식

자산 = 부채 + 04 ________

4 부채

1. 의의: 미래에 갚아야 할 채무 또는 의무로서 미래 경제적 효익의 유출이 있는 것
2. 부채의 종류
   - 단기차입금
   - 선수금
   - 장기차입금
   - 매입채무
   - 미지급금

5 자본

1. 의의: 회사의 소유주 자신이 투자한 출자금으로서의 소유주 지분(자본 = 자산 − 부채)
2. 자본의 종류
   - 자본금
   - 이익잉여금

6 수익

1. 의의: 일정 기간 동안 기업이 영업활동을 한 결과로, 번 돈(자산 증가의 원인)
2. 수익의 종류
   - 상품매출
   - 제품매출
   - 임대료
   - 이자수익
   - 수수료수익
   - 배당금수익
   - 잡이익
   - 유형자산처분이익
   - 자산수증이익
   - 채무면제이익

7 비용

1. 의의: 일정 기간 동안 기업이 영업활동을 한 결과로, 수익을 위해 쓴 돈(자산 감소의 원인)
2. 비용의 종류
   - 상품매출원가
   - 제품매출원가
   - 급여
   - 퇴직급여
   - 복리후생비
   - 임차료
   - 기업업무추진비
   - 세금과공과
   - 수도광열비
   - 광고선전비
   - 여비교통비
   - 소모품비
   - 통신비
   - 운반비
   - 보험료
   - 수선비
   - 차량유지비
   - 교육훈련비
   - 도서인쇄비
   - 이자비용
   - 수수료비용
   - 기부금
   - 잡손실
   - 재해손실
   - 유형자산처분손실
   - 소득세비용
   - 법인세비용

8 당기순이익

1. 의의: 당기의 05 ________에서 06 ________을 뺀 금액
2. 재산법
   - 기초자본 < 기말자본: 당기순이익
   - 기초자본 > 기말자본: 당기순손실
3. 손익법
   - 총수익 > 총비용: 당기순이익
   - 총수익 < 총비용: 당기순손실

정답

01 재무제표　02 시점　03 기간
04 자본　05 총수익　06 총비용

기출 & 확인 문제

맞은 개수	개/총 20문항
복습 여부	YES / NO

AT | 24' 71회 FAT 2급

01 **다음은 신문기사의 일부이다. (㉮)에 들어갈 내용으로 가장 적절한 것은?**

> 외부 감사인이 회계감사 대상 회사의 재무제표 작성 지원을 금지하며 회사가 자체 결산 능력을 갖추고 (㉮)의 책임하에 재무제표를 작성하도록 했다.
>
> (××신문, 2025년 3월 31일)

① 내부 감사인
② 경영자
③ 공인회계사
④ 과세당국

전산 | 23' 109회 전산회계 1급

02 **회계분야 중 재무회계에 대한 설명으로 적절한 것은?**

① 관리자에게 경영활동에 필요한 재무정보를 제공한다.
② 국세청 등의 과세관청을 대상으로 회계정보를 작성한다.
③ 법인세, 소득세, 부가가치세 등의 세무 보고서 작성을 목적으로 한다.
④ 일반적으로 인정된 회계원칙에 따라 작성하며 주주, 투자자 등이 주된 정보이용자이다.

전산 | 23' 110회 전산회계 1급

03 **다음 중 재무상태표에 관한 설명으로 가장 옳은 것은?**

① 일정 시점의 현재 기업이 보유하고 있는 자산과 부채 및 자본에 대한 정보를 제공하는 재무보고서이다.
② 일정 기간 동안의 기업의 수익과 비용에 대해 보고하는 보고서이다.
③ 일정 기간 동안의 현금의 유입과 유출에 대한 정보를 제공하는 보고서이다.
④ 기업의 자본변동에 관한 정보를 제공하는 재무보고서이다.

AT | 24' 69회 FAT 2급

04 다음 중 회계정보의 이용자가 필요로 하는 정보로 적절하지 않은 것은?

① 채권자: 배당금이 얼마인지에 대한 정보
② 경영자: 영업이익이 얼마인지에 대한 정보
③ 종업원: 성과급을 얼마나 받을지에 대한 정보
④ 세무서: 세금을 얼마나 내는지에 대한 정보

ERP | 22' 5회 ERP 회계 2급

05 다음에서 설명하는 계정과목으로 가장 적절한 것은?

거래처로부터 상품을 주문받고 상품 대금의 일부를 계약금으로 미리 받은 경우 그 금액이다.

① 기부금
② 선급금
③ 선수금
④ 유동성 장기부채

정답 및 해설

01 ② 경영자는 재무제표를 작성하여 기업 외부의 이해관계자에게 보고해야 할 책임이 있다.

02 ④ 재무회계는 주주, 투자자, 채권자 등과 같은 외부 정보이용자의 경제적 의사결정에 유용한 정보를 제공하기 위함을 목적으로 한다.
① 원가관리회계의 목적이다.
② 세무회계의 정보이용자에 해당한다.
③ 세무회계의 목적이다.

03 ① 재무상태표는 일정 시점 현재 기업이 보유하고 있는 자산, 부채, 자본 등 재무상태에 대한 정보를 제공하는 재무보고서이다.
② 손익계산서에 대한 설명이다.
③ 현금흐름표에 대한 설명이다.
④ 자본변동표에 대한 설명이다.

04 ① 채권자는 이자 지급 능력과 원금 회수 능력 등에 대한 정보를 필요로 한다.

05 ③ 선수금이란 거래처로부터 주문받은 상품 또는 제품을 인도하거나 공사를 완성하기 이전에 그 대가의 일부 또는 전부를 수취한 금액을 말하는데, 수주공사 또는 수주품의 거래 및 기타의 일반적 상거래에서 발생한 판매대금의 선수액을 의미한다.

전산 21' 95회 전산회계 2급

06 **다음 재무자료에 대한 설명으로 옳지 않은 것은?**

• 기초자산	90,000원	• 기초부채	40,000원
• 기말자산	110,000원	• 기말부채	50,000원

① 기초자본은 50,000원이다.

② 당기순이익은 10,000원이다.

③ 당기부채보다 당기자산이 더 많이 증가했다.

④ 기말자본은 50,000원이다.

AT 22' 51회 FAT 2급

07 **다음 중 재무회계의 목적에 관한 설명으로 옳지 않은 것은?**

① 기업에 관한 투자 및 신용 의사결정에 유용한 정보를 제공한다.

② 기업의 미래 현금흐름 예측에 유용한 정보를 제공한다.

③ 특정 기업실체에 관한 정보뿐 아니라, 산업 또는 경제 전반에 관한 정보도 제공한다.

④ 경영자의 수탁책임 평가에 유용한 정보를 제공한다.

ERP 22' 5회 ERP 회계 2급

08 **다음에 제시된 자료로 총비용을 계산하면 얼마인가? (단, 회계기간 중 자본거래는 없음)**

• 자산(기초 5,000,000원, 기말 15,000,000원)
• 부채(기초 4,000,000원, 기말 6,200,000원)
• 총수익 8,100,000원

① 300,000원 ② 1,000,000원

③ 7,800,000원 ④ 8,800,000원

09 회사의 자산과 부채가 다음과 같을 때 자본(순자산)은 얼마인가?

• 미수금	300,000원	• 외상매출금	500,000원
• 지급어음	200,000원	• 미지급금	150,000원
• 선급금	350,000원	• 선수금	400,000원
• 상품	600,000원	• 차입금	800,000원

① 100,000원 ② 150,000원
③ 200,000원 ④ 250,000원

전산 22' 101회 전산회계 2급

10 개인 회사인 대성상사의 기말자본금이 510,000원일 때, 다음 자료에서 알 수 있는 당기의 인출금은 얼마인가?

• 기초자본금	1,000,000원	• 추가 출자액	300,000원
• 총수익	400,000원	• 총비용	290,000원

① 900,000원 ② 1,000,000원
③ 1,100,000원 ④ 1,200,000원

정답 및 해설

06 ④ ① 기초자본: 기초자산 90,000원 − 기초부채 40,000원 = 50,000원
② • 기말자본: 기말자산 110,000원 − 기말부채 50,000원 = 60,000원
• 당기순이익: 기말자본 60,000원 − 기초자본 50,000원 = 10,000원
③ 당기자산은 20,000원(= 기말자산 110,000원 − 기초자산 90,000원) 증가하였고, 당기부채는 10,000원(= 기말부채 50,000원 − 기초부채 40,000원) 증가하였다. 즉, 당기부채보다 당기자산이 더 많이 증가했다.

07 ③ 재무제표는 특정 기업실체에 관한 정보를 제공하며, 산업 또는 경제 전반에 관한 정보는 제공하지 않는다.

08 ① • 기초자산 5,000,000 − 기초부채 4,000,000원 = 기초자본 1,000,000원
• 기말자산 15,000,000원 − 기말부채 6,200,000원 = 기말자본 8,800,000원
• 기말자본 8,800,000원 − 기초자본 1,000,000원 = 당기순이익 7,800,000원
• 총수익 8,100,000원 − 당기순이익 7,800,000원 = 총비용 300,000원

09 ③ • 자산: 미수금 300,000원 + 외상매출금 500,000원 + 선급금 350,000원 + 상품 600,000원 = 1,750,000원
• 부채: 지급어음 200,000원 + 미지급금 150,000원 + 선수금 400,000원 + 차입금 800,000원 = 1,550,000원
∴ 자본: 자산 1,750,000원 − 부채 1,550,000원 = 200,000원

10 ① 기초자본금 1,000,000원 + 추가 출자액 300,000원 + (총수익 400,000원 − 총비용 290,000원) − 기말자본금 510,000원 = 900,000원

전산 22' 100회 전산회계 2급

11 다음의 자료에 의한 기초자본, 기말자본, 기말부채는 얼마인가?

• 기초자산	500,000원	• 기말자산	800,000원	• 기초부채	300,000원
• 총수익	1,000,000원	• 총비용	800,000원		

	기초자본	기말자본	기말부채
①	400,000원	200,000원	400,000원
②	200,000원	600,000원	300,000원
③	200,000원	400,000원	400,000원
④	600,000원	300,000원	200,000원

ERP 23' 5회 ERP 회계 1급

12 재무회계에 대한 설명으로 가장 적절하지 않은 것은?

① 기업 이해관계자의 의사결정을 위한 유용한 회계정보를 제공한다.

② 모든 기업의 회계기간은 1년으로, 시작은 1월 1일이며 12월 31일에 종료된다.

③ 시간 · 정보는 과거지향적이며, 일정한 원칙에 의하여 모든 재산의 변동상황을 기록한다.

④ 재무회계의 주목적은 일정한 시점에 있어서의 재무상태와 일정 기간의 경영성과를 파악하는 것이다.

AT | 22' 52회 FAT 2급

13 **다음은 (주)한공의 2025년 5월 지출예산서의 일부이다. 이를 집행하여 회계처리했을 때 차변의 계정과목 내용으로 옳은 것은?**

지출결의서

결재	재무이사	김한국
	부장	박공인
	담당직원	이회계

(가) 직원 단합을 위한 가족동반 야유회 개최비 5,000,000원
(나) 직원 업무역량 강화를 위한 영어학원 지원비 3,000,000원

	(가)	(나)
①	복리후생비	기업업무추진비
②	기업업무추진비	교육훈련비
③	복리후생비	교육훈련비
④	기업업무추진비	복리후생비

ERP | 23' 6회 ERP 회계 1급

14 **재무제표의 특징으로 가장 적절한 것은?**

① 재무상태표 – 일정 시점의 재무상태 – 정태적 보고서 – 현금주의
② 손익계산서 – 일정 시점의 경영성과 – 동태적 보고서 – 발생주의
③ 현금흐름표 – 일정 기간의 현금흐름 – 동태적 보고서 – 현금주의
④ 자본변동표 – 일정 기간의 자본현황 – 정태적 보고서 – 발생주의

정답 및 해설

11 ③ • 기초자본: 기초자산 500,000원 – 기초부채 300,000원 = 200,000원
• 기말자본: 기초자본 200,000원 + 당기순이익 200,000원 = 400,000원
• 기말부채: 기말자산 800,000원 – 기말자본 400,000원 = 400,000원
• 당기순이익: 총수익 1,000,000원 – 총비용 800,000원 = 200,000원

12 ② 각 기업의 회계기간은 정관에서 정한다.

13 ③ • (가) 직원의 복리를 위한 지출: 복리후생비
• (나) 직원의 교육을 위한 지출: 교육훈련비

14 ③ • 재무상태표: 일정 시점의 재무상태 / 정태적 보고서 / 발생주의
• 손익계산서: 일정 기간의 경영성과 / 동태적 보고서 / 발생주의
• 자본변동표: 일정 기간의 자본현황 / 동태적 보고서 / 발생주의

전산 23' 107회 전산회계 2급

15 **다음 자료에서 기말자본은 얼마인가?**

• 기초자본	1,000,000원	• 총비용	5,000,000원	• 총수익	8,000,000원

① 2,000,000원
② 3,000,000원
③ 4,000,000원
④ 8,000,000원

전산 24' 112회 전산회계 2급

16 **다음 중 손익계산서에 대한 설명으로 옳지 않은 것은?**

① 재무제표의 종류에 속한다.
② 재산법을 이용하여 당기순손익을 산출한다.
③ 일정한 기간의 경영성과를 나타내는 보고서이다.
④ 손익계산서 등식은 '총비용 = 총수익 + 당기순손실' 또는 '총비용 + 당기순이익 = 총수익'이다.

전산 22' 100회 전산회계 2급

17 **다음 중 손익계산서상 계정과목에 대한 설명으로 가장 적절하지 않은 것은?**

① 통신비: 업무에 관련되는 전화요금, 휴대폰요금, 인터넷요금, 등기우편요금 등
② 수도광열비: 업무와 관련된 가스요금, 전기요금, 수도요금, 난방비
③ 기업업무추진비: 상품 등의 판매촉진을 위하여 불특정 다수인에게 선전하는 데에 소요되는 비용
④ 임차료: 업무와 관련된 토지, 건물, 기계장치, 차량운반구 등을 빌리고 지급하는 사용료

ERP 23' 2회 ERP 회계 2급

18 **다음에 제시된 거래내용을 나타내는 계정과목으로 가장 적절한 것은?**

• A: 사무실에서 사용하는 사무용품 등의 구매 금액
• B: 사무용으로 활용하는 컴퓨터, 프린터, 책상 등의 구매 금액

	A	B
①	소모품비	비품
②	기업업무추진비	비품
③	미수금	광고선전비
④	복리후생비	단기차입금

전산 22' 103회 전산회계 2급

19 **회사의 판매용 상품매입과 관련한 다음의 분개에서 (   ) 안에 들어갈 수 없는 계정과목은 무엇인가?**

(차) 상품	100,000	(대) ( )	100,000

① 현금
② 보통예금
③ 미지급금
④ 외상매입금

정답 및 해설

15 ③ • 총수익 8,000,000원 – 총비용 5,000,000원 = 당기순이익 3,000,000원
• 기초자본 1,000,000원 + 당기순이익 3,000,000원 = 기말자본 4,000,000

16 ② 손익계산서의 총비용과 총수익을 비교하여 당기순손익을 구하는 방법은 손익법이다. 재산법은 기초자본과 기말자본을 비교하여 당기순이익을 계산하는 방법이다.

17 ③ 상품 등의 판매촉진을 위하여 불특정 다수인에게 선전하는 데에 소요되는 비용은 광고선전비이다. 기업업무추진비란 거래관계의 활성화 또는 판매 증대를 목적으로 지출하는 비용으로 교제비, 기밀비, 사례금 등이 있다.

18 ① 사무실에서 사용하기 위해 구입하는 사무용품은 소모품비 계정으로, 사무용으로 쓰이는 컴퓨터, 프린터, 책상, 의자 등의 구매 금액은 기업의 자산인 비품 계정으로 회계처리한다.

19 ③ 미지급금은 일반적인 상거래 외의 거래에서 발생하는 부채이다.

AT | 23' 65회 FAT 2급

20 **다음 중 재무상태표에 대한 설명으로 옳지 않은 것은?**

① 자산과 부채는 원칙적으로 상계하여 표시하지 않는다.

② 자산과 부채는 1년을 기준으로 유동과 비유동으로 분류하는 것이 원칙이다.

③ 재무상태표는 정보이용자에게 기업의 유동성, 재무적 탄력성 등을 평가하는데 유용한 정보를 제공한다.

④ 재무상태표의 기본요소는 자산, 부채 및 수익이다.

정답 및 해설

20 ④재무상태표의 기본요소는 자산, 부채 및 자본이다.

사소한 것에 목숨을 걸기에는
인생이 너무 짧고,
하찮은 것에 기쁨을 빼앗기기에는
오늘이 소중합니다.

– 조정민, 『인생은 선물이다』, 두란노

CHAPTER 02

복식장부의 작성원리

핵심키워드

- 회계상의 거래
- 전기
- 결산
- 분개
- 시산표

1회독 2회독 3회독

01 회계기록의 대상과 방법

1 회계기록의 대상

1. 거래의 정의

기업은 사업을 영위하면서 다양한 거래를 하게 되는데, 이 과정에서 일어나는 거래는 '회계상의 거래'와 '일반적인 거래'로 구분된다. 회계상의 거래란 기업의 자산, 부채, 자본, 수익, 비용의 변동(증감)에 영향을 미치는 경제적인 사건을 말한다. 여기서 경제적인 사건이란 기업의 영업활동이 재무상태에 금전적인 영향을 미치는 것을 말하며, 반드시 화폐금액으로 측정할 수 있어야 한다. 즉, 회계상의 거래란 기업의 자산, 부채, 자본, 수익, 비용에 영향을 미치면서 그 영향을 화폐금액으로 측정할 수 있는 것만을 말한다.

회계상의 거래
기업의 자산, 부채, 자본, 수익, 비용에 영향을 미치면서 그 영향을 화폐금액으로 측정 가능한 거래

거래를 인식할 때 중요한 점은 회계상의 거래만 장부에 기록한다는 것이며 회계상의 거래는 우리가 상식적으로 생각하는 일상생활(일반적인)에서의 거래와는 많은 차이가 있다. 예를 들어, 금융기관에 돈을 차입하기 위해 건물을 담보로 제공하는 행위는 건물을 담보물로만 제공하고 실제 명의이전이나 서류상의 소유권 변경은 없기 때문에 회계상의 거래가 아니므로 장부에 기록하지 않는다. 회계상의 거래가 아닌 거래의 예로는 종업원을 채용하는 행위, 거래처와 납품계약을 맺는 행위 등이 있다. 즉, 회계상의 거래가 아닌 거래는 장부에 기입하지 않으며, 회계상의 거래만 장부에 기입하여 기업의 재무제표에 영향을 미친다.

회계상의 거래
- YES: 장부기록 O
- NO: 장부기록 ×

+ 회계상의 거래와 일반적인 거래 중요

<table>
<tr><td colspan="2">회계상의 거래</td><td></td></tr>
<tr><td>화재, 도난, 분실, 대손*, 감가상각, 파손 등에 의한 자산의 감소</td><td>현금의 수입과 지출, 상품매매, 채권·채무의 증가와 감소, 비용의 지급, 수익의 수입 등</td><td>임대차계약, 종업원의 채용, 상품의 주문, 약속, 예약, 담보 제공 등</td></tr>
<tr><td></td><td colspan="2">일반적인 거래</td></tr>
</table>

▶ 대손이란 외상매출금, 대출금 등을 돌려받지 못하여 손해를 보는 일을 말한다.

유형문제 1

다음 (　　) 안에 회계상의 거래인 것에는 ○, 회계상의 거래가 아닌 것에는 ×를 표시하여라.

[1] 상품 150,000원을 외상으로 매입하다. (　　)
[2] 건물에 대한 임차료로 1개월에 900,000원을 지급하기로 계약하다. (　　)
[3] 영업용 건물에 대하여 200,000원의 감가상각비를 계상*하다. (　　)
[4] 영업용 건물 10,000,000원이 화재로 인하여 소실되다. (　　)
[5] 상품 150,000원을 매입하고 그 대금은 현금으로 지급하다. (　　)
[6] 상품 480,000원을 매입하기로 하고, 거래처에 주문하다. (　　)
[7] 상품 800,000원을 도난당하다. (　　)
[8] 거래처의 파산으로 인하여 외상매출금 800,000원이 회수불능되다. (　　)
[9] 임대료 400,000원을 현금으로 받다. (　　)
[10] 월급 1,500,000원을 지급하기로 하고 종업원을 채용하다. (　　)

| 정답 |

[1] ○ [2] × [3] ○ [4] ○ [5] ○ [6] × [7] ○ [8] ○ [9] ○ [10] ×

▶ 계상은 회계처리하여 장부에 기입하는 것을 말한다.

CH. 02

2. 계정과 계정과목

계정과 계정과목
- 계정: 계정과목의 넓은 의미
- 계정과목: 회계기록의 최소 단위

'계정과목'이란 회계를 기록하는 최소 단위로, 거래기록(분개) 시 계정과목을 기록하게 된다. 반면, '계정'이란 계정과목보다 넓은 의미의 개념으로 중분류 내지 대분류라고 할 수 있으며, 계정과목의 증가 및 감소를 기록하는 것도 계정이라고 한다.

사례

김비전 씨의 한 달간의 경제활동이 다음과 같을 때, 용돈기입장을 작성해 보자.

7월 1일 부모님으로부터 용돈 400,000원을 받아 7월 3일 100,000원을 서적을 구입하는 데 사용했다. 7월 10일 친구와 영화 관람으로 20,000원을 지출하였으며, 7월 15일 삼촌으로부터 용돈 50,000원을 받았다. 7월 25일 이성친구의 선물 구입으로 70,000원을 지출하였다.

용돈의 사용을 파악하기 위해서 우선 김비전 씨의 경제활동을 일자별로 메모하였다.

7월 1일	부모님으로부터 용돈 받음	400,000원
3일	서적 구입	100,000원
10일	영화 관람	20,000원
15일	삼촌으로부터 용돈 받음	50,000원
25일	이성친구의 선물 구입	70,000원

메모만으로는 수입과 지출을 한눈에 알 수 없으므로 이를 용돈기입장에 기입하여 파악해 보자. 일상에서 장부 작성은 단식부기에 의해서 기록한다.

▌용돈기입장

날짜	적요	수입	지출
7월 1일	부모님으로부터 용돈 받음	400,000원	
3일	서적 구입		100,000원
10일	영화 관람		20,000원
15일	삼촌으로부터 용돈 받음	50,000원	

25일	이성친구의 선물 구입		70,000원
		450,000원	190,000원

이와 같이 용돈기입장을 작성하여 현금의 수입과 지출로만 정리하여도 총수입과 총지출을 쉽게 계산할 수 있고 현재 잔액도 한눈에 알 수 있다. 위의 형식을 현금의 출입을 중심으로 좀 더 보기 좋게 만들면 아래와 같으며, 이를 계정이라 부른다.

(증가) 현금 (감소)

7월 1일	용돈	400,000	7월 3일	서적 구입	100,000
7월 15일	용돈	50,000	7월 10일	영화 관람	20,000
			7월 25일	선물 구입	70,000
	합계	450,000		합계	190,000

즉, 회계에서는 이와 같은 방식으로 어떤 항목의 증가와 감소를 구분하여 기록하는 장소를 '계정(Account)'이라고 하고 이때 그 장소에 붙여진 구체적인 명칭을 '계정과목'이라고 한다. 우리가 그동안 배운 자산, 부채, 자본, 수익, 비용의 종류가 바로 계정과목이 되는 것이며 기업의 언어가 회계라고 한다면 언어를 배우기 위한 구체적인 단어들이 바로 계정과목인 것이다.

3. 계정의 형식

계정을 기입하는 장소를 '계정계좌'라고 말하며 계정의 왼쪽을 차변, 오른쪽을 대변이라 한다. 계정계좌의 형식에는 표준식과 잔액식이 있다. 표준식은 중앙선을 기준으로 왼쪽은 차변, 오른쪽은 대변으로 구분하여 각각 기입하는 형식이며, 잔액식은 차변란·대변란·잔액란을 두고 기입하는 형식이다. 잔액란에는 차변과 대변의 차액을 기입하도록 하여 항상 잔액을 알 수 있도록 한다.

(표준식) OO 계정

일자	적요	분면	차변	일자	적요	분면	대변

(잔액식) OO 계정

일자	적요	분면	차변	대변	차·대	잔액

회계를 쉽게 설명하기 위해 계정계좌를 사용할 경우에는 표준식 계정계좌를 간략하게 만든 T자형 계정을 사용하며, 이는 T계정이라고도 한다.

(차변) OO 계정 (대변)

4. 계정의 분류

계정은 크게 '재무상태표 계정'과 '손익계산서 계정'으로 나뉘고, 재무상태표 계정은 자산 · 부채 · 자본 계정으로, 손익계산서 계정은 수익 · 비용 계정으로 구성되어 있다.

+ 계정의 분류

구분	계정	계정과목
재무상태표 계정	자산 계정	현금, 외상매출금, 상품, 비품 등
	부채 계정	외상매입금, 지급어음, 미지급금 등
	자본 계정	자본금, 이익잉여금 등
손익계산서 계정	수익 계정	매출, 이자수익, 임대료 등
	비용 계정	매출원가, 급여, 임차료, 이자비용 등

5. 계정의 기입 방법 · 중요

(1) 계정의 기입 방법

① 재무상태표 계정

(차변) 자산	(대변)
(+)	(−)

(차변) 부채	(대변)
(−)	(+)

(차변) 자본	(대변)
(−)	(+)

② 손익계산서 계정

(차변) 비용	(대변)
(+)	(−)

(차변) 수익	(대변)
(−)	(+)

(2) 자산 · 부채 · 자본 계정과 재무상태표의 관계

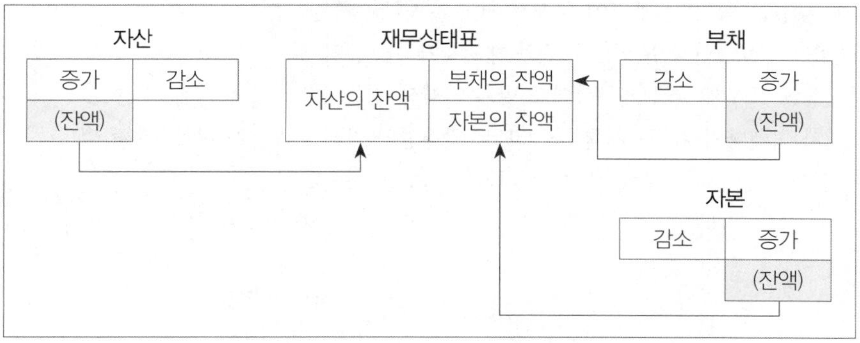

2 회계기록의 방법

1. 거래의 8요소

회계상의 거래가 발생하면 그 거래를 장부에 기록해야 한다. 회계상의 거래는 자산, 부채, 자본, 수익, 비용의 경제적인 증감변화라 하였다. 즉, 기록하는 것은 자산의 증가와 감소, 부채의 증가와 감소, 자본의 증가와 감소, 수익의 증가와 감소, 비용의 증가와 감소 10가지이다. 그중 수익의 감소와 비용의 감소는 실제 거래에서 거의 발생하지 않으므로 일반적으로 거래요소에서 제외된다. 따라서 실제 발생하는 거래요소는 8개로 정리할 수 있는데 이를 '거래의 8요소'라고 한다. 또한 수익의 증가와 비용의 증가라는 표현보다는 수익의 발생, 비용의 발생이라고 표현하는 것이 좋다.

2. 거래의 결합관계

회계상의 거래는 반드시 2개 이상의 요소가 서로의 원인과 결과로서 결합되어 있는데 이를 거래의 결합관계라고 한다. 즉, 기업에서 발생하는 모든 거래는 1개 이상의 차변 요소와 1개 이상의 대변 요소로 결합되어 있다.

+ 거래의 8요소 조합 중요

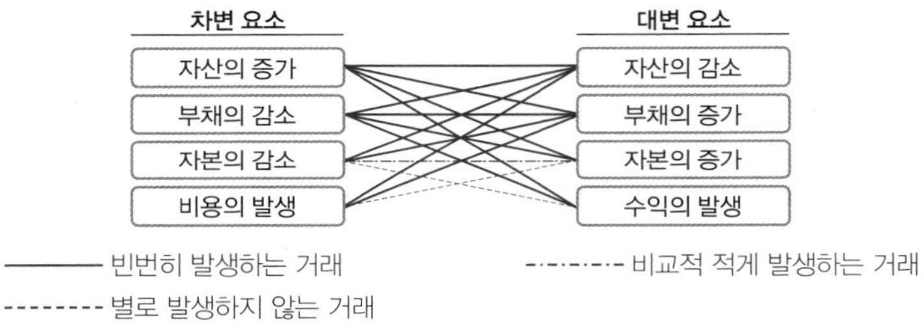

차변/대변 요소
- 차변 요소: 자산 증가, 부채 감소, 자본 감소, 비용 발생
- 대변 요소: 자산 감소, 부채 증가, 자본 증가, 수익 발생

3 분개 중요

분개(Journalizing)란 회계상의 거래가 발생하면 복식부기에 의해서 차변 항목과 대변 항목을 나누어 장부에 기입하는 방법을 말한다. 항상 분개는 주주와 채권자가 아닌, 기업의 입장에서 파악해야 하며 이 분개들이 모여서 결국 재무상태표 및 손익계산서 등의 재무제표가 완성된다. 분개 수행은 먼저 회계상의 거래인지를 파악하고, 회계상의 거래일 경우 자산, 부채 등 어떤 계정에 기록할 것인지, 차변과 대변 중 어디에 기입할 것인지를 판단하고 금액을 기입하는 순서로 이루어진다.

분개 수행의 절차
- STEP 1 회계상의 거래인가?
- STEP 2 어떤 계정에 기록할 것인가?
- STEP 3 차변에 기록할 것인가, 대변에 기록할 것인가?
- STEP 4 금액은 얼마인가?

사례

상품 100,000원을 현금으로 구입하다.

STEP 1 | 회계상의 거래인가?

↓

STEP 2 | 어떤 계정에 기록할 것인가? → 상품 계정, 현금 계정

↓

STEP 3 | 차변에 기록할 것인가, 대변에 기록할 것인가? → (차변) 상품(자산의 증가) (대변) 현금(자산의 감소)

↓

STEP 4 | 금액은 얼마인가? → 각각 100,000원

분개 | (차) 상품 100,000 (대) 현금 100,000

1. 자산 증가 – 자산 감소

기업 입장에서 영업활동을 위해 상품 등을 취득하게 되면 자산이 증가하므로 차변에 기입하고, 대금 결제로 돈을 지급한 경우 자산이 감소하므로 대변에 기입한다.

자산 증감
- 돈·물건이 들어오면 '자산 증가(차변)'
- 돈·물건이 나가면 '자산 감소(대변)'

(1) 상품을 10,000원에 구입하고 대금은 현금으로 지급하다.

키워드	상품 구입		현금 지급	
결합관계	자산의 증가		자산의 감소	
분개	(차) 상품	10,000	(대) 현금	10,000
핵심정리	기업 입장에서 상품이 들어왔으므로 차변에 상품 계정을 기입하고, 돈이 나갔으므로 대변에 현금 계정을 기입한다.			

(2) 업무용 책상을 200,000원에 구입하고 대금은 자기앞수표로 지급하다.

키워드	업무용 책상 구입		자기앞수표 지급	
결합관계	자산의 증가		자산의 감소	
분개	(차) 비품	200,000	(대) 현금	200,000
핵심정리	영업활동에 사용할 목적으로 구입한 책상은 비품에 해당한다. 자기앞수표는 결제수단으로서 현금처럼 사용되므로 자기앞수표의 지급은 대변에 현금 계정으로 처리한다.			

(3) 제품 제조에 사용하기 위하여 기계를 500,000원에 구입하고 대금 결제는 수표를 발행하다.

키워드	기계 구입		수표 발행	
결합관계	자산의 증가		자산의 감소	
분개	(차) 기계장치	500,000	(대) 당좌예금	500,000
핵심정리	기계를 사 온 경우 계정과목은 기계장치에 해당한다. 수표를 발행하면 당좌예금에서 돈이 인출되어 나가므로 대변에 당좌예금으로 처리한다.			

(4) **업무용 승용차를 1,000,000원에 구입하고 대금은 보통예금으로 이체하다.**

키워드	승용차 구입	보통예금 계좌이체
결합관계	자산의 증가	자산의 감소
분개	(차) 차량운반구 1,000,000	(대) 보통예금 1,000,000
핵심정리	업무용 승용차는 차량운반구에 해당한다. 보통예금으로 결제한 경우는 대변에 보통예금으로 처리한다.	

분개사례

자산 증가 – 자산 감소

[1] 차량운반구 1,200,000원을 매입하고, 대금은 보통예금에서 이체하다.
[2] 상품 800,000원을 매입하고, 대금은 수표를 발행하여 지급하다.
[3] 사무실용 에어컨 600,000원을 매입하고, 대금은 자기앞수표로 지급하다.
[4] 현금 300,000원을 거래은행에 당좌예입하다.
[5] 제품 제조에 사용하기 위하여 기계를 500,000원에 구입하고 대금 중 300,000원은 동사 발행수표로 지급하고 나머지 잔액은 당사 발행수표로 지급하다.
[6] 건물 10,000,000원을 구입하고 대금 중 2,000,000원은 자기앞수표로 지급하고, 3,000,000원은 수표를 발행하여 지급하며 잔액은 보통예금에서 계좌이체하다.

| 정답 |

번호	차변		대변	
[1]	차량운반구	1,200,000	보통예금	1,200,000
[2]	상품	800,000	당좌예금	800,000
[3]	비품	600,000	현금	600,000
[4]	당좌예금	300,000	현금	300,000
[5]	기계장치	500,000	현금	300,000
			당좌예금	200,000
[6]	건물	10,000,000	현금	2,000,000
			당좌예금	3,000,000
			보통예금	5,000,000

2. 자산 증가 – 부채 증가

기업 입장에서 영업활동을 위해 상품 등을 취득하게 되면 자산이 증가하므로 차변에 기입하고, 대금 결제를 외상으로 하는 경우 부채가 증가하므로 대변에 기입한다.

부채 증감

- 빚(줄 돈)이 생기면 '부채 증가(대변)'
- 빚(줄 돈)을 갚으면 '부채 감소(차변)'

(1) 외상매입금

① 상품을 5,000원에 구입하고 대금은 외상으로 하다.

키워드	상품 구입	외상
결합관계	자산의 증가	부채의 증가
분개	(차) 상품 5,000	(대) 외상매입금 5,000
핵심정리	기업 입장에서 상품이 들어오면 자산이 증가하므로 차변에 기입하고, 외상으로 하였으므로 대변에 외상매입금이라는 부채가 증가한다.	

② 외상매입금 5,000원을 현금으로 상환하다.

키워드	외상매입금 상환	현금
결합관계	부채의 감소	자산의 감소
분개	(차) 외상매입금 5,000	(대) 현금 5,000
핵심정리	외상매입금을 상환하면 부채가 감소하므로 차변에 기입하고, 자산도 감소하므로 대변에 현금을 기입한다.	

(2) 어음 및 외상

① 상품을 15,000원에 구입하고 대금으로 약속어음을 발행하다.

키워드	상품 구입	어음 발행
결합관계	자산의 증가	부채의 증가
분개	(차) 상품 15,000	(대) 지급어음 15,000
핵심정리	상품을 매입하고 약속어음을 발행한 경우 대변에 지급어음이라는 부채가 증가한다.	

② 업무용 책상을 30,000원에 구입하고 대금은 외상으로 하다.

키워드	업무용 책상 구입	외상
결합관계	자산의 증가	부채의 증가
분개	(차) 비품 30,000	(대) 미지급금 30,000
핵심정리	상품 이외의 자산을 구입하고 대금을 외상으로 한 경우 대변에 미지급금이라는 부채가 증가한다.	

③ 업무용 책상을 35,000원에 구입하고 대금은 약속어음을 발행하다.

키워드	업무용 책상 구입	어음 발행
결합관계	자산의 증가	부채의 증가
분개	(차) 비품 35,000	(대) 미지급금 35,000
핵심정리	상품 이외의 자산을 구입하고 어음을 발행한 경우 대변에 미지급금이라는 부채가 증가한다.	

자산 구입 시 거래 상황

차변	지급방법	대변
상품	현금	현금
	자기앞수표	
	수표 발행	당좌예금
	보통예금	보통예금
	외상	외상매입금
	어음	지급어음
상품 이외	외상	미지급금
	어음	
	할부, 신용카드	

분개사례

자산 증가 – 부채 증가

[1] 상품 900,000원을 외상으로 매입하다.
[2] 상품 750,000원을 매입하고, 대금은 약속어음을 발행하여 지급하다.
[3] 상품 1,200,000원을 매입하고 대금 중 700,000원은 약속어음을 발행하여 지급하고, 잔액은 외상으로 하다.
[4] 책상과 의자를 100,000원에 구입하고, 대금은 신용카드로 결제하다.
[5] 토지를 5,000,000원에 구입하고, 대금은 익월 말 지급하기로 하다.
[6] 온풍기를 1,300,000원에 구입하고, 대금 중 1,000,000원은 어음을 발행하여 지급하고 나머지는 외상으로 하다.

| 정답 |

번호	차변		대변	
[1]	상품	900,000	외상매입금	900,000
[2]	상품	750,000	지급어음	750,000
[3]	상품	1,200,000	지급어음	700,000
			외상매입금	500,000
[4]	비품	100,000	미지급금	100,000
[5]	토지	5,000,000	미지급금	5,000,000
[6]	비품	1,300,000	미지급금	1,300,000

3. 자산 증가 – 자본 증가 중요

기업 입장에서 영업활동을 위해 장사밑천인 자본금을 받아오게 되면 자본의 증가에 해당하므로 대변에 자본금을 기입하고, 돈이나 물건 등 자산이 들어오면 자산의 증가에 해당하므로 차변에 기입한다.

자본 증가
장사밑천을 출자 받으면 '자본 증가(대변)'

(1) 현금 1,000,000원을 출자하여 상품매매업을 개시하다.

키워드	현금	출자
결합관계	자산의 증가	자본의 증가
분개	(차) 현금 1,000,000	(대) 자본금 1,000,000
핵심정리	장사밑천을 출자 받으면 대변에 자본금을 기입하고, 기업 입장에서 돈이 들어오므로 자산 증가에 해당한다.	

(2) 주주가 업무용 차량 2,000,000원을 추가로 출자하다.

키워드	업무용 차량	출자
결합관계	자산의 증가	자본의 증가
분개	(차) 차량운반구 2,000,000	(대) 자본금 2,000,000
핵심정리	출자는 현금 이외의 자산으로도 가능하며 이러한 출자를 현물출자라고 한다.	

분개사례

자산 증가 – 자본 증가

[1] (주)비전은 현금 1,000,000원을 출자하여 상품매매업을 시작하다.

[2] (주)비전은 현금 2,000,000원과 상품 1,500,000원, 비품 3,000,000원을 출자하여 상품매매업을 시작하다.

| 정답 |

번호	차변		대변	
[1]	현금	1,000,000	자본금	1,000,000
[2]	현금	2,000,000	자본금	6,500,000
	상품	1,500,000		
	비품	3,000,000		

4. 자산 증가 – 수익 발생

수익은 번 돈을 의미한다. 돈이 들어오면 자산의 증가에 해당하므로 차변에 기입하고 번 돈의 원인인 수익은 남아 있는 대변에 기입한다.

수익 발생
번 돈의 원인은 '수익 발생(대변)'

(1) 외상매출금

① 상품을 5,000원에 판매하고 대금은 외상으로 하다.

키워드	외상	상품 판매
결합관계	자산의 증가	수익의 발생
분개	(차) 외상매출금 5,000	(대) 상품매출 5,000
핵심정리	상품을 판매하면 수익이 발생하여 이를 대변에 기입하고, 대금 결제가 외상이면 돈 받을 권리인 외상매출금이라는 채권(자산)을 차변에 기입한다.	

이 사례에서 만약 1,000원인 상품을 5,000원에 판매한다고 가정하면 상품이 대변에 감소하게 되고 차변에 매출원가라는 비용이 인식된다. 그러나 판매될 때마다 얼마짜리가 팔렸는지 알기 어렵기 때문에 실무에서는 판매할 때 상품매출이라는 수익만 인식하고 매출원가는 기말에 한번에 인식한다. 매출원가 산정은 '상기업의 영업활동' 단원에서 자세히 살펴보도록 하겠다.

상품 판매 시 거래 상황

차변	수령방법	대변
현금	현금	상품매출
	자기앞수표	
	타인발행수표	
보통예금	보통예금	
외상매출금	외상	
받을어음	어음	

② 외상매출금 5,000원을 현금으로 회수하다.

키워드	현금	외상매출금 회수
결합관계	자산의 증가	자산의 감소
분개	(차) 현금 5,000	(대) 외상매출금 5,000
핵심정리	돈 받을 권리인 채권을 회수하게 되면 대변에서 감소하게 된다.	

(2) **상품을 15,000원에 판매하고 대금으로 약속어음을 받다.**

키워드	어음 수령	상품 판매
결합관계	자산의 증가	수익의 증가
분개	(차) 받을어음 15,000	(대) 상품매출 15,000
핵심정리	상품을 판매하고 약속어음을 교부받은 경우 차변에 받을어음이라는 자산이 증가한다. 상품 이외의 자산의 판매는 '계정과목론' 단원에서 자산별로 나누어 살펴보도록 하겠다.	

(3) **판매 대행 의뢰를 받아 대신 판매해 주고 수수료로 현금 100,000원을 받다.**

키워드	현금	수수료
결합관계	자산의 증가	수익의 발생
분개	(차) 현금 100,000	(대) 수수료수익 100,000
핵심정리	판매 대행이라는 서비스를 제공하고 수수료를 받은 경우 대변에 수수료수익을 기입한다.	

(4) **비전상사에 빌려준 대여금으로부터 발생한 이자 200,000원을 현금으로 받다.**

키워드	현금	받은 이자
결합관계	자산의 증가	수익의 발생
분개	(차) 현금 200,000	(대) 이자수익 200,000
핵심정리	대여금으로부터 발생한 이자를 받은 경우 대변에 이자수익으로 기입한다.	

분개사례

자산 증가 – 수익 발생

[1] 대여금에 대한 이자 450,000원을 현금으로 받다.
[2] 건물에 대한 집세 200,000원을 자기앞수표로 받다.
[3] 상품을 500,000원에 매출하고 타인 발행수표로 받다.
[4] 중개알선 수수료 100,000원을 현금으로 받아 보통예입하다.
[5] 폐휴지 및 빈 박스를 처분하고 15,000원을 동사 발행수표로 받다.
[6] 상품을 700,000원에 매출하고 대금 중 300,000원은 어음을 수취하고, 잔액은 외상으로 하다.
[7] 결손금 누적으로 이를 보전하기 위하여 아무런 대가 없이 대표이사로부터 170,000원을 보통예금으로 받다.
[8] 주식에 대한 배당금 500,000원을 현금으로 받아 당좌예입하다.

| 정답 |

번호	차변		대변	
[1]	현금	450,000	이자수익	450,000
[2]	현금	200,000	임대료	200,000
[3]	현금	500,000	상품매출	500,000
[4]	보통예금	100,000	수수료수익	100,000
[5]	현금	15,000	잡이익	15,000

[6]	받을어음	300,000	상품매출	700,000
	외상매출금	400,000		
[7]	보통예금	170,000	자산수증이익	170,000
[8]	당좌예금	500,000	배당금수익	500,000

5. 비용 발생 – 자산 감소

비용 발생
쓴 돈의 원인은 '비용 발생(차변)'

비용은 벌기 위해 쓴 돈을 의미한다. 돈을 쓰게 되면 자산의 감소에 해당하므로 대변에 기입하며 쓴 돈의 원인인 비용은 남아 있는 차변에 기입한다.

(1) 직원에게 1개월분의 월급 2,500,000원을 현금으로 지급하다.

키워드	월급	현금 지급
결합관계	비용의 발생	자산의 감소
분개	(차) 급여 2,500,000	(대) 현금 2,500,000
핵심정리	돈이 나가면 자산의 감소이므로 대변에 기입하고 쓴 돈의 원인은 차변에 기입한다. 비용 중 근로의 대가로 지급하는 월급은 급여에 해당한다.	

(2) 직원이 결혼하여 축의금 100,000원을 현금으로 지급하다.

키워드	축의금	현금 지급
결합관계	비용의 발생	자산의 감소
분개	(차) 복리후생비 100,000	(대) 현금 100,000
핵심정리	급여 이외 임직원의 후생과 복지를 위해 지급하는 식당 운영비, 체육비, 경조사비 등은 복리후생비에 해당한다.	

분개사례

비용 발생 – 자산 감소

[1] 직원의 월급 1,200,000원을 현금으로 지급하다.
[2] 본사에서 사용한 수도료 120,000원과 전기요금 80,000원을 자기앞수표로 지급하다.
[3] 직원들과 회식하고 회식비 150,000원을 타인 발행수표로 지급하다.
[4] 전화요금 및 인터넷 사용료 120,000원이 보통예금 계좌에서 출금되었다.
[5] 점포에 대한 월세 1,500,000원을 동사 발행수표로 지급하다.
[6] 자동차세 150,000원과 상공회의소회비 50,000원을 보통예금에서 계좌이체하여 지급하다.
[7] 건물에 대한 화재보험료 70,000원을 수표를 발행하여 지급하다.
[8] 지하철 광고비 150,000원을 수표를 발행하여 지급하다.
[9] 신문대금 30,000원을 자기앞수표로 지급하다.

| 정답 |

번호	차변		대변	
[1]	급여	1,200,000	현금	1,200,000
[2]	수도광열비	200,000	현금	200,000

[3]	복리후생비	150,000	현금	150,000
[4]	통신비	120,000	보통예금	120,000
[5]	임차료	1,500,000	현금	1,500,000
[6]	세금과공과	200,000	보통예금	200,000
[7]	보험료	70,000	당좌예금	70,000
[8]	광고선전비	150,000	당좌예금	150,000
[9]	도서인쇄비	30,000	현금	30,000

6. 비용 발생 – 부채 증가

비용이 발생하고 대금을 신용카드로 결제한 경우 대변에 부채가 증가하게 된다.

(1) 거래처 식사 접대에 100,000원을 사용하고 대금은 신용카드로 결제하다.

키워드	거래처 접대	신용카드 결제
결합관계	비용의 발생	부채의 증가
분개	(차) 기업업무추진비 100,000	(대) 미지급금 100,000
핵심정리	거래처 접대는 일반적인 상거래가 아니므로 신용카드 결제로 생긴 부채는 미지급금에 해당한다.	

분개사례

비용 발생–부채 증가

[1] 직원 회식비에 1,200,000원을 사용하고 대금은 신용카드로 결제하다.
[2] 회사의 전화요금 200,000원이 발생하여 대금을 다음 달에 지급하기로 하다.

| 정답 |

번호	차변		대변	
[1]	복리후생비	1,200,000	미지급금	1,200,000
[2]	통신비	200,000	미지급금	200,000

7. 부채 감소 – 자산 감소

부채는 상환하면 감소하게 되므로 차변에 기입하고 대금을 돈으로 지급하는 경우는 자산의 감소이므로 대변에 기입한다.

(1) 비전상사로부터 5개월간 차입했던 차입금 6,000원을 현금으로 상환하다.

키워드	차입금 상환	현금 지급
결합관계	부채의 감소	자산의 감소
분개	(차) 단기차입금 6,000	(대) 현금 6,000
핵심정리	회사 입장에서 단기차입금을 상환하였으므로 부채가 감소하고 자산인 현금이 감소한다.	

(2) **비전상사의 외상매입금 중 120,000원을 보통예금에서 계좌이체하여 상환하다.**

키워드	외상매입금 상환		보통예금 계좌이체	
결합관계	부채의 감소		자산의 감소	
분개	(차) 외상매입금	120,000	(대) 보통예금	120,000
핵심정리	외상매입금을 상환하게 되면 차변에 부채가 감소한다.			

(3) **상품을 구입하고 발행한 약속어음 20,000원이 만기가 되어 수표를 발행하여 상환하다.**

키워드	어음 상환		수표 발행	
결합관계	부채의 감소		자산의 감소	
분개	(차) 지급어음	20,000	(대) 당좌예금	20,000
핵심정리	발행한 어음이 만기가 되어 상환하면 부채는 감소하고, 수표를 발행하면 당좌예금이 감소한다.			

(4) **기계 구입을 위해 발생한 외상대금 100,000원을 자기앞수표로 상환하다.**

키워드	외상대금 상환		자기앞수표 지급	
결합관계	부채의 감소		자산의 감소	
분개	(차) 미지급금	100,000	(대) 현금	100,000
핵심정리	기계를 구입하고 생긴 외상대금은 미지급금이며 이를 상환하면 부채가 감소한다.			

분개사례

부채 감소 – 자산 감소

[1] 강동상사의 외상매입금 1,300,000원을 현금으로 지급하다.
[2] 하나은행의 단기차입금 3,000,000원을 수표를 발행하여 지급하다.
[3] 당점이 발행한 약속어음 대금 400,000원을 자기앞수표로 지급하다.
[4] 외상으로 비품을 구입한 대금 300,000원을 보통예금 계좌에서 자동이체로 지급하다.
[5] 강동상사의 미지급금 600,000원을 타인 발행수표로 지급하다.
[6] 강남상사의 단기차입금 500,000원과 외상매입금 200,000원을 현금으로 지급하다.

| 정답 |

번호	차변		대변	
[1]	외상매입금	1,300,000	현금	1,300,000
[2]	단기차입금	3,000,000	당좌예금	3,000,000
[3]	지급어음	400,000	현금	400,000
[4]	미지급금	300,000	보통예금	300,000
[5]	미지급금	600,000	현금	600,000
[6]	단기차입금	500,000	현금	700,000
	외상매입금	200,000		

8. 부채 감소 – 부채 증가

부채를 상환하기 위해 새로운 부채가 생기는 유형의 거래이다.

(1) 외상매입금 6,000원을 상환하기 위해 약속어음을 발행하여 지급하다.

키워드	외상매입금 상환	어음 발행
결합관계	부채의 감소	부채의 증가
분개	(차) 외상매입금 6,000	(대) 지급어음 6,000
핵심정리	외상매입금을 갚기 위하여 어음을 발행한 경우 대변에 지급어음이 증가한다.	

(2) 어음대금 6,000원이 만기가 되어 상환하면서 3개월 만기로 은행에 차입하다.

키워드	어음대금 상환	차입
결합관계	부채의 감소	부채의 증가
분개	(차) 지급어음 6,000	(대) 단기차입금 6,000
핵심정리	만기가 된 어음대금을 상환하기 위하여 차입한 경우 대변에 차입금이 증가한다.	

분개사례

부채 감소 – 부채 증가

[1] 강동상사의 외상매입금 500,000원을 약속어음을 발행하여 지급하다.
[2] 지급어음 750,000원을 국민은행에서 6개월간 차입하여 상환하다.
[3] 강남상사의 미지급금 150,000원을 하나은행에서 3개월간 차입하여 지급하다.
[4] 강서상사의 지급어음 300,000원을 우리은행에서 2년 후 상환하기로 하고 차입한 금액으로 갚다.

| 정답 |

번호	차변		대변	
[1]	외상매입금	500,000	지급어음	500,000
[2]	지급어음	750,000	단기차입금	750,000
[3]	미지급금	150,000	단기차입금	150,000
[4]	지급어음	300,000	장기차입금	300,000

4 전표와 분개장

1. 전표

전표는 회계상의 거래를 한 장의 종이에 기록한 서식이며 현금이 증가할 때 사용하는 '입금전표', 현금을 지출할 때 사용하는 '출금전표', 그 외의 경우에 사용하는 '대체전표'가 있다.

(1) 입금전표

입금전표는 분개 시 차변에 현금만 기록되는 경우에 사용된다. 입금전표에 기록되는 거래를 입금거래라 한다.

입금전표
현금 증가

사례

1월 1일 우리상점으로부터 외상매출금 3,000,000원을 현금으로 회수하였다.

입금전표 2025년 1월 1일			
과목	외상매출금	거래처	우리상점
적요		금액	
우리상점의 외상매출금 현금 회수		3000000	
합계		3000000	

(2) 출금전표

출금전표는 분개 시 대변에 현금만 기록되는 경우에 사용된다. 출금전표에 기록되는 거래를 출금거래라 한다.

출금전표
현금 감소

사례

1월 2일 직원의 경조사비로 100,000원을 현금으로 지급하였다.

출금전표 2025년 1월 2일			
과목	복리후생비	거래처	
적요		금액	
직원 경조사비 지급		100000	
합계		100000	

(3) 대체전표

현금의 입출을 전혀 수반하지 않는 전부 대체거래와 현금의 입출을 일부 수반하는 일부 대체거래일 경우에 사용되는 전표이다. 대체전표는 차변 항목과 대변 항목을 같이 집계하여 기록하게 되며 대체전표에 기록되는 거래는 대체거래가 된다.

대체전표
현금 입출이 없거나 일부 수반

사례

1월 3일 상품 1,000,000원을 미래상사에 판매하고, 어음을 수취하였다.

대체전표

(차변) 2025년 1월 3일 (대변)

과목	거래처	금액	과목	거래처	금액
받을어음	미래상사	1000000	상품매출		1000000
	합계	1000000		합계	1000000
적요	미래상사에 상품판매 후 어음 수취				

2. 분개장

회계상 거래가 발생했을 때 각 전표에 기록된 분개들을 발생한 순서대로 기입하는 장부를 분개장이라 하며, 분개장의 양식에는 병립식과 분할식이 있다.

| 병립식 분개장

분 개 장 (1)

월	일	적요	원면	차변	대변
2	1	(현금)		112,000	
		(자본금)			112,000
		현금을 출자하여 상품매매업을 시작하다.			

| 분할식 분개장

분 개 장 (1)

차변	원면	적요	원면	대변
		2/1		
112,000		(현금)		
		(자본금)		112,000
		현금을 출자하여 상품매매업을 시작하다.		

5 주요 거래의 분개

1. 금전대차거래 중요

금전대차거래란 어떤 사람이 자신의 돈을 다른 사람에게 빌려주고 그 상대방은 빌린 돈을 일정한 기일에 반환할 것을 약속한 계약이다. 이 경우에 채권자(돈을 빌려준 자)는 이자수익이, 채무자(돈을 빌린 자)는 이자비용이 발생한다.

원금 × 이자율(연) × 기간(대여 및 차입기간 월수/12월) = 이자수익(이자비용)

금전대차거래
- 채권자
  - 대여 시: (차) 대여금
  - 대여금 수령 시: (대) 이자수익
- 채무자
  - 차입 시: (대) 차입금
  - 차입금 지급 시: (차) 이자비용

(1) **채권자 입장**

돈을 빌려준 시점에 돈 받을 권리인 대여금 계정이 차변에서 증가하게 되며, 이 대여금은 회수하게 되면 대변에서 감소하게 된다. 대여금은 회수기한에 따라 단기대여금과 장기대여금으로 구분된다. '단기대여금'이란 보고기간 종료일부터 회수기한이 1년 이내에 도래하는 대여금이며, '장기대여금'은 보고기간 종료일부터 회수기한이 1년을 초과하는 경우의 대여금이다.

- (주)희망에 6개월을 기한으로 1,000,000원을 현금으로 대여하다.

(차) 단기대여금(자산 증가)	1,000,000	(대) 현금(자산 감소)	1,000,000

- (주)희망에 대여해 준 원금 1,000,000원과 이자 10,000원을 현금으로 수령하다.

(차) 현금(자산 증가)	1,010,000	(대) 단기대여금(자산 감소)	1,000,000
		이자수익(수익 발생)	10,000

(2) **채무자 입장**

돈을 빌린 시점에 갚을 돈인 차입금 계정이 대변에서 증가하게 되며, 이 차입금은 상환하게 되면 차변에서 감소하게 된다. 차입금은 상환기한에 따라 단기차입금과 장기차입금으로 구분된다. '단기차입금'이란 보고기간 종료일부터 상환기한이 1년 이내에 도래하는 차입금을 말하며, '장기차입금'은 보고기간 종료일부터 상환기한이 1년을 초과하는 경우의 차입금이다.

- (주)희망에 6개월 후 상환하기로 하고 1,000,000원을 차입하여 현금으로 받다.

(차) 현금(자산 증가)	1,000,000	(대) 단기차입금(부채 증가)	1,000,000

- (주)희망에 차입한 단기차입금이 만기가 되어 원금 1,000,000원과 이자 10,000원을 현금으로 지급하여 상환하다.

(차) 단기차입금(부채 감소)	1,000,000	(대) 현금(자산 감소)	1,010,000
이자비용(비용 발생)	10,000		

분개사례

금전대차거래

[1] 독도상사에 3개월 후 받기로 하고 500,000원을 현금으로 빌려주다.
[2] 독도상사에 빌려준 대여금의 원금 500,000원과 이자 50,000원을 현금으로 회수하여 보통예입하다.
[3] 백두상사에 2년 후 상환하기로 하고 30,000원을 차입하여 현금으로 받다.
[4] 백두상사에 빌린 차입금이 만기가 되어 원금 30,000원과 이자 10,000원을 수표를 발행하여 상환하다.

| 정답 |

번호	차변		대변	
[1]	단기대여금	500,000	현금	500,000
[2]	보통예금	550,000	단기대여금	500,000
			이자수익	50,000

[3]	현금	30,000	장기차입금	30,000
[4]	장기차입금	30,000	당좌예금	40,000
	이자비용	10,000		

2. 계약거래 중요

상품을 매매하기 전에 미리 계약금을 주고받는 거래를 말한다. 계약거래를 할 때 구매자의 경우 상품을 구입하여 현금을 지급해야 하므로 지급하는 계약금인 '선급금'이 발생한다. 판매자의 경우 상품을 판매하여 현금을 수령하게 되므로 수령하는 계약금인 '선수금'이 발생한다.

계약거래
- 매입자: 차변에 선급금(먼저 준 돈이 자산, 받을 권리 있음)
- 매출자: 대변에 선수금(먼저 받은 돈이 부채, 갚을 의무 있음)

(1) 구매자 입장

매입거래 성사 전에 계약금을 지급하면 먼저 지급한 돈이므로 선급금 계정으로 차변에 자산으로 처리하며, 계약이 이행되었을 때 선급금 계정이 대변에서 감소한다.

① 계약할 때

서울상사에 500,000원의 상품을 주문하고 계약금 50,000원을 현금 지급하다.

(차) 선급금(자산 증가)	50,000	(대) 현금(자산 감소)	50,000

② 계약 이행할 때

서울상사에 500,000원의 상품을 매입하고 계약금 50,000원을 제외한 나머지 450,000원은 외상으로 하다.

(차) 상품(자산 증가)	500,000	(대) 선급금(자산 감소)	50,000
		외상매입금(부채 증가)	450,000

(2) 판매자 입장

매출거래 성사 전에 계약금을 받으면 먼저 받은 돈이므로 선수금 계정으로 대변에 부채로 처리하며, 계약이 이행되었을 때 선수금 계정이 차변에서 감소한다.

① 계약할 때

서울상사에 상품을 500,000원에 판매하기로 계약하고 계약금 50,000원을 현금으로 받다.

(차) 현금(자산 증가)	50,000	(대) 선수금(부채 증가)	50,000

② 계약 이행할 때

서울상사에 상품을 500,000원에 인도하고 계약금 50,000원을 제외한 나머지 450,000원은 외상으로 하다.

(차) 선수금(부채 감소)	50,000	(대) 상품매출(수익 발생)	500,000
외상매출금(자산 증가)	450,000		

분개사례

계약거래

[1] (주)강동과 상품 구매 계약을 1,000,000원에 맺고, 계약금 100,000원을 현금으로 지급하다.
[2] (주)강동으로부터 계약대로 상품을 1,000,000원에 매입하고, 계약금 100,000원을 제외한 나머지를 현금으로 지급하다.
[3] (주)강동과 상품 판매 계약을 2,000,000원에 맺고, 계약금 200,000원을 현금으로 받다.
[4] (주)강동과 계약대로 상품을 2,000,000원에 판매하고, 계약금 200,000원을 제외한 나머지를 외상으로 하다.

| 정답 |

번호	차변		대변	
[1]	선급금	100,000	현금	100,000
[2]	상품	1,000,000	선급금	100,000
			현금	900,000
[3]	현금	200,000	선수금	200,000
[4]	선수금	200,000	상품매출	2,000,000
	외상매출금	1,800,000		

6 거래의 종류

기업의 거래는 구성요소(손익의 발생 여부)에 따라 교환거래, 손익거래, 혼합거래로 구분할 수 있다.

1. 교환거래

교환거래
당기손익 ×

기간 손익에 영향을 미치지 않는 거래, 즉 자산, 부채, 자본의 증감에만 영향을 미치는 거래를 교환거래라고 한다.

- 상품을 구입하고 현금 100,000원을 지급하다.
  (차) 상품(자산 증가) 100,000 (대) 현금(자산 감소) 100,000
- 은행으로부터 6개월 후 상환하기로 하고 현금 150,000원을 차입하다.
  (차) 현금(자산 증가) 150,000 (대) 단기차입금(부채 증가) 150,000

2. 손익거래

손익거래
당기손익 ○

당기손익에 영향을 미치는 거래, 즉 거래로 인하여 어느 한쪽에 수익이나 비용이 발생하면 손익거래에 해당된다.

- 주식에 대한 배당금 5,000원을 현금으로 수령하다.

(차) 현금(자산 증가)	5,000	(대) 배당금수익(수익 발생)	5,000

- 보험료 3,000원을 현금으로 지급하다.

(차) 보험료(비용 발생)	3,000	(대) 현금(자산 감소)	3,000

3. 혼합거래

교환거래와 손익거래가 동시에 나타나는 거래를 말한다.

혼합거래
교환거래 + 손익거래

단기차입금 50,000원과 이자비용 5,000원을 현금으로 지급하다.

(차) 단기차입금(부채 감소)	50,000	(대) 현금(자산 감소)	55,000
이자비용(비용 발생)	5,000		

분개사례

거래의 종류

[1] 현금 3,000,000원을 출자하여 사업을 시작하다.
[2] 하나은행에서 현금 2,000,000원을 3개월간 차입하다.
[3] 현금 1,500,000원을 거래은행에 당좌예입하다.
[4] 종업원의 야유회 비용 300,000원을 자기앞수표로 지급하다.
[5] 우체국에서 서류 발송 등기우편료 10,000원을 현금으로 지급하다.
[6] 업무용 컴퓨터를 수리하고 20,000원을 수표를 발행하여 지급하다.
[7] 상품중개알선 수수료 500,000원을 자기앞수표로 받다.
[8] 단기차입금에 대한 원금 500,000원과 이자 50,000원을 현금으로 지급하다.

| 정답 |

번호	거래의 종류	차변		대변	
[1]	교환거래	현금	3,000,000	자본금	3,000,000
[2]	교환거래	현금	2,000,000	단기차입금	2,000,000
[3]	교환거래	당좌예금	1,500,000	현금	1,500,000
[4]	손익거래	복리후생비	300,000	현금	300,000
[5]	손익거래	통신비	10,000	현금	10,000
[6]	손익거래	수선비	20,000	당좌예금	20,000
[7]	손익거래	현금	500,000	수수료수익	500,000
[8]	혼합거래	단기차입금	500,000	현금	550,000
		이자비용	50,000		

02 전기와 회계장부

1 전기의 의의

1. 분개를 계정에 옮기는 작업

거래가 발생하면 이에 대한 전표가 작성되고 분개장이 만들어진다. 분개장은 거래가 발생한 순서대로 기록되어 있기 때문에 계정과목별로 잔액을 파악할 수 없다. 이를 해결하고자 분개를 계정에 옮기는 작업인 전기를 하며, 계정들을 모아 놓은 장부를 원장 혹은 총계정원장이라 부른다.

2. 원장의 형식

원장의 형식에는 표준식과 잔액식이 있다. 학습에서는 '표준식'을 주로 사용하며, 실무에서는 '잔액식'을 사용한다.

표준식 총계정원장

현금

월	일	적요	분면	금액	월	일	적요	분면	금액
9	16	자본금	1	112,000					

잔액식 총계정원장

현금

월	일	적요	분면	금액	대변	차·대	잔액
9	16	자본금	1	112,000		차	112,000

3. 전기의 절차

현재 전산화로 인해서 분개를 입력하면 자동으로 전기가 되어 총계정원장이 작성되지만, 기초회계에서는 전기를 직접 해보고 그 의미를 파악할 수 있어야 한다.

+ 전기의 절차

STEP 1 분개장의 차변 금액은 원장상 해당 계정과목의 차변에 기입한다.
STEP 2 분개장의 대변 금액은 원장상 해당 계정과목의 대변에 기입한다.
STEP 3 원장에 전기된 금액 앞에 거래의 원인을 표기하기 위해 분개장의 상대편 계정과목을 기입한다. 이때 상대편 계정과목이 2개 이상인 경우에는 제좌라고 기입한다.

전기의 목적
계정별 잔액 파악

유형문제 2

다음 〈예시〉와 같이 거래를 분개하고, 해당 계정에 전기하여라.

| 예 시 |

1. 거래　3월 8일　상품 450,000원을 외상으로 매입하다.
2. 분개　(차) 상품　450,000　(대) 외상매입금　450,000
3. 전기

상품

3/8 외상매입금　450,000	

외상매입금

	3/8 상품　450,000

[1] 1월 1일　현금 1,000,000원을 출자하여 사업을 시작하다.

[2] 2월 2일　상품 600,000원을 매입하고, 대금 중 200,000원은 현금으로 지급하고, 잔액은 외상으로 하다.

[3] 3월 3일　사무용 컴퓨터를 현금 300,000원을 지급하고 구입하다.

[4] 4월 4일　차입금에서 발생한 이자비용 40,000원을 현금으로 지급하다.

[5] 5월 5일　예금에서 발생한 이자수익 400,000원을 현금으로 회수하다.

현금

상품

이자비용

비품

이자수익

외상매입금

자본금

| 정답 |

번호	차변		대변	
[1]	현금	1,000,000	자본금	1,000,000
[2]	상품	600,000	현금	200,000
			외상매입금	400,000
[3]	비품	300,000	현금	300,000
[4]	이자비용	40,000	현금	40,000
[5]	현금	400,000	이자수익	400,000

현금

1/1 자본금　1,000,000	2/2 상품　200,000
5/5 이자수익　400,000	3/3 비품　300,000
	4/4 이자비용　40,000

상품

2/2 제좌　600,000	

이자비용

4/4 현금　40,000	

비품	
3/3 현금 300,000	

이자수익	
	5/5 현금 400,000

외상매입금	
	2/2 상품 400,000

자본금	
	1/1 현금 1,000,000

2 회계장부

회계장부란 재무상태와 경영성과를 파악하기 위해 기업활동을 기록, 계산, 정리하는 기록부를 말한다. 회계장부는 법령에 따라 장기간 보존하여야 하며 기업의 거래내용에 대한 증거자료가 되므로 법령의 규제가 없더라도 잘 관리해야 한다.

회계장부에는 주요장부와 보조장부가 있는데, '주요장부'는 모든 거래를 총괄하여 기록, 계산하는 장부로 분개장과 총계정원장을 말하고, '보조장부'는 주요장부를 보충해 주는 역할을 하는 장부이다. 보조장부에는 특정 계정의 증감 변동 내역을 발생 순서에 따라 상세히 기입한 보조기입장과 총계정원장의 특정 계정에 대한 구성내용을 보충하는 역할을 하는 보조원장이 있다.

또한 회계장부는 기업회계기준에 의해 작성되어야 하며 기업회계기준은 각 회계장부의 기록에 대한 오류나 변칙 방법 등을 막아주는 역할을 수행한다.

회계장부
- 주요장부
  - 분개장
  - 총계정원장
- 보조장부
  - 보조기입장: 현금출납장, 당좌예금출납장, 매입장, 매출장, 받을어음기입장, 지급어음기입장
  - 보조원장: 상품재고장, 매입처원장, 매출처원장

03 회계순환의 과정

1 회계순환과정의 의의

1. 회계순환의 과정

회계순환의 과정이란 기업이 유용한 재무정보를 정보이용자들에게 제공하기 위해 해당 기업이 행한 경제활동에서 회계정보를 식별해 내고 이를 분류, 정리, 요약하여 재무제표로 만들어 공시하기까지의 절차를 말한다. '순환'이라 하는 이유는 이런 일련의 절차가 해당 기업의 회계기간에 맞추어 계속 반복되기 때문이다.

2. 회계처리와 결산과정

회계순환과정 중에서 분개와 전기는 회계기간 중 발생한 것을 매일 처리하는 것이다. 결산일에 각종 장부를 마감하고 총계정원장의 기록을 기초로 하여 재무상태표와 손익계산서를 만드는 것은 결산이라 한다. 결산일에 확인한 실제 재고액과 장부상 재고액이 일치하지 않는 경우에는 이러한 불일치를 수정, 정리하여 분개할 필요가 있는데 이를 기말수정분개라고 한다. 기말수정분개는 정확한 당기손익을 계산하기 위해 필요하다.

+ 회계순환과정

기말수정분개와 장부마감은 재무상태표 계정과 손익계산서 계정의 주요 거래별 분개를 알아야 쉽게 이해할 수 있으므로 구체적인 계정과목론을 살펴본 후 마지막 단원인 '손익계산서 및 재무제표 결산'에서 종합적으로 살펴보도록 하겠다.

2 시산표

1. 시산표의 의의

시산표란 원장의 기록이 올바르게 기입되었는지 알아보기 위한 점검표로서, 모든 계정의 차변과 대변 금액을 한곳에 모아 정리한 표이다. 시산표는 재무제표도, 회계장부도 아니다. 즉, 회계담당자들의 분개나 전기 과정에서 잘못된 기입이 있었는지를 확인하기 위해 작성하는 표에 불과한 것이다. 또한 대부분의 기업들은 회계 프로그램을 이용하여 회계처리를 하기 때문에 시산표는 회계 프로그램에 의하여 자동적으로 작성된다. 결국 발생된 거래를 분개하여 컴퓨터에 입력하기만 하면 자동으로 전기가 이루어지며 시산표도 자동으로 작성된다. 현재의 시산표는 결산과정을 수행하기 위해 실무적으로 도움을 제공하는 표 정도의 역할을 하고 있다.

시산표
- 오류 점검표
- 재무제표 ×
- 회계장부 ×

2. 시산표의 종류

시산표는 작성방법과 목적에 따라 합계시산표, 잔액시산표, 합계·잔액시산표로 나뉜다.

(1) 합계시산표

총계정원장상 각 계정과목의 차변과 대변 금액의 합계를 모아 작성하는 표이다.

합계시산표

차변	계정과목	대변
합계		합계

(2) 잔액시산표

총계정원장상 각 계정과목의 대·차 금액의 합계를 비교·차감한 잔액만 모아서 작성하는 표이다.

잔액시산표

차변	계정과목	대변
잔액		잔액

(3) 합계·잔액시산표

합계·잔액시산표는 합계시산표와 잔액시산표를 하나의 표에 모아 놓은 것이다. 대차평균의 원리에 따라 합계·잔액시산표의 차변 금액의 합계 및 잔액과 대변 금액의 합계 및 잔액을 비교해서 이 금액이 일치하면 기록 과정에서 오류는 없었다고 판단할 수 있다.

만약, 차변 합계액과 대변 합계액이 일치하지 않는다면 회계기간 중에 기록한 분개나 전기 과정에 오류가 발생한 것이므로 이를 찾아서 수정한 후에 다시 시산표를 작성해서 차변 합계액과 대변 합계액이 일치하는지를 확인해야 한다. 실무에서는 이러한 과정에서 합계·잔액시산표를 사용한다.

합계·잔액시산표

차변		계정과목	대변	
잔액	합계		합계	잔액

3. 시산표 오류 중요

시산표에서는 차변과 대변의 금액 차이가 발생하는 오류만 발견할 수 있으며, 다음과 같은 오류는 금액 차이가 발생하지 않으므로 발견할 수 없다.

시산표에서 발견 가능한 오류
차변 합계≠대변 합계

+ 시산표를 통해 발견할 수 없는 오류

- 거래 전체의 분개가 누락되거나, 전기가 누락된 경우
- 분개는 틀렸으나 대·차의 금액은 일치하는 경우
- 어떤 거래의 분개가 이중으로 분개된 경우
- 분개장에서 원장에 대·차를 반대로 전기한 경우
- 다른 계정과목으로 잘못 전기한 경우
- 오류에 의하여 전기된 금액이 우연히 일치하여 서로 상계된 경우

4. 시산표 등식

재무상태표 등식은 '기말자산=기말부채+기말자본'이며, 순손익은 '기말자본=기초자본+당기순이익(총수익−총비용)'으로 계산한다. 이 둘을 더하면 다음의 등식을 만들 수 있는데 이를 시산표 등식이라 한다.

기말자산 + 총비용 = 기말부채 + 기초자본 + 총수익

유형문제 3

다음 총계정원장의 자료로 합계·잔액시산표를 작성하여라.

현금

300,000	30,000
200,000	40,000
	105,000
	40,000
	35,000

외상매출금

200,000	

상품

100,000	100,000

비품

30,000	

외상매입금

40,000	60,000

단기차입금

100,000	200,000

자본금

	300,000

매출

	200,000

매출원가

100,000	

이자비용

5,000	

급여

35,000	

합계 · 잔액시산표

차변		계정과목	대변	
잔액	합계		합계	잔액
		현금		
		외상매출금		
		상품		
		비품		
		외상매입금		
		단기차입금		
		자본금		
		매출		
		매출원가		
		이자비용		
		급여		

| 정답 |

합계 · 잔액시산표

차변		계정과목	대변	
잔액	합계		합계	잔액
250,000	500,000	현금	250,000	
200,000	200,000	외상매출금		
	100,000	상품	100,000	
30,000	30,000	비품		
	40,000	외상매입금	60,000	20,000
	100,000	단기차입금	200,000	100,000
		자본금	300,000	300,000
		매출	200,000	200,000
100,000	100,000	매출원가		
5,000	5,000	이자비용		
35,000	35,000	급여		
620,000	1,110,000	합계	1,110,000	620,000

3 종합사례

(주)에듀윌의 2025년 거래를 예로 들어서 지금까지 배운 내용을 체계적으로 정리해 보면 다음과 같다.

[(주)에듀윌의 2025년 거래자료]
1월 1일 현금 500,000원을 출자하여 영업을 시작하다.
2월 2일 업무용으로 소유한 건물의 재산세 30,000원을 현금으로 지급하다.
3월 3일 거래처 직원과 식사하고 식사비 20,000원을 현금으로 지급하다.
4월 4일 사무실을 빌려주고 대가로 받은 200,000원을 보통예입하다.
5월 5일 직원의 급여 100,000원을 보통예금에서 계좌이체하여 지급하다.

(1) [(주)에듀윌의 2025년 거래자료] 내용을 분개하여라.

일자	차변	금액	대변	금액
1월 1일				
2월 2일				
3월 3일				
4월 4일				
5월 5일				

| 정답 |

일자	차변	금액	대변	금액
1월 1일	현금	500,000	자본금	500,000
2월 2일	세금과공과	30,000	현금	30,000
3월 3일	기업업무추진비	20,000	현금	20,000
4월 4일	보통예금	200,000	임대료	200,000
5월 5일	급여	100,000	보통예금	100,000

(2) 총계정원장에 전기하여라.

현금

보통예금

자본금

임대료

세금과공과

기업업무추진비

급여

| 정답 |

현금

차변		대변	
1/1 자본금	500,000	2/2 세금과공과	30,000
		3/3 기업업무추진비	20,000

보통예금

차변		대변	
4/4 임대료	200,000	5/5 급여	100,000

자본금

차변		대변	
		1/1 현금	500,000

임대료

차변		대변	
		4/4 보통예금	200,000

세금과공과

차변		대변	
2/2 현금	30,000		

기업업무추진비

차변		대변	
3/3 현금	20,000		

급여

5/5 보통예금 100,000	

(3) **합계 · 잔액시산표를 작성하여라.**

합계 · 잔액시산표

차변		계정과목	대변	
잔액	합계		합계	잔액
		현　금		
		보 통 예 금		
		자 본 금		
		임 대 료		
		세 금 과 공 과		
		기 업 업 무 추 진 비		
		급　여		
		합　계		

| 정답 |

합계 · 잔액시산표

차변		계정과목	대변	
잔액	합계		합계	잔액
450,000	500,000	현　금	50,000	
100,000	200,000	보 통 예 금	100,000	
		자 본 금	500,000	500,000
		임 대 료	200,000	200,000
30,000	30,000	세 금 과 공 과		
20,000	20,000	기 업 업 무 추 진 비		
100,000	100,000	급　여		
700,000	850,000	합　계	850,000	700,000

(4) **손익계산서를 작성하여라.**

손익계산서

(주)에듀윌　　2025년 1월 1일~2025년 12월 31일　　(단위: 원)

비용	수익
(순)이익	
합계	합계

| 정답 |

손익계산서

(주)에듀윌　　2025년 1월 1일～2025년 12월 31일　　(단위: 원)

비용		수익	
세금과공과	30,000	임대료	200,000
기업업무추진비	20,000		
급여	100,000		
(순)이익	50,000		
합계	200,000	합계	200,000

(5) **재무상태표를 작성하여라.**

재무상태표

(주)에듀윌　　2025년 12월 31일　　(단위: 원)

자산		부채	
		자본	
합계		합계	

| 정답 |

재무상태표

(주)에듀윌　　2025년 12월 31일　　(단위: 원)

자산		부채	
현금	450,000		
보통예금	100,000		
		자본	
		자본금	500,000
		이익잉여금	50,000
합계	550,000	합계	550,000

Keyword로 빠르게 체크하는 핵심 이론

1 회계상의 거래

기업의 자산, 부채, 자본, 수익, 비용의 변동에 영향을 미치면서 화폐금액으로 측정할 수 있는 것

<table>
<tr><th>회계상의 거래</th><th>일반적인 거래</th></tr>
<tr><td>화재, 도난, 분실, 대손, 감가상각, 파손 등에 의한 자산의 감소</td><td>임대차계약, 종업원의 채용, 상품의 주문, 약속, 예약, 담보 제공 등</td></tr>
<tr><td colspan="2">현금의 수입과 지출, 상품매매, 채권·채무의 증가와 감소, 비용의 지급, 수익의 수입 등</td></tr>
</table>

2 분개

1. 차변·대변 요소

<table>
<tr><th>차변 요소</th><th>대변 요소</th></tr>
<tr><td rowspan="4">01 ________</td><td>자산 감소</td></tr>
<tr><td>부채 증가</td></tr>
<tr><td>자본 증가</td></tr>
<tr><td>수익 발생</td></tr>
<tr><td rowspan="2">비용 발생</td><td>자산 감소</td></tr>
<tr><td>부채 증가</td></tr>
<tr><td rowspan="2">02 ________</td><td>자산 감소</td></tr>
<tr><td>부채 증가</td></tr>
</table>

2. 분개 수행의 절차

STEP 1	회계상의 거래인가?
STEP 2	어떤 계정에 기록할 것인가?
STEP 3	차변에 기록할 것인가, 대변에 기록할 것인가?
STEP 4	금액은 얼마인가?

3 전기

계정과목별로 잔액을 파악할 수 있도록 분개를 계정에 옮기는 작업

4 시산표

1. 시산표의 종류
   - 03 ________
   - 잔액시산표
   - 합계·잔액시산표
2. 시산표에서 발견 가능한 오류: 차변 합계 ≠ 대변 합계
3. 시산표를 통해 발견할 수 없는 오류
   - 거래 전체의 분개가 누락되거나, 전기가 누락된 경우
   - 분개는 틀렸으나 대·차의 금액은 일치하는 경우
   - 어떤 거래의 분개가 이중으로 분개된 경우
   - 분개장에서 원장에 대·차를 반대로 전기한 경우
   - 다른 계정과목으로 잘못 전기한 경우
   - 오류에 의하여 전기된 금액이 우연히 일치하여 서로 상계된 경우

5 결산

결산일에 각종 장부를 마감하고 총계정원장의 기록을 기초로 하여 재무상태표와 손익계산서를 만드는 것

1. 기말수정분개
   정확한 당기손익을 계산하기 위해 실제 재고액과 장부상 재고액이 불일치할 경우 수정, 정리하여 분개
2. 회계순환의 과정

거래의 발생
↓
분개장
↓
총계정원장
↓
04 ________ 시산표
↓
기말수정분개
↓
05 ________ 시산표
↓
장부마감
↓
재무제표 작성

정답

01 자산 증가　02 부채 감소　03 합계시산표
04 수정 전　05 수정 후

기출 & 확인 문제

맞은 개수	개/총 29문항
복습 여부	YES / NO

AT 22' 52회 FAT 2급

01 **다음 중 회계상 거래에 해당하는 것은?**

① 사무실을 임차하기로 하고 계약서를 작성하였다.

② 종업원을 채용하고 근로계약서를 작성하였다.

③ 업무용 차량을 구입하기 위해 주문서를 발송하였다.

④ 창고에 보관 중이던 상품을 도난당하였다.

AT 23' 68회 FAT 2급

02 **다음 중 회계상 거래에 해당하지 않는 것은?**

① 기계장치를 100,000,000원에 취득하고 현금으로 지급하였다.

② 사무실에 보관중이던 상품 20,000,000원을 도난·분실하였다.

③ 종업원에게 5,000,000원의 급여를 지급하였다.

④ 물품창고를 월 임차료 1,000,000원에 임차하는 계약을 체결하였다.

AT 21' 47회 FAT 2급

03 **다음 중 하나의 거래에서 동시에 나타날 수 없는 것은?**

① 자산의 감소와 수익의 발생

② 자산의 증가와 자산의 감소

③ 자산의 감소와 부채의 감소

④ 자산의 증가와 부채의 증가

전산 23' 111회 전산회계 2급

04 다음 중 복식부기와 관련된 설명이 아닌 것은?

① 차변과 대변이라는 개념이 존재한다.
② 대차평균의 원리가 적용된다.
③ 모든 거래에 대해 이중으로 기록하여 자기검증기능이 있다.
④ 재산 등의 증감변화에 대해 개별 항목의 변동만 기록한다.

전산 21' 96회 전산회계 2급

05 다음 자료에서 거래의 8요소 중 차변 요소와 대변 요소의 구분으로 올바른 것은?

가. 부채의 증가	나. 자본의 감소	다. 수익의 발생

	가	나	다
①	대변	대변	대변
②	대변	대변	차변
③	차변	차변	대변
④	대변	차변	대변

정답 및 해설

01 ④ 상품의 도난은 기업의 자산을 감소시키는 회계상 거래이다.

02 ④ 회계상의 거래는 기업의 자산, 부채, 자본의 증감을 가져오거나 수익, 비용을 발생시키는 모든 활동을 말한다. 물품창고를 월 임차료 1,000,000원에 임차하는 계약을 체결한 것은 자산, 부채, 자본의 증감을 초래하지 않으므로 회계상의 거래가 아니다.

03 ① 자산의 감소와 수익의 발생은 둘 다 대변거래이므로 동시에 나타날 수 없다.

04 ④ 단식부기에 대한 설명이다.

05 ④ 부채의 증가와 수익의 발생은 대변 요소, 자본의 감소는 차변 요소이다.

전산 | 22' 100회 전산회계 2급

06 **다음 중 거래내용에 대해 거래요소의 결합관계를 바르게 표시한 것은?**

거래내용	거래요소의 결합관계
① 현금 1,000,000원을 출자하여 영업을 개시하다.	자산의 증가 – 자산의 증가
② 외상매입금 2,000,000원을 현금으로 지급하다.	부채의 증가 – 자산의 감소
③ 예금이자 300,000원을 보통예금 통장으로 받다.	자산의 증가 – 수익의 발생
④ 비품 500,000원을 사고 대금은 미지급하다.	자산의 증가 – 수익의 발생

전산 | 22' 101회 전산회계 2급

07 **아래의 거래내용에 대하여 거래요소의 결합관계와 거래의 종류가 바르게 표시된 것은?**

> 상품 판매 전시장에서 업무용으로 사용할 목적으로 컴퓨터와 프린트기를 1,500,000원에 구매하고 구매대금은 신용카드로 결제하다.

거래요소의 결합관계	거래의 종류
① 자산의 증가 – 부채의 증가	교환거래
② 부채의 증가 – 자산의 감소	손익거래
③ 자산의 증가 – 자본의 증가	교환거래
④ 자산의 증가 – 자산의 감소	손익거래

전산 | 21' 96회 전산회계 2급

08 **다음 중 회계상의 거래에 해당하는 것은?**

① 화재로 인해 상품의 일부가 파손되다.

② 신입사원 김사랑 씨를 채용하다.

③ 신규 거래처로 (주)희망상사를 선정하다.

④ 사업 확장을 위해 새로운 건물을 임차하기로 결정하다.

전산 22' 101회 전산회계 2급

09 다음 거래에 대한 회계처리 시 차변 계정과목으로 옳은 것은?

> 사무실에서 사용하고 있는 에어컨을 처분하고 대금은 보통예금 계좌로 이체 받았다.

① 비품 ② 보통예금
③ 외상매출금 ④ 받을어음

ERP 23' 3회 ERP 회계 2급

10 거래 중 계정의 차변에 기입해야 할 거래의 유형으로 옳지 않은 것은?

① 비품을 외상으로 매입하는 경우 비품 계정
② 차입금을 현금으로 상환하는 경우 차입금 계정
③ 상품을 외상으로 매출한 경우의 매출채권 계정
④ 빌려준 돈에 대한 이자를 받는 경우 이자수익 계정

정답 및 해설

06 ③ (차) 보통예금(자산의 증가) 300,000 (대) 이자수익(수익의 발생) 300,000
① (차) 현금(자산의 증가) 1,000,000 (대) 자본금(자본의 증가) 1,000,000
② (차) 외상매입금(부채의 감소) 2,000,000 (대) 현금(자산의 감소) 2,000,000
④ (차) 비품(자산의 증가) 500,000 (대) 미지급금(부채의 증가) 500,000

07 ① 업무용으로 사용할 컴퓨터와 프린트기는 비품에 해당하며 차변에 자산이 증가하고 대변에 부채가 증가하므로 손익에 영향을 미치지 않는 교환거래에 해당한다.
(차) 비품(자산의 증가) 1,500,000 (대) 미지급금(부채의 증가) 1,500,000

08 ① 상품의 일부가 파손된 것은 자산의 감소에 해당하므로 회계상의 거래이다.

09 ② (차) 보통예금 ××× (대) 비품 ×××

10 ④ 빌려준 돈에 대한 이자를 받는 경우 이자수익 계정은 수익발생 항목으로 대변에 기입한다.
(차) 현금 (대) 이자수익
① (차) 비품 (대) 미지급금
② (차) 차입금 (대) 현금
③ (차) 매출채권 (대) 상품매출

11 다음의 대체전표를 보고 추정할 수 있는 거래로 옳은 것은?

대 체 전 표

NO.20 20××년 5월 20일

계	과장	부장

계정과목	금액	계정과목	금액
외상매출금	300000	상품매출	300000
합계	300000	합계	300000
적요	한라상회 A상품(600개, 개당 500원) 매출		

① 한라상회에 A상품(600개, 개당 500원)을 현금으로 매출하다.

② 한라상회에 A상품(600개, 개당 500원)을 외상으로 매출하다.

③ 한라상회에 A상품(600개, 개당 500원)을 매출하고, 대금 중 50,000원은 현금으로 받고 잔액은 외상으로 하다.

④ 한라상회에 A상품(600개, 개당 500원)을 매출하고, 대금 중 250,000원은 현금으로 받고 잔액은 외상으로 하다.

AT 23' 59회 FAT 2급

12 다음 거래에 대한 회계처리 오류 내용이 재무제표에 미치는 영향으로 옳은 것은?

[거래] 업무용 승용차에 주유를 하고 80,000원을 현금으로 지급하다.
[분개] (차) 차량운반구 80,000 (대) 현금 80,000

① 자산의 과소계상

② 자본의 과소계상

③ 수익의 과소계상

④ 비용의 과소계상

전산 24' 113회 전산회계 2급

13 다음 중 총계정원장의 잔액이 항상 대변에 나타나는 계정과목은?

① 임대료수입 ② 보통예금

③ 수수료비용 ④ 외상매출금

전산 22' 102회(특별) 전산회계 1급

14 **다음 중 거래의 결합관계가 나머지와 다른 회계상의 거래는?**

① 사무실 청소비 5만원을 현금 지급하였다.

② 직원 결혼 축의금 10만원을 계좌이체하였다.

③ 토지 5억원을 현물출자 받았다.

④ 관리비 30만원을 현금 지급하였다.

전산 22' 101회 전산회계 1급

15 **다음의 거래를 회계처리할 때 사용되지 않는 계정과목은 무엇인가?**

> 업무용 승용차 20,000,000원을 취득하면서 먼저 지급한 계약금 2,000,000원을 제외한 나머지 잔액은 약속어음을 발행하여 지급하였다.

① 선급금 ② 지급어음

③ 미지급금 ④ 차량운반구

정답 및 해설

11 ② 외상매출금 계정을 사용하였으므로 A상품(600개, 개당 500원)을 외상으로 매출한 거래이다.

12 ④ • 옳은 분개: (차) 차량유지비 80,000 (대) 현금 80,000

• 차량유지비 비용 계정이 누락되고 차량운반구 자산 계정이 증가하였으므로, 비용의 과소계상 및 자산의 과대계상이 나타난다.

13 ① 대변에 잔액이 남는 계정은 부채 계정, 자본 계정, 수익 계정이다.

14 ③ (차) 토지(자산의 증가) 500,000,000 (대) 자본금(자본의 증가) 500,000,000

①, ②, ④는 '(차) 비용의 발생 (대) 자산의 감소'에 해당한다.

15 ② 재고자산을 제외한 자산을 취득하면서 약속어음을 발행하여 대금을 지급한 경우 지급어음이 아닌 미지급금 계정으로 처리한다.

(차) 차량운반구	20,000,000	(대) 선급금	2,000,000
		미지급금	18,000,000

ERP | 23' 5회 ERP 회계 2급

16 **당좌예금 계정에 기입되는 거래가 아닌 것은?**

① 외상매출금 300,000원을 당좌예금으로 입금받다.
② 상품 200,000원을 매입하고 당좌수표를 발행하여 지급하다.
③ 대한은행과 당좌거래를 체결하고 현금 500,000원을 당좌예입하다.
④ ㈜생산상사에 상품 200,000원을 매출하고 동점이 발행한 당좌수표로 받다.

ERP | 23' 5회 ERP 회계 2급

17 **[보기]의 거래요소 결합관계를 나타내는 거래로 가장 적절한 것은?**

[보기]
(차변) 자산의 증가 (대변) 부채의 증가

① 은행에서 현금을 차입하다.
② 미지급한 퇴직금을 지급하다.
③ 외상매입금을 현금으로 지급하다.
④ 외상매출금을 어음으로 회수하다.

18 **다음 총계정원장을 보고 10월 20일의 거래내용을 추정한 것으로 옳은 것은?**

현금

10/1 자본금	500,000	10/8 단기대여금	50,000
10/20 단기대여금	30,000		

단기대여금

10/8 현금	50,000	10/20 현금	30,000

① 단기대여금 중 30,000원을 현금으로 회수하다.
② 단기대여금 중 50,000원을 현금으로 회수하다.
③ 현금 30,000원을 대여하고, 1개월 후에 받기로 하다.
④ 현금 50,000원을 대여하고, 1개월 후에 받기로 하다.

전산 21' 94회 전산회계 2급

19 다음 거래내용을 회계처리하는 경우 차변에 가장 적절한 계정과목은?

9월 11일 본사 영업부 김 대리는 매출거래처 A사 방문 시 거래처 A사에 선물할 음료수를 구입하고 아래의 영수증을 수취하였다.

NO.	영수증(공급받는 자용)			
은혜상사				귀하
공급자	사업자 등록번호	114-81-80641		
	상호	현대슈퍼	성명	김현대
	사업장 소재지	서울 송파구 문정동 101-2 TEL : 3289-8085		
	업태	도소매	종목	
작성일자		금액 합계		비고
2025.9.11.		9,000원		
공급내역				
월/일	품명	수량	단가	금액
9/11	음료수	1	9,000원	9,000원

① 회의비
② 기업업무추진비
③ 복리후생비
④ 잡비

정답 및 해설

16 ④ 동점이 발행한 당좌수표는 현금 계정 차변에 기입한다.

17 ① 은행에서 차입하면 현금(자산)이 증가하면서 차입금(부채)이 증가한다.
(차) 현금(자산의 증가) (대) 차입금(부채의 증가)

18 ① 10월 20일의 거래를 분개하면 다음과 같다.
(차) 현금 30,000 (대) 단기대여금 30,000

19 ② 거래처 선물 구입 시 기업업무추진비 계정을 사용한다.
(차) 기업업무추진비(판) 9,000 (대) 현금 9,000

ERP | 21' 1회 ERP 회계 2급

20 **다음 중 주요장부에 해당하는 장부는?**

① 거래처원장
② 총계정원장
③ 상품재고장
④ 받을어음기입장

ERP | 21' 3회 ERP 회계 2급

21 **다음 중 자산으로 계상할 수 없는 것은?**

① 상품을 판매하고 아직 수령하지 못한 판매대금
② 거래처에 물건을 주문하고 미리 지급한 계약금
③ 창고에 쌓아 둔 재고상품
④ 제품 광고를 위해 지급한 금액

AT | 23' 68회 FAT 2급

22 **다음 중 아래 거래요소의 결합관계에 해당하는 거래는?**

(차변) 부채의 감소	(대변) 자산의 감소

① 거래처로부터 매출채권 대금 500,000원을 현금으로 수취하다.
② 단기차입금 500,000원을 현금으로 상환하다.
③ 투자자로부터 시가 10,000,000원의 건물을 기증받다.
④ 종업원급여 5,000,000원을 보통예금 계좌에서 이체하여 지급하다.

AT | 24' 69회 FAT 2급

23 다음 중 (가)와 (나)에 대한 설명으로 옳지 않은 것은?

(가) 대여금에 대한 이자 100,000원이 보통예금 계좌에 입금되었다.
(나) 거래처로부터 상품 300,000원을 매입하기로 계약하고, 계약금(매입대금의 10%)을 보통예금 계좌에서 이체하였다.

① (가)는 손익거래이다.
② (나)는 교환거래이다.
③ (가)는 차변에 비용의 발생, 대변에 자산의 감소로 결합되는 거래이다.
④ (나)는 차변에 자산의 증가, 대변에 자산의 감소로 결합되는 거래이다.

ERP | 22' 5회 ERP 회계 2급

24 다음을 회계처리한 것으로 옳은 것은?

컴퓨터 판매업을 하는 A 기업에서 판매용 컴퓨터(3대, @1,000,000원) 3,000,000원과 영업부 직원의 사무용 컴퓨터(1대, 1,500,000원) 1,500,000원을 구입하고 현금으로 지급하였다.

① (차) 상품 4,500,000원 (대) 현금 4,500,000원
② (차) 상품 3,000,000원, 비품 1,500,000원 (대) 현금 4,500,000원
③ (차) 상품 3,000,000원, 비품 1,500,000원 (대) 현금 5,000,000원
④ (차) 비품 3,000,000원, 상품 1,500,000원 (대) 현금 4,500,000원

정답 및 해설

20 ② 주요장부는 분개장, 총계정원장이다.
21 ④ 제품 광고를 위해 지급한 금액은 광고선전비 계정을 사용하며 이는 비용에 해당한다.
22 ② (차) 단기차입금(부채 감소) 500,000원 (대) 현금(자산 감소) 500,000원
23 ③ (가)는 차변에 자산의 증가, 대변에 수익의 발생으로 결합되는 거래이다.
24 ② 판매용은 상품으로, 직원 업무용은 비품으로 회계처리한다.

ERP | 22' 1회 ERP 회계 2급

25 **거래를 분석하여 차변 부분과 대변 부분을 나누어 그 계정과목과 금액을 기입하는 작업을 무엇이라 하는가?**

① 전기 ② 거래
③ 분개 ④ 계정

AT | 21' 46회 FAT 2급

26 **다음 중 재무상태표에 나타나는 계정과목은 모두 몇 개인가?**

• 단기대여금	• 자본금	• 매출원가
• 대손상각비	• 여비교통비	• 미지급금

① 2개 ② 3개
③ 4개 ④ 5개

전산 | 24' 113회 전산회계 1급

27 **다음 자료는 회계의 순환과정의 일부이다. (가), (나), (다)의 순서로 옳은 것은?**

> 거래 발생 → (가) → 전기 → 수정 전 시산표 작성 → (나) → 수정 후 시산표 작성 → (다) → 결산보고서 작성

	(가)	(나)	(다)
①	분개	각종 장부 마감	결산 정리 분개
②	분개	결산 정리 분개	각종 장부 마감
③	각종 장부 마감	분개	결산 정리 분개
④	결산 정리 분개	각종 장부 마감	분개

ERP | 23' 3회 ERP 회계 1급

28 영업용 트럭을 어음을 발행하여 외상으로 구입한 경우, 대변에 기재해야 하는 계정과목으로 가장 적절한 것은?

① 미수금
② 선수금
③ 미지급금
④ 외상매입금

전산 | 22' 105회 전산회계 2급

29 다음 거래요소의 결합관계와 거래의 종류에 맞는 거래내용은?

거래요소 결합관계	거래의 종류
자산의 증가-부채의 증가	교환거래

① 업무용 컴퓨터 1,500,000원을 구입하고 대금은 나중에 지급하기로 하다.
② 거래처로부터 외상매출금 500,000원을 현금으로 받다.
③ 거래처에 외상매입금 1,000,000원을 현금으로 지급하다.
④ 이자비용 150,000원을 현금으로 지급하다.

정답 및 해설

25 ③ 거래를 분석하여 차변 부분과 대변 부분을 나누고 그 계정과목과 금액을 기입하는 작업을 분개라고 한다.

26 ② 재무상태표에는 자산, 부채(단기대여금, 미지급금), 자본(자본금)에 해당하는 계정과목이 나타난다.

27 ② 회계순환과정은 '거래 발생 → 분개 → 전기 → 수정 전 시산표 작성 → 결산 정리 분개 → 수정 후 시산표 작성→ 각종 장부 마감 → 결산보고서 작성'이다.

28 ③ 유형자산인 차량운반구(영업용 트럭)를 어음을 발행하여 외상으로 구입한 경우 미지급금 계정으로 처리한다.
(차) 차량운반구 ×××　　(대) 미지급금 ×××

29 ① 자산의 증가-부채의 증가 ⇨ 교환거래
② 자산의 증가-자산의 감소 ⇨ 교환거래
③ 부채의 감소-자산의 감소 ⇨ 교환거래
④ 비용의 발생-자산의 감소 ⇨ 손익거래

PART 02

계정과목론

CHAPTER 01

상기업의 영업활동

핵심키워드
- 재무제표 기본구조
- 재고자산 • 상기업 회계처리
- 상품 취득원가 • 매출원가 계산
- 재고자산 단가결정

1회독 2회독 3회독

01 재무제표의 기본구조

1 재무상태표의 기본구조

재무상태표는 일정 시점 현재 기업이 보유하고 있는 경제적 자원인 '자산'과 경제적 의무인 '부채', 그리고 '자본'에 대한 정보를 제공하는 정태적 재무보고서로서, 정보이용자들이 기업의 유동성*1, 재무적 탄력성*2, 수익성과 위험 등을 평가하는 데 유용한 정보를 제공한다.

*1 유동성: 현금으로 빨리 전환할 수 있는 정도를 나타내는 척도이다.

*2 재무적 탄력성: 기업이 재무적으로 어려운 상황에 처할 경우에 그로 인한 자금 압박 요인을 얼마나 잘 극복할 수 있는가를 측정하는 척도이다.

재무상태표

(주)에듀윌 2025년 12월 31일 (단위: 원)

유동자산	당좌자산	유동부채	매입채무, 미지급금 등
	재고자산	비유동부채	사채, 퇴직급여충당부채
비유동자산	투자자산	자본	자본금
	유형자산		자본잉여금
	무형자산		자본조정
	기타 비유동자산		기타포괄손익누계액
			이익잉여금

재무상태표의 표시와 분류방법은 기업의 재무상태를 쉽게 이해할 수 있도록 결정되어야 한다. 자산, 부채, 자본 중 중요한 항목은 재무상태표 본문에 별도 항목으로 구분하여 표시하고, 중요하지 않은 항목은 성격 또는 기능이 유사한 항목에 통합하여 표시할 수 있다.

재무상태표의 기본구조
- 자산
  - 유동자산: 당좌자산, 재고자산
  - 비유동자산: 투자자산, 유형자산, 무형자산, 기타 비유동자산
- 부채
  - 유동부채: 매입채무, 미지급금 등
  - 비유동부채: 사채, 퇴직급여충당부채
- 자본
  - 자본금
  - 자본잉여금
  - 자본조정
  - 기타포괄손익누계액
  - 이익잉여금

2 손익계산서의 기본구조 중요

일정 기간 동안 기업의 경영성과를 나타내는 동태적 재무제표로서 기업의 이익창출능력에 관한 정보와 경영자의 수탁책임 및 경영성과에 관한 정보를 제공한다.
일반기업회계기준에서는 손익계산서 양식으로 보고식 손익계산서만 인정하고 있으며, 계정식 손익계산서는 인정되지 않고 있다.

보고식 손익계산서

(주)에듀윌	제1기 2025년 1월 1일~2025년 12월 31일 (단위: 원)
Ⅰ. 매출액	100,000
Ⅱ. 매출원가	(50,000)
Ⅲ. 매출총이익	50,000
Ⅳ. 판매비와 관리비	(10,000)
Ⅴ. 영업이익	40,000
Ⅵ. 영업외수익	10,000
Ⅶ. 영업외비용	(5,000)
Ⅷ. 법인세비용 차감 전 순이익	45,000
Ⅸ. 법인세비용	(4,500)
Ⅹ. 당기순이익	40,500

계정식 손익계산서

(주)에듀윌 제1기 2025년 1월 1일~2025년 12월 31일 (단위: 원)

매출원가	50,000	매출액	100,000
판매비와 관리비	10,000	영업외수익	10,000
영업외비용	5,000		
법인세비용	4,500		
당기순이익	40,500		
계	110,000	계	110,000

위와 같은 손익계산서 양식은 기업의 이해관계자들에 따라 원하는 이익의 개념이 다르므로 구분하여 표시한다.

이해관계자	요구사항	관련 이익
구매담당자	구매에 따른 실적은 얼마인가?	매출총이익
채권자	이자를 회수할 수 있는가?	영업이익
세무서	세금을 얼마나 징수할 것인가?	법인세비용 차감 전 순이익
주주	배당은 얼마나 받을 수 있을까?	당기순이익

손익계산서의 기본구조
Ⅰ. 매출액
Ⅱ. (매출원가)
Ⅲ. 매출총이익
Ⅳ. (판매비와 관리비)
Ⅴ. 영업이익
Ⅵ. 영업외수익
Ⅶ. (영업외비용)
Ⅷ. 법인세비용 차감 전 순이익
Ⅸ. (법인세비용)
Ⅹ. 당기순이익

02 상기업의 주영업활동

1 재고자산의 의의와 종류

재고자산이란 회사가 주된 영업활동을 통해 판매 목적으로 보유하고 있거나 생산과정에 있는 자산을 말한다. 재고자산의 구성 항목은 상품을 구입해서 판매하는 상기업(상품매매회사)과 제품을 제조하는 제조회사가 서로 다르다.
상기업에서 재고자산은 상품을 의미하며, 제조회사에서 재고자산은 제품과 이를 생산하는 데 사용되는 원재료, 저장품 그리고 생산 중에 있는 재공품, 반제품 등을 의미한다.

재고자산
판매 목적의 자산

구분	내용
상품	상기업이 판매 목적으로 구입한 상품, 미착품, 적송품 등
제품	제조기업이 판매 목적으로 직접 제조한 생산물 및 부산물
재공품	제품 또는 반제품을 만들어 내기 위해 아직 제조 중인 미완성품
반제품	미완성품이라는 점에서는 재공품과 유사하나, 중간 과정에서 판매가 가능하다는 점에서는 재공품과 차이가 있음
원재료	제품을 생산하기 위해 매입한 원료, 재료 등
저장품	소모품, 수선용 부분품 및 기타 저장물

2 상기업(상품매매회사)의 특징과 보고방법

백화점, 도매상, 소매상 등의 상기업은 상품을 싸게 구입한 후 비싸게 판매하여 이익을 획득하는 것을 주된 영업활동으로 하는 회사이다. 상기업은 상품을 판매하기 위해서 미리 상품을 구입하여 확보하고 있어야 하며, 구입한 상품은 판매되기 전까지 회사의 창고에 재고로 남게 되므로 이를 '재고자산'이라 한다. 상기업의 상품은 최종적으로 현금이나 외상으로 판매될 것이고 외상대금은 일정 기간 후 현금으로 회수될 것이다. 이렇듯 상기업은 상품을 구입하고 구입한 상품을 판매한 후 판매대금을 회수하는 영업활동을 계속 반복한다.

예를 들어, 상품을 100,000원에 매입하여 현금 200,000원을 받고 판매할 경우에 이에 대한 경영성과는 상품매출이익만 표시하는 방법과 상품매출과 상품매출원가를 모두 표시하는 방법으로 나타낼 수 있다.

1. 상품매출이익만 표시하는 방법

손익계산서에 상품매출이익만 표시되도록 회계처리하면 다음과 같다.

(차) 현금	200,000	(대) 상품	100,000
		상품매출이익	100,000

⇩

손익계산서

2025년 1월 1일~2025년 12월 31일

Ⅰ. 상품매출이익	100,000

위의 분개에 따르면 손익계산서에서 상품매출이익만 표시되며, 매출액과 매출원가에 대한 정보를 제공할 수 없다는 단점이 있다.

2. 상품매출과 상품매출원가를 모두 표시하는 방법 중요

손익계산서에 상품매출과 상품매출원가를 모두 표시하기 위해서는 매출과 매출원가를 별도의 거래로 분류하여 다음과 같이 회계처리를 해야 한다.

(차) 현금	200,000	(대) 상품매출	200,000
(차) 상품매출원가	100,000	(대) 상품	100,000

⇩

손익계산서

2025년 1월 1일~2025년 12월 31일

Ⅰ. 매출액	200,000
Ⅱ. 매출원가	(100,000)
Ⅲ. 매출총이익	100,000

위의 분개에 따르면 손익계산서에서 매출액 200,000원이 수익으로, 매출원가 100,000원이 비용으로 처리되어 그 차이로 매출총이익이 100,000원인 것을 확인할 수 있다. 매출과 매출원가를 모두 표시하는 방법이 수익창출활동에 대한 자세한 정보를 제공하므로 기업의 주된 영업활동인 상품의 매매거래를 회계처리할 때에는 상품매출과 상품매출원가를 모두 표시하는 방법을 사용한다. 반면, 기타 자산의 매매거래는 주된 영업활동이 아니므로 관련된 이익만을 표시하는 방법을 사용한다.

3 상기업(상품매매회사)의 회계처리

상품을 구입한 후 판매하게 되면 매입금액은 최종적으로 매출원가라는 비용이 되고 판매금액은 상품매출이라는 수익으로 인식된다.

1. 수익과 비용의 인식

(1) 현금주의

현금이 유입된 시점에 수익으로 기록하고, 현금이 유출된 시점에 비용으로 기록하는 것이다. 현금주의에 따라 수익과 비용을 인식하게 되면 경영자가 고의적으로 현금 유출입의 시점을 조작하여 경영성과를 왜곡시킬 수 있다는 단점이 있다.

(2) 발생주의

현금의 유출입 그 자체보다는 현금의 유출입을 가져오는 근원적인(중대한) 사건이 발생한 시점에 수익과 비용을 인식하는 것으로 일반기업회계기준에서 채택하고 있다.

① 발생주의 중 수익을 인식하는 구체적인 기준: 수익은 실현주의에 따라 인식한다. 실현주의란 경제적 효익의 유입 가능성이 매우 높고 그 효익을 신뢰성 있게 측정할 수 있을 때 수익을 인식해야 한다는 것이다. 즉, 상품매출은 실현주의에 따르면 수익을 현금수령 시점에 인식해야 하는 것이 아닌, 돈 받을 권리가 확정된 인도시점에 인식해야 한다.

② 발생주의 중 비용을 인식하는 구체적인 기준: 비용은 수익·비용 대응의 원칙에 따라 수익을 인식하는 회계기간에 대응하여 인식한다. 이 원칙이 성립되기 위해서는 일정 기간 동안에 이루어진 지출이 특정한 수익과 관련이 있어야 하며, 관련된 수익과 동일한 기간에 이루어져야 한다. 따라서, 상품을 매입할 때 취득과 관련된 지출은 취득시점에는 수익을 창출한 것이 없으므로 일단 자산으로 처리하였다가, 판매되어 수익이 창출되는 시점에 매출원가라는 비용으로 인식한다.

2. 상품의 매매거래

(1) 상품의 취득원가 중요

상품의 취득원가에는 상품을 판매 가능한 상태로 만들기까지 지출된 모든 지출액이 포함되어야 한다. 즉, 상품의 취득원가는 매입금액에 취득과정에서 지출된 매입수수료·수입관세·보관료·운반비·보험료·하역비 등을 더한 금액을 말한다. 취득부대비용을 비용으로 처리하지 않고 상품의 취득원가에 가산하는 이유는 수익·비용 대응의 원칙에 따른 것이다. 반면, 판매자가 부담하는 운반비*는 지출시점에 상품매출이라는 수익이 창출되므로 수익·비용 대응의 원칙에 따라 운반비 계정으로 비용처리한다.

상품의 취득원가
취득원가 = 총매입금액 + 취득부대비용

▶ 매입할 때 운반비는 취득원가에 가산하고, 판매할 때 매출운임은 운반비(비용) 계정으로 처리한다.

분개사례

상품매입·매출 시 운반비

[1] 상품을 1,000,000원에 외상으로 인도하며 운반비 10,000원을 현금으로 지출하였다.
[2] 상품을 500,000원(운반비 50,000원 별도)에 외상으로 매입하였다.

| 정답 |

번호	차변		대변	
[1]	외상매출금	1,000,000	상품매출	1,000,000
	운반비	10,000	현금	10,000
[2]	상품	550,000	외상매입금	550,000

여기서 잠깐 자산에 대해 살펴보면, 자산이란 과거 사건의 결과로 기업이 통제 가능하고 미래 경제적 효익의 유입이 예상되는 잠재력이라고 정의할 수 있다. 상품의 매입금액과 취득부대비용은 차후 판매를 통해 매출이라는 수익을 창출할 수 있기 때문에 취득부대비용은 자산성이 있다고 볼 수 있다. 즉, 취득부대비용은 자산으로 처리한다.

유형문제 1

다음을 회계처리하여라.

[1] (주)가방닷컴에서 판매용 가방 2,000,000원을 매입하고, 대금 중 500,000원은 소유하고 있던 자기앞수표로 지급하고, 잔액은 1개월 후에 지급하기로 하다. 단, 인수운임 20,000원은 현금으로 지급하다.

(차)	(대)

[2] 인천세관으로부터 수입한 상품에 대한 통관수수료 160,000원을 현금으로 지급하다. (취득원가로 회계처리할 것)

(차)	(대)

[3] 중국에서 수입한 상품 20톤을 인천항에서 공장까지 운송하고 운송료 500,000원을 당사 보통예금 계좌에서 지급하다.

(차)	(대)

[4] 세은상사로부터 판매 목적의 운동화 A 200족(@5,000원)과 운동화 B 10족(@5,500원)을 외상으로 매입하고 당점 부담 운반비 20,000원은 현금으로 지급하다.

(차)	(대)

[5] 유리상사에서 1개월 전 매입계약한 상품 5,000,000원을 인수하고, 계약금 500,000원을 차감한 잔액을 2개월 후에 지급하기로 하다. 단, 해당 상품은 수입물품이며 수입관세 20,000원은 현금으로 지급하다.

(차)	(대)

[6] 미래유통에 상품 1,200,000원을 외상으로 판매하고, 판매자 부담 운반비 70,000원은 현금으로 지급하다.

(차)	(대)

| 정답 |

번호	차변		대변	
[1]	상품	2,020,000	현금	520,000
			외상매입금	1,500,000
[2]	상품	160,000	현금	160,000
[3]	상품	500,000	보통예금	500,000
[4]	상품	1,075,000	외상매입금	1,055,000
			현금	20,000
[5]	상품	5,020,000	선급금	500,000
			외상매입금	4,500,000
			현금	20,000
[6]	외상매출금	1,200,000	상품매출	1,200,000
	운반비	70,000	현금	70,000

(2) 매입한 상품의 차감 계정 ◂중요

매입환출 및 에누리 등 매입의 차감 계정이 발생하면 상품 계정을 직접 감소하거나 매입환출 및 에누리 등의 관리 목적의 계정과목을 별도로 설정하여 기록할 수도 있다. 일반적으로 실무에서는 매입환출 및 에누리 등의 별도 계정으로 설정하여 관리하였다가 보고기간 종료일에 상품과 차감하는 기말수정분개를 통해 재무상태표의 상품가액은 순매입액으로 공시한다. 이때 실무에서는 회계프로그램에서 기말수정분개를 자동으로 설정해 주므로 별도의 분개를 입력하지 않는다.

① **매입환출 및 에누리**: '매입환출'은 상품의 결함이나 규격 미달로 인하여 상품을 반품하는 것을 말하며 '매입에누리'는 상품 구입 후 상품의 파손이나 하자를 이유로 가격을 깎는 것을 말한다. 매입에누리와 매입환출 가액만큼 지급해야 할 금액이 감소하거나 지급한 금액을 돌려받기 때문에 매입한 상품에서 차감한다.

② **매입할인**: '매입할인'이란 상품을 외상으로 매입한 후 외상대금을 당초에 약정한 기일 전에 결제한 경우 외상대금의 일정률을 할인받는 것을 말한다. 매입할인의 약정조건이 (2/10, n/30)으로 표시되었다면, 이는 대금지급은 30일 이내 이루어져야 하며 10일 이내 조기 결제하면 대금의 2%를 할인받는다는 것을 의미한다. 매입할인액만큼 매입과 관련하여 지급되는 금액이 감소하므로 매입한 상품에서 차감한다.

매입차감 항목
- 매입에누리
- 매입환출
- 매입할인

분개사례

매입환출 및 에누리와 매입할인이 발생할 때

[1] 1월 2일 상품을 100,000원에 (2/10, n/30)의 조건으로 거래처에 외상으로 매입하다.
[2] 1월 3일 매입한 상품 중 하자가 있어서 10,000원은 반품을 하였고, 상품 중 일부가 파손되어 상품 대금 중 일부 15,000원을 깎았다.
[3] 1월 12일 나머지 외상대금을 외상발생일부터 10일 이내에 현금을 지급하여 조기 결제하였다.
[4] 12월 31일 매입의 차감 계정을 상품 계정과 대체분개하였다.

| 정답 |

번호	차변		대변	
[1]	상품	100,000	외상매입금	100,000
[2]	외상매입금	25,000	매입환출 및 에누리	25,000
[3]	외상매입금	75,000	매입할인	1,500*
			현금	73,500
[4]	매입환출 및 에누리	25,000	상품	26,500
	매입할인	1,500		

* 75,000원×2%=1,500원

(3) 타계정대체

매입한 상품이 기부, 접대, 직원들을 위한 복리후생 등의 사유로 없어진 경우를 의미한다. 즉, 판매를 목적으로 매입한 상품을 판매 이외의 다른 목적으로 사용하여 없어진 경우를 말한다. 실무에서 타계정대체인 경우를 회계 프로그램에 입력할 때는 반드시 적요를 입력해야 하며, 차후 매출원가를 계산할 때 타계정대체의 금액만큼 상품금액이 차감된다.

타계정대체
재고자산이 판매 이외의 목적으로 나간 것

분개사례

타계정대체

[1] 보유 중인 상품 100,000원을 이재민 구호물품으로 기부하였다.
[2] 당사에서 보유 중인 제품 300,000원(원가)을 공장 직원들의 복리를 위해 구내식당에 설치하였다.

| 정답 |

번호	차변		대변	
[1]	기부금	100,000	상품	100,000
[2]	복리후생비	300,000	제품	300,000

(4) 상품매출의 차감 계정 중요

상품매출의 차감 계정이 발생하면 매출환입 및 에누리 등의 별도 계정으로 설정하여 관리하였다가 보고기간 종료일에 상품매출과 차감하는 기말수정분개를 통해 손익계산서의 매출액은 순매출액으로 공시한다. 이때 실무에서는 회계 프로그램에서 기말수정분개를 자동으로 설정해 주므로 별도의 분개를 입력하지 않는다.

매출차감 항목
- 매출에누리
- 매출환입
- 매출할인

① **매출환입 및 에누리**: '매출환입'은 매출한 상품 중 불량품 등이 반품되어 오는 것을 말하며, '매출에누리'는 매출한 상품 중 불량품 등에 대하여 가격을 깎아주는 것을 말한다. 매출환입 및 에누리는 받아야 할 금액이 감소하거나 받은 금액을 돌려주기 때문에 매출액에서 차감한다.

② **매출할인**: 외상매출금을 기일 전에 회수함으로써 외상매출금의 일부를 할인하여 주는 것으로, 받아야 할 금액이 감소하거나 받은 금액을 돌려주기 때문에 매출할인은 매출액에서 차감한다.

분개사례

매출환입 및 에누리와 매출할인이 발생할 때

[1] 1월 2일 상품을 100,000원에 (2/10, n/30)의 조건으로 거래처에 외상으로 판매하다.
[2] 1월 3일 판매한 상품 중 하자가 있어서 10,000원은 반품되었고, 상품 중 일부가 파손되어 상품대금 중 일부 15,000원을 깎아주었다.
[3] 1월 12일 나머지 외상대금을 외상발생일부터 10일 이내 현금으로 회수하였다.
[4] 12월 31일 매출의 차감 계정을 상품매출 계정과 대체분개하였다.

| 정답 |

번호	차변		대변	
[1]	외상매출금	100,000	상품매출	100,000
[2]	매출환입 및 에누리	25,000	외상매출금	25,000
[3]	매출할인	1,500*	외상매출금	75,000
	현금	73,500		
[4]	상품매출	26,500	매출환입 및 에누리	25,000
			매출할인	1,500

* 75,000원×2%=1,500원

(5) 3분법에 의한 상품매매거래의 기록

3분법이란 상품의 매입을 '매입' 계정에, 상품의 매출을 '매출' 계정에, 기말상품에 대해서는 '상품' 계정에 3가지로 나누어 기록하는 것을 말한다. 실무에서는 3분법의 상품 계정과 매입 계정을 통합한 상품 계정과 또 다른 계정인 상품매출 계정으로 나누어 회계처리하는 2분법도 있다.

분개사례

2분법에 의한 상품매매거래의 기록

[1] 상품을 1,000원에 현금을 지급하고 매입하다.
[2] 상품을 2,000원에 현금을 받고 판매하다.
[3] 결산일에 기초상품재고액이 100원이고 기말상품재고액이 200원이다.

| 정답 |

번호	차변		대변	
[1]	상품	1,000	현금	1,000
[2]	현금	2,000	상품매출	2,000
[3]	매출원가	900	상품	900

유형문제 2

다음을 회계처리하여라.

[1] (주)비전상사에서 외상으로 매입한 상품 중 불량품이 있어 20,000원에 해당하는 상품을 반환하고 외상매입금을 감소처리하였다.

(차)	(대)

[2] 상품매입처 소영유통의 외상매입금 10,000,000원에 대하여 약정에 따라 300,000원을 할인받고 잔액은 현금으로 지급하였다.

(차)	(대)

[3] (주)동국상사로부터 매입한 상품에 대한 외상매입대금 8,200,000원 중 품질 불량으로 인해 에누리 받은 700,000원을 제외한 잔액은 당좌수표를 발행하여 지급하였다.

(차)	(대)

[4] 당사에서 구입한 상품(원가 5,000,000원, 시가 6,500,000원)을 관할 구청에 불우이웃돕기 목적으로 기탁하였다.

(차)	(대)

[5] 창고에 보관 중인 상품 1,000,000원이 화재로 인하여 소실되었다. 당 회사는 화재보험에 가입되어 있지 않다.

(차)	(대)

[6] 거래처인 (주)상상유통에 대한 외상매출금 3,000,000원이 약정기일보다 30일 빠르게 회수되어 2%를 할인해 주고 잔액은 현금으로 받았다.

(차)	(대)

[7] 매출처인 미래유통의 상품매출에 대한 외상매출금 1,200,000원 중 파손된 상품에 대한 매출에누리 24,000원을 제외한 나머지는 보통예금으로 송금받았다.

(차)	(대)

[8] 매출처 (주)제일물산으로부터 외상으로 판매한 상품 중 품질 불량으로 인해 에누리해 준 금액은 100,000원이다.

(차)	(대)

| 정답 |

번호	차변		대변	
[1]	외상매입금	20,000	매입환출 및 에누리	20,000
[2]	외상매입금	10,000,000	매입할인	300,000
			현금	9,700,000
[3]	외상매입금	8,200,000	매입환출 및 에누리	700,000
			당좌예금	7,500,000
[4]	기부금	5,000,000	상품	5,000,000
[5]	재해손실	1,000,000	상품	1,000,000
[6]	현금	2,940,000	외상매출금	3,000,000
	매출할인	60,000		
[7]	매출환입 및 에누리	24,000	외상매출금	1,200,000
	보통예금	1,176,000		
[8]	매출환입 및 에누리	100,000	외상매출금	100,000

4 재고자산의 매출원가

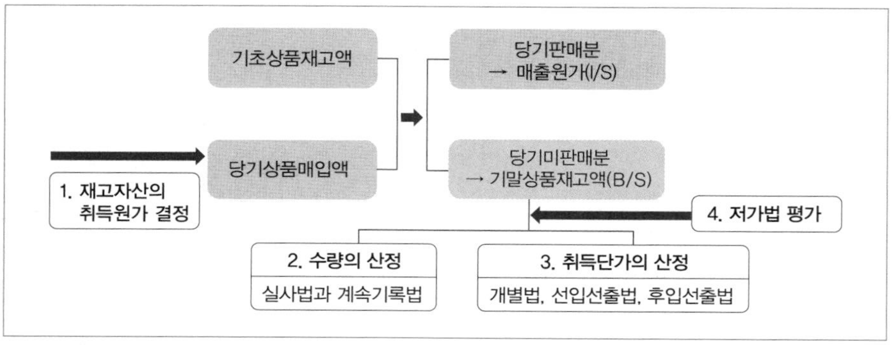

1. 매출원가 관련 회계처리 중요

동일한 상품을 다양한 가격으로 매입하여 보유 중인 경우, 판매할 때마다 얼마짜리가 팔렸는지 정확히 계산하여 매출원가를 산정하는 것은 실무적으로 많은 어려움이 따른다. 따라서, 상품매출에 대한 원가의 인식은 기말재고자산을 통하여 결산일 1회만 인식한다.

사례

기초재고액 10,000원이 상품 계정 차변에 기록되어 있다고 가정했을 때 매출원가 산정에 관한 회계처리는 다음과 같다.

[1] 회계기간 중에 상품을 매입한 분개는 다음과 같다.

(차) 상품	400,000	(대) 현금	400,000
(차) 상품	600,000	(대) 외상매입금	600,000

[2] 상품을 2,000,000원에 외상으로 판매하다.

(차) 외상매출금	2,000,000	(대) 상품매출	2,000,000

[3] 기말상품재고액이 500,000원인 경우 기말수정분개 시 매출원가는 기초재고액 10,000원과 당기매입액 1,000,000원을 가산한 금액에서 기말재고액 500,000원을 차감하여 구한다.

(차) 매출원가	510,000*	(대) 상품	510,000

* 10,000원 + 1,000,000원 − 500,000원 = 510,000원

[4] 보고기간 종료일에 작성된 손익계산서와 재무상태표는 다음과 같다.

손익계산서

2025년 1월 1일 ~ 2025년 12월 31일

Ⅰ. 매출액	2,000,000
Ⅱ. 매출원가	(510,000)
Ⅲ. 매출총이익	1,490,000

재무상태표

2025년 12월 31일

Ⅱ. 재고자산	
상품	500,000

2. 매출원가 산정문제 중요

재고자산을 판매할 때 회사는 매출이라는 수익과 매출원가라는 비용을 인식하게 된다. 예를 들어, 하루에 각 1,000원에 구입한 상품 10개를 각 1,500원에 판매하였다고 가정해 보자. 이 경우 매출액은 15,000원, 매출원가는 10,000원이며 매출총이익은 5,000원에 해당한다. 즉, 매출액은 '판매수량×판매가격', 매출원가(판매된 것의 원가)는 '판매수량×매입가격'이 적용된다.

다음의 T-Box법이라는 방법에 의해서 매출원가를 구할 수 있다.

(차) 상품	(대)
1/1 상품	감소 **매출원가** 상품이 판매된 경우
증가 **상품의 매입** (+) 취득부대비용 (−) 매입에누리 등	**12/31 상품** 상품이 미판매된 경우

I/S
Ⅰ. 매출액 (−)매출에누리 등
Ⅱ. (매출원가)
Ⅲ. 매출총이익
Ⅳ. (판매비와 관리비)
Ⅴ. 영업이익

매출액
=판매수량×판매가격

매출원가
=판매수량×매입가격

상품 T-Box

(+)	상품 (−)
1/1	매출원가
매입	12/31

유형문제 3

T-Box법에 의해 다음을 계산하여라.

[1] 매출원가를 구하여라.

• 기초상품	150,000원	• 당기총매입	280,000원
• 기말상품	120,000원		

[2] 매출원가를 구하여라.

• 기초상품	580,000원	• 당기총매입	1,530,000원
• 매입에누리	80,000원	• 매입환출	80,000원
• 매입운반비	150,000원	• 기말상품	120,000원

[3] 매출총이익을 구하여라.

• 기초상품	940,000원	• 당기총매입	2,710,000원
• 매입에누리	120,000원	• 매입할인	180,000원
• 매입운반비	100,000원	• 관세	150,000원
• 기말상품	1,120,000원	• 매입환출	80,000원
• 상품매출	4,000,000원		

[4] 매출원가를 구하여라.

• 기초상품	750,000원	• 당기총매입	1,830,000원
• 매입할인	50,000원	• 매입환출	30,000원
• 매입운반비	120,000원	• 기말상품	520,000원
• 타계정대체(접대 목적으로 제공됨)		200,000원	

| 정답 |

[1]

상품

기초상품	150,000	매출원가	310,000
당기매입	280,000	기말상품	120,000

[2]

상품

기초상품	580,000	매출원가	1,980,000
당기매입	1,520,000*	기말상품	120,000

* 1,530,000원 − 80,000원 − 80,000원 + 150,000원 = 1,520,000원

[3]

상품

기초상품	940,000	매출원가	2,400,000
당기매입	2,580,000*	기말상품	1,120,000

* 2,710,000원 − 120,000원 − 180,000원 + 100,000원 + 150,000원 − 80,000원 = 2,580,000원

Ⅰ. 매출액	4,000,000
Ⅱ. 매출원가	(2,400,000)
Ⅲ. 매출총이익	1,600,000

[4]

상품

기초상품	750,000	매출원가	1,900,000
		타계정대체	200,000
당기매입	1,870,000*	기말상품	520,000

* 1,830,000원 − 50,000원 + 120,000원 − 30,000원 = 1,870,000원

5 기말재고자산의 귀속 여부 ◂중요

기말재고수량은 회사소유의 재고수량을 파악함으로써 결정된다. 회사 창고에 보관되어 있지 않지만 회사의 재고자산이 될 수 있으며, 회사 창고에 보관되어 있다고 하더라도 회사의 재고자산이 아닌 경우도 있다. 특정 수량의 재고를 재무상태표의 재고자산 금액에 포함할 것인지의 여부는 재화의 판매나 용역의 제공으로 인한 수익인식기준에 의해 결정한다.

해당 항목에 대한 수익이 인식되었다면 기말재고자산에서 제외하고, 수익이 인식되지 않았다면 기말재고수량에 포함한다.

1. 운송 중인 상품(미착상품)

재고자산의 수익인식조건에는 선적지 인도조건과 도착지 인도조건이 있다. '선적지 인도조건'은 상품의 선적지에서, '도착지 인도조건'은 도착지에서 수익을 인식하는 조건이다. 그러므로 운송 중인 상품인 미착상품*의 경우 매입자 입장에서는 선적지 인도조건일 경우 기말재고자산에 가산하며, 매출자 입장에서는 도착지 인도조건일 경우 기말재고자산에 가산한다.

미착상품

- 선적지 인도조건: 매입자 재고
- 도착지 인도조건: 판매자 재고

▶ 미착상품이란 상품 등을 주문하였으나 결산일 현재 운송 중에 있는 상품을 말한다.

2. 위탁상품(적송품)

위탁판매란 위탁자(회사)가 판매를 위해서 수탁자에게 인도하고, 수탁자가 고객에게 판매하는 방식이다. 이러한 수탁판매의 경우 위탁자는 수탁자가 판매하는 시점에 수익을 인식한다. 수탁자가 판매하지 않고 보관 중인 상품은 아직 수익인식시점에 도달하지 않았으므로 위탁자의 기말재고자산에 포함한다.

적송품
- 수탁자 판매 전: 위탁자 재고
- 수탁자 판매 후: 매입자 재고

3. 시용상품(시송품)

회사가 소비자에게 인도하였지만, 소비자의 매입의사에 따라 판매가 결정되는 시용상품의 경우 소비자가 매입의사를 표시하는 시점에 수익을 인식한다. 따라서 소비자가 매입의사를 표시하기 전에는 아직 수익인식시점에 도달하지 않았으므로 회사의 기말재고자산에 포함한다.

시송품
소비자가 매입의사를 표시하기 전까지 판매자 재고

+ 기말재고자산에 포함될 항목

구분	인도조건	매출자	매입자
운송 중인 상품 (미착상품)	선적지 인도조건	재고자산 ×	재고자산 ○
	도착지 인도조건	재고자산 ○	재고자산 ×
위탁상품	위탁자	수탁자가 판매 전까지 재고자산	
	수탁자	위탁상품은 수탁자의 재고자산 아님	
시용상품	소비자가 매입의사를 표시하기 전까지는 판매자의 재고자산		

6 재고자산의 수량결정

재고자산의 수량을 결정하는 방법에는 계속기록법, 실지재고조사법, 혼합법이 있다.

재고자산 수량결정
- 계속기록법
- 실지재고조사법
- 혼합법

상품

기초	150개	매출원가	?
매입	300개	기말	?
	450개		450개

1. 계속기록법

계속기록법은 실제 매출이 발생할 때 판매수량을 계속 기록하였다가 기말수량은 실제 창고에 가서 조사하지 않고 기초상품수량에 당기매입수량을 더한 후 판매수량을 차감하여 추정에 의해 구한다.

계속기록법에 의한 경우 위의 사례에서 판매수량을 실제로 구한다. 예를 들어 판매수량을 350개라 한다면, 실제 기말수량을 조사하지 않고 총 판매 가능한 상품수량 450개에서 판매수량 350개를 차감하여 기말재고의 수량을 100개라 추정하는 방법이다.

계속기록법 기말재고수량
기초상품수량 + 당기매입수량 − 판매수량

상품

기초	150개	350개	→ 실제 수량을 기록
매입	300개	100개	→ 추정에 의해 구함
	450개	450개	

2. 실지재고조사법

실지재고조사법 판매수량
기초상품수량 + 당기매입수량 – 기말상품수량

실지재고조사법은 매출이 발생할 때 판매수량을 기록하지 않았다가 기말수량은 실제 창고에 가서 조사하여 파악하는 방법으로 판매수량은 기초상품수량에 당기매입수량을 더한 후 기말상품수량을 차감하여 추정에 의해 구한다.

실지재고조사법에 의한 경우 위의 사례에서 기말재고의 수량을 실제로 구한다. 예를 들어 기말수량을 80개라 한다면, 실제 판매수량을 기록하지 않고 총 판매 가능 상품수량 450개에서 기말수량 80개를 차감하여 판매수량을 370개라 추정하는 방법이다.

상품

기초	150개	370개	→ 추정에 의해 구함
매입	300개	80개	→ 실제 수량을 기록
	450개	450개	

3. 혼합법

혼합법
계속기록법 + 실지재고조사법

혼합법의 판매수량은 실제 매출이 발생할 때 계속 기록하여 구하고, 기말재고수량도 실제 창고에 가서 수량을 파악하는 방법으로 계속기록법과 실지재고조사법이 혼합된 방법이다. 위의 사례의 경우 판매수량을 계속 기록하여 350개라는 것을 파악하고, 실제로도 기말재고 창고조사를 통하여 80개라는 사실을 파악한다. 총 판매 가능 상품수량 450개에서 실제 판매수량 350개와 실제 기말재고수량 80개를 파악하여 수량이 감소한 감모수량 20개를 파악할 수 있다. 실무에서는 감모수량을 파악할 수 있기 때문에 혼합법을 인정하고 있다.

상품

기초	150개	350개	→ 실제 수량을 기록
		20개	→ 재고자산 감모수량
매입	300개	80개	→ 실제 수량을 기록
	450개	450개	

7 재고자산의 단가결정(원가흐름의 가정) 중요

재고자산의 취득시기에 따라 재고자산의 구입단가가 계속하여 변동하는 경우에 재고자산이 어떤 순서로 팔리는지를 가정한 것이 '원가흐름의 가정'이다. 재고자산의 원가흐름을 어떻게 가정하는가에 따라 매출원가와 기말재고자산의 단가가 달라질 수 있다. 재고자산의 단가결정방법은 원가흐름의 가정에 따라 개별법, 선입선출법, 총평균법, 이동평균법, 후입선출법으로 나눌 수 있다. 통상적으로 상호 교환될 수 없는 재고 항목이나 특정 프로젝트별로 생산되는 제품 또는 서비스의 원가는 개별법을 사용하며, 개별법이 적용되지 않는 재고자산의 단가는 선입선출법, 가중평균법(총평균법, 이동평균법) 또는 후입선출법을 사용한다.

재고자산 단가결정
- 개별법(바코드법)
- 선입선출법(FIFO)
- 총평균법
- 이동평균법
- 후입선출법(LIFO)

1. 개별법(바코드법)

개별법이란 실제 매출이 발생할 때마다 실제 구입원가를 기록하였다가 매출원가로 대응시키는 방법이다. 원가흐름과 실제 물량흐름이 일치하기 때문에 가장 정확한 원가계산방법이며, 수익·비용의 대응원칙에 가장 적합하다는 장점이 있다. 하지만 회사는 한두 가지 종류의 상품만 파는 것이 아니므로 그 물건이 팔릴 때마다 개별자산의 구입원가를 찾아서 매출원가로 대응시킨다는 것이 현실적으로 불가능하다. 때문에 개별법은 귀금속이나 명품 등 고가품의 거래에만 사용하는 것이 일반적이다.

2. 선입선출법(FIFO; First-In-First-Out)

선입선출법이란 먼저 들어온(매입한) 상품이 먼저 나간다(판매된다)는 가정하에 계산하는 원가계산방법이다. 선입선출법을 적용해서 기말재고자산의 단가를 결정하게 되면, 기중에 여러 번 구입했다고 했을 때 기말에 남아 있는 것은 가장 나중에 구입한 것의 단가를 적용해야 한다는 것을 알 수 있다. 이 방법은 현실에서 가장 많이 쓰는 방법으로, 실제 회사의 물량흐름과 유사하다. 선입선출법의 경우 실지재고단가법과 계속기록단가법으로 계산하는 매출원가의 값은 동일하다.

3. (가중)평균법

평균법은 재고자산의 단가를 산정할 때 일정 기간 동안 재고자산 구입단가의 평균으로 구하는 방법이다. 선입선출법, 후입선출법이 실제 물량흐름과 동일하지 않은 추정의 방법이므로 단가를 계산할 때 간단하게 평균단가를 구해 활용하는 방법으로 기초재고와 당기매입을 동일하게 취급하는 논리가 있다. 평균법은 매출시점을 고려하지 않고 기말에 전체 기초재고와 당기매입 전체의 평균을 계산하는 총평균법과 매출시점을 고려하여 매출시점의 기초재고와 당기매입의 평균을 계산하는 이동평균법으로 구분된다.

평균법
- 총평균법: 실지재고조사법 적용
- 이동평균법: 계속기록법 적용

(1) 총평균법

총평균법은 일정 기간 판매 가능 상품의 원가를 판매 가능 상품의 수량으로 나누어 총평균단가를 구하고 이 평균단가를 이용하여 매출원가와 기말재고금액을 구하는 방법이다. 기말에 단가가 나오므로 기중에는 매출원가와 기말재고금액을 알 수 없다.

$$\text{총평균단가} = \frac{\text{기초재고액} + \text{당기매입액}}{\text{기초재고수량} + \text{당기매입수량}}$$

(2) 이동평균법

이동평균법은 입고될 때마다 새로 입고되는 재고자산의 가액과 기존 재고자산가액을 합하여 다음과 같이 새로운 평균단가를 계산하고 이를 남아 있는 재고자산 및 출고되는 재고자산의 단가로 보는 방법이다.

$$\text{이동평균단가} = \frac{\text{매입 직전 재고자산의 가액} + \text{매입가액}}{\text{매입 직전 재고자산의 수량} + \text{매입수량}}$$

4. 후입선출법(LIFO; Last-In-First-Out)

후입선출법이란 선입선출법과 반대로 나중에 구입한 상품을 먼저 판매한다고 가정하는 방법이다. 이 방법에 의하면 매출시점에서 가장 가깝게 매입한 상품의 구입단가가 판매되는 상품의 단가가 되고, 그 결과 기말재고원가는 가장 오래전에 매입한 상품의 구입단가로 이루어진다. 후입선출법도 실지재고 후입선출법과 계속기록 후입선출법으로 구분할 수 있으며, 실지재고 후입선출법은 기말에 매출원가를 계산하는 방법이고 계속기록 후입선출법은 매출시점에서 매출원가를 계산하는 방법이다. 후입선출법은 일반기업회계기준에서는 인정하나, 한국채택국제회계기준에서는 인정하지 않는다.

5. 인플레이션과 재고자산 평가방법의 관계

+ IF 물가 상승 시*, 기초≤기말

- 기말재고자산: 선입선출법 > 이동평균법 ≥ 총평균법 > 후입선출법
- 매출원가: 선입선출법 < 이동평균법 ≤ 총평균법 < 후입선출법
- 순이익: 선입선출법 > 이동평균법 ≥ 총평균법 > 후입선출법
- 법인세: 선입선출법 > 이동평균법 ≥ 총평균법 > 후입선출법

* 물가 하락 시에는 반대

6. 재고자산 단위당 원가방식과 순이익의 관계

상품		선입선출법	가중평균법	후입선출법
기초	매출원가	매출원가	매출원가	매출원가
1개 100원	2개 ?	2개 [1개 × 100원 1개 × 120원] 220원	2개 × 120원 240원	2개 [1개 × 140원 1개 × 120원] 260원
매입	기말	기말	기말	기말
1개 120원 1개 140원	1개 ?	1개 × 140원 140원	1개 × 120원 120원	1개 × 100원 100원
360원	360원	360원	360원	360원
개당 판매가격이 200원이라면,				
순이익		180원	160원	140원
법인세(10% 가정)		18원	16원	14원

7. 선입선출법과 후입선출법의 장단점

(1) 선입선출법(FIFO)

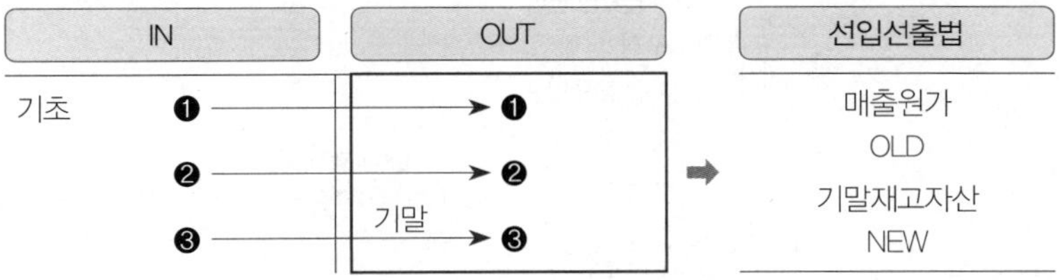

장점	단점
먼저 들어온 상품이 먼저 팔리는 것은 실제 물량흐름과 유사하다.	• 지속적인 물가 상승 시 수익이 과다해져 법인세를 과다하게 납부한다. • 수익·비용 대응의 원칙에 위배된다.

(2) 후입선출법(LIFO)

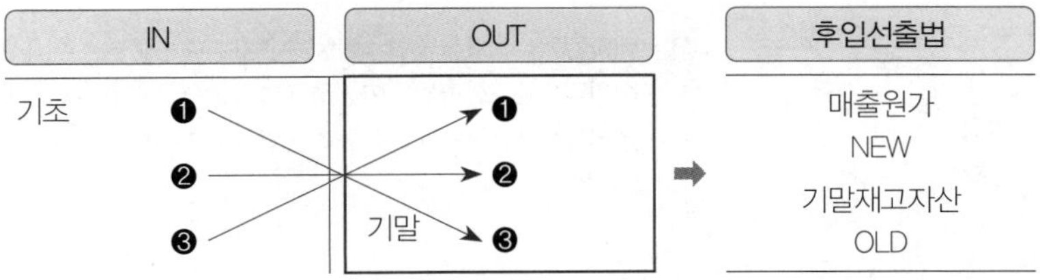

장점	단점
• 수익·비용 대응이 선입선출법에 비해서 잘 이루어진다. • 지속적인 물가 상승 시 순이익이 과소되고 법인세를 적게 내는 절감효과 혹은 뒤로 이연시켜 주는 이연효과가 있다.	• 나중에 구입한 상품이 먼저 판매되는 것은 현실과는 거리가 멀다. • 현행 시세를 제대로 반영하지 못하며 한국채택국제회계기준(K-IFRS)에서는 허용하지 않는 방법이다.

Keyword로 빠르게 체크하는 핵심 이론

1 재무제표 기본구조

1. 재무상태표 기본구조

자산	유동자산	당좌자산, 재고자산
	비유동자산	투자자산, 유형자산, 무형자산, 기타 비유동자산
부채	유동부채	매입채무, 미지급금 등
	비유동부채	사채, 퇴직급여충당부채
자본	자본금, 자본잉여금, 자본조정, 기타포괄손익누계액, 이익잉여금	

2. 손익계산서 기본구조

Ⅰ. 매출액
Ⅱ. (매출원가)
Ⅲ. 매출총이익
Ⅳ. (판매비와 관리비)
Ⅴ. 01 ______
Ⅵ. 영업외수익
Ⅶ. (영업외비용)
Ⅷ. 법인세비용 차감 전 순이익
Ⅸ. (법인세비용)
Ⅹ. 02 ______

2 재고자산

회사가 판매 목적으로 보유하고 있는 자산으로 상품, 제품, 재공품, 반제품, 원재료, 저장품 등을 말함

3 상기업 회계처리

1. 수익과 비용의 인식
   - **현금주의**: 현금이 유입된 시점에 수익으로, 현금이 유출된 시점에 비용으로 기록하는 것
   - 03 ______: 현금의 유입, 유출을 가져오는 사건이 발생한 시점에 수익과 비용을 인식하는 것
2. **매입차감 항목**: 매입에누리, 매입환출, 매입할인
3. **매출차감 항목**: 매출에누리, 매출환입, 매출할인

4 상품 취득원가

취득원가 = 총매입금액 + 취득부대비용

5 매출원가 계산

1. **매출액**: 판매수량 × 판매가격
2. 04 ______: 판매수량 × 매입가격
3. 상품 T-Box

(+) 상품	(−)
1/1	매출원가
매입	12/31

6 재고자산 단가결정

1. **개별법**: 매출이 발생할 때마다 실제 구입원가를 기록했다가 매출원가로 대응시키는 방법
2. 05 ______: 먼저 들어온 상품이 먼저 판매된다고 가정하는 방법
3. **(가중)평균법**: 일정 기간 동안 재고자산 구입단가의 평균으로 구하는 방법
   - 총평균법

$$\frac{\text{기초재고액} + \text{당기매입액}}{\text{기초재고수량} + \text{당기매입수량}}$$

   - 이동평균법

$$\frac{\text{매입 직전 재고자산의 가액} + \text{매입가액}}{\text{매입 직전 재고자산의 수량} + \text{매입수량}}$$

4. **후입선출법**: 나중에 구입한 상품이 먼저 판매된다고 가정하는 방법
5. 물가 상승 시 재고자산 평가방법
   - **기말재고자산**: 선입선출법 > 이동평균법 ≥ 총평균법 > 후입선출법
   - **매출원가**: 선입선출법 < 이동평균법 ≤ 총평균법 < 후입선출법
   - **순이익**: 선입선출법 > 이동평균법 ≥ 총평균법 > 후입선출법
   - **법인세**: 선입선출법 > 이동평균법 ≥ 총평균법 > 후입선출법

정답

01 영업이익 02 당기순이익 03 발생주의
04 매출원가 05 선입선출법

기출 & 확인 문제

맞은 개수	개/총 27문항
복습 여부	YES / NO

ERP | 23' 4회 ERP 회계 1급

01 **재고자산의 매입, 매출 관련 거래의 회계처리로 가장 적절한 것은?**

① 매출할인은 총매출액에서 가산(+)한다.
② 매출에누리 및 매출환입은 총매출액에서 가산(+)한다.
③ 매입할인 및 매입운임은 당기 총매입액에서 차감(−)한다.
④ 매입에누리 및 매입환출은 당기 총매입액에서 차감(−)한다.

AT | 22' 52회 FAT 2급

02 **다음 자료를 토대로 계산한 재고자산의 취득원가는 얼마인가?**

• 상품매입금액	500,000원	• 매출운반비	60,000원
• 매입운반비	8,000원	• 광고선전비	20,000원

① 500,000원　　② 508,000원
③ 568,000원　　④ 588,000원

AT | 21' 45회 FAT 2급

03 **다음 거래의 회계처리 시 차변에 표시될 계정과목과 금액으로 옳은 것은?**

거래처로부터 상품 1,000,000원을 매입하고, 매입 관련 운임 50,000원과 함께 현금으로 지급하다.

① 상품 1,000,000원　　② 상품 1,050,000원
③ 현금 1,000,000원　　④ 현금 1,050,000원

정답 및 해설

01 ④ 매입에누리 및 매입환출은 당기 총매입액에서 차감(−)한다.
①, ② 매출할인, 매출에누리, 매출환입은 총매출액에서 차감(−)한다.
③ 매입할인은 당기 총매입액에서 차감(−)하고, 매입운임은 가산(+)한다.

02 ② 재고자산의 취득원가: 상품매입금액 500,000원 + 매입운반비 8,000원 = 508,000원

03 ② 매입 관련 운임은 상품의 구입금액에 가산한다.

(차) 상품	1,050,000	(대) 현금	1,050,000

전산 | 23' 111회 전산회계 2급

04 다음 중 재고자산에 대한 설명으로 틀린 것은?

① 판매를 위하여 보유하고 있는 상품 또는 제품은 재고자산에 해당한다.
② 판매와 관련하여 발생한 수수료는 판매비와 관리비로 비용처리 한다.
③ 판매되지 않은 재고자산은 매입한 시점에 즉시 당기 비용으로 인식한다.
④ 개별법은 가장 정확하게 매출원가와 기말재고액을 결정하는 방법이다.

전산 | 22' 103회 전산회계 2급

05 다음 중 기말재고자산을 과소평가하였을 때 나타나는 현상으로 옳은 것은?

	매출원가	당기순이익
①	과소계상	과대계상
②	과소계상	과소계상
③	과대계상	과대계상
④	과대계상	과소계상

ERP | 21' 3회 ERP 회계 2급

06 다음 자료를 이용하여 매출원가를 계산하면 그 금액은 얼마인가?

• 상품매출액	2,000,000원	• 상품매입액	900,000원
• 매출할인	70,000원	• 매입에누리	80,000원
• 매입환출	10,000원	• 기초상품재고액	500,000원
• 기말상품재고액	250,000원		

① 870,000원
② 1,060,000원
③ 1,930,000원
④ 2,000,000원

전산 21' 96회 전산회계 2급

07 다음 자료에 의하여 상품의 당기총매입액을 계산하면 얼마인가?

• 기초상품재고액	80,000원	• 기말상품재고액	45,000원
• 당기매출원가	160,000원	• 매입에누리	20,000원

① 145,000원
② 120,000원
③ 115,000원
④ 110,000원

ERP 23' 5회 ERP 회계 1급

08 재무제표와 관련된 등식 중 성립할 수 없는 것은?(단, 기중에 자본의 증자와 감자 및 배당은 없었다고 가정한다)

① 총수익 = 총비용 + 당기순이익
② 기초자산 = 기초부채 + 기초자본
③ 매출총이익 = 순매출액 − 매출원가
④ 기말자산 + 총수익 = 기말부채 + 기말자본 + 총비용

정답 및 해설

04 ③ 판매하여 수익을 인식한 기간에 매출원가(비용)로 인식한다.

05 ④ 기말재고자산의 과소평가 시 매출원가는 과대계상되고, 당기순이익은 과소계상된다.

06 ② 매출원가: 기초상품재고액 500,000원 + (당기상품매입액 900,000원 − 매입에누리 80,000원 − 매입환출 10,000원) − 기말상품재고액 250,000원 = 1,060,000원

07 ① 당기총매입액: 당기매출원가 160,000원 + 기말상품재고액 45,000원 − 기초상품재고액 80,000원 + 매입에누리 20,000원 = 145,000원

08 ④ • 기말자본 = 기초자본 + 총수익 − 총비용
• 기말자산 + 총비용 = 기말부채 + 기초자본 + 총수익

전산 22' 100회 전산회계 1급

09 **다음의 자료를 이용하여 매출원가를 구하면 얼마인가?**

• 기초상품재고액	5,000,000원	• 매입운임	200,000원
• 당기매입액	2,000,000원	• 기말상품재고액	2,000,000원
• 매입할인	100,000원		

① 4,900,000원 ② 5,000,000원

③ 5,100,000원 ④ 5,200,000원

전산 22' 100회 전산회계 2급

10 **다음 자료를 이용하여 상품의 매출원가를 계산하면 얼마인가?**

• 상품 전기이월액	350,000원	• 당기매입액	770,000원
• 매출채권	500,000원	• 매출액	1,200,000원
• 기말재고액	370,000원	• 매입채무	300,000원

① 700,000원 ② 750,000원

③ 830,000원 ④ 900,000원

11 **상품매출에 의한 매출에누리와 매출환입에 대한 올바른 회계처리방법은?**

① 매출에누리는 매출액에서 차감하고 매출환입은 비용처리한다.

② 매출에누리와 매출환입 모두 비용처리한다.

③ 매출에누리와 매출환입 모두 매출액에서 차감한다.

④ 매출에누리는 비용처리하고, 매출환입은 외상매출금에서 차감한다.

전산 21' 95회 전산회계 2급

12 **물가가 지속적으로 하락하는 경우에 재고자산의 수량이 일정하게 유지된다면 매출원가가 가장 작게 나타나는 재고자산 평가방법은?**

① 개별법 ② 총평균법

③ 선입선출법 ④ 후입선출법

ERP | 23' 4회 ERP 회계 2급

13 판매자의 재고자산으로 가장 적절하지 않은 것은?

① 담보로 제공된 재고자산
② 수탁자가 판매하지 못한 위탁상품
③ 매입자의 매입의사가 표시된 시송품
④ 선적이 완료되지 않은 선적지인도기준으로 판매된 재고자산

ERP | 23' 3회 ERP 회계 2급

14 재고자산의 단가결정방법으로 가장 적절하지 않은 것은?

① 총평균법　② 계속기록법
③ 후입선출법　④ 선입선출법

정답 및 해설

09 ③ 매출원가: 기초상품재고액 5,000,000원+(당기매입액 2,000,000원－매입할인 100,000원)+매입운임 200,000원－기말상품재고액 2,000,000원=5,100,000원

10 ② 매출원가: 상품 전기이월액 350,000원+당기매입액 770,000원－기말재고액 370,000원=750,000원

11 ③ 매출에누리, 매출환입, 매출할인 모두 매출액에서 차감하는 항목이다.

12 ④ 후입선출법은 기말재고자산가액이 가장 오래전에 매입한 상품으로 구성되어 있으므로, 물가가 하락하고 재고자산수량이 일정하게 유지된다고 가정할 때 기말재고자산가액이 가장 크게 나타난다. 또한 기말재고자산가액이 클수록 매출원가는 작게 나타난다.

13 ③ 매입자의 매입의사가 표시된 시송품은 구매자의 재고자산이다.

14 ② 계속기록법은 재고자산의 수량결정방법이다.

15 다음 중 한국채택국제회계기준에서 재고자산 단가결정방법으로 인정하지 않는 방법은?

① 후입선출법　② 선입선출법
③ 평균법　④ 개별법

전산 | 23' 110회 전산회계 1급

16 재고자산의 단가 결정 방법 중 매출 시점에서 해당 재고자산의 실제 취득원가를 기록하여 매출원가로 대응시킴으로써 가장 정확하게 원가 흐름을 파악할 수 있는 재고자산의 단가 결정 방법은?

① 개별법　② 선입선출법
③ 후입선출법　④ 총평균법

17 재고자산의 평가방법 중 다음과 같은 특징이 있는 것은?

> ㄱ. 실제 물량흐름과 원가흐름이 대체적으로 일치한다.
> ㄴ. 기말재고자산에 가장 최근에 매입한 단가가 적용되므로 시가에 가깝게 표시된다.
> ㄷ. 현행수익에 대하여 오래된 원가가 대응되므로 수익·비용 대응이 부적절하다.

① 후입선출법　② 선입선출법
③ 이동평균법　④ 총평균법

전산 | 22' 102회 전산회계 1급

18 다음 자료를 이용하여 선입선출법에 따라 계산한 (주)서울의 기말재고자산 금액은 얼마인가?

일자	적요	수량	단가
5월 6일	매입	200개	200원
9월 21일	매출	150개	500원
12월 12일	매입	100개	300원

① 30,000원　② 35,000원
③ 40,000원　④ 45,000원

ERP 23' 2회 ERP 회계 2급

19 다음은 (주)생산의 5월 중 상품매매 관련 자료이다. 선입선출법에 의해 계산한 (주)생산의 5월 말 재고금액은 얼마인가? (단, 계속기록법에 의함)

일자	내역	수량	단가
5월 1일	전월이월	200개	2,000원
5월 2일	매입	300개	3,000원
5월 15일	매출	400개	4,000원

① 200,000원 ② 300,000원
③ 400,000원 ④ 500,000원

ERP 23' 3회 ERP 회계 1급

20 선적지 인도기준으로 재고자산을 취득할 경우 취득원가에서 차감해야 하는 항목은 무엇인가?

① 매입금액
② 매입과 관련된 할인액 및 에누리액
③ 선적 후 매입자가 부담한 매입운임
④ 선적 후 매입자가 부담한 매입에 따른 하역료 및 보험료

정답 및 해설

15 ① 후입선출법은 일반기업회계기준에서는 인정하나, 한국채택국제회계기준에서는 인정하지 않는다.

16 ① 매출 시점에 실제 취득원가를 기록하여 매출원가로 대응시켜 원가 흐름을 가장 정확하게 파악할 수 있는 재고자산의 단가 결정 방법은 개별법이다.

17 ② 실제 물량흐름과 유사하며 기말재고액이 시가에 가깝고 수익·비용 대응이 부적절한 평가방법은 선입선출법이다.

18 ③ 기말재고자산: [(200개 − 150개)×200원]+(100개×300원)=40,000원

19 ② 판매된 400개 중 200개는 전월이월된 수량에서 판매되었고, 나머지 200개는 5월 2일 매입분에서 판매된 것이다. 즉, 남은 수량은 5월 2일 매입분 중 100개이므로, 100개×3,000원=300,000원이다.

20 ② 매입과 관련된 할인액 및 에누리액은 취득원가에서 차감한다.

21 당기 중 상품가격이 계속 상승하고 기말상품재고수량이 기초상품재고수량보다 증가하였다. 매출총이익이 큰 순서대로 나열한 것은?

① 선입선출법 > 이동평균법 ≧ 총평균법 > 후입선출법
② 후입선출법 > 총평균법 ≧ 이동평균법 > 선입선출법
③ 이동평균법 ≧ 총평균법 > 후입선출법 > 선입선출법
④ 후입선출법 > 선입선출법 > 총평균법 ≧ 이동평균법

전산 | 22' 102회 전산회계 2급

22 재고자산의 단가결정방법 중 후입선출법에 대한 설명으로 바르지 않은 것은?

① 실제 물량흐름과 원가흐름이 대체로 일치한다.
② 기말재고가 가장 오래 전에 매입한 상품의 단가로 계상된다.
③ 물가 상승 시 이익이 과소계상된다.
④ 물가 상승 시 기말재고가 과소평가된다.

AT | 21' 45회 FAT 2급

23 다음은 개인기업인 한공상사의 3월 중 상품 거래내역이다. 선입선출법에 의한 3월의 매출원가는 얼마인가? (단, 제시된 자료 외에는 고려하지 않는다)

일자	내역	수량	단가	금액
3월 1일	전월이월	200개	@1,000원	200,000원
3월 15일	매입	300개	@3,000원	900,000원
3월 30일	매출	300개	@4,000원	1,200,000원

① 100,000원
② 400,000원
③ 500,000원
④ 900,000원

전산 23' 107회 전산회계 2급

24 **다음 자료에서 설명하는 계정과목으로 옳은 것은?**

> 상품 판매대금을 조기에 수취함에 따른 계약상 약정에 의한 일정 대금의 할인

① 매출채권처분손실 ② 매출환입
③ 매출할인 ④ 매출에누리

ERP 23' 3회 ERP 회계 2급

25 **[보기]의 오류가 당기 손익계산서에 미치는 영향으로 가장 적절한 것은?**

> [보기]
> 정확한 기말재고금액은 120,000원이지만, 기말재고자산을 150,000원으로 잘못 계상하였다.

① 매출원가: 과대 / 당기순이익: 과대
② 매출원가: 과대 / 당기순이익: 과소
③ 매출원가: 과소 / 당기순이익: 과소
④ 매출원가: 과소 / 당기순이익: 과대

정답 및 해설

21 ① 물가가 상승할 때 매출총이익은 '선입선출법 > 이동평균법 ≥ 총평균법 > 후입선출법' 순으로 크게 나타난다.
22 ① 실제 물량흐름과 원가흐름이 대체로 일치하는 것은 선입선출법에 대한 설명이다.
23 ③ 3월의 매출원가: 200개×@1,000원+100개×@3,000원=500,000원
24 ③ 외상매출금을 기일 전에 회수함으로써 외상매출금 일부를 할인해 주는 것은 매출할인에 대한 설명이다.
25 ④ 기말재고자산이 30,000원 과대계상되면 매출원가는 30,000원 과소계상, 당기순이익은 30,000원 과대계상된다.

AT | 23' 61회 FAT 2급

26 **다음 자료에 의하여 매출액을 계산하면 얼마인가?**

• 당기총매출액	100,000원	• 당기매출할인	5,000원
• 당기매출에누리와 환입	10,000원	• 매출 운반비	20,000원

① 100,000원
② 90,000원
③ 85,000원
④ 82,000원

전산 | 22' 101회 전산회계 2급

27 **재고자산 평가방법의 변경에 따른 기말재고자산 금액의 변동이 매출원가와 매출총이익에 미치는 영향으로 올바른 것은?**

(가) 기말재고자산 금액이 감소하면 매출원가가 증가한다.
(나) 기말재고자산 금액이 감소하면 매출원가가 감소한다.
(다) 기말재고자산 금액이 감소하면 매출총이익이 증가한다.
(라) 기말재고자산 금액이 증가하면 매출총이익이 증가한다.

① (가), (나)
② (다), (라)
③ (나), (다)
④ (가), (라)

정답 및 해설

26 ③ 매출액: 총매출액 100,000원 – 매출할인 5,000원 – 매출에누리와 환입 10,000원 = 85,000원

27 ④ 기말재고자산 금액이 감소하면 매출원가가 증가하고, 기말재고자산 금액이 증가하면 매출원가가 감소하여 매출총이익이 증가한다.

자신을 어떻게 생각하느냐가
자신의 운명을 결정짓는다.

– 헨리 데이비드 소로(Henry David Thoreau)

CHAPTER 02

제조기업의 원가

핵심키워드

- 제조원가, 판매비와 관리비
- 직접비와 가공비
- 원가행태에 따른 분류
- 당기제품제조원가

1회독 2회독 3회독

01 원가의 개념과 분류

1 원가의 개념과 목적

1. 원가와 원가회계의 의의

원가란 재화나 용역을 얻기 위해서 희생된 경제적 자원을 화폐단위로 측정한 것을 의미한다. 즉, 제조회사가 제품을 생산하기 위해 지출한 모든 금액의 합계를 말하며, 이를 측정, 분류 및 기록하는 것을 원가회계라 하고 그 원가를 집계하여 분류, 계산하는 과정을 원가계산이라 한다.

원가
사용된 경제적 자원을 화폐단위로 측정한 것

2. 원가회계의 목적

원가회계는 재무상태표상의 재고자산가액과 손익계산서상의 매출원가를 결정하는 데 필요한 원가자료를 제공할 뿐만 아니라 예산계획, 경영활동의 통제, 성과평가 등의 관리적 의사결정을 수행하는 데 필요한 원가자료를 제공함으로써 정보이용자의 의사결정에 유용한 원가정보를 제공하는 데 목적이 있다.

2 원가의 분류

1. 발생형태에 따른 분류

발생형태에 따른 원가
- 재료비
- 노무비
- (제조)경비

(1) 재료비

제품 생산을 위하여 소비된 원재료의 가액

(2) 노무비

제품 생산을 위하여 투입된 노동력의 대가

(3) (제조)경비

제품 생산에 소비된 원가요소 중 재료비와 노무비를 제외한 나머지 모든 원가

2. 추적 가능성에 따른 분류

추적 가능성에 따른 원가
- 직접비
- 간접비

(1) 직접비

특정 제품에 직접 추적할 수 있는 원가요소로 특정 제품을 만들기 위해 직접 관련이 있는 것이다.

(2) 간접비

특정 제품에 직접 추적할 수 없는 원가요소로 둘 이상의 제품을 만들기 위한 공통원가를 말한다.

3. 제조활동 관련성에 의한 분류

(1) 제조원가(제품원가) 중요

제조원가
- 직접재료비
- 직접노무비
- 제조간접비

제조원가란 제품을 제조하기 위하여 소비된 경제적 자원을 의미하는 것으로 직접재료비와 직접노무비, 제조간접비로 구분된다.

① 직접재료비(Direct Material Costs): 특정 제품에 직접적으로 추적할 수 있는 원재료 사용액을 말한다. 즉, 간접재료비는 제조간접비에 해당한다.

② 직접노무비(Direct Labor Costs): 특정 제품에 직접적으로 추적할 수 있는 노동력의 사용액을 말한다. 즉, 간접노무비는 제조간접비에 해당한다.

③ 제조간접비(Factory Overhead Costs): 특정 제품에 직접적으로 추적할 수 없는 원가이다. 즉, 간접재료비, 간접노무비, 감가상각비(공장분), 보험료, 수선비, 동력비 등이 제조간접비에 해당한다.

+ 제조간접비

	직접원가	간접원가
재료비	직접재료비	간접재료비
노무비	직접노무비	간접노무비
제조경비	직접제조경비	간접제조경비

(2) 비제조원가(기간비용)

비제조원가
판매비와 관리비로 기간비용에 해당

비제조원가란 기업의 제조활동과 직접적인 관련이 없는 원가로 판매비와 관리비(판관비)를 의미한다. 이는 제조원가를 구성하지 않지만, 발생한 즉시 비용으로 처리하는 기간비용에 해당한다.

(3) 제조원가, 판매비와 관리비 구분 중요

제조원가 vs. 판매비와 관리비
- 제조원가: 공장에서 발생한 원가(자산 → 비용)
- 판매비와 관리비: 공장 외에서 발생한 원가(비용)

제조원가는 제품 생산과 관련하여 발생한 원가만을 포함해야 하며, 그 외의 비용은 제품의 제조원가가 아닌 판매비와 관리비로 처리한다. 여기서 핵심은 제조원가는 공장에서, 판매비와 관리비는 본사에서 발생한 원가라는 것이다.

제조원가	판매비와 관리비
공장에서 발생한 원가	공장 외(사무실)에서 발생한 원가
• 생산직 관리자의 급여 • 공장의 동력비, 전력비 • 기계의 수선비 • 공장의 재산세 및 관리비 • 공장 소모품비	• 판매부서 직원의 급여 • 사무실의 동력비, 전력비 • 본사 건물의 관리비 • 사무실의 사무용품비

유형문제 1

다음 자료에 기반하여 제품제조원가를 계산하여라. 단, 건물은 모두 공장분이며, 수도광열비는 공장과 영업부에서 50%씩 사용하고 있다.

• 재료소비액	200,000원	• 공장 임금	150,000원
• 건물 관리비	2,000원	• 수도광열비	30,000원
• 본사 직원의 여비교통비	4,000원	• 영업부 급여	150,000원
• 공장 기계 수선비	5,000원		

| 정답 |

재료소비액 200,000원 + 공장 임금 150,000원 + 건물 관리비 2,000원 + 공장 기계 수선비 5,000원 + 수도광열비 30,000원 × 50% = 372,000원

(4) 원가구성도

원가의 구성에 관한 용어를 정확히 숙지하고, 원가의 구성내역에 대해 완벽하게 파악하여 원가구성도의 일부 금액을 찾는 문제에 대비해야 한다.

(5) 직접비와 가공비 중요

원가계산식
• 직접비 = 직접재료비 + 직접노무비
• 가공비 = 직접노무비 + 제조간접비
• 제조원가 = 직접재료비 + 직접노무비 + 제조간접비

① **직접비(기본원가, Prime Costs)**: 직접비는 제품을 제조하는 데 기본이 되는 원가로서 직접재료비와 직접노무비의 합이다.

> 직접비(기본원가) = 직접재료비 + 직접노무비

② **가공비(전환원가, Conversion Costs)**: 가공비는 제품을 가공하는 데 소요되는 원가로서 직접노무비와 제조간접비의 합이다.

> 가공비(전환원가) = 직접노무비 + 제조간접비

4. 원가행태에 따른 분류 중요

원가행태란 조업도 수준의 변동에 따라 일정하게 변화하는 원가발생액의 변동양상을 말하며, 원가행태에 따라 원가는 '변동원가'와 '고정원가'로 분류된다. 여기에서 조업도란 일정 기간 기업의 설비능력을 이용한 정도를 나타내는 지표로 생산량, 직접노동시간, 기계작업시간 등이 있다. 이때, 원가행태는 제품단위당 원가 기준이 아닌 원가 총액을 기준으로 함에 주의한다.

(1) 변동비(Variable Costs)

조업도의 변동에 따라 총원가가 직접적으로 비례해서 증감하는 원가를 변동원가라고 하며, 이는 다시 '순수변동비'와 '준변동비'로 구분된다. 직접재료비와 직접노무비는 무조건 변동비에 해당하며, 제조간접비는 변동원가와 고정원가의 성격이 같이 존재한다.

변동비
- 순수변동비
  - 총변동비 기준: $y=ax$
  - 단위당 변동비 기준: $y=a$
- 준변동비: $y=ax+b$

① **순수변동비**: 조업도의 변화에 정비례하여 총원가가 변동하는 원가를 순수변동비라 한다. 따라서 순수변동비는 조업도의 증감에 따라 원가 총액은 증감하나 단위당 원가는 조업도의 변동에 관계없이 일정한 형태의 원가이다. 대표적으로 재료비가 이에 해당한다.

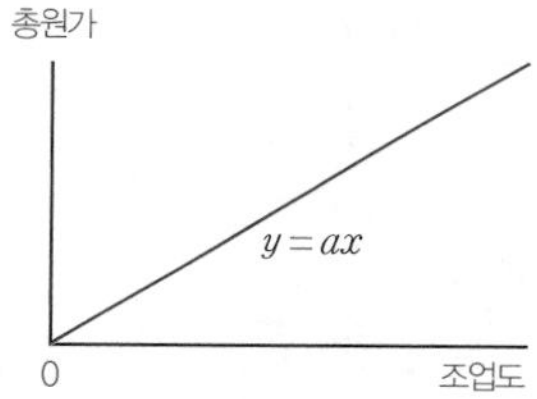

〈총변동비 기준〉

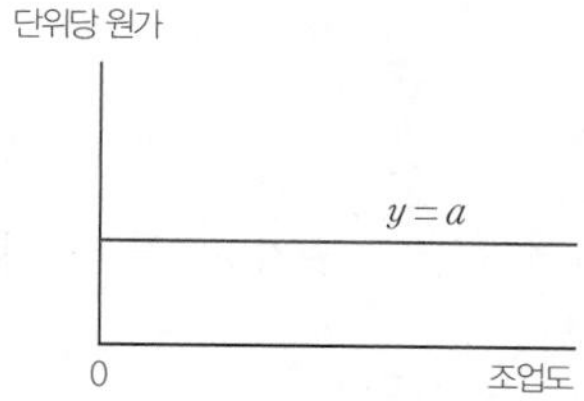

〈단위당 변동비 기준〉

② **준변동비(Semi-Variable Costs)**: 혼합원가(Mixed Costs)라고도 하며, 조업도의 변화에 관계없이 총원가가 일정한 고정비와 조업도에 비례해 총원가가 변하는 변동비의 두 부분으로 구성된 원가이다. 전력비, 택시요금, 휴대전화요금 등이 해당한다.

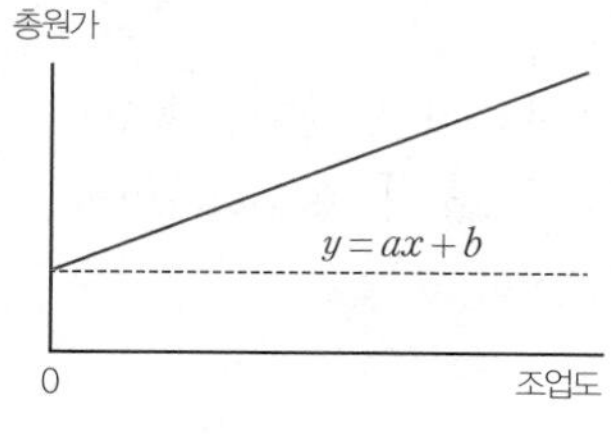

(2) 고정비(Fixed Costs)

조업도의 변화에 관계없이 총원가가 일정하게 발생하는 원가로 '순수고정비'와 '준고정비'로 나뉜다.

고정비
- 순수고정비
  - 총고정비 기준: $y=a$
  - 단위당 고정비 기준: $y'=a/x$
- 준고정비: 계단 형태

① **순수고정비**: 조업도의 변화에 관계없이 총원가가 일정한 원가를 말한다. 즉, 순수고정비는 조업도의 변화와 무관하게 원가 총액은 일정하나 단위당 원가는 조업도의 증감에 반비례하는 행태의 원가로 임차료, 인건비 등이 해당한다.

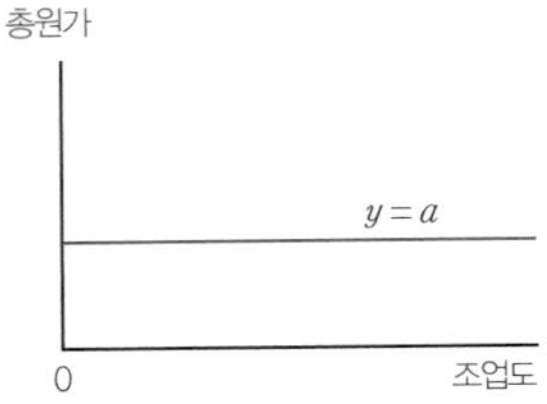

〈총고정비 기준〉

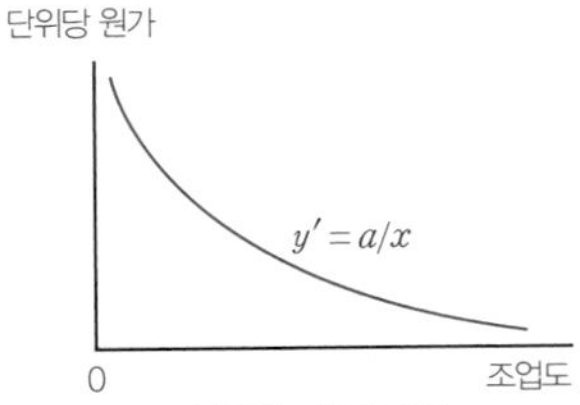

〈단위당 고정비 기준〉

② 준고정비(Semi-Fixed Costs): 특정 범위의 조업도 내에서는 총원가가 일정하지만 조업도가 특정 범위를 벗어나면 일정액만큼 증가 또는 감소하는 원가이다. 준고정비는 계단 형태이므로 계단원가라고도 하며 지하철요금이 이에 해당한다.

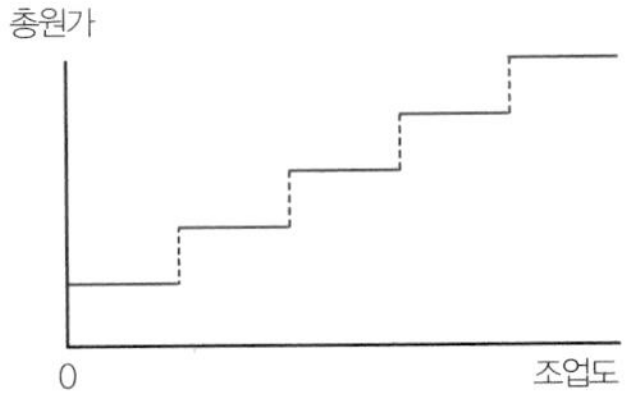

5. 통제가능성에 따른 분류

(1) 통제가능원가

경영자가 원가의 발생 정도에 영향을 미칠 수 있는 원가로, 경영자에 대한 성과 평가 시 고려되어야 한다.

(2) 통제불능원가

경영자가 원가의 발생 정도에 영향을 미칠 수 없는 원가로, 이는 경영자의 통제 밖에 있으므로 경영자에 대한 성과평가 시 배제되어야 한다.

6. 의사결정 관련성에 따른 분류

(1) 관련원가(Relevant Costs)

관련원가는 특정 의사결정과 직접적으로 관련 있는 원가로, 선택 가능한 대안 사이에 발생할 수 있는 미래의 원가 차이를 의미한다. 차액원가라고도 하며, 변동원가인지 고정원가인지에 관계없이 대체안 간에 차이가 있는 미래원가이다.

(2) 비관련원가(Irrelevant Costs)

비관련원가는 특정 의사결정과 관련이 없는 원가로, 이미 발생한 기발생원가와 각 대안들 간에 금액 차이가 없는 미래원가이다.

(3) 매몰원가(Sunk Costs)

과거 의사결정의 결과로 이미 발생된 원가로, 금액이 아무리 크고 중요해도 현재 의사결정에는 아무런 영향을 미치지 못하는 비관련원가이다.

의사결정 관련성에 따른 분류
- 관련원가
  - 선택 가능한 대안
  - 기회원가(포기한 원가)
- 비관련원가
  - 매몰원가(기발생원가)
  - 대안 간 금액 차이가 없는 미래원가

(4) 기회원가(Opportunity Costs)

기회원가란 자원을 다른 대체적인 용도로 사용할 경우 얻을 수 있는 최대금액 혹은 최대이익이다. 현재 이 대안을 선택하면서 포기한 대안 중 최대금액 또는 최대이익을 기회원가(기회비용)라 한다.

02 원가의 흐름

1 원가의 흐름

원가의 흐름이란 원가가 발생 → 변형 → 소멸되는 과정을 말하며, 이는 나중에 제품 계정에 집계된다. 제조업에서는 기본적으로 원재료, 재공품, 제품 등의 재고자산이 발생하며, 여기에서는 원재료 등의 재고자산이 제품의 제조원가와 손익계산서의 매출원가에 어떻게 반영되는지 알아보기로 한다. 원가의 흐름은 원가회계 전반에 걸친 개념이며 T계정으로 각 계정의 금액을 찾는 것이 중요하다.

+ 원가흐름도

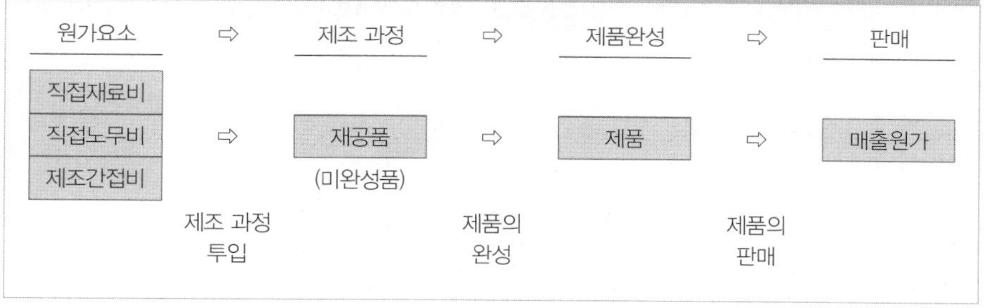

2 제조원가의 T계정 중요

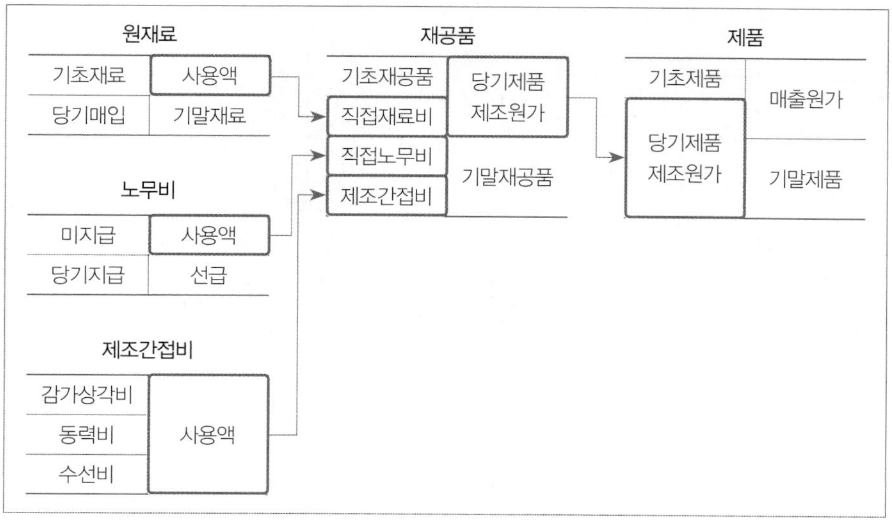

제조원가
- 당기총제조원가 = 직접재료비 + 직접노무비 + 제조간접비
- 당기제품제조원가 = 기초재공품 + 당기총제조원가 − 기말재공품

1. 당기총제조원가

당기 중 제조과정에 투입된 모든 제조원가의 금액이다. 즉, 재공품 계정에 집계된 당기 발생원가의 직접재료비, 직접노무비, 제조간접비의 합이다.

> 당기총제조원가 = 직접재료비 + 직접노무비 + 제조간접비

2. 당기제품제조원가

당기에 완성된 제품의 제조원가이다. 즉, 재공품 중에서 완성되어 제품으로 대체되는 부분에 해당한다.

> 당기제품제조원가 = 기초재공품 + 당기총제조원가 − 기말재공품

유형문제 2

다음은 (주)에듀윌의 2025년 원가계산 자료이다. 매출원가를 구하여라.

• 직접재료비	300,000원	• 기초재공품	200,000원
• 기초제품	140,000원	• 가공비	500,000원
• 기말재공품	100,000원	• 기말제품	120,000원

| 정답 |

(단위: 원)

재공품

기초재공품 (200,000)	당기제품 제조원가 (900,000)
직접재료비 (300,000)	
가공비 (500,000)	기말재공품 (100,000)
계: 1,000,000	계: 1,000,000

제품

기초제품 (140,000)	매출원가 (920,000)
당기제품 제조원가 (900,000)	기말제품 (120,000)
계: 1,040,000	계: 1,040,000

3 제조원가명세서와 손익계산서 중요

제조원가명세서는 제조기업의 당기제품제조원가 계산을 나타내는 명세서로서 원재료 계정과 재공품 계정의 변동사항이 표시되는 내부관리용 보고서에 해당한다. 반면, 제품 계정의 변동사항을 표시하는 손익계산서는 외부공시용 재무제표이다.

제조원가명세서

2025년 1월 1일~2025년 12월 31일

직접재료비		
기초재료액	100	
당기매입액	900	
사용가능재료	1,000	
기말재료재고액	(–) 200	800
직접노무비		200
제조간접비		2,000
당기총제조원가		3,000
기초재공품재고액		1,000
합계		4,000
기말재공품재고액		(–) 500
당기제품제조원가		3,500

손익계산서

2025년 1월 1일~2025년 12월 31일

매출액		10,000
매출원가		
기초제품재고액	1,500	
당기제품제조원가	3,500	
판매가능제품원가	5,000	
기말제품재고액	(–) 2,000	3,000
매출총이익		7,000
판매비와 관리비		2,000
영업이익		5,000
:		:
당기순이익		×××

Keyword로 빠르게 체크하는 핵심 이론

1 제조원가, 판매비와 관리비

제조원가	판매비와 관리비
01 ________에서 발생한 원가	공장 외에서 발생한 원가
• 생산직 관리자의 급여 • 공장의 동력비, 전력비 • 기계의 수선비 • 공장의 재산세 및 관리비 • 공장 소모품비	• 판매부서 직원의 급여 • 사무실의 동력비, 전력비 • 본사 건물의 관리비 • 사무실의 사무용품비

2 직접비와 가공비

1. 직접비(기본원가): 제품을 제조하는 데 기본이 되는 원가, 02 ________와 직접노무비의 합
2. 가공비(전환원가): 제품을 가공하는 데 소요되는 원가, 직접노무비와 03 ________의 합

3 원가행태에 따른 분류

1. 변동비
   • 순수변동비

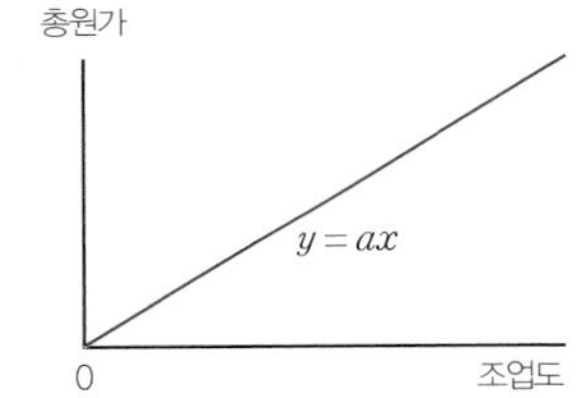

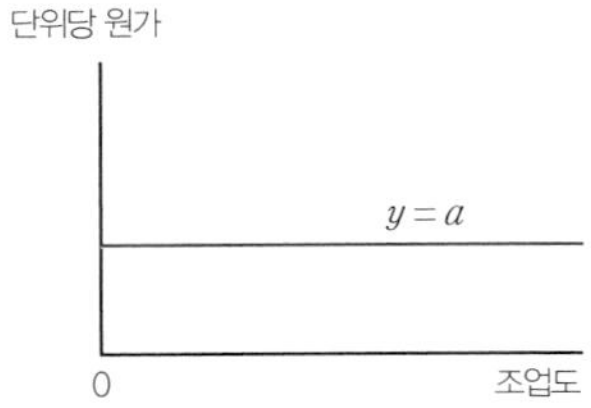

   • 준변동비

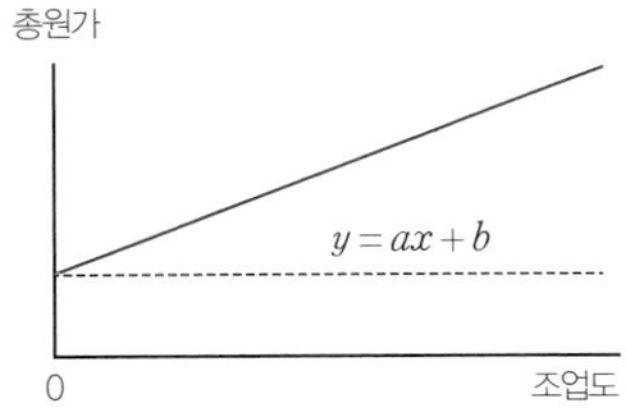

2. 고정비
   • 순수고정비

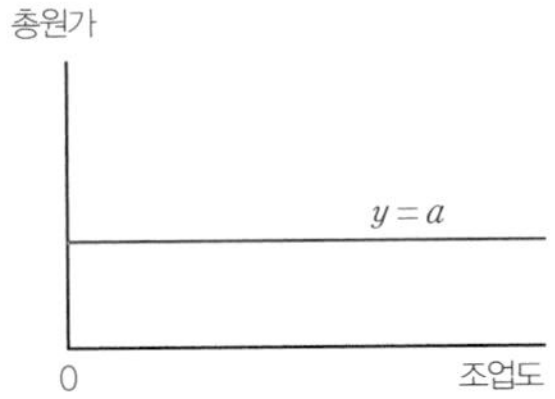

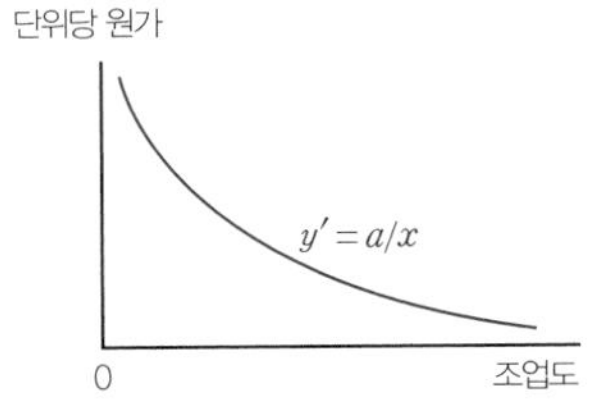

   • 04 ________

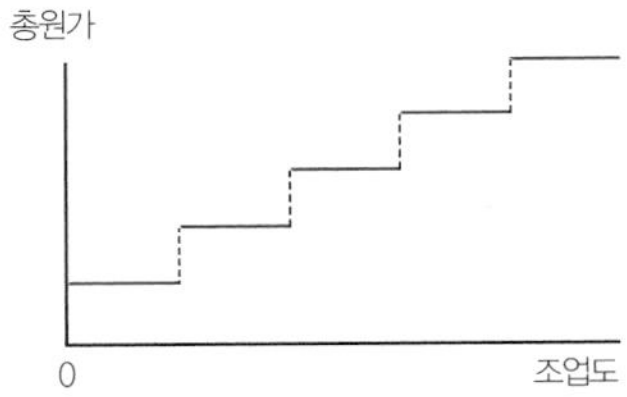

4 당기제품제조원가

• 당기총제조원가: 직접재료비+직접노무비+제조간접비
• 당기제품제조원가: 기초재공품+05 ________ −기말재공품

정답

01 공장 02 직접재료비 03 제조간접비
04 준고정비 05 당기총제조원가

기출 & 확인 문제

맞은 개수	개/총 30문항
복습 여부	YES / NO

전산 23' 110회 전산회계 1급

01 다음 중 원가회계에 대한 설명이 아닌 것은?

① 외부의 정보이용자들에게 유용한 정보를 제공하기 위한 정보이다.
② 원가통제에 필요한 정보를 제공하기 위함이다.
③ 제품원가계산을 위한 원가정보를 제공한다.
④ 경영계획수립과 통제를 위한 원가정보를 제공한다.

전산 21' 94회 전산회계 1급

02 다음 중 당기총제조원가를 구성하지 않는 것은?

① 직접재료비 ② 직접노무비
③ 제조간접비 ④ 기초재공품

전산 23' 109회 전산회계 1급

03 원가 및 비용의 분류항목 중 제조원가에 해당하는 것은?

① 생산공장의 전기요금 ② 영업용 사무실의 전기요금
③ 마케팅부의 교육연수비 ④ 생산공장 기계장치의 처분손실

정답 및 해설

01 ① 외부의 정보이용자들에게 유용한 정보를 제공하는 것은 재무회계의 목적이다.

02 ④ 당기총제조원가 = 직접재료비 + 직접노무비 + 제조간접비

03 ① • 영업용 사무실의 전기요금, 마케팅부의 교육연수비는 판매비와 관리비에 해당하고, 유형자산의 처분으로 인한 손익은 영업외손익에 해당한다.
• 영업외손익: 유형자산의 처분으로 인한 손익

04 다음 원가 중 기본원가에 속하면서 동시에 가공원가에 속하는 것은?

① 직접재료비 ② 직접노무비
③ 제조간접비 ④ 직접재료비와 직접노무비

전산 22' 102회 전산회계 1급

05 다음 중 제조기업의 원가계산 산식으로 가장 옳은 것은?

① 당기제품제조원가 = 직접재료비 + 직접노무비 + 제조간접비
② 직접재료비 = 기초원재료재고액 + 당기원재료순매입액 − 기말원재료재고액
③ 당기총제조원가 = 기초재공품재고액 + 당기총제조원가 − 기말재공품재고액
④ 매출원가 = 기초제품재고액 − 당기제품제조원가 + 기말제품재고액

전산 22' 102회(특별) 전산회계 1급

06 다음 중 원가회계에 대한 설명으로 옳지 않은 것은?

① 원가 발생형태에 따라 고정비와 변동비로 나눌 수 있다.
② 원가 추적 가능성에 따라 직접비와 간접비로 나눌 수 있다.
③ 직접재료비와 직접노무비를 합하여 가공원가라고 한다.
④ 조업도의 변동에 관계없이 총원가가 일정하게 발생하는 원가를 고정비라고 한다.

07 다음 자료에 의하여 제조원가에 포함될 금액은 얼마인가?

• 간접재료비	100,000원	• 공장 보험료	20,000원
• 영업사원 급여	15,000원	• 제조 외주가공비	13,000원
• 본사 건물 보험료	5,000원	• 공장장 급여	10,000원

① 143,000원
② 148,000원
③ 133,000원
④ 163,000원

전산 21' 94회 전산회계 1급

08 다음 주어진 자료를 이용하여 제조간접비를 계산하면 얼마인가?

• 기초재공품재고액	1,000,000원	• 기말원재료재고액	500,000원
• 기말재공품재고액	2,000,000원	• 당기제품제조원가	10,000,000원
• 당기기초(기본)원가	7,000,000원		

① 1,000,000원
② 4,000,000원
③ 4,500,000원
④ 1,500,000원

정답 및 해설

04 ② • 기본원가 = 직접재료비 + 직접노무비
• 가공원가 = 제조간접비 + 직접노무비

05 ② ① 당기총제조원가 = 직접재료비 + 직접노무비 + 제조간접비
③ 당기제품제조원가 = 기초재공품재고액 + 당기총제조원가 – 기말재공품재고액
④ 매출원가 = 기초제품재고액 + 당기제품제조원가 – 기말제품재고액

06 ③ 직접재료비와 직접노무비의 합은 기본원가에 해당한다. 가공원가는 직접노무비와 제조간접비의 합이다.

07 ① • 제조원가: 간접재료비 100,000원 + 공장 보험료 20,000원 + 제조 외주가공비 13,000원 + 공장장 급여 10,000원 = 143,000원
• 영업사원 급여와 본사 건물 보험료는 판매비와 관리비에 해당한다.

08 ② • 당기제품제조원가 10,000,000원 = 기초재공품재고액 1,000,000원 + 당기총제조원가 – 기말재공품재고액 2,000,000원
∴ 당기총제조원가 = 11,000,000원
• 당기총제조원가 11,000,000원 = 당기기초(기본)원가 7,000,000원 + 제조간접비
∴ 제조간접비 = 4,000,000원

전산 23' 110회 전산회계 1급

09 **다음 중 원가행태에 따라 변동원가와 고정원가로 분류할 때 이에 대한 설명으로 올바른 것은?**

① 변동원가는 조업도가 증가할수록 총원가도 증가한다.
② 변동원가는 조업도가 증가할수록 단위당 원가도 증가한다.
③ 고정원가는 조업도가 증가할수록 총원가도 증가한다.
④ 고정원가는 조업도가 증가할수록 단위당 원가도 증가한다.

전산 21' 96회 전산회계 1급

10 **다음의 자료를 근거로 매출원가를 계산하면 얼마인가?**

• 기초재공품재고액	100,000원	• 당기총제조원가	350,000원
• 기말재공품재고액	130,000원	• 기초제품재고액	300,000원
• 기말제품재고액	280,000원		

① 160,000원
② 220,000원
③ 290,000원
④ 340,000원

전산 22' 101회(특별) 전산회계 1급

11 **다음 자료를 통해 알 수 있는 가공원가는 얼마인가?**

• 직접재료비	2,000,000원	• 간접재료비	300,000원
• 직접노무비	1,000,000원	• 간접노무비	300,000원
• 간접제조경비	300,000원		

① 1,300,000원
② 1,600,000원
③ 1,900,000원
④ 3,000,000원

12 밴딩기계장치를 1,000,000원에 구입하여 사용 중 고장이 발생하여 사용할 수 없게 되었다. 이를 수리하게 될 경우 수리비용은 400,000원이고, 중고품으로 판매할 경우에는 500,000원에 판매할 수 있다. 이 경우 매몰원가는?

① 1,000,000원 ② 400,000원
③ 500,000원 ④ 600,000원

전산 21' 94회(특별) 전산회계 1급

13 회사의 10월 중 당월 총제조원가는 600,000원이다. 10월 초 원재료재고액이 80,000원이고, 10월 중 원재료 구입액이 350,000원, 그리고 가공원가가 300,000원이라면 10월 말의 원재료재고액은 얼마인가?

① 110,000원 ② 120,000원
③ 130,000원 ④ 140,000원

전산 22' 101회 전산회계 1급

14 다음 중 제조원가명세서에 표시되지 않는 것은?

① 직접재료비, 직접노무비, 제조간접비 ② 당기총제조원가
③ 당기제품제조원가 ④ 제품매출원가

정답 및 해설

09 ① 변동원가는 조업도가 증가할수록 총원가는 증가하지만 단위당 원가는 변동이 없다. 고정원가는 조업도가 증가할 때 총원가는 일정하며 단위당 원가는 감소한다.

10 ④ • 당기제품제조원가: 기초재공품재고액 100,000원+당기총제조원가 350,000원−기말재공품재고액 130,000원=320,000원
• 매출원가: 기초제품재고액 300,000원+당기제품제조원가 320,000원−기말제품재고액 280,000원=340,000원

11 ③ • 제조간접비: 간접제조경비 300,000원+간접재료비 300,000원+간접노무비 300,000원=900,000원
• 가공원가: 직접노무비 1,000,000원+제조간접비 900,000원=1,900,000원

12 ① 매몰원가는 과거 의사결정의 결과로 이미 발생된 원가로서 의사결정 대안 간에 차이가 없고, 어떤 대안을 선택하더라도 경영자가 통제 불가능한 것이다. 따라서 이미 구입에 소요된 1,000,000원이 매몰원가이다.

13 ③ • 당월 총제조원가 600,000원=원재료 사용액+가공원가 300,000원
∴ 원재료 사용액=300,000원
• 원재료 사용액 300,000원=월초 원재료재고액 80,000원+당월매입액 350,000원−월말 원재료재고액
∴ 월말 원재료재고액=130,000원

14 ④ 제품매출원가는 손익계산서 항목에 해당한다.

15 과자를 만들 때 과자 10개당 포장지 1개가 소요된다. 포장지 재료비의 원가행태를 그래프로 가장 적절하게 표현한 것은? (x: 과자 생산량, y: 포장지 재료원가)

①
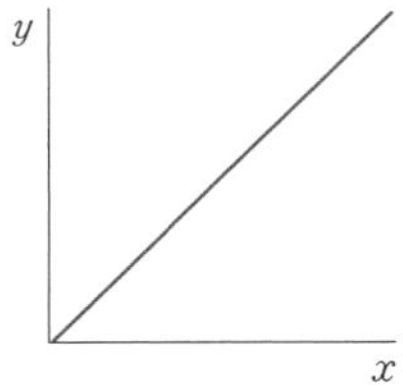

②
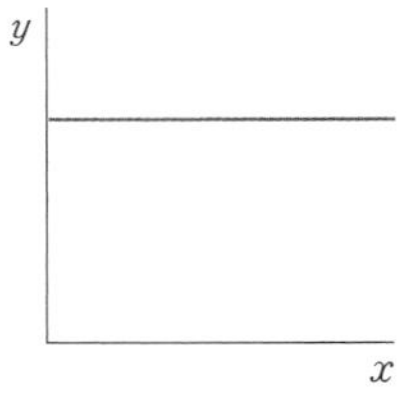

③
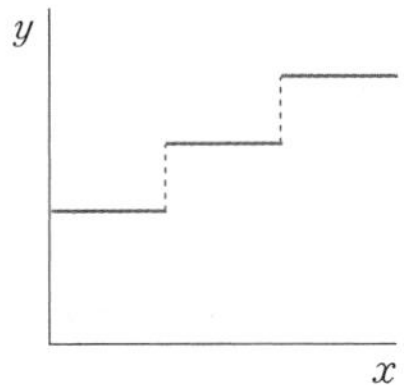

④
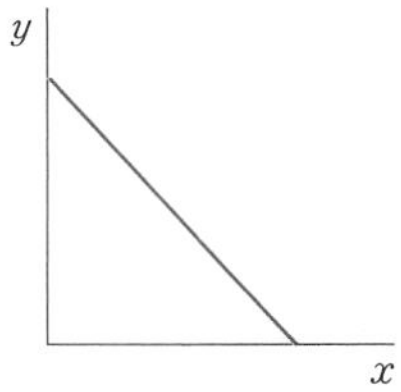

기업 | 21' 66회 기업회계 2급

16 다음 중 원가집계 계정 흐름의 순서로 올바른 것은?

① 재료비 → 재공품 → 제품 → 매출원가

② 재료비 → 재공품 → 매출원가 → 제품

③ 매출원가 → 제품 → 재공품 → 재료비

④ 재공품 → 재료비 → 제품 → 매출원가

전산 22' 101회(특별) 전산회계 1급

17 **다음은 원가행태를 조업도에 따라 나타낸 그래프이다. 그래프와 원가 종류가 바르게 연결된 것은?**

①
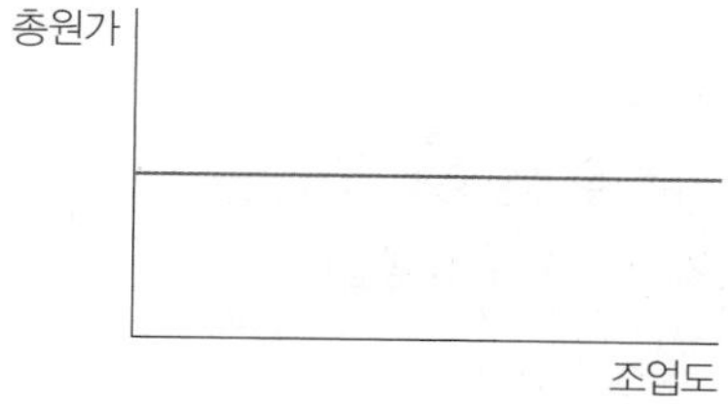

[변동원가]

②
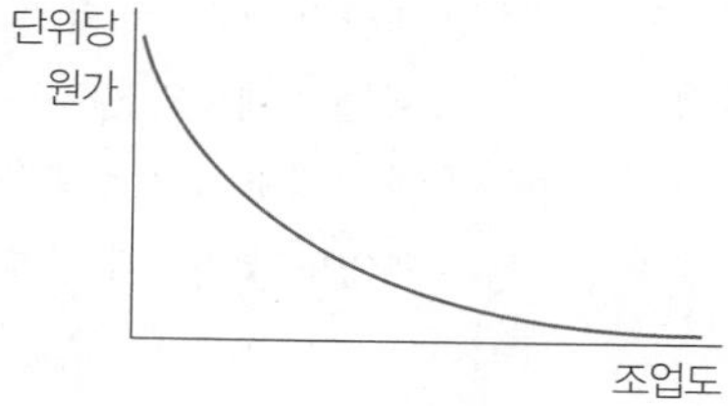

[고정원가]

③
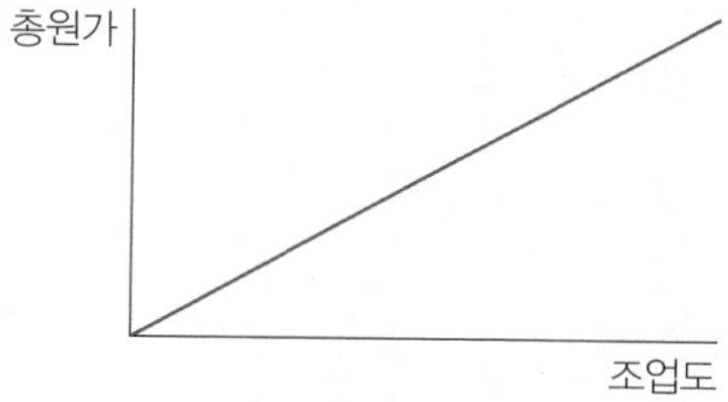

[준고정원가]

④
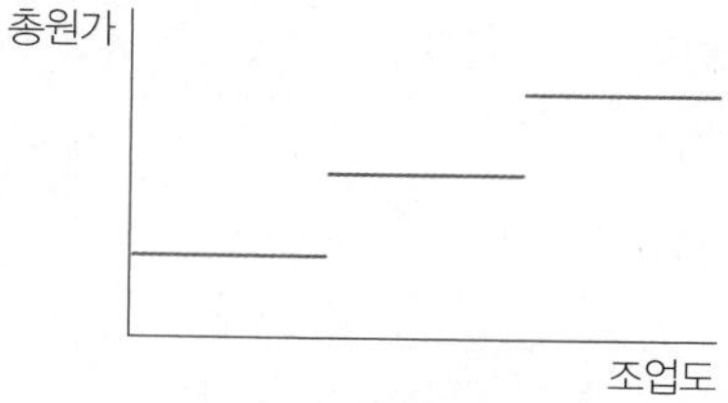

[준변동원가]

정답 및 해설

15 ③ 과자 10개당 포장지 1개가 소요되는 경우 포장지 재료비의 원가행태는 준고정비에 해당되며 그래프 모양은 계단형이다.

16 ①
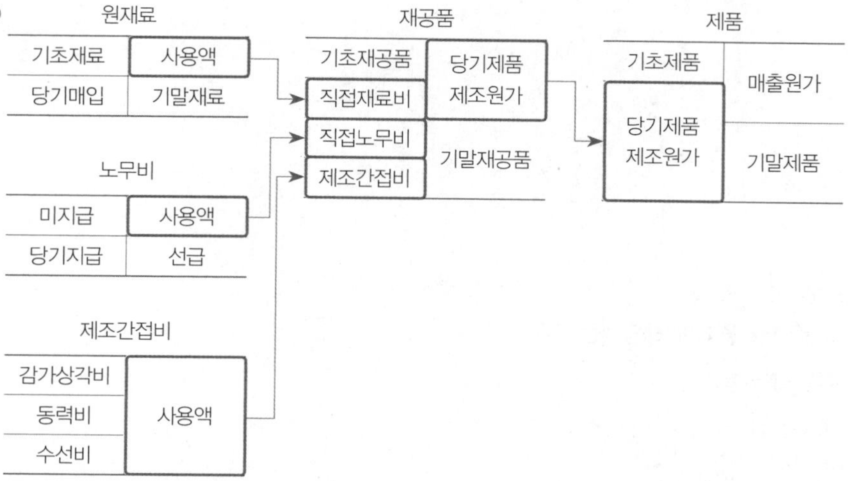

17 ② 고정원가는 조업도가 증가할수록 단위당 원가가 감소한다. ①은 고정원가, ③은 변동원가, ④는 준고정원가에 대한 그래프이다.

기업 21' 66회 기업회계 2급

18 **다음 중 원가의 개념에 대한 설명으로 틀린 것은?**

① 매몰원가는 특정 의사결정에 고려할 필요가 없는 원가이다.

② 특정 제품에 투입되는 원재료의 원가는 직접원가에 해당한다.

③ 조업도의 변동에 따라 총원가가 비례적으로 변화하는 원가를 변동원가라 한다.

④ 고정원가의 경우 조업도의 변동과 관계없이 단위당 원가가 일정하게 발생한다.

기업 21' 65회 기업회계 2급

19 **다음 자료를 이용하여 (주)기업의 매출원가를 구하면?**

• 기초재공품재고액	300,000원	• 기말재공품재고액	450,000원
• 기초제품재고액	500,000원	• 기말제품재고액	300,000원
• 당기총제조원가	2,000,000원		

① 1,850,000원 ② 1,950,000원

③ 2,050,000원 ④ 2,150,000원

전산 22' 103회 전산회계 1급

20 **원가 및 비용의 분류 중 제조원가에 해당하는 것은?**

① 원재료 운반용 차량의 처분손실

② 영업용 차량의 처분손실

③ 생산부 건물 경비원의 인건비

④ 영업부 사무실의 소모품비

전산 22' 105회 전산회계 1급

21 **다음 자료를 참고로 가공원가를 계산하면 얼마인가?**

• 직접재료원가 1,000,000원
• 직접노무원가 1,600,000원
• 변동제조간접원가 600,000원(변동제조간접원가는 총제조간접원가의 30%이다)

① 1,600,000원
② 2,600,000원
③ 3,600,000원
④ 4,300,000원

22 **다음 자료에 의하여 당기제품제조원가를 계산하면?**

구분	기초	기말
원재료	150,000원	120,000원
재공품	280,000원	300,000원

• 당기원재료매입액 4,600,000원
• 당기노무비 2,800,000원
• 당기제조간접비 3,500,000원

① 10,880,000원
② 10,900,000원
③ 10,910,000원
④ 10,940,000원

정답 및 해설

18 ④ 고정원가의 경우 조업도의 변동과 관계없이 총원가가 일정하게 발생한다.

19 ③ • 당기제품제조원가: 기초재공품 300,000원 + 당기총제조원가 2,000,000원 − 기말재공품 450,000원 = 1,850,000원
• 매출원가: 기초제품재고 500,000원 + 당기제품제조원가 1,850,000원 − 기말제품재고 300,000원 = 2,050,000원

20 ③ ①, ② 자산의 처분으로 인한 손익은 영업외손익으로 처리한다.
④ 영업부 사무실의 소모품비는 판매관리비 항목이다.

21 ③ • 총제조간접원가: 변동제조간접원가 600,000원 ÷ 0.3 = 2,000,000원
• 가공원가: 직접노무원가 1,600,000원 + 총제조간접원가 2,000,000원 = 3,600,000원

22 ③ • 직접재료비: 기초원재료 150,000원 + 당기원재료매입액 4,600,000원 − 기말원재료 120,000원 = 4,630,000원
• 당기제품제조원가: 기초재공품 280,000원 + 당기직접재료비 4,630,000원 + 당기노무비 2,800,000원 + 당기제조간접비 3,500,000원 − 기말재공품 300,000원 = 10,910,000원

전산 23' 111회 전산회계 1급

23 **다음 중 원가에 대한 설명으로 가장 옳지 않은 것은?**

① 기초원가이면서 가공원가에 해당하는 원가는 직접노무원가이다.
② 직접원가란 특정 제품의 생산에 직접적으로 사용되어 명확하게 추적할 수 있는 원가이다.
③ 변동원가는 생산량이 증가할 때마다 단위당 원가도 증가하는 원가이다.
④ 매몰원가는 과거에 발생하여 현재 의사결정에 영향을 미치지 않는 원가를 말한다.

전산 23' 106회 전산회계 1급

24 **아래의 자료에서 설명하는 원가행태에 해당하는 것은?**

조업도의 변동과 관계없이 총원가가 일정한 고정원가와 조업도의 변동에 비례하여 총원가가 변동하는 변동원가가 혼합된 원가

① 전화요금 ② 직접재료원가
③ 감가상각비 ④ 화재보험료

전산 24' 112회 전산회계 1급

25 **다음 중 원가 개념에 관한 설명으로 옳지 않은 것은?**

① 관련 범위 밖에서 총고정원가는 일정하다.
② 매몰원가는 의사결정에 영향을 주지 않는다.
③ 관련 범위 내에서 단위당 변동원가는 일정하다.
④ 관련원가는 대안 간에 차이가 나는 미래원가로서 의사결정에 영향을 준다.

전산 23' 107회 전산회계 1급

26 다음 중 매몰원가에 해당하지 않는 것은?

① 전기승용차 구입 결정을 함에 있어 사용하던 승용차 처분 시 기존 승용차의 취득원가
② 과거 의사결정으로 발생한 원가로 향후 의사결정을 통해 회수할 수 없는 취득원가
③ 사용하고 있던 기계장치의 폐기 여부를 결정할 때, 해당 기계장치의 취득원가
④ 공장의 원재료 운반용 화물차를 판매 제품의 배송용으로 전환하여 사용할지 여부를 결정할 때, 새로운 화물차의 취득가능금액

CH. 02

정답 및 해설

23 ③ 변동원가는 생산량이 증가할 때 총원가는 증가하지만, 단위당 원가는 일정하다.

24 ① 자료에서 설명하는 원가는 준변동원가로, 기본요금 및 사용량에 따른 요금이 부과되는 전화요금이 이에 해당한다.
- 변동원가: 직접재료원가, 직접노무원가
- 고정원가: 감가상각비, 화재보험료 등
- 준변동원가: 전력비, 택시요금, 휴대전화요금, 가스요금 등
- 준고정원가: 생산관리자의 급여, 생산량에 따른 설비자산의 임차료 등

25 ① 총고정원가는 관련 범위 내에서 일정하고, 관련 범위 밖에서는 일정하다고 할 수 없다.

26 ④ 자산을 다른 용도로 사용하는 것은 기회원가에 해당한다. 대체 자산 취득 시 기존 자산의 취득원가가 현재의 의사결정에 아무런 영향을 미치지 못하는 경우는 매몰원가에 해당한다.

27 다음의 요약 제조원가명세서에 대한 설명으로 틀린 것은?

제조원가명세서

(단위: 원)

과목	금액	
Ⅰ. 직접재료비		140,000
기초재료재고액	10,000	
당기재료매입액	160,000	
기말재료재고액	30,000	
Ⅱ. 직접노무비		180,000
Ⅲ. 제조간접비		150,000
Ⅳ. 당기총제조원가		(?)
Ⅴ. 기초재공품원가		20,000
Ⅵ. 기말재공품원가		40,000
Ⅶ. (㉮)		(?)

① 재무상태표에 반영될 기말재고자산가액은 50,000원이다.

② 손익계산서상 매출원가를 계산할 때 반영되는 금액은 450,000원이다.

③ 당기총제조비용은 470,000원이다.

④ ㉮의 과목은 당기제품제조원가이다.

전산 23' 108회 전산회계 1급

28 다음 중 제조원가명세서의 구성요소로 옳은 것을 모두 고른 것은?

가. 기초재공품재고액
나. 기말원재료재고액
다. 기말제품재고액
라. 당기제품제조원가
마. 당기총제조비용

① 가, 나
② 가, 나, 라
③ 가, 나, 다, 라
④ 가, 나, 라, 마

전산 24' 112회 전산회계 1급

29 **다음 중 제조원가명세서에서 제공하는 정보가 아닌 것은?**

① 기말재공품재고액
② 당기제품제조원가
③ 당기총제조원가
④ 매출원가

전산 23' 106회 전산회계 1급

30 **다음 자료를 이용하여 당기 총제조원가를 구하면 얼마인가?**

• 기초재공품원가	100,000원	• 기말재공품원가	80,000원
• 공장 전력비	50,000원	• 직접재료원가	180,000원
• 직접노무원가	320,000원	• 공장 임차료	200,000원

① 500,000원
② 600,000원
③ 730,000원
④ 750,000원

정답 및 해설

27 ① 기말재고자산가액은 '원재료+기말재공품+기말제품'으로 구할 수 있다. 그러나 문제에서 기말제품이 제시되어 있지 않으므로 기말재고자산가액은 알 수 없다.
② 손익계산서상 매출원가 계산 시 반영되는 금액은 당기제품제조원가로, 기초재공품원가 20,000원+당기총제조원가 470,000원−기말재공품원가 40,000원=450,000원이다.
③ 당기총제조비용은 직접재료비 140,000원+직접노무비 180,000원+제조간접비 150,000원=470,000원이다.
④ ㉮는 당기제품제조원가로 기초재공품원가+당기총제조원가−기말재공품원가로 구한다.

28 ④ 기말제품재고액은 재무상태표와 손익계산서에서 확인할 수 있다.

29 ④ 매출원가는 손익계산서에서 제공하는 정보이다.

30 ④ • 제조간접원가: 공장 전력비 50,000원+공장 임차료 200,000원=250,000원
• 총제조원가: 직접재료원가 180,000원+직접노무원가 320,000원+제조간접원가 250,000원=750,000원

CHAPTER 3

당좌자산과 유동부채

핵심키워드
- 현금 및 현금성자산
- 현금과부족
- 단기매매증권
- 외화채권과 외화채무
- 어음회계
- 원천징수제도

1회독 2회독 3회독

01 당좌자산과 유동부채 I

1 당좌자산 관련 유동부채

1. 당좌자산

(1) 당좌자산의 의의

당좌자산이란 기업이 현금처럼 자금 운용 목적으로 보유하고 있는 것으로, 보고기간 종료일부터 1년 이내에 현금화가 가능한 자산 중, 판매 목적으로 보유한 재고자산을 제외한 것을 의미한다.

당좌자산
현금화 속도가 가장 빠른 자산

(2) 당좌자산의 종류

계정과목	내용
현금 및 현금성자산	현금 등 재무상태표 공시용 계정
단기금융상품	보고기간 종료일부터 만기가 1년 이내 도래하는 예금 및 적금 등의 금융상품
단기매매증권	주식 및 채권(단기시세차익 목적으로 취득한 것)
외상매출금	매출채권(일반적 상거래의 채권)
받을어음	
미수금	일반적 상거래 이외의 채권
단기대여금	보고기간 종료일부터 1년 이내 회수하기로 하고 빌려준 채권
선급금	미리 지급한 계약금
선납세금	미리 납부한 세금
가지급금	임시 당좌자산 계정(재무상태표 공시 ×)

2. 유동부채

(1) 유동부채의 의의

보고기간 종료일부터 지급시기가 1년 이내에 도래하는 부채를 의미한다.

(2) 유동부채의 종류

계정과목	개념
외상매입금	매입채무(일반적 상거래의 채무)
지급어음	

미지급금	일반적 상거래 이외의 채무
단기차입금	보고기간 종료일부터 1년 이내 상환하기로 하고 빌려온 채무
선수금	미리 받은 계약금
예수금	일시적으로 미리 받아둔 금액
가수금	임시 유동부채 계정(재무상태표 공시 ×)
유동성 장기부채	장기부채였으나 보고기간 종료일 현재 만기가 1년 이내 도래하는 부채

CH. 03

2 현금 및 현금성자산

현금은 유동성이 제일 높은 자산으로 자산을 취득하거나 부채를 상환하기 위해 사용하는 교환수단의 역할을 한다. 유동성이란 현금으로 빨리 전환할 수 있는 용이성을 나타내는 정도를 말하며, 현금은 현금 자체이므로 유동성이 제일 높다. 기업이 현금과 같은 목적으로 보유하고 있는 자산을 통합하여 재무상태표에 '현금 및 현금성자산'으로 공시한다.

현금 및 현금성자산
- 현금: 통화, 통화대용증권
- 요구불예금: 보통·당좌예금
- 현금성자산: 금융상품

+ 현금 및 현금성자산 공시 중요

구분		내용
현금	통화	지폐와 동전
	통화대용증권	타인 발행수표, 자기앞수표, 우편환증서(송금환증서), 만기가 도래한 국·공·사채 이자표, 만기가 도래한 어음, 배당금지급통지표 등
요구불예금	보통·당좌예금	사용제한이 없는 보통예금과 당좌예금
현금성자산	금융상품	금융상품 중 취득일부터 만기가 3개월 이내인 것

1. 현금

현금은 통화와 통화대용증권으로 구분된다. '통화'는 한국은행이 발행한 지폐와 동전을 말하며 '통화대용증권'은 통화는 아니지만 통화처럼 대신 사용할 수 있는 것으로 타인 발행수표(타사 발행 당좌수표, 자기앞수표, 가계수표, 송금수표), 우편환증서*, 배당금지급통지표, 만기가 도래한 국·공·사채의 이자표, 만기가 도래한 어음 등이 해당한다.

▶ 우편환증서는 수취인 본인이 신분증을 지참하고 가까운 우체국을 방문하게 되면 수수료 없이 우편환증서에 기재되어 있는 금액만큼 즉시 현금으로 교환할 수 있는 것을 말한다.

2. 요구불예금

현금은 도난이나 분실의 위험이 높고, 그 자체로는 수익성이 없는 자산이다. 따라서 기업은 당장 필요하지 않은 현금의 경우 은행에 예금의 형태로 보관하고자 한다. 은행에 예금한 회사통장은 다음과 같이 두 종류가 있다.

(1) 보통예금

입·출금이 자유로운 예금을 말한다.

(2) 당좌예금과 당좌차월

① 당좌예금이란 기업이 은행과 당좌거래약정을 맺고 당좌수표를 발행할 수 있는 은행 계좌를 말한다. 당좌거래를 개설하기 위해서는 보증금을 맡겨야 하는데, 이를 당좌개설보증금이라 한다. 보증금을 맡길 경우 특정 현금과 예금 계정으로 회계처리하며 재무상태표에는 장기금융상품으로 공시한다. 또한, 은행과 당좌거래계약을 맺으면 은행은 회사에 대해 당좌수표용지를 주는데, 회사가 현금을 지급할 일이 있을 때에 이 당좌수표용지에 금액을 적어 주면 그 용지를 받는 사람이 은행에 가서 돈을 찾을 수 있는 시스템을 갖춘 것이 당좌예금제도이다. 당좌예금을 이용하면 당좌예금 통장을 통해 기업의 현금관리 업무를 할 수 있다. 당좌예금은 입금은 자유로우나 출금은 수표를 발행해야 한다는 특징이 있다.

② 당좌수표의 발행금액이 예금 잔액을 초과해서 은행에 제시될 때에는 부도가 발생하므로 예금 잔액을 잘 확인하고 당좌수표를 발행해야 한다.

③ 당좌수표는 원칙적으로 당좌예금 한도 내에서만 발행할 수 있도록 되어 있다. 이 한도를 초과하여 수표를 발행하면 은행은 수표대금에 대한 지급을 거절하게 되어, 그 수표는 부도가 난다.

④ 당좌차월계약을 맺어두면 당좌차월 한도까지는 당좌예금 잔액을 초과하여 수표를 발행할 수 있다. 즉, 당좌차월이란 당좌예금 잔액을 초과하여 인출되는 경우에 생긴다. 초과된 금액은 은행으로부터 일시적으로 차입한 금액에 해당하므로 단기차입금으로 계상해야 하며 당좌예금이 생길 경우 바로 상환되어 먼저 없어지는 계정이다.

당좌개설보증금
당좌개설보증금은 '특정 현금과 예금' 계정으로 회계처리한다.

당좌차월
당좌차월은 '단기차입금' 계정으로 회계처리한다.

분개사례

당좌거래

[1] (주)에듀윌은 미래은행과 당좌차월 한도를 1,000,000원으로 하여 당좌거래계약을 체결하고 현금 1,000,000원을 예입하다.
[2] 외상매입금을 지급하기 위하여 600,000원의 수표를 발행하다.
[3] 상품을 500,000원에 매입하고 수표를 발행해서 지급하다.
[4] 외상매출금 300,000원을 회수하여 당좌예입하다.

| 정답 |

번호	차변		대변	
[1]	당좌예금	1,000,000	현금	1,000,000
[2]	외상매입금	600,000	당좌예금	600,000
[3]	상품	500,000	당좌예금	400,000
			당좌차월(단기차입금)	100,000
[4]	당좌차월(단기차입금)	100,000	외상매출금	300,000
	당좌예금	200,000		

결산일 현재 당좌차월 상태인 경우 이를 재무상태표에 공시할 때에는 다른 당좌예금과 상계*하지 않고 단기차입금으로 공시한다. 즉, 여러 은행에서 당좌거래를 하고 있고 당좌예금과 당좌차월이 함께 있는 경우에는 이를 상계하지 않고 당좌차월은 단기차입금으로 표시하고 당좌예금은 현금 및 현금성자산에 포함하여 공시하여야 한다.

▶ 상계란 지급할 돈과 받을 돈을 서로 상쇄하여 소멸하는 것을 말한다.

재무상태표

	유동부채	
	단기차입금	100,000

유형문제 1

당좌개설에 관한 연속된 거래를 보고 회계처리를 하여라.

[1] 1월 2일 당좌개설보증금 1,700,000원을 현금으로 예치하여 농협은행 당좌거래를 개설하였다.

(차)	(대)

[2] 1월 3일 당좌거래를 위해 현금 200,000원을 당좌예입하다.

(차)	(대)

[3] 2월 5일 상품을 150,000원에 매입하고 대금은 수표를 발행하다.

(차)	(대)

[4] 3월 7일 상품을 50,000원에 매출하고 대금은 당점이 발행한 당좌수표를 받다.

(차)	(대)

[5] 4월 8일 상품을 300,000원에 매입하고 대금은 수표를 발행하다.

(차)	(대)

[6] 5월 10일 외상매출금 500,000원을 회수하여 당좌예입하다.

(차)	(대)

| 정답 |

번호	차변		대변	
[1]	특정 현금과 예금	1,700,000	현금	1,700,000
[2]	당좌예금	200,000	현금	200,000
[3]	상품	150,000	당좌예금	150,000
[4]	당좌예금	50,000	상품매출	50,000
[5]	상품	300,000	당좌예금	100,000
			당좌차월(단기차입금)	200,000

[6]	당좌차월(단기차입금)	200,000	외상매출금	500,000
	당좌예금	300,000		

3. 현금성자산

현금성자산은 큰 거래비용 없이 현금으로 전환하기 쉽고 이자율 변동에 따른 가치변동의 위험이 중요하지 않은 금융상품으로, 취득 당시 만기가 3개월 이내에 도래하는 것을 말한다.

현금성자산은 현금 수준의 유동성을 가지고 있으며 기업이 이를 보유하는 목적도 현금처럼 영업활동의 결제수단으로 사용하기 위함이라고 보아 재무상태표에 공시할 때 현금과 합쳐서 보고한다.

포인트 현금 및 현금성자산 회계처리 시 주의사항

현금 및 현금성자산은 재무상태표에 하나의 계정으로 통합하여 표시되지만 그 안에 포함되는 항목들은 거래가 빈번하고 관리가 중요한 항목들이 많다. 따라서 실무에서는 현금, 보통예금, 당좌예금 등으로 구분해서 회계처리를 하다가 기말시점에 이들을 통합하여 재무상태표에 공시한다.

4. 현금 및 현금성자산이 아닌 항목

구분	내용	처리방법
우표·수입인지	우표와 수입인지(또는 수입증지)는 현금이 아님	통신비 등
직원가불금	급여 지급기일 전에 미리 지급한 금액	단기대여금
선일자수표	수표를 발행하는 회사가 수표 교부일에는 은행에 예금이 없지만 나중에 예금할 예정으로, 그 예정일을 수표발행일로 하여 발행한 수표	매출채권(받을어음)
당좌차월	당좌수표 발행 시 당좌예금 잔액 이상으로 수표를 발행할 때 사용하는 계정	단기차입금
당좌개설보증금	당좌를 개설할 때 지급하는 보증금	장기금융상품(특정 현금과 예금)

수입인지는 「수입인지에 관한 법률」에 의거하여 국가가 주체가 되어 「인지세법」에 규정한 과세문서에 첨부하는 것으로 인지세와 면허세 등의 세금이므로 세금과공과로 처리해야 하며, 수입증지는 관공서나 공공기관에서 주민등록등본 등을 발급할 때 지급하는 수수료에 해당하므로 수수료비용으로 처리한다.

현금 및 현금성자산이 아닌 항목
- 우표·수입인지
- 직원가불금
- 선일자수표
- 당좌차월
- 당좌개설보증금

3 단기금융상품

금융기관이 취급하는 정형화된 상품으로, 보고기간 종료일부터 만기가 1년 이내에 도래하는 것을 말한다. 만기가 1년 이후에 도래하는 것은 장기금융상품이라 하며 이는 비유동자산 중 투자자산으로 분류된다. 단기금융상품에 포함되는 항목은 다음과 같다.

① **저축성 예금**: 정기예금, 정기적금 등

② **사용 제한 예금**: 담보로 제공한 예금, 감채기금 등

③ **기타 정형화된 금융 상품**: 양도성예금증서(CD), 어음관리 계좌(CMA), 환매채(RP), 기업어음(CP) 등(펀드도 단기금융상품에 포함됨)

포인트 보통예금의 구분

사용제한이 없는 보통예금이 현금 및 현금성자산으로 분류되는 것과 비교하여 사용제한이 있는 보통예금은 단기금융상품으로 분류된다. 또한 사용제한이 있는 예금의 경우에는 그 내용을 재무제표 중 주석으로 기재하여야 한다.

금융상품의 분류
- 현금성자산: 취득일~만기 3개월 이내
- 단기금융상품: 보고기간 말~만기 1년 이내
- 장기금융상품: 보고기간 말~만기 1년 이후

4 현금과부족

회사 금고에 보관 중인 현금의 실제 잔액은 현금출납장에 기록된 장부 잔액과 일치해야 한다. 그러나 현금거래는 매우 빈번하게 일어나는 관계로 자칫 기록의 누락이나 중복이 발생할 수 있으며, 때로는 도난이나 분실이 발생하기 때문에 실제 잔액과 장부상 잔액이 일치하지 않는 경우도 있다. 이러한 경우에 차이의 원인을 밝혀낼 때까지 일시적으로 처리하는 임시 계정이 현금과부족 계정이다.

1. 실제 현금 잔액이 장부상 잔액보다 부족한 경우(실제<장부)

장부상 잔액을 실제 잔액으로 맞추기 위해 차변에 현금과부족 계정, 대변에 현금 계정을 기입하였다가 원인이 밝혀지면 해당 계정으로 대체하고 결산일까지 원인이 밝혀지지 않으면 잡손실 계정으로 대체한다.

(차) 현금과부족	×××	(대) 현금	×××

분개사례

현금 부족의 경우

[1] 현금의 실제 보유액은 5,000원인데, 현금출납장의 현금 잔액은 10,000원이다.

[2] 현금 부족액의 원인을 조사한 결과 3,000원이 직원 회식비로 지출된 것으로 확인되었다.

[3] 나머지 현금 부족액은 결산 시까지 원인이 밝혀지지 않았다.

현금과부족 회계처리
- 실제<장부
  - 현금 부족 발견 시
    (차) 현금과부족 ××
    (대) 현금 ××
  - 결산 시 원인불명
    (차) 잡손실 ××
    (대) 현금과부족 ××
- 실제>장부
  - 현금 과잉 발견 시
    (차) 현금 ××
    (대) 현금과부족 ××
  - 결산 시 원인불명
    (차) 현금과부족 ××
    (대) 잡이익 ××

| 정답 |

번호	차변		대변	
[1]	현금과부족	5,000	현금	5,000
[2]	복리후생비	3,000	현금과부족	3,000
[3]	잡손실	2,000	현금과부족	2,000

유형문제 2

현금과부족에 관한 회계처리를 하여라. (실제<장부)

[1] 현금의 실제 보유액이 장부보다 200,000원 부족한 것을 발견하다.

(차)	(대)

[2] 현금 부족액 130,000원의 원인이 여비교통비 누락으로 판명되었다.

(차)	(대)

[3] 결산일이 되었으나 나머지 70,000원은 원인이 판명되지 않았다.

(차)	(대)

| 정답 |

번호	차변		대변	
[1]	현금과부족	200,000	현금	200,000
[2]	여비교통비	130,000	현금과부족	130,000
[3]	잡손실	70,000	현금과부족	70,000

2. 실제 현금 잔액이 장부상 잔액보다 많은 경우(실제>장부)

장부상 잔액을 실제 잔액으로 맞추기 위해 차변에 현금 계정, 대변에 현금과부족 계정을 기입하였다가 원인이 밝혀지면 해당 계정으로 대체하고 결산일까지 원인이 밝혀지지 않으면 잡이익 계정으로 대체한다.

(차) 현금	×××	(대) 현금과부족	×××

분개사례

현금 과잉의 경우

[1] 현금 시재액은 10,000원이고 현금출납장의 현금 잔액은 5,000원이다.

[2] 현금 과잉액의 원인은 외상매출금 3,000원을 회수한 것에 대한 기입 누락으로 밝혀졌다.

[3] 나머지 현금 과잉액의 원인은 결산 시까지 밝혀지지 않았다.

| 정답 |

번호	차변		대변	
[1]	현금	5,000	현금과부족	5,000
[2]	현금과부족	3,000	외상매출금	3,000
[3]	현금과부족	2,000	잡이익	2,000

유형문제 3

현금과부족에 관한 회계처리를 하여라. (실제>장부)

[1] 현금 시재액은 350,000원이고 장부상 시재액은 300,000원이다.

(차) (대)

[2] 현금 과잉액의 원인은 이자수익 35,000원의 기입 누락으로 밝혀졌다.

(차) (대)

[3] 나머지 현금 과잉액의 원인은 결산 시까지 밝혀지지 않았다.

(차) (대)

| 정답 |

번호	차변		대변	
[1]	현금	50,000	현금과부족	50,000
[2]	현금과부족	35,000	이자수익	35,000
[3]	현금과부족	15,000	잡이익	15,000

5 단기투자자산

단기투자자산은 기업이 여유자금의 활용 목적으로 보유하는 단기예금(단기금융상품), 단기매매증권, 단기대여금 및 유동자산으로 분류되는 매도가능증권과 만기보유증권 등의 자산을 포함한다.

단기투자자산은 각 항목별 금액 등이 중요한 경우에는 각각 표시하지만, 중요하지 않은 경우에는 모두 합하여 단기투자자산의 과목으로 통합하여 공시할 수 있다.

1. 유가증권의 분류 중요

주식과 채권을 유가증권이라 하며, 다음과 같이 분류한다.

(1) 단기매매증권

단기간 내의 매매차익을 목적으로 취득한 유가증권으로서 매수와 매도가 적극적이고 빈번하게 이루어지는 경우를 말한다.

(2) 만기보유증권

만기가 확정된 채무증권으로서 상환금액이 확정되었거나 확정이 가능한 채무증권을 만기까지 보유할 적극적인 의도와 능력이 있는 경우를 말한다.

(3) 지분법적용투자주식

다른 회사에 유의적인 영향력을 행사할 목적으로 취득한 주식이다. 다른 회사가 발행한 주식 총수의 20% 이상을 취득한 경우 유의적인 영향력을 행사할 수 있는 것으로 본다.

(4) 매도가능증권

단기매매증권, 만기보유증권, 지분법적용투자주식으로 분류되지 않는 유가증권을 말한다. 보통 장기투자 목적인 경우에 해당한다.

+ 유가증권의 분류

계정과목	보유 목적	유가증권		분류
		주식	채권	
단기매매증권	1년 이내 처분할 목적	○	○	당좌자산
만기보유증권	만기 보유 목적	×	○	투자자산(만기가 1년 이내로 도래하면 유동자산)
지분법적용투자주식	다른 회사에 유의적인 영향력을 행사할 목적	○	×	투자자산
매도가능증권	장기투자 목적	○	○	투자자산(만기가 1년 이내로 도래하면 유동자산)

유가증권의 분류
- 주식
  - 단기매매증권
  - 지분법적용투자주식
  - 매도가능증권
- 채권
  - 단기매매증권
  - 만기보유증권
  - 매도가능증권

2. 단기매매증권 중요

단기매매증권이란 회사가 주식이나 채권에 단기매매 목적으로 투자한 경우를 말한다.

+ 단기매매증권 성립 요건

- 단기적인 시세차익을 목적으로 한다.
- 시장성이 있다.

(1) 취득할 때

단기매매증권의 취득원가는 취득시점의 공정가치로 인식하는데, 공정가치란 시장에서 거래되고 있는 가격인 시가를 말한다. 또한, 주식을 취득하려면 대리인 또는 중개인에게 지급하는 수수료, 증권거래소의 거래수수료 등과 같은 매입수수료를 지불하게 되는데, 이는 수수료비용으로 비용처리한다. 이 수수료비용은 영업외비용에 해당하며, 실무에서는 지급수수료라고도 한다.

단기매매증권 취득원가
취득시점의 공정가치(취득 관련 수수료는 비용처리)

취득원가 = 취득시점의 공정가치

분개사례

단기매매증권을 취득할 때

[1] 단기매매차익을 목적으로 상장회사인 (주)삼송의 주식 100주를 주당 1,000원에 구입하고 매입수수료 10,000원을 포함하여 당사의 보통예금 계좌에서 인터넷뱅킹으로 지급하였다.

| 정답 |

번호	차변		대변	
[1]	단기매매증권	100,000	보통예금	110,000
	수수료비용	10,000		

(2) 보유기간 중 배당금수익 및 이자수익

단기매매증권을 보유하는 기간 중에 주식에 대한 배당금을 받는 경우에는 대변에 배당금수익을, 채권에 대한 이자를 받는 경우에는 대변에 이자수익을 인식한다.

단기매매증권 보유 시
- 주식에 대한 배당금 수령: 배당금수익
- 채권에 대한 이자 수령: 이자수익

분개사례

단기매매증권 보유 관련 수익

[1] 보유 중인 단기매매증권(주식)에 대한 배당금 10,000원을 현금으로 수령하다.
[2] 보유 중인 단기매매증권(채권)에 대한 이자 10,000원을 현금으로 수령하다.

| 정답 |

번호	차변		대변	
[1]	현금	10,000	배당금수익(수익)	10,000
[2]	현금	10,000	이자수익(수익)	10,000

(3) 기말평가(후속측정)

단기매매증권은 기말시점의 공정가치로 평가한다. 공정가치란 평가시점의 시장가격을 의미하는 것으로, 보고기간 종료일 현재의 종가를 의미한다. 즉, 장부금액과 공정가치를 비교하여 차액을 단기매매증권평가이익(수익) 또는 단기매매증권평가손실(비용)로 계상하는 것이다.

단기매매증권 기말평가
- 공정가치>장부금액: 단기매매증권평가이익
- 공정가치<장부금액: 단기매매증권평가손실

분개사례

단기매매증권의 기말 공정가치를 평가할 때(다음 사례는 상호 독립적이다)

[1] 단기매매차익을 목적으로 소유하고 있는 (주)삼송의 주식(장부금액 100,000원)의 기말 공정가치는 110,000원이다.
[2] 단기매매차익을 목적으로 소유하고 있는 (주)삼송의 주식(장부금액 100,000원)의 기말 공정가치는 90,000원이다.

| 정답 |

번호	차변		대변	
[1]	단기매매증권	10,000	단기매매증권평가이익(수익)	10,000

[2]	단기매매증권평가손실(비용)	10,000	단기매매증권	10,000

(4) 처분할 때

보유 중이던 단기매매증권을 처분하면 처분금액에서 처분수수료를 차감한 순처분금액에 해당하는 금액을 받게 된다. 이 순처분금액과 장부금액을 비교하여 순처분금액이 장부금액보다 크면 대변에 단기매매증권처분이익(수익)을 기입하고, 순처분금액이 장부금액보다 작으면 차변에 단기매매증권처분손실(비용)을 기입한다.

단기매매증권 처분 시
- 순처분금액>장부금액: 단기매매증권처분이익
- 순처분금액<장부금액: 단기매매증권처분손실

분개사례

단기매매증권을 처분할 때(다음 사례는 상호 독립적이다)

[1] 단기매매차익을 목적으로 소유하고 있는 (주)삼송의 주식 100주를 1주당 1,200원(장부금액 1,000원)에 매각처분하고 대금은 처분수수료 2,000원을 차감한 후 현금으로 받았다.

[2] 단기매매차익을 목적으로 소유하고 있는 (주)삼송의 주식 100주를 1주당 800원(장부금액 1,000원)에 매각처분하고 대금은 처분수수료 2,000원을 차감한 후 현금으로 받았다.

| 정답 |

번호	차변		대변	
[1]	현금	118,000	단기매매증권	100,000
			단기매매증권처분이익(수익)	18,000
[2]	현금	78,000	단기매매증권	100,000
	단기매매증권처분손실(비용)	22,000		

(5) 단기매매증권과 관련된 수익과 비용

단기매매증권을 취득하여 보유하는 것은 여유자금을 투자하는 데 목적이 있다. 손익계산서의 양식에서 단기매매증권과 관련된 수익과 비용은 투자활동이므로 영업활동과 관련이 없는 영업외손익(영업외수익과 영업외비용)에 반영한다.

유형문제 4

단기매매증권에 관한 회계처리를 하여라.

[1] 단기매매차익을 목적으로 상장회사인 (주)대박의 주식 1,000주를 주당 5,000원에 구입하고 매입수수료 10,000원을 포함하여 당사의 보통예금 계좌에서 인터넷뱅킹으로 지급하였다.

(차)	(대)

[2] 보유 중인 단기매매증권의 배당금 100,000원에 대한 배당금지급통지표를 수령하다.

(차)	(대)

[3] 단기매매차익을 목적으로 소유하고 있는 (주)대박 주식의 1차연도 기말 공정가치가 주당 6,000원인 경우 기말수정분개를 하여라.

(차)	(대)

[4] 단기매매차익을 목적으로 소유하고 있는 (주)대박 주식의 2차연도 기말 공정가치가 주당 4,000원인 경우 기말수정분개를 하여라.

(차)	(대)

[5] 전기 말에 단기 보유 목적으로 2,000,000원(500주, @4,000원)에 평가하였던 (주)대박의 주식을 1주당 3,000원에 처분하고 보통예금에 계좌이체하였다.

(차)	(대)

[6] 단기매매차익을 목적으로 소유하고 있는 (주)대박의 주식 500주를 1주당 4,500원(장부금액 @4,000원)에 매각처분하고 대금은 매매수수료 5,000원을 차감한 후 현금으로 받았다.

(차)	(대)

| 정답 |

번호	차변		대변	
[1]	단기매매증권	5,000,000	보통예금	5,010,000
	수수료비용	10,000		
[2]	현금	100,000	배당금수익	100,000
[3]	단기매매증권	1,000,000	단기매매증권평가이익	1,000,000
[4]	단기매매증권평가손실	2,000,000	단기매매증권	2,000,000
[5]	보통예금	1,500,000	단기매매증권	2,000,000
	단기매매증권처분손실	500,000		
[6]	현금	2,245,000	단기매매증권	2,000,000
			단기매매증권처분이익	245,000

6 외화채권과 외화채무

1. 외화외상매출금

(1) 외화외상매출금의 정의

외화외상매출금이란 일반적인 상거래에서 발생한 채권으로 아직 그 대금을 회수하지 않은 외화미수액이며 보고기간 종료일부터 1년 이내에 회수될 금액을 말한다.

분개사례

수출할 때

[1] 미국의 (주)옵션에 상품을 $1,000에 외상으로 수출하다. 수출할 때 환율은 $1당 1,100원이다.

| 정답 |

번호	차변		대변	
[1]	외상매출금	1,100,000	상품매출	1,100,000

(2) 외화외상매출금의 기말평가

외화자산은 결산일 현재의 기준환율 또는 재정환율로 환산한 금액을 재무상태표에 표시하여야 한다. 이 경우 발생하는 외화환산이익(수익) 또는 외화환산손실(비용)은 손익계산서에 영업외손익으로 처리한다.

외화채권의 기말평가
- 마감환율 기준
- '외화환산손익'으로 회계처리

분개사례

기말 환산(다음 사례는 상호 독립적이다)

[1] (주)옵션의 외화외상매출금 $1,000(장부금액 1,100,000원)에 대해 결산 시 환율이 $1당 1,200원인 경우 기말평가(기말수정분개)를 하여라.

[2] (주)옵션의 외화외상매출금 $1,000(장부금액 1,100,000원)에 대해 결산 시 환율이 $1당 1,000원인 경우 기말평가(기말수정분개)를 하여라.

| 정답 |

번호	차변		대변	
[1]	외상매출금	100,000	외화환산이익	100,000
[2]	외화환산손실	100,000	외상매출금	100,000

(3) 외화외상매출금의 회수

회수할 때 외화자산의 환율변동으로 인한 이익과 손실을 의미하며 외환차익(수익) 또는 외환차손(비용)으로 하여 손익계산서에 영업외손익으로 처리한다.

외화채권의 결제

'외환차손익'으로 회계처리

분개사례

외화채권의 회수(다음 사례는 상호 독립적이다)

[1] (주)옵션의 외화외상매출금 $1,000(장부금액 1,000,000원)를 달러로 받아서 원화로 환전하다. 회수할 때 환율은 $1당 1,100원이다.

[2] (주)옵션의 외화외상매출금 $1,000(장부금액 1,000,000원)를 달러로 받아서 원화로 환전하다. 회수할 때 환율은 $1당 900원이다.

| 정답 |

번호	차변		대변	
[1]	현금	1,100,000	외상매출금	1,000,000
			외환차익	100,000
[2]	현금	900,000	외상매출금	1,000,000
	외환차손	100,000		

유형문제 5

외화외상매출금에 관한 회계처리를 하여라.

[1] 2025년 10월 1일 일본의 (주)야마트에 상품을 ￥100,000에 외상으로 수출하다. 수출할 때 환율은 ￥100당 1,000원이다.

(차)	(대)

[2] 2025년 12월 31일 환율이 ￥100당 1,100원인 경우 기말평가를 하여라.

(차)	(대)

[3] 2026년 2월 1일 (주)야마트의 외상대금 ￥100,000을 엔화로 받은 후 원화로 환전하다. 회수할 때 환율은 ￥100당 900원이다.

(차)	(대)

| 정답 |

번호	차변		대변	
[1]	외상매출금	1,000,000	상품매출	1,000,000
[2]	외상매출금	100,000	외화환산이익	100,000
[3]	현금	900,000	외상매출금	1,100,000
	외환차손	200,000		

2. 외화외상매입금

(1) 외화외상매입금의 정의

외화외상매입금이란 일반적인 상거래에서 발생한 채무로서 아직 그 대금을 지급하지 않은 외화미지급액으로, 보고기간 종료일부터 1년 이내에 상환해야 할 금액을 말한다.

분개사례

수입할 때

[1] 미국의 (주)아폴로에 상품을 $1,000에 외상으로 수입하다. 수입할 때 환율은 $1당 1,100원이다.

| 정답 |

번호	차변		대변	
[1]	상품	1,100,000	외상매입금	1,100,000

(2) 외화외상매입금의 기말평가

외화채무는 결산일 현재의 기준환율 또는 재정환율로 환산한 금액을 재무상태표에 표시하여야 한다. 이 경우 발생하는 외화환산이익(수익) 또는 외화환산손실(비용)은 손익계산서에 영업외손익으로 처리한다.

외화채무의 기말평가
- 마감환율 기준
- '외화환산손익'으로 회계처리

분개사례

기말 환산(다음 사례는 상호 독립적이다)

[1] (주)아폴로의 외화외상매입금 $1,000(장부금액 1,100,000원)에 대해 결산할 때 환율이 $1당 1,200원인 경우 기말평가를 하여라.

[2] (주)아폴로의 외화외상매입금 $1,000(장부금액 1,100,000원)에 대해 결산할 때 환율이 $1당 1,000원인 경우 기말평가를 하여라.

| 정답 |

번호	차변		대변	
[1]	외화환산손실(비용)	100,000	외상매입금	100,000
[2]	외상매입금	100,000	외화환산이익(수익)	100,000

(3) 외화외상매입금의 상환

상환할 때 외화채무의 환율변동으로 인한 이익과 손실을 의미하며 외환차익(수익) 또는 외환차손(비용)으로 하여 손익계산서에 영업외손익으로 처리한다.

외화채무의 결제
'외환차손익'으로 회계처리

분개사례

외화채무의 상환(다음 사례는 상호 독립적이다)

[1] (주)아폴로의 외화외상매입금 $1,000(장부금액 1,000,000원)를 현금으로 환전하여 상환하다. 상환할 때 환율은 $1당 1,100원이다.

[2] (주)아폴로의 외화외상매입금 $1,000(장부금액 1,000,000원)를 현금으로 환전하여 상환하다. 상환할 때 환율은 $1당 900원이다.

| 정답 |

번호	차변		대변	
[1]	외상매입금	1,000,000	현금	1,100,000
	외환차손(비용)	100,000		
[2]	외상매입금	1,000,000	현금	900,000
			외환차익(수익)	100,000

유형문제 6

외화외상매입금에 관한 회계처리를 하여라.

[1] 2025년 10월 1일 일본의 (주)가라데에 상품 ￥100,000을 외상으로 수입하다. 수입할 때 환율은 ￥100당 1,000원이다.

(차)	(대)

[2] 2025년 12월 31일 환율이 ￥100당 1,100원인 경우 기말평가를 하여라.

(차)	(대)

[3] 2026년 2월 1일 (주)가라데의 외상대금 ￥100,000을 현금으로 상환하다. 상환할 때 환율은 ￥100당 900원이다.

(차)	(대)

| 정답 |

번호	차변		대변	
[1]	상품	1,000,000	외상매입금	1,000,000
[2]	외화환산손실	100,000	외상매입금	100,000
[3]	외상매입금	1,100,000	현금	900,000
			외환차익	200,000

1 어음회계

1. 받을어음과 지급어음

일반적인 상거래에서 발생한 채권·채무에 대하여 어음을 주고받는 경우가 많은데 어음을 받는 경우 '받을어음'이라고 하며, 어음을 발행하여 지급하는 경우는 '지급어음'이라고 한다. 외상거래에서 어음을 주고받는 이유는 어음법에 의하여 어음상 권리와 의무를 보호받을 수 있기 때문이다.

어음회계

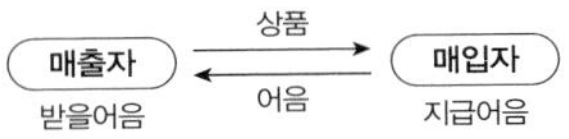

약 속 어 음

(주)에듀윌 귀하 나바486486

금 100,000원 십만원정

위의 금액을 귀하 또는 귀하의 지시인에게 지급하겠습니다.

지급기일	2025년 3월 31일	발행일	2025년 1월 1일
지 급 지	의정부 농협	발행지	농협은행 의정부지점
0110877		주 소	경기 의정부 의정부1동 208
		발행인	(주)비전세무

2. 어음의 추심

어음의 수취인이 어음의 지급기일이 도래했을 때 거래은행에 어음대금을 받아줄 것을 의뢰하는 것을 '추심의뢰'라 하고 어음대금을 회수하는 것을 '추심'이라 한다. 또한, 추심을 의뢰하면서 지급한 수수료는 수수료비용 계정으로 처리하며, 여기서 수수료비용은 판매비와 관리비에 해당한다.

어음의 추심
(차) 현금 ××
수수료비용 ××
(대) 받을어음 ××

분개사례

어음의 추심

[1] 포항상사에 대한 받을어음 1,100,000원이 만기가 도래하여 추심수수료 100,000원을 차감한 금액이 보통예금 통장에 입금되다.

| 정답 |

번호	차변		대변	
[1]	보통예금	1,000,000	받을어음	1,100,000
	수수료비용(비용)	100,000		

3. 어음의 부도

부도어음은 만기가 되어 지급을 청구하였으나 지급불능이 되어버린 어음을 말한다. 어음부도 시 회계처리는 어음금액에 관련 비용(지급거절작성비용 등)을 가산한 금액을 '부도어음과 수표' 계정으로 처리한다. '부도어음과 수표' 계정은 회계기간 중에 사용하는 임시 계정이므로 재무상태표상에서는 매출채권에 포함시켜서 보고한다.

어음의 부도
(차) 부도어음과 수표 ××
(대) 받을어음 ××

분개사례

어음의 부도

[1] 제품을 매출하고 (주)대구로부터 수취한 어음 5,000,000원이 부도처리되었다는 것을 국민은행으로부터 통보받았다.

| 정답 |

번호	차변		대변	
[1]	부도어음과 수표	5,000,000	받을어음	5,000,000

4. 어음의 배서

어음의 배서란 상품매입대금이나 외상매입금의 지급을 위하여 수취한 어음을 만기가 되기 전에 제3자에게 양도하는 것을 말한다. 이때 어음의 뒷면에 양도자의 인적사항을 기재하는데, 이를 '배서'라고 한다. 어음을 타인에게 배서양도하면 어음상의 채권이 소멸하므로 대변에 받을어음 계정을 기입해야 한다.

어음의 배서
(차) 상품(또는 외상매입금) ××
(대) 받을어음 ××

분개사례

어음의 배서

[1] 해남상사의 외상매입금 1,000,000원을 지급하기 위하여, 포항상사로부터 매출대금으로 받은 약속어음 1,000,000원을 배서양도하여 상환하다.

| 정답 |

번호	차변		대변	
[1]	외상매입금	1,000,000	받을어음	1,000,000

5. 어음의 할인

수취한 어음은 만기일이 되어야 어음대금을 추심할 수 있다. 그러나 자금이 필요한 경우 기업은 만기일 이전에 은행에 배서양도하고 자금을 융통받게 되는데, 이를 '할인'이라 한다. 어음의 할인은 만기일 이전에 만기에 추심할 어음의 액면을 담보로 어음대금을 미리 지급받는 것이므로 만기일까지의 이자를 공제하고 잔액만 받게 된다. 이때 차감되는 이자를 할인료라 한다.

할인료＝어음금액×연 이자율×할인월수/12

어음의 할인
• 매각거래
(차) 현금 ××
매출채권처분손익 ××
(대) 받을어음 ××
• 차입거래
(차) 현금 ××
이자비용 ××
(대) 단기차입금 ××

일반기업회계기준에서는 매출채권 등을 타인에게 양도 또는 할인하는 경우 채권에 대한 권리와 의무가 양도인과 분리되어 실질적으로 이전되는 때에는 동 금액을 매출채권에서 차감하고(매각거래), 그 이외의 경우에는 매출채권 등을 담보 제공(차입거래)한 것으로 본다.

구분	매각거래(실무)	차입거래
처분/ 차입할 때	(차) 현금 90 매출채권처분손실(비용) 10 (대) 받을어음 100	(차) 현금 90 이자비용(비용) 10 (대) 단기차입금 100
어음으로 결제할 때	분개 없음 (권리가 이전되었으므로)	(차) 단기차입금 100 (대) 받을어음 100

+ 어음의 할인과 추심

구분	어음을 할인할 때 할인료	어음을 할인할 때 할인료
전제조건	만기 이전의 매각거래일 경우	만기에 어음대금 회수
당기손익	영업 이외의 거래이므로 영업외비용	영업활동과 관련된 거래이므로 판매비와 관리비
회계처리	(차) 현금 90 매출채권처분손실 10 (대) 받을어음 100	(차) 현금 90 수수료비용 10 (대) 받을어음 100

유형문제 7

어음에 관한 회계처리를 하여라.

[1] 탑상사의 외상매입금 1,000,000원을 지급하기 위하여 꼭대기상사로부터 매출대금으로 받은 약속어음 700,000원을 배서양도하고 나머지는 현금으로 지급하다.

(차)	(대)

[2] 만기가 도래하여 거래은행에 추심의뢰한 (주)송도전자의 받을어음 70,000,000원 중에서 추심수수료 100,000원을 차감한 금액이 보통예금 계좌에 입금되었다.

(차)	(대)

[3] 거래처인 한성설비로부터 받은 어음 15,000,000원이 만기가 되어 거래은행인 한일은행에 지급제시하였으나 지급이 거절되어 어음 발행처인 (주)한성설비에 상환청구하고, 그에 따른 비용 250,000원을 현금으로 지급하다.

(차)	(대)

[4] 영업활동자금의 원활한 운용을 위하여 주옥상회에서 받은 받을어음 9,000,000원을 국민은행에서 할인하고 대금은 할인료 750,000원을 제외한 전액을 당사 당좌예금으로 송금받았다. (매각거래로 회계처리할 것)

(차)	(대)

[5] 운전자금을 확보하기 위해 곧바로 주거래처인 (주)대길로부터 매출대금으로 받은 약속어음 30,000,000원을 세종은행에서 할인하고 할인료 500,000원을 차감한 잔액을 현금으로 수령하다. 단, 어음할인은 차입거래로 간주한다.

(차)	(대)

[6] 회사는 부족한 운영자금 문제를 해결하기 위해 보유 중인 (주)삼일상사의 받을어음 1,000,000원을 2025년 4월 1일 미래은행에 현금으로 매각하였다. 동 매출채권의 만기일은 2025년 8월 31일이며 매출채권을 처분할 때 지급해야 할 은행수수료 연 12%를 지급한다. (월할계산하며, 매각거래로 회계처리할 것)

(차)	(대)

| 정답 |

번호	차변		대변	
[1]	외상매입금	1,000,000	받을어음	700,000
			현금	300,000
[2]	보통예금	69,900,000	받을어음	70,000,000
	수수료비용	100,000		
[3]	부도어음과 수표	15,250,000	받을어음	15,000,000
			현금	250,000
[4]	당좌예금	8,250,000	받을어음	9,000,000
	매출채권처분손실	750,000		
[5]	현금	29,500,000	단기차입금	30,000,000
	이자비용	500,000		
[6]	현금	950,000	받을어음	1,000,000
	매출채권처분손실	50,000*		

* 1,000,000원×12%×5개월/12개월=50,000원

2 원천징수제도 중요

원천징수제도란 소득을 지급하는 자가 특정 소득을 지급할 때 소득자가 내야 할 세금을 걷어서 일시적으로 가지고 있다가 대신 납부하는 제도를 말한다. 소득을 지급하는 자가 원천징수하여 일시적으로 가지고 있는 금액을 '예수금'이라 하며, 소득을 얻는 자가 원천징수 당한 금액은 다음에 납부해야 할 세금을 미리 납부한 것이므로 '선납세금'이라 한다.

원천징수
- 돈을 지급하는 입장: 예수금
- 돈을 받는 입장: 선납세금

1. 예수금

예수금은 최종적으로 제3자에게 지급해야 할 금액을 기업이 거래처나 종업원에게 미리 받아 일시적으로 보관할 때 사용하는 유동부채이며 관련 기관에 납부하게 되면 현금 계정 등에 대체된다. 즉, 예수금은 근로자에게 급여를 지급할 때 소득세, 건강보험, 고용보험, 국민연금 등 근로자 부담액을 일시적으로 받았다가 대신 납부해야 하는 금액을 말한다.

예수금
소득세, 건강보험, 고용보험, 국민연금 등 근로자 부담액

또한, 급여를 지급할 때 이용되는 급여대장의 양식은 다음과 같다.

2025년 1월분 급여대장

(주)에듀윌 [귀속: 2025년 1월] [지급: 2025년 2월 25일]

인적사항		기본급여 및 제수당			공제 및 차감 지급액			
사원번호	성명	기본급	식대		국민연금	건강보험	소득세	지방소득세
입사일	퇴사일			지급합계	고용보험	장기요양	공제합계	차감지급액
081001	박올레	1,000,000	100,000		45,000	29,450	0	0
110320				1,100,000	6,500	2,500	83,450	1,016,550
합계(1명)		1,000,000	100,000		45,000	29,450	0	0
				1,100,000	6,500	2,500	83,450	1,016,550

분개사례

급여를 지급할 때 원천징수와 납부

[1] 급여 1,000,000원을 지급함에 있어 건강보험 29,450원을 차감하여 잔액을 현금으로 지급하다. (단, 건강보험을 제외한 다른 보험 및 세금은 무시할 것)

[2] 건강보험료 합계 58,900원(건강보험료 회사 부담분 29,450원 포함)을 해당 기관에 납부하다. (단, 건강보험료 회사 부담분은 복리후생비로 처리할 것)

| 정답 |

번호	차변		대변	
[1]	급여	1,000,000	현금	970,550
			예수금	29,450
[2]	예수금	29,450	현금	58,900
	복리후생비	29,450		

2. 선납세금

소득자 입장에서 이자소득 등에 대하여 원천징수 당한 경우 미리 납부한 세금을 말한다. 선납세금은 다음 연도에 세금을 신고·납부할 때 내야 할 세금을 줄이거나, 세금이 없다면 환급받게 되는 것으로 당좌자산으로 분류된다.

선납세금
미리 납부한 이자소득 등에 대한 원천징수세액

분개사례

원천징수대상소득 수령

[1] 보통예금에서 발생된 이자 100,000원에 대한 법인세 14,000원을 공제받은 후 잔액이 통장에 입금되었다.

| 정답 |

번호	차변		대변	
[1]	선납세금	14,000	이자수익	100,000
	보통예금	86,000		

유형문제 8

선납세금과 예수금에 관한 회계처리를 하여라.

[1] 종업원의 총급여 7,000,000원 중 소득세 800,000원, 건강보험료 150,000원, 고용보험료 50,000원을 제외한 잔액을 현금으로 지급하다.

(차)	(대)

[2] 영업직에 종사하는 종업원에 대한 9월분 급여를 다음과 같이 현금으로 지급하였다.

총급여액	원천징수세액		차감 지급액
	소득세	지방소득세	
3,000,000원	100,000원	10,000원	2,890,000원

(차)	(대)

[3] 영업직에 종사하는 종업원에 대한 10월분 급여를 다음과 같이 현금으로 지급하였다.

성명	급여	원천징수세액		차감 지급액
		소득세	지방소득세	
김영수	2,500,000원	120,000원	12,000원	2,368,000원
박진혁	1,500,000원	80,000원	8,000원	1,412,000원
계	4,000,000원	200,000원	20,000원	3,780,000원

(차)	(대)

[4] 1월분 건강보험료를 현금으로 납부하였다. 직원 부담분 126,000원, 회사 부담분 126,000원이며, 직원은 모두 영업부 직원이다. (단, 건강보험료 회사 부담분은 복리후생비로 처리할 것)

(차)	(대)

[5] 새로 구축한 생산라인에 대한 교육을 생산부서에서 실시하였다. 강의는 외부강사를 초빙하였고 강사료는 2,000,000원으로 세금 66,000원을 원천징수한 1,934,000원을 현금으로 지급하다.

(차)	(대)

[6] (주)대여에 빌려주었던 대여금에 대한 이자 1,000,000원에 대해 세금 140,000원을 제외한 금액이 당사의 보통예금에 입금되었다. (세금은 자산으로 처리할 것)

(차)	(대)

[7] 보유 중인 (주)날아라항공의 주식배당금 1,000,000원 중 세금 154,000원을 차감한 846,000원을 현금으로 수령하였다.

(차)	(대)

[8] 신한은행 보통예금 통장에서 다음과 같이 예금이자가 입금되었다.

- 결산이자금액 100,000원
- 차감 지급액 86,000원
- 법인세 14,000원(법인세는 자산으로 처리할 것)

(차)	(대)

| 정답 |

번호	차변		대변	
[1]	급여	7,000,000	현금	6,000,000
			예수금	1,000,000
[2]	급여(판)	3,000,000	현금	2,890,000
			예수금	110,000
[3]	급여(판)	4,000,000	현금	3,780,000
			예수금	220,000
[4]	예수금	126,000	현금	252,000
	복리후생비(판)	126,000		
[5]	교육훈련비(제)	2,000,000	현금	1,934,000
			예수금	66,000
[6]	선납세금	140,000	이자수익	1,000,000
	보통예금	860,000		
[7]	선납세금	154,000	배당금수익	1,000,000
	현금	846,000		
[8]	선납세금	14,000	이자수익	100,000
	보통예금	86,000		

3 가지급금과 가수금 중요

가지급금이나 가수금은 현금을 실제로 주고받았으나 거래가 완결되지 않아 용도와 금액이 불분명하여, 이들을 처리할 계정과목이나 금액이 확정되지 않았을 경우 사용하는 임시 계정이다. 일반기업회계기준에서 가지급금과 가수금 계정은 임시적으로 사용하는 계정과목이므로 결산일까지 그 내역을 확인하여 올바른 계정과목으로 재무제표에 표시하도록 하고 있다.

CH. 03

1. 가지급금

실제 현금 지출은 있으나 계정과목이나 금액을 확정할 수 없을 때 사용하는 임시 당좌자산 계정이다. 즉, 비용이 발생할 것은 확실하나 아직 용도가 확정되지 않은 임시 금액을 말한다.

가지급금
- 발생 시
  (차) 가지급금 ××
  (대) 현금 ××
- 원인 규명 시
  (차) 비용 ××
  (대) 가지급금 ××

분개사례

출장비 지급과 정산을 할 때

[1] 사원에게 출장을 명하고, 출장비 200,000원을 현금으로 지급하다.
[2] 출장 간 사원이 복귀하여 개산 지급한 금액 200,000원 중 여비로 정산한 180,000원을 차감한 나머지를 현금으로 돌려받다.

| 정답 |

번호	차변		대변	
[1]	가지급금	200,000	현금	200,000
[2]	여비교통비	180,000	가지급금	200,000
	현금	20,000		

2. 가수금

회사가 내용불명의 송금액을 받은 경우 등에 사용하는 임시 유동부채 계정이다.

가수금
- 발생 시
  (차) 현금 ××
  (대) 가수금 ××
- 원인 규명 시
  (차) 가수금 ××
  (대) 외상매출금(또는 선수금) ××

분개사례

내용불명의 현금 수령 및 정산을 할 때

[1] 출장 중인 사원이 내용불명의 송금수표 500,000원을 보내오다.
[2] 출장 간 사원이 복귀하여 위의 송금액 중 350,000원은 거래처의 외상매출금 회수액이고, 잔액은 상품 판매주문에 대한 계약금으로 판명되다.

| 정답 |

번호	차변		대변	
[1]	현금	500,000	가수금	500,000
[2]	가수금	500,000	외상매출금	350,000
			선수금	150,000

유형문제 9

가지급금과 가수금에 관한 회계처리를 하여라.

[1] 2월 1일 출장 가는 영업사원 김영수에게 임시적으로 출장비 500,000원을 현금으로 지급하다.

(차)	(대)

[2] 2월 1일 영업사원 김영수에게 지급한 500,000원의 출장비를 2월 3일 아래와 같이 정산하고 잔액은 현금으로 회수하였다.

• 항공료	200,000원	• 숙박비	150,000원	• 식사대	100,000원

(차)	(대)

[3] 영업부의 임성종 과장이 전주에 출장비로 가져갔던 200,000원(출장비를 인출할 때에 가지급금으로 처리함)에 대한 지출결의서를 제시하고 잔액은 현금으로 지급하다.

지출결의서 내역	
항공기 왕복표	200,000원
식대	10,000원

(차)	(대)

[4] 가수금 100,000원의 내역을 확인한 결과 (주)용인전자에 대한 거래로 30,000원은 제품을 매출하기로 하고 받은 계약금이며, 70,000원은 기존의 외상대금 중 일부를 회수한 것이다.

(차)	(대)

| 정답 |

번호	차변		대변	
[1]	가지급금	500,000	현금	500,000
[2]	여비교통비(판)	450,000	가지급금	500,000
	현금	50,000		
[3]	여비교통비	210,000	가지급금	200,000
			현금	10,000
[4]	가수금	100,000	선수금	30,000
			외상매출금	70,000

4 유동성 장기부채

본래는 만기가 1년을 초과하여 남아 있는 장기부채였으나 시간의 경과로 인해 보고기간 종료일 현재 만기가 1년 이내로 도래한 부채를 말한다.

유동성 장기부채
(차) 장기차입금 ××
(대) 유동성 장기부채 ××

분개사례

보고기간 종료일의 유동성 대체

[1] 2025년 1월 1일 (주)유동으로부터 1년 6개월 뒤에 상환하기로 하고 1,000,000원을 차입하여 보통예금에 입금하다.

[2] 2025년 12월 31일 (주)유동의 장기차입금의 유동성 대체에 관한 회계처리를 하여라.

| 정답 |

번호	차변		대변	
[1]	보통예금	1,000,000	장기차입금	1,000,000
[2]	장기차입금	1,000,000	유동성 장기부채	1,000,000

유형문제 10

유동성 장기부채에 관한 회계처리를 하여라.

[1] 2025년 우리은행으로부터 차입한 장기차입금(10,000,000원, 만기 2026년 4월 30일)이 있다. 동 차입금은 만기에 상환할 예정이다. 2025년 말 유동성 대체에 관한 회계처리를 하여라.

(차) (대)

[2] 기말(2025년 말)의 장기차입금(신한은행) 내역은 다음과 같다. 1년 이내 만기가 도래한 것은 유동성 대체에 관한 회계처리를 하여라.

항목	금액(원)	상환 예정 시기	비고
장기차입금(합계)	100,000,000		2021년 초에 차입
장기차입금A 상환	60,000,000	2026.6.30.	전액 상환 예정
장기차입금B 상환	40,000,000	2027.6.30.	전액 상환 예정

(차) (대)

| 정답 |

번호	차변		대변	
[1]	장기차입금	10,000,000	유동성 장기부채	10,000,000
[2]	장기차입금	60,000,000	유동성 장기부채	60,000,000

Keyword로 빠르게 체크하는 핵심 이론

1 현금 및 현금성자산

구분		내용
현금	통화	지폐와 동전
	통화대용증권	타인 발행수표, 자기앞수표, 우편환증서, 만기가 도래한 국·공·사채 이자표 등
요구불예금	보통·당좌예금	사용제한이 없는 보통예금과 당좌예금
현금성자산	금융상품	취득일부터 만기가 01 _______ 이내인 것

2 현금과부족

실제 잔액과 장부상 잔액이 일치하지 않는 경우에 그 원인이 밝혀질 때까지 일시적으로 처리하는 임시 계정

1. 실제 현금 잔액 < 장부상 잔액

(차) 현금과부족	×××	(대) 현금	×××

2. 실제 현금 잔액 > 장부상 잔액

(차) 현금	×××	(대) 현금과부족	×××

3 단기매매증권

회사가 단기적인 시세차익을 목적으로 투자한 경우를 말하며 시장성이 있어야 함

1. 단기매매증권의 취득원가: 취득시점의 02 _______(취득 관련 수수료는 비용처리)
2. 단기매매증권 보유 시
   - 주식에 대한 배당금 수령: 배당금수익
   - 채권에 대한 이자 수령: 이자수익
3. 단기매매증권 기말평가
   - 공정가치 > 장부금액: 단기매매증권평가이익
   - 공정가치 < 장부금액: 단기매매증권평가손실
4. 단기매매증권처분손익: 순처분금액 − 장부금액

4 외화채권과 외화채무

1. 외화외상매출금: 일반적인 상거래에서 발생한 채권으로 아직 그 대금을 회수하지 않은 외화미수액
   - 외화채권의 기말평가: 마감환율 기준, '외화환산손익'으로 회계처리
   - 외화채권의 결제: '외환차손익'으로 회계처리
2. 외화외상매입금: 일반적인 상거래에서 발생한 채무로서 아직 그 대금을 지급하지 않은 외화미지급액
   - 외화채무의 기말평가: 03 _______ 기준, '외화환산손익'으로 회계처리
   - 외화채무의 결제: '외환차손익'으로 회계처리

5 어음회계

1. 어음의 추심

(차) 현금	×××	(대) 받을어음	×××
수수료비용	×××		

2. 어음의 부도

(차) 부도어음과 수표	×××	(대) 받을어음	×××

3. 어음의 배서

(차) 상품 (또는 외상매입금)	×××	(대) 받을어음	×××

4. 어음의 할인
   - 매각거래

(차) 현금	×××	(대) 받을어음	×××
매출채권처분손실	×××		

   - 차입거래

(차) 현금	×××	(대) 단기차입금	×××
이자비용	×××		

6 원천징수제도

소득을 지급하는 자가 특정 소득을 지급할 때 소득자가 내야 할 세금을 걷어서 가지고 있다가 대신 납부하는 제도

- 돈을 지급하는 입장: 04 _______
- 돈을 받는 입장: 05 _______

정답

01 3개월 02 공정가치 03 마감환율
04 예수금 05 선납세금

기출 & 확인 문제

맞은 개수	개/총 38문항
복습 여부	YES / NO

전산 22' 101회 전산회계 2급

01 **다음 중 회계상 현금으로 처리하는 것은?**

(가) 자기앞수표	(나) 받을어음
(다) 당좌차월	(라) 우편환증서

① (가), (나)　　② (나), (다)

③ (나), (라)　　④ (가), (라)

ERP 22' 5회 ERP 회계 2급

02 **다음은 (주)생산성의 결산일 현재 자산 내역이다. 기말 재무상태표에 표시되는 현금 및 현금성자산 금액으로 옳은 것은?**

- 당좌예금: 150,000원
- 타인 발행수표: 100,000원
- 타인 발행 약속어음: 50,000원
- 수입인지: 10,000원
- 차용증서: 20,000원

① 160,000원　　② 210,000원

③ 250,000원　　④ 270,000원

정답 및 해설

01 ④ 받을어음은 매출채권, 당좌차월은 단기차입금에 해당한다.

02 ③ 현금 및 현금성자산: 당좌예금 150,000원+타인 발행수표 100,000원=250,000원

전산 | 22' 100회 전산회계 2급

03 **다음 중 재무상태표상 유동자산으로 분류되는 계정과목에 해당하지 않는 것은?**

① 외상매출금
② 선급비용
③ 차량운반구
④ 상품

AT | 24' 69회 FAT 2급

04 **다음 자료를 토대로 매출채권 금액을 계산하면 얼마인가?**

• 외상매출금	5,800,000원
• 받을어음	3,000,000원
• 미수금	1,500,000원
• 미수수익	3,500,000원

① 3,000,000원
② 4,500,000원
③ 5,800,000원
④ 8,800,000원

전산 | 21' 95회 전산회계 2급

05 **다음 중 받을어음 계정이 대변에 기록되는 거래에 해당하는 것은?**

① 상품매출 7,000,000원을 하고 매출처 발행 약속어음을 받다.
② 상품매출을 하고 수취한 약속어음 7,000,000원을 외상매입금 지급을 위해 배서양도하다.
③ 외상매출금 7,000,000원을 매출처 발행 약속어음으로 받다.
④ 매입처에 발행한 약속어음 7,000,000원이 만기가 되어 현금으로 지급하다.

전산 23' 111회 전산회계 2급

06 **다음은 합격물산의 당기 말 부채 계정 잔액의 일부이다. 재무상태표에 표시될 매입채무는 얼마인가?**

• 선수금	10,000원	• 지급어음	20,000원	• 외상매입금	30,000원
• 단기차입금	40,000원	• 미지급금	50,000원		

① 50,000원　② 60,000원
③ 100,000원　④ 110,000원

07 **다음 중 은행과 맺은 약정에 의해 당좌예금 잔액을 초과하여 당좌수표를 발행하였을 때, 대변에 기입하여야 하는 계정과목으로 가장 적절한 것은?**

① 선수금　② 단기대여금
③ 단기차입금　④ 지급어음

정답 및 해설

03 ③ 차량운반구는 비유동자산(유형자산)에 해당한다.

04 ④ 매출채권: 외상매출금 5,800,000원+받을어음 3,000,000원=8,800,000원

05 ② 받을어음의 할인, 회수, 배서양도는 대변에 회계처리한다.

(차) 외상매입금	7,000,000	(대) 받을어음	7,000,000
① (차) 받을어음	7,000,000	(대) 상품매출	7,000,000
③ (차) 받을어음	7,000,000	(대) 외상매출금	7,000,000
④ (차) 지급어음	7,000,000	(대) 현금	7,000,000

06 ① 매입채무: 지급어음 20,000원+외상매입금 30,000원=50,000원

07 ③ 당좌예금 잔액을 초과하여 당좌수표를 발행했다는 것은 당좌차월에서 발행한 것이며, 단기차입금으로 처리한다.

08 **다음 당좌예금출납장에 기입된 내용을 보고 5월 20일의 거래를 분개한 것으로 옳은 것은? (단, 1,000,000원 한도의 당좌차월계약이 되어 있다)**

당좌예금출납장

(단위: 원)

날짜		적요	예입	인출	차 · 대	잔액
5	1	현금 예입	800,000		차	800,000
	10	현금 인출		500,000	대	(300,000)
	20	외상매입금 지급		400,000	대	(100,000)
	25	외상매출금 회수	300,000		차	200,000

① (차) 외상매입금 400,000 (대) 당좌예금 400,000

② (차) 외상매입금 400,000 (대) 당좌예금 300,000
　　　　　　　　　　　　　　　　당좌차월 100,000

③ (차) 당좌예금 400,000 (대) 외상매출금 400,000

④ (차) 당좌차월 100,000 (대) 외상매출금 300,000
　　　당좌예금 200,000

전산 22' 103회 전산회계 2급

09 **다음 중 단기매매증권에 대한 설명으로 옳지 않은 것은?**

① 주로 단기간 내의 매매차익을 목적으로 하여 취득한 유가증권으로 매수 및 매도가 빈번하게 이루어지는 것을 말한다.

② 재무상태표상 단기투자자산으로 통합하여 표시할 수 있다.

③ 취득원가는 취득 시점의 공정가치로 인식하며, 매입수수료도 취득원가에 포함한다.

④ 결산일 현재 보유하고 있는 단기매매증권은 공정가치로 평가하고, 단기매매증권의 평가손익은 영업외손익으로 보고한다.

ERP 21' 2회 ERP 회계 2급

10 다음 내용과 관련하여 적절하게 회계처리를 한 것은?

12월 31일 결산 시 장부상 현금은 330,000원, 현금 시재액은 400,000원으로 확인되었다.

① (차) 현금	70,000	(대) 현금과부족	70,000
② (차) 현금과부족	70,000	(대) 현금	70,000
③ (차) 현금	70,000	(대) 잡이익	70,000
④ (차) 잡손실	70,000	(대) 현금	70,000

전산 22' 102회 전산회계 2급

11 다음의 설명과 관련한 계정과목으로 옳은 것은?

현금의 입금 등이 발생하였으나, 처리할 계정과목이나 금액이 확정되지 않은 경우, 계정과목이나 금액이 확정될 때까지 일시적으로 처리하는 계정과목

① 받을어음 ② 선수금
③ 가지급금 ④ 가수금

정답 및 해설

08 ② 당좌예금 잔액 300,000원이 있는 상태에서 400,000원의 수표를 발행하였으므로, 예금 잔액을 초과하는 금액 100,000원은 당좌차월로 분개한다.

09 ③ 단기매매증권 취득 시 발생한 매입수수료는 영업외비용으로 처리한다.

10 ③ 현금과부족은 실제 현금 잔액과 장부상 잔액이 일치하지 않을 때 이 차이의 원인을 밝혀낼 때까지 사용하는 임시 계정이다. 장부상 잔액이 실제보다 적은 경우 현금과부족을 대변에 계상하여 현금의 증가로 처리하고, 장부상 잔액이 실제보다 많은 경우 현금과부족을 차변에 계상하여 현금의 감소로 처리한다. 이 차이의 원인이 결산 시까지 밝혀지지 않는 경우, 잡손실이나 잡이익으로 상계처리한다.

11 ④ 가수금은 실제 현금의 입금 등이 발생하였으나 거래내용이 불분명하거나 거래가 완전히 종결되지 않아 계정과목이나 금액이 미확정인 경우에 현금의 수입을 일시적인 채무로 표시하는 계정과목을 말한다.

전산 | 23' 110회 전산회계 1급

12 **다음 중 유동부채에 포함되지 않는 것은?**

① 매입채무
② 단기차입금
③ 유동성 장기부채
④ 임대보증금

전산 | 22' 102회 전산회계 2급

13 **다음 중 외상매입금 계정이 차변에 기입되는 거래는?**

a. 상품 구입대금을 한 달 후에 지급하기로 한 때
b. 외상매입대금을 현금으로 지급했을 때
c. 외상매입대금을 보통예금 계좌에서 지급했을 때
d. 상품 매출에 대한 외상대금이 보통예금 계좌로 입금된 때

① a, b
② b, c
③ c, d
④ b, d

전산 | 22' 101회 전산회계 2급

14 **아래의 자산과 부채의 유동성과 비유동성 구분 기준에 따라 분류한 것으로 다음 중 옳은 것은?**

(가) 보고기간 종료일로부터 1년 이내에 현금화되는 자산
(나) 보고기간 종료일로부터 1년 이내에 상환기한이 도래하는 부채

	(가)	(나)
①	유동자산	유동부채
②	비유동자산	유동부채
③	유동자산	비유동부채
④	비유동자산	비유동부채

전산 21' 94회 전산회계 2급

15 **다음 중 외상매출금에 대한 계정기입의 설명으로 틀린 것은?**

외상매출금

2/11	상품매출	4,000,000	3/5	받을어음	500,000
			5/11	대손충당금	700,000
			6/2	보통예금	1,000,000

① 2월11일: 상품을 4,000,000원에 매출하고, 대금은 외상으로 하다.
② 3월5일: 상품을 500,000원에 매출하고, 대금은 거래처에서 발행한 어음으로 받다.
③ 5월11일: 거래처 부도로 외상매출금 700,000원에 대해 회수불능되어 대손처리하다.
④ 6월2일: 거래처 외상매출금 1,000,000원이 보통예금 계좌에 입금되다.

CH. 03

정답 및 해설

12 ④ 임대보증금은 비유동부채에 포함된다.

13 ②

a. (차) 상품	×××	(대) 외상매입금	×××
b. (차) 외상매입금	×××	(대) 현금	×××
c. (차) 외상매입금	×××	(대) 보통예금	×××
d. (차) 보통예금	×××	(대) 외상매출금	×××

14 ① (가)는 유동자산, (나)는 유동부채에 대한 설명이다. 유동자산은 당좌자산, 재고자산으로 구성되며 유동부채는 매입채무, 미지급금, 단기차입금 등이 해당된다.

15 ② 3월5일: 외상매출금 500,000원에 대하여 거래처 어음으로 회수하다.

16 **다음은 현금과부족 계정의 기입내용을 표시한 것이다. 이에 대한 설명으로 옳은 것은?**

현금과부족

5/31	현금	150,000	7/5	여비교통비	100,000
			12/31	(?)	50,000
		150,000			150,000

① 5월31일: 현금의 시재액이 장부 잔액보다 150,000원이 많음을 발견하였다.
② 7월5일: 현금과부족 100,000원은 여비교통비로 판명되어 회계처리하였다.
③ 12월31일: 결산할 때 현금과부족 50,000원을 잡이익으로 회계처리하였다.
④ 12월31일: 결산할 때 현금과부족 50,000원을 재무상태표에 표시하였다.

전산 22' 102회 전산회계 2급

17 **다음과 같이 주어진 자료에서 당기의 외상매출금 현금 회수액은 얼마인가?**

- 외상매출금 기초 잔액: 2,000,000원
- 외상매출금 기말 잔액: 3,000,000원
- 당기에 발생한 외상매출액: 5,000,000원
- 당기에 발생한 외상매출금의 조기 회수에 따른 매출할인액: 40,000원
- 외상매출금은 전액 현금으로 회수함

① 1,960,000원 ② 2,960,000원
③ 3,960,000원 ④ 4,960,000원

전산 23' 107회 전산회계 1급

18 **다음은 (주)한국의 단기매매증권 관련 자료이다. (주)한국의 당기손익계산서에 반영되는 영업외손익의 금액은 얼마인가?**

- A사 주식의 취득원가는 500,000원이고, 기말공정가액은 700,000원이다.
- B사 주식의 취득원가는 300,000원이고, 기말공정가액은 200,000원이다.
- 당기 중 A사로부터 현금배당금 50,000원을 받았다.
- 당기 초 250,000원에 취득한 C사 주식을 당기 중 300,000원에 처분하였다.

① 200,000원 ② 250,000원
③ 300,000원 ④ 400,000원

전산 21' 94회 전산회계 2급

19 **무릉은 단기차익 목적으로 남양전자(주) 주식 1,000주를 주당 60,000원에 매입했으며, 취득 시 거래수수료 5,000원이 발생하였다. 이에 대한 다음 설명 중 거리가 먼 것은?**

① 취득 시 처리한 주식의 계정은 당좌자산에 속한다.

② 취득 시 발생한 거래수수료는 영업외비용에 속한다.

③ 취득한 주식은 단기매매증권 계정으로 처리한다.

④ 취득 시 처리한 주식 계정의 취득가액은 60,005,000원으로 계상된다.

전산 22' 101회 전산회계 2급

20 **다음 자료를 이용하여 외상매입금 기초 잔액을 계산하면 얼마인가?**

• 당기 외상매입액	1,000,000원	• 외상매입금 중 환출액	50,000원
• 당기 외상매입금 지급액	1,100,000원	• 외상매입금 기말 잔액	300,000원

① 300,000원 ② 350,000원

③ 400,000원 ④ 450,000원

정답 및 해설

16 ② ① 5월31일: 현금의 시재액이 장부 잔액보다 150,000원이 부족함을 발견하였다.
③ 12월31일: 결산할 때 현금과부족 50,000원을 잡손실로 회계처리하였다.
④ 현금과부족(임시 계정)은 재무상태표에 표시되지 않는다.

17 ③ 외상매출금 회수액: 기초 잔액 2,000,000원+당기 외상매출액 5,000,000원－기말 잔액 3,000,000원－매출할인액 40,000원 =3,960,000원

18 ① • 손익계산서 양식에서 단기매매증권과 관련된 수익과 비용은 투자활동이므로 영업활동과 관련이 없는 영업외손익에 반영한다.
• 단기매매증권평가이익: A주식 기말공정가액 700,000원－취득원가 500,000원=200,000원
• 단기매매증권평가손실: B주식 취득원가 300,000원－기말공정가액 200,000원=100,000원
• 단기매매증권처분이익: C주식 처분가액 300,000원－취득원가 250,000원=50,000원
∴ 영업외손익: 단기매매증권평가이익 200,000원－단기매매증권평가손실 100,000원+현금배당금 50,000원+단기매매증권처분이익 50,000원=200,000원

19 ④ 단기매매증권 취득 시 거래수수료는 취득가액에 가산하지 않고, 영업외비용으로 처리한다.

20 ④ 기초 잔액: 당기지급액 1,100,000원－당기매입액 1,000,000원+매입환출 50,000원+기말 잔액 300,000원=450,000원

전산 23' 109회 전산회계 2급

21 다음 중 외상매출금 계정이 대변에 기입될 수 있는 거래를 모두 찾으시오.

가. 상품을 매출하고 대금을 한 달 후에 지급받기로 했을 때
나. 외상매출금이 보통예금으로 입금되었을 때
다. 외상매출금을 현금으로 지급받았을 때
라. 외상매입한 상품 대금을 한 달 후에 보통예금으로 지급했을 때

① 가, 나
② 나, 다
③ 다, 라
④ 가, 라

전산 23' 108회 전산회계 2급

22 다음 중 현금 및 현금성자산에 포함되지 않는 것은?

① 우편환증서
② 배당금지급통지서
③ 당좌차월
④ 자기앞수표

전산 23' 109회 전산회계 1급

23 유가증권 중 단기매매증권에 대한 설명으로 옳지 않은 것은?

① 시장성이 있어야 하고, 단기시세차익을 목적으로 하여야 한다.
② 단기매매증권은 당좌자산으로 분류된다.
③ 기말평가방법은 공정가액법이다.
④ 단기매매증권은 투자자산으로 분류된다.

전산 22' 101회 전산회계 1급

24 **다음의 계정별원장을 분석하여 9월 1일 단기매매증권처분가액을 계산하면 얼마인가?**

단기매매증권

8/1 현금	500,000	9/1 현금	500,000

단기매매증권처분이익

		9/1 현금	100,000

① 400,000원
② 500,000원
③ 600,000원
④ 1,000,000원

AT 22' 57회 FAT 1급

25 **다음은 (주)한공이 보유하고 있는 단기매매증권 관련 자료이다. 취득원가는 얼마인가?**

- (주)서울의 주식 100주를 주당 12,000원(액면 10,000원)에 취득하였다.
- 취득수수료로 지급한 금액은 10,000원이다.

① 1,000,000원
② 1,010,000원
③ 1,200,000원
④ 1,210,000원

정답 및 해설

21 ② 외상매출금이 대변에 기입되는 거래는 외상매출금을 현금이나 보통예금으로 회수한 때이다.

22 ③ 당좌차월은 단기차입금 계정과목이다.

23 ④ 단기매매증권은 유동자산 중 당좌자산으로 분류된다.

24 ③

• 8월 1일:	(차) 단기매매증권	500,000	(대) 현금	500,000
• 9월 1일:	(차) 현금	600,000	(대) 단기매매증권	500,000
			단기매매증권처분이익	100,000

∴ 단기매매증권처분가액: 단기매매증권취득가액 500,000원 + 단기매매증권처분이익 100,000원 = 600,000원

25 ③ • 단기매매증권 취득원가: 100주 × 12,000원 = 1,200,000원
• 단기매매증권 취득원가에는 취득수수료를 포함하지 않는다.

AT 22' 57회 FAT 1급

26 (주)한공은 유형자산인 토지(장부금액: 200,000,000원)를 200,000,000원에 처분하고 대금을 약속어음으로 받았다. 이 거래를 다음과 같이 분개했다면, 이를 올바르게 수정하는 회계처리는?

(차) 받을어음	200,000,000	(대) 토지	200,000,000

① (차) 외상매출금 200,000,000 (대) 받을어음 200,000,000
② (차) 미수금 200,000,000 (대) 받을어음 200,000,000
③ (차) 토지 200,000,000 (대) 받을어음 200,000,000
④ (차) 받을어음 200,000,000 (대) 미수금 200,000,000

27 (주)우리상사는 12월 2일 상품을 $5,000에 외상으로 수출하였다. 수출 당시 환율은 980원이었고 12월 31일 환율은 1,200원이다. 12월 31일 분개로 옳은 것은?

① (차) 외상매출금 1,100,000 (대) 외화환산이익 1,100,000
② (차) 외상매출금 6,000,000 (대) 상품매출 6,000,000
③ (차) 외상매출금 1,100,000 (대) 외환차익 1,100,000
④ (차) 외상매출금 6,000,000 (대) 외화환산이익 6,000,000

28 (주)두리상사는 12월 2일 상품을 $5,000에 외상으로 매입하였다. 수입 당시 환율은 1,100원이었고 현금으로 상환할 때 환율은 1,200원이다. 상환할 때 분개로 옳은 것은?

① (차) 외화환산손실 500,000 (대) 외상매입금 500,000
② (차) 외상매입금 5,500,000 (대) 현금 6,000,000
　　　외환차손 500,000
③ (차) 외상매입금 5,500,000 (대) 현금 6,000,000
　　　외환차익 500,000
④ (차) 외화환산손실 6,000,000 (대) 외상매입금 6,000,000

전산 | 23' 109회 전산회계 2급

29 다음 중 유동부채에 해당하는 항목의 합계금액으로 적절한 것은?

• 유동성 장기부채	4,000,000원	• 장기차입금	5,000,000원
• 미지급비용	1,400,000원	• 선급비용	2,500,000원
• 예수금	500,000원	• 외상매입금	3,300,000원

① 5,200,000원
② 9,200,000원
③ 11,700,000원
④ 16,700,000원

전산 | 24' 112회 전산회계 2급

30 다음 자료를 이용하여 단기매매증권처분손익을 계산하면 얼마인가?

• 매도금액: 2,000,000원 • 장부금액: 1,600,000원 • 처분 시 매각 수수료: 100,000원

① (−)400,000원
② (−)300,000원
③ 300,000원
④ 400,000원

정답 및 해설

26 ② 재고자산 이외의 자산을 처분한 경우에는 어음 수취 여부와 관계없이 미수금으로 처리한다.

27 ① $5,000×(1,200원−980원)=외화환산이익 1,100,000원

28 ② $5,000×(1,200원−1,100원)=외환차손 500,000원

29 ② 유동성 장기부채 4,000,000원+미지급비용 1,400,000원+예수금 500,000원+외상매입금 3,300,000원=9,200,000원
• 선급비용은 당좌자산에 해당하고, 장기차입금은 비유동부채에 해당한다.

30 ③ 단기매매증권처분손익: 처분가액 1,900,000원−장부가액 1,600,000원=300,000원
• 처분가액: 매도금액 2,000,000원−처분 시 매각 수수료 100,000원=1,900,000원

AT | 23' 59회 FAT 1급

31 **다음 중 가수금으로 회계처리했던 200,000원이 상품매출 주문에 대한 계약금으로 판명된 경우 회계처리로 옳은 것은?**

① (차) 가수금	200,000	(대) 선수금	200,000
② (차) 가수금	200,000	(대) 미수금	200,000
③ (차) 선수금	200,000	(대) 가수금	200,000
④ (차) 미수금	200,000	(대) 가수금	200,000

전산 | 21' 96회 전산회계 1급

32 **다음은 (주)은혜상사가 당기에 구입하여 보유하고 있는 단기매매증권이다. 다음 자료에 따라 당기 말 재무제표에 표시될 단기매매증권 및 영업외손익은 얼마인가?**

- 4월 1일: (주)장현테크가 발행한 보통주 200주를 주당 10,000원에 취득하였다.
- 8월 31일: (주)장현테크로부터 중간배당금(주당 1,000원)을 수령하였다.
- 12월 31일: (주)장현테크의 보통주 시가는 주당 12,000원으로 평가된다.

단기매매증권	영업외수익	단기매매증권	영업외수익
① 2,400,000원	200,000원	② 2,400,000원	600,000원
③ 2,000,000원	200,000원	④ 2,000,000원	600,000원

33 **다음 거래의 분개 시 할인료를 회계처리하는 계정과목으로 옳은 것은?**

소지하고 있던 거래처 발행 2개월 후 만기의 약속어음 400,000원을 거래은행에서 할인받고, 할인료 20,000원을 차감한 실수금은 당좌예입하다. 단, 매각거래로 회계처리한다.

① 잡손실
② 이자비용
③ 받을어음
④ 매출채권처분손실

34 다음의 거래를 분개했을 때 (A) 안에 들어갈 계정과목과 가장 관계가 깊은 것은?

• 거래내용: (주)성실은 박○○ 씨의 급여 1,500,000원을 지급할 때 근로소득세 50,000원을 공제하고 나머지는 현금으로 지급하였다.
• 분개내용: (차) 급여 1,500,000 (대) 현금 1,450,000
(A) 50,000

① 예수금 ② 가수금
③ 선급금 ④ 선수금

정답 및 해설

31 ① 매출 전에 수취한 계약금은 선수금으로 처리한다.
(차) 가수금 200,000 (대) 선수금 200,000

32 ② • 단기매매증권: 200주×12,000원=2,400,000원
• 단기매매증권평가이익: 200주×(12,000원－10,000원)=400,000원
• 배당금수익: 200주×1,000원=200,000원
• 영업외수익: 단기매매증권평가이익 400,000원+배당금수익 200,000원=600,000원

33 ④ 어음할인을 매각거래로 회계처리하는 경우 할인료는 매출채권처분손실로 처리한다.

34 ① 예수금은 궁극적으로 제3자에게 지급하여야 할 금액을 기업이 거래처나 종업원으로부터 일시적으로 보관하는 경우에 사용하는 계정이다.

전산 | 22' 100회 전산회계 1급

35 **다음은 (주)대한이 당기 중 취득하여 기말 현재 보유하고 있는 유가증권 관련 자료이다. 기말회계처리로 적절한 것은 무엇인가?**

> • 취득원가 2,000,000원인 (주)미국의 주식은 단기 보유 목적으로 취득하였으며, 동 주식의 기말공정가치는 2,400,000원이다.
> • 취득원가 1,800,000원인 (주)중국의 시장성 있는 주식을 장기투자 목적으로 취득하였고, 동 주식의 기말공정가치는 1,700,000원이다.

① (차) 유가증권	300,000	(대) 유가증권평가이익	300,000
② (차) 단기매매증권	400,000	(대) 단기매매증권평가이익	400,000
③ (차) 단기매매증권	400,000	(대) 단기매매증권평가이익	400,000
만기보유증권평가손실	100,000	만기보유증권	100,000
④ (차) 단기매매증권	400,000	(대) 단기매매증권평가이익	400,000
매도가능증권평가손실	100,000	매도가능증권	100,000

36 **6월 30일 (주)강산의 보통예금 통장을 정리하였다. 다음 분개 중 가장 올바른 것은?**

거래일	내용	찾으신 금액	맡기신 금액	남은 금액	처리점
20250630	결산이자		6,000		
	이자세금	900		*******	

① (차) 보통예금	5,100	(대) 이자수익	6,000
선납세금	900		
② (차) 보통예금	6,000	(대) 이자수익	6,000
③ (차) 보통예금	5,100	(대) 이자수익	5,100
④ (차) 보통예금	5,100	(대) 이자수익	6,000
예수금	900		

37 **다음 자료의 ㄱ~ㄷ에 해당하는 계정과목으로 옳은 것은?**

> ㄱ. 출장 가는 사원에게 여비 명목으로 개산하여 지급할 때 사용한다.
> ㄴ. 현금 수입은 있었으나 처리할 계정과목이나 금액이 미확정인 경우에 사용한다.
> ㄷ. 급여를 지급할 때 종업원이 납부할 소득세, 건강보험료 등을 일시적으로 보관할 경우에 사용한다.

	ㄱ	ㄴ	ㄷ
①	가수금	선수금	가지급금
②	선수금	선급금	미지급금
③	가지급금	가수금	예수금
④	미지급금	가수금	선수금

AT 23' 61회 FAT 1급

38 **다음 거래에서 매출채권으로 계상되는 금액은 얼마인가?**

> (주)한공은 상품 1,000개를 개당 5,000원에 판매하였다. 판매대금으로 현금 500,000원과 전자어음 2,000,000원을 수령하고 나머지 잔액은 2개월 후에 받기로 하였다.

① 2,000,000원　② 2,500,000원
③ 4,500,000원　④ 5,000,000원

정답 및 해설

35 ④ 단기매매증권과 매도가능증권은 공정가치로 평가한다. 다만, 매도가능증권 중 시장성이 없는 지분증권의 공정가치를 신뢰성 있게 측정할 수 없는 경우에는 취득원가로 평가한다.

36 ① 이자소득세 원천징수분은 선납세금으로 회계처리한다.

37 ③ ㄱ. 가지급금, ㄴ. 가수금, ㄷ. 예수금에 대한 설명이다.

38 ③ • (차) 현금 500,000 (대) 상품매출 5,000,000

(차) 현금	500,000	(대) 상품매출	5,000,000
받을어음	2,000,000		
외상매출금	2,500,000		

• 매출채권금액: 받을어음 2,000,000원 + 외상매출금 2,500,000원 = 4,500,000원

CHAPTER 04

비유동자산

핵심키워드
- 유형자산 취득원가
- 감가상각
- 취득 후 추가지출
- 무형자산
- 유형자산의 처분

1회독 2회독 3회독

01 유형자산

1 유형자산의 의의

유형자산은 회사가 영업활동에 1년을 초과하여 사용할 목적으로 보유한 자산이며, 물리적 실체가 있는 자산을 말한다.

유형자산
- 1년 초과 사용 목적
- 물리적 실체 ○

2 유형자산의 종류

유형자산의 계정과목은 업종의 특성 등을 반영하여 신설하거나 통합할 수 있다. 즉, 당해 기업이 속한 업종의 특성상 특정 유형자산의 비중이 크면 별도의 계정과목을 설정해 사용하고, 중요하지 않다면 통합하여 표시할 수 있다. 예컨대, 항공회사의 경우 '항공기'를 별도의 계정과목으로 표시하며 건물, 구축물, 기계장치 등을 '설비자산'으로 통합하여 표시할 수 있다. 유형자산은 영업상 유사한 성격과 용도로 분류하면 일반적으로 다음과 같이 분류된다.

과목	내용
토지	대지, 임야, 전답, 잡종지 등
건물	본사 건물 및 창고, 공장 및 냉난방, 통풍 및 기타의 건물 부속설비 등
구축물	토지 위에 건설한 건물 이외의 설비로서 교량, 저수지, 댐, 상하수도, 터널, 정원 등
기계장치	제품 제조에 사용하는 기계장치, 기중기 등의 운송설비와 기타의 부속설비
건설 중인 자산	유형자산의 건설을 위한 재료비, 노무비 및 경비(건설을 위해 지출한 도급금액이 포함되며 나중에 건설이 완료되었을 때 건물 등 유형자산으로 대체함)
차량운반구	영업활동에 사용되는 승용차, 트럭 등 육상 운반구
비품	영업활동에 사용할 목적으로 보유한 것으로 사용기간이 1년 초과인 책상, 의자, 컴퓨터 등

3 유형자산의 취득

1. 유형자산의 취득원가 중요

유형자산을 취득하는 경우 취득원가는 유형자산의 매입금액과 취득부대비용을 포함한다. 즉, 구입대금에 그 자산이 본래의 기능을 수행하기까지 발생한 부대비용(매입수수료, 운송비, 관세, 하역비, 설치비, 시운전비, 취득세, 등록세 등)을 가산하여 취득원가를 산정한다.

유형자산 취득원가
매입원가+취득부대비용

분개사례

유형자산의 유상취득

[1] (주)에듀윌은 2025년 1월 1일 건물을 1,000,000원에 취득하면서 취득세 및 등록세 46,000원, 중개수수료 100,000원과 함께 현금으로 지급하였다.

| 정답 |

번호	차변		대변	
[1]	건물	1,146,000	현금	1,146,000

2. 증여 등에 의한 무상취득

회사가 타인으로부터 무상으로 자산을 증여받은 경우 수증자산의 공정가치를 자산으로 처리하고 대변에 자산수증이익 계정으로 회계처리한다.

무상취득
공정가치+취득부대비용

분개사례

유형자산의 무상취득

[1] (주)에듀윌은 대주주로부터 토지를 증여받았는데, 증여 당시 토지의 공정가치는 5,000,000원이었다. 이때 소유권 이전 비용으로 취득세 및 등록세 200,000원을 현금으로 지출하였다.

| 정답 |

번호	차변		대변	
[1]	토지	5,200,000	자산수증이익	5,000,000
			현금	200,000

유형문제 1

다음 사항을 회계처리하여라.

[1] 회사 업무용 승용차를 15,000,000원에 할부 조건으로 구입하였다. 취득세 및 등록세 700,000원과 번호판 비용 200,000원을 현금으로 지급하였다.

(차)	(대)

[2] 공장부지로 사용할 토지를 다음과 같이 매입하였다. 그중 토지 취득 관련 세액과 중개수수료는 현금으로 납부하고, 토지 매입대금은 보통예금(갑을은행)에서 이체하였다.

• 토지	50,000,000원
• 취득세와 농어촌특별세	1,100,000원
• 등록세 및 교육세	1,200,000원
• 취득에 관련된 중개수수료	300,000원

(차)	(대)

[3] 컴퓨터를 1,200,000원에 신용카드로 구입하고, 설치비 100,000원과 운반비 50,000원은 현금으로 지급하다.

(차)	(대)

[4] 대표이사로부터 시가 100,000,000원의 건물을 증여받았고, 당일 소유권 이전 비용으로 취득세 및 등록세 5,000,000원을 현금으로 지출하였다.

(차)	(대)

| 정답 |

번호	차변		대변	
[1]	차량운반구	15,900,000	미지급금	15,000,000
			현금	900,000
[2]	토지	52,600,000	보통예금	50,000,000
			현금	2,600,000
[3]	비품	1,350,000	미지급금	1,200,000
			현금	150,000
[4]	건물	105,000,000	자산수증이익	100,000,000
			현금	5,000,000

4 지출에 관한 비용의 인식시점

지출한 금액은 결국 비용이 된다. 비용은 수익·비용 대응의 원칙에 따라 수익을 인식하는 회계기간에 대응하여 인식한다. 이 원칙이 성립되기 위해서는 일정 기간 동안에 이루어진 지출이 특정한 수익과 관련이 있어야 하며, 관련된 수익과 동일 기간에 이루어져야 한다. 수익·비용 대응의 원칙에 따라 비용을 인식하는 방법은 다음과 같다.

수익·비용 대응의 원칙
- 직접대응 예 재고자산의 매출원가
- 기간대응 예 유형자산의 감가상각비
- 당기비용 예 일반관리비나 광고선전비

1. 직접대응

비용의 직접대응이란 특정 재화나 용역을 생산하거나 구입하면서 지출된 금액이 어느 시점에 수익이 창출되는지를 직접 알 수 있으면 그 시점에 맞추어서 비용을 인식하는 방법이다. 직접대응의 예로는 재고자산의 매출원가가 있다.

2. 기간대응

특정 수익과 직접적인 인과관계를 명확히 알 수 없지만 발생한 원가가 일정 기간 동안 수익창출활동에 기여한 것으로 판단되면 해당하는 기간에 합리적이고 체계적으로 배분하는 것을 말한다. 기간대응의 예로는 유형자산의 감가상각비가 있다.

3. 당기비용

당기에 발생한 원가가 미래에 경제적 효익을 제공하지 못하거나 미래에 효익을 가져올 가능성이 불확실한 경우에 발생 즉시 비용으로 인식하는 방법이다. 당기비용의 예로는 일반관리비나 광고선전비 등이 있다.

5 감가상각비 중요

1. 감가상각의 의의

감가상각이란 해당 자산의 평가과정이 아니라 자산의 내용연수 동안 취득과 관련하여 지출한 금액을, 수익을 창출하는 기간 동안 체계적이고 합리적인 방법으로 배분하는 과정을 의미한다.

감가상각
자산을 비용으로 배분하는 과정

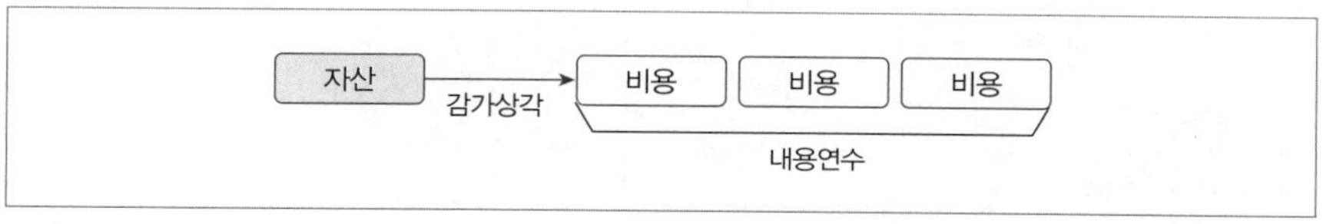

2. 감가상각의 회계처리

회계처리 시점은 보고기간 종료일이며 회계처리방법에는 직접법과 간접법이 있다.

(1) 직접법

보고기간 종료일에 유형자산에 대한 감가상각비를 계산하여 감가상각비 계정을 차변에, 유형자산 계정을 대변에 기입하여 유형자산에 해당하는 금액을 직접 감소시키는 방법이다.

분개사례

직접법

[1] 2025년 1월 1일 차량운반구를 현금 1,000,000원을 지급하고 취득하였다.
[2] 2025년 12월 31일 감가상각비 100,000원을 회계처리하였다.

| 정답 |

번호	차변		대변	
[1]	차량운반구	1,000,000	현금	1,000,000
[2]	감가상각비	100,000	차량운반구	100,000

재무상태표

차량운반구	900,000	차량운반구의 취득원가와 비용으로 배분한 금액을 정보이용자가 알 수 없음

(2) 간접법

보고기간 종료일에 감가상각비 계정을 차변에, 감가상각누계액 계정을 대변에 기입하는 방법으로 유형자산 계정에는 변화를 주지 않는다. 감가상각누계액 계정을 자산의 차감적 평가 계정이라 하며 재무상태표에 표시할 때 해당 유형자산에서 차감하는 형식으로 표시한다.

분개사례

간접법

[1] 2025년 1월 1일 차량운반구를 현금 1,000,000원을 지급하고 취득하였다.
[2] 2025년 12월 31일 감가상각비 100,000원을 회계처리하였다.

| 정답 |

번호	차변		대변	
[1]	차량운반구	1,000,000	현금	1,000,000
[2]	감가상각비	100,000	감가상각누계액	100,000

재무상태표

차량운반구	1,000,000	취득원가
(감가상각누계액)	(100,000)	감가상각의 합
	900,000	장부금액

3. 감가상각의 계산방법

감가상각 계산방법
- 정액법
- 정률법
- 연수합계법

감가상각에 대한 계산은 합리적인 방법을 사용하도록 되어 있다. 합리적인 방법에는 정액법, 정률법, 연수합계법 등이 있다.

감가상각비 계산을 위한 3대 요소에는 취득원가, 잔존가치, 내용연수가 있다. 잔존가치는 내용연수가 끝나는 시점에 처분하여 얻을 수 있는 예상금액을 말하며, 내용연수는 영업에 사용할 수 있는 예상 사용기간이다. 취득원가에서 잔존가치를 차감한 금액을 감가상각 대상금액이라 하고 이를 내용연수 동안 배분하는 방법이 감가상각이다. 또한, 기업은 감가상각방법을 선택할 수 있고, 일단 선택한 방법은 예상 소비형태가 변하지 않는 한, 매 회계기간 일관성 있게 적용(계속성의 원칙)해야 한다.

(1) 정액법

매년 동일한 금액을 감가상각비로 계산하는 방법으로 계산이 단순하고 사용하기 간편하여 실무에서 많이 사용되고 있으나, 취득 초기에 수익창출 효과가 큰 것을 반영하지 못하므로 합리적이지 않다.

$$감가상각비 = (취득원가 - 잔존가치) \times \frac{1}{내용연수}$$

사례

(주)에듀윌은 2025년 1월 1일 기계장치를 1,000,000원에 구입하였다. 이 기계장치는 4년 동안 사용할 수 있을 것으로 추정되며 추정 잔존가치는 100,000원이다. 각 연도별 정액법에 의한 감가상각비와 기말장부금액을 계산해 보자.

1. 연간 감가상각비

$(1,000,000원 - 100,000원) \times \frac{1}{4} = 225,000원$

2. 연도별 감가상각비와 기말장부금액

회계연도	연간 감가상각비	감가상각누계액	기말장부금액 (취득원가 - 감가상각누계액)
2025년	225,000원	225,000원	775,000원
2026년	225,000원	450,000원	550,000원
2027년	225,000원	675,000원	325,000원
2028년	225,000원	900,000원	100,000원

(2) 정률법

매년 미상각 잔액에 대하여 동일한 비율(감가상각률)을 곱해서 감가상각비를 계산하는 방법이다. 취득 초기에 수익창출 효과가 큰 것을 반영하는 가속상각법(체감잔액법)의 일종으로 수익 · 비용 대응에 부합하지만, 계산이 복잡하다.

▶ 다른 요건이 동일하다면 유형자산 취득 초기에는 정률법에 의한 감가상각비가 정액법에 의한 감가상각비보다 많다.

감가상각비 = 미상각 잔액 × 상각률
└→ (취득원가 - 감가상각누계액)

사례

(주)에듀윌은 2025년 1월 1일 기계장치를 1,000,000원에 구입하였다. 이 기계장치는 4년 동안 사용할 수 있을 것으로 추정되며 추정 잔존가치는 100,000원, 상각률은 43.8%이다. 각 연도별 정률법에 의한 감가상각비와 기말장부금액을 계산해 보자.

회계연도	취득원가 ①	기초 감가상각 누계액 ②	감가상각비 (①-②)× 0.438	기말 감가상각 누계액 ③	기말 장부금액 ①-③
2025년	1,000,000원	0원	438,000원	438,000원	562,000원
2026년	1,000,000원	438,000원	246,156원	684,156원	315,844원
2027년	1,000,000원	684,156원	138,340원	822,496원	177,504원
2028년	1,000,000원	822,496원	77,504원*	900,000원	100,000원

* 단수 차이 조정

(3) 연수합계법

내용연수의 합계를 분모로 하고 잔여내용연수를 분자로 해서 매년의 감가상각률을 구한 후 감가상각 대상금액에 매년의 감가상각률을 곱해서 감가상각비를 계산하는 방법이다. 가속상각법의 하나이며 초기에 많은 감가상각비를 계상하고 시간이 경과할수록 점점 적게 계산하는 방법으로, 우리나라에서는 사용되지 않고 미국에서 주로 사용되고 있다. 정률법과 비교했을 때, 가속상각이라는 점에서 비슷하지만 정률법에 비해 상각률의 체감 정도가 낮은 것이 특징이다.

$$감가상각비 = (취득원가 - 잔존가치) \times \frac{잔여내용연수}{내용연수의\ 합}$$

사례

(주)에듀윌은 2025년 1월 1일 기계장치를 1,000,000원에 구입하였다. 이 기계장치는 4년 동안 사용할 수 있을 것으로 추정되며 추정 잔존가치는 100,000원이다. 각 연도별 연수합계법에 의한 감가상각비와 기말장부금액을 계산해 보자.

회계연도	감가상각 대상금액 ①	상각률 ②	감가상각비 ①×②	감가상각 누계액	기말장부금액
2025년	900,000원	4/10	360,000원	360,000원	640,000원
2026년	900,000원	3/10	270,000원	630,000원	370,000원
2027년	900,000원	2/10	180,000원	810,000원	190,000원
2028년	900,000원	1/10	90,000원	900,000원	100,000원

유형문제 2

차량운반구의 취득원가 1,200,000원, 잔존가치 200,000원, 내용연수 4년, 상각률 30%인 경우 3차연도 감가상각비를 정액법, 정률법, 연수합계법에 의해 각각 계산하여라.

[1] 정액법에 의한 경우

[2] 정률법에 의한 경우

[3] 연수합계법에 의한 경우

| 정답 |

[1] 정액법: (1,200,000원 − 200,000원) × 1/4 = 250,000원

[2] 정률법: 1,200,000원 × 0.3 × 0.7 × 0.7 = 176,400원

[3] 연수합계법: (1,200,000원 − 200,000원) × 2/10 = 200,000원

4. 정액법과 체감잔액법(가속상각법)

정액법은 매기 동일한 금액을 감가상각하는 방법이다. 반면 체감잔액법(가속상각법)은 초기에는 많은 감가상각비를, 후기에는 적은 감가상각비를 비용으로 보내는 방법으로 정률법과 연수합계법이 있다.

그 외 감가상각 방법
- 이중체감법
  - 감가상각비 $= 취득원가 \times \frac{2}{내용연수}$
  - 내용연수 끝날 때쯤 강제로 감가상각비 맞춤
- 생산량 비례법
  - 감가상각비 $= (취득원가 - 잔존가치) \times \frac{당기생산량}{총예정생산량}$
  - 한계 생산량이 정해져서 한계에 도달하면 폐기해야 하는 유형자산을 사용할 경우 적용

▶ '정액법'은 초기에 감가상각비가 과소계상되어 장부금액과 순이익이 과대계상된다. 반면, '체감잔액법'은 초기 감가상각비가 과대계상되어 장부금액과 순이익이 과소계상된다.

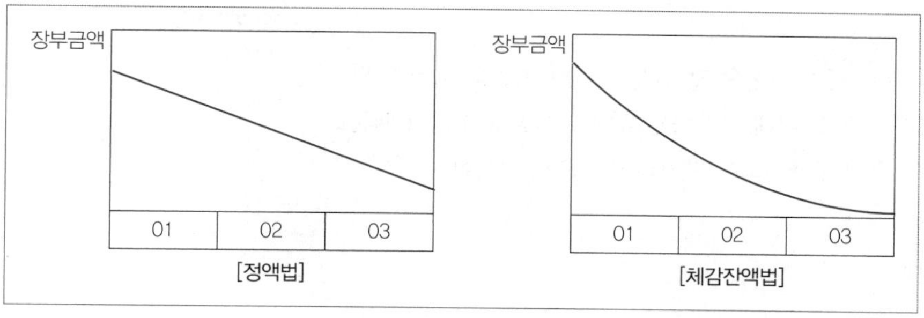

5. 감가상각 대상이 아닌 자산

감가상각은 영업활동에 사용되어 수익을 창출하며 가치가 감소하는 것만 해당한다. 즉, 사용하여 수익이 창출되지 않거나 가치가 감소하지 않는 것은 감가상각을 하지 않는다.

구분	내용	비고
유형자산	토지, 건설 중인 자산, 폐기 예정인 자산	
투자자산	투자 목적 부동산	투자부동산
재고자산	판매 목적 부동산	상품

감가상각 대상이 아닌 자산
- 토지
- 건설 중인 자산
- 폐기 예정인 자산
- 투자자산
- 재고자산

6 취득 후 추가적 지출 중요

유형자산을 취득하여 사용하다 보면 시간이 지남에 따라서 파손이나 고장 등이 일어나 수선을 해야 하는 경우가 있다. 이러한 수선은 건물이나 차량운반구 등의 현상유지에 불과한 지출이 되거나 건물이나 차량운반구 등의 가치 증가를 가져올 수도 있다.

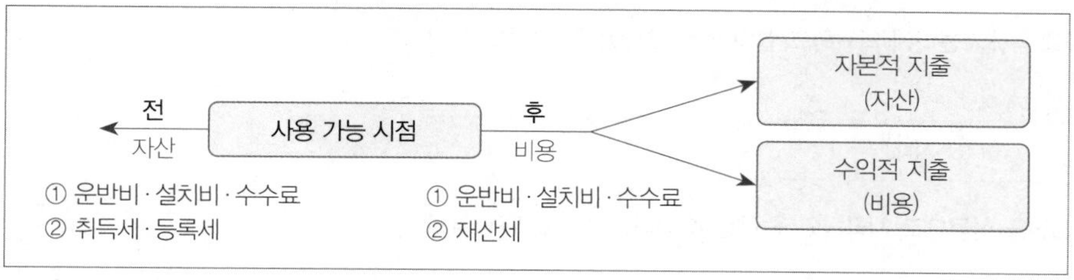

취득 후 추가적 지출
- 자본적 지출(자산처리)
  (차) 유형자산 계정 ××
  (대) 현금 ××
- 수익적 지출(비용처리)
  (차) 당기비용 ××
  (대) 현금 ××

1. 자본적 지출

자본적 지출은 내용연수를 연장시키고, 자산가치를 증가시키는 지출을 의미한다. 이러한 지출은 일단 당해 자산의 취득원가에 가산한 후, 지출의 효과가 나타날 미래 기간에 걸쳐 감가상각을 통하여 조금씩 비용으로 배분하는 것이 수익 · 비용 대응의 원칙에 부합된다.

자본적 지출
- 내용연수 연장
- 자산가치 증가

2. 수익적 지출

수익적 지출은 원상회복, 능률유지를 위한 지출을 말한다. 이러한 지출의 효과가 당기의 수익을 창출하는 데만 영향을 미치고 미래 기간에는 효익을 제공하지 않기 때문에 수익·비용 대응의 원칙에 따라 수익이 창출되는 당기의 비용으로 처리한다.

수익적 지출
- 원상회복
- 능률유지

3. 자본적 지출과 수익적 지출의 예

자본적 지출	수익적 지출
• 본래의 용도를 변경하기 위한 제조 • 엘리베이터, 냉난방 장치, 피난시설 등의 설치 • 본래의 용도에 이용가치가 없는 자산 등의 복구 • 개량, 확장, 증설, 철골보강공사비	• 건물 벽의 도장 • 파손된 유리창, 기와의 대체 • 소모된 부속품 교체 • 자동차 타이어의 교체 • 일반적인 소액수선비

+ 자본적 지출과 수익적 지출에 대한 회계처리 오류 발생 시 영향

구분	자산	비용	당기순이익	자본
자본적 지출 → 수익적 지출	과소	과대	과소	과소
수익적 지출 → 자본적 지출	과대	과소	과대	과대

유형문제 3

다음 사항을 회계처리하여라.

[1] 업무용 복사기를 수리하고 그 대금 50,000원은 당점 보통예금 계좌에서 이체하였다. (단, 수익적 지출로 처리할 것)

(차)	(대)

[2] 업무용 자동차의 부품을 교체하기 위해 동해카센터에 의뢰하고 설치비 500,000원을 현금으로 지급하였다. (단, 자본적 지출로 처리할 것)

(차)	(대)

[3] 기계장치를 수리하고 수리비 300,000원을 현금으로 지급하였다. 해당 수리비는 현상유지에 불과한 것이다.

(차)	(대)

[4] 건물에 엘리베이터를 설치하고 대금 8,000,000원은 보통예금에서 계좌이체하다.

(차)	(대)

[5] 본사 건물과 관련된 현금 지출 내역은 아래와 같다.

• 파손으로 인한 유리 교체	100,000원
• 건물의 일부 도색 비용	100,000원
• 내용연수 증가를 위한 증설	1,000,000원

(차)	(대)

| 정답 |

번호	차변		대변	
[1]	수선비	50,000	보통예금	50,000
[2]	차량운반구	500,000	현금	500,000
[3]	수선비	300,000	현금	300,000
[4]	건물	8,000,000	보통예금	8,000,000
[5]	수선비	200,000	현금	1,200,000
	건물	1,000,000		

7 유형자산의 처분 중요

유형자산의 내용연수가 경과하거나 아직 내용연수가 남아 있더라도 사용으로 인한 경제적 효익이 사라지면 처분하는 경우가 있다. 이 경우 처분금액과 장부금액을 비교해서 처분금액이 장부금액보다 많은 경우에는 '유형자산처분이익'으로 하여 손익계산서 계정 중 영업외수익으로 처리하고, 처분금액이 장부금액보다 적은 경우에는 '유형자산처분손실'로 하여 손익계산서 계정 중 영업외비용으로 처리한다.

또한, 회계기간 중 처분이 발생하는 경우 먼저 기초부터 처분 전까지 사용분에 대한 감가상각을 한 후 처분에 관한 회계처리를 해야 한다.

유형자산의 처분
- 처분금액 > 장부금액: 유형자산처분이익(영업외수익)
- 처분금액 < 장부금액: 유형자산처분손실(영업외비용)

분개사례

유형자산의 처분

[1] 2025년 1월 1일 차량운반구를 현금 1,000,000원을 지급하고 취득하였다. 동 차량의 내용연수는 3년이며, 잔존가치는 100,000원으로 추정하였다.
[2] 2025년 12월 31일 감가상각방법은 정액법으로 하였다.
[3] 2026년 6월 30일에 동 차량을 600,000원에 현금으로 처분하였다.

| 정답 |

번호	차변		대변	
[1]	차량운반구	1,000,000	현금	1,000,000
[2]	감가상각비	300,000*1	감가상각누계액	300,000
[3]	감가상각비	150,000*2	감가상각누계액	150,000
	감가상각누계액	450,000	차량운반구	1,000,000
	현금	600,000	유형자산처분이익	50,000

*1 (1,000,000원 − 100,000원) × 1/3 = 300,000원
*2 (1,000,000원 − 100,000원) × 1/3 × 6개월/12개월 = 150,000원

유형문제 4

다음 사항을 회계처리하여라.

[1] 전년도 말로 내용연수가 경과하여 운행이 불가능한 승용차(취득원가 8,500,000원, 감가상각누계액 8,499,000원)를 폐차대행업체를 통해 폐차시키고, 당해 폐차대행업체로부터 고철비 명목으로 10,000원을 현금으로 받다.

(차)	(대)

[2] 현재 사용하고 있는 건물(취득원가 100,000,000원, 감가상각누계액 60,000,000원)이 노후화되어 안전문제로 더 이상 사용할 수가 없게 되었으므로 새로운 건물을 신축하기 위하여 현재 사용 중인 건물을 철거하였다.

(차)	(대)

[3] 기계장치를 (주)비전전자에 16,000,000원에 매각하고 매각대금 전액을 연말에 지급받기로 하였다. 매각 직전의 기계장치 내역은 아래와 같다.

• 기계장치 취득가액	20,000,000원
• 감가상각누계액	5,000,000원

(차)	(대)

| 정답 |

번호	차변		대변	
[1]	감가상각누계액	8,499,000	차량운반구	8,500,000
	현금	10,000	유형자산처분이익	9,000
[2]	감가상각누계액	60,000,000	건물	100,000,000
	유형자산처분손실	40,000,000		
[3]	감가상각누계액	5,000,000	기계장치	20,000,000
	미수금	16,000,000	유형자산처분이익	1,000,000

02 무형자산

1 무형자산의 의의

무형자산이란 기업이 1년을 초과하여 영업활동에 사용할 목적으로 보유하고 있는, 물리적 실체가 없는 자산을 말한다.

무형자산
• 1년을 초과하여 사용
• 물리적 실체 ×

2 무형자산의 특징 중요

대부분의 무형자산은 일정 기간 동안 독점적·배타적으로 특정 권리나 효익을 향유할 수 있는 법률적·경제적 권리로서 다음과 같은 특징을 가지고 있다.

무형자산의 특징
- 식별 가능성
- 자원에 대한 통제
- 미래 경제적 효익

1. 식별 가능성

무형자산이 식별 가능하다는 것은 그 자산이 기업실체나 다른 자산으로부터 분리될 수 있거나 법적 권리를 창출할 수 있는 경우 등을 의미한다.

2. 자원에 대한 통제

자원에 대한 통제란 그 자원으로부터 미래 경제적 효익을 획득할 수 있고, 그 효익에 대해 제3자의 접근을 제한할 수 있는 경우를 말한다.

3. 미래 경제적 효익

무형자산의 미래 경제적 효익은 재화의 매출이나 용역수익, 원가절감 또는 그 자산의 사용에 따른 기타 효익의 형태로 발생한다.

3 무형자산의 인식요건 중요

1. 인식요건의 충족

무형자산을 인식하기 위해서는 아래 두 가지 요건을 모두 충족해야 한다.

① 자산으로부터 발생하는 미래 경제적 효익이 기업에 유입될 가능성이 매우 높다.
② 자산의 취득원가를 신뢰성 있게 측정할 수 있다.

무형자산의 인식요건을 모두 충족하는 경우에는 '무형자산'으로 인식하지만, 충족시키지 못할 경우에는 그것을 취득 또는 창출하는 데 소요되는 지출이 발생했을 때 '비용'으로 인식한다.

무형자산 인식요건
- 충족 시: 무형자산
- 미충족 시: 비용

2. 비용인식 지출의 예

① 법적 실체를 설립하는 데 발생하는 법적 비용과 같은 창업비, 새로운 시설이나 사업을 개시할 때 발생하는 개업비, 새로운 영업을 시작하거나 새로운 제품 또는 공정을 시작하기 위해 발생하는 지출 등과 같은 사업개시 비용
② 교육훈련을 위한 지출
③ 광고 또는 판매촉진 활동을 위한 지출
④ 무형자산을 운용하는 직원의 훈련과 관련된 지출

4 무형자산의 종류

1. 영업권

영업권(Good Will)이란 우수한 경영진, 뛰어난 판매조직, 양호한 신용, 원만한 노사관계, 기업의 좋은 이미지 등 동종산업에 종사하는 다른 기업에 비하여 특별히 유리한 사항을 집합해 놓은 무형의 자원을 말한다. 이러한 영업권은 기업 내부적으로 창출된 영업권과 외부에서 구입한 영업권으로 구분할 수 있다.

(1) 자가창설영업권

자가창설영업권이란 기업 내부적으로 창출된 영업권으로 취득원가를 신뢰성 있게 측정할 수 없을 뿐만 아니라 기업이 통제하고 식별 가능한 자원도 아니므로 무형자산으로 인식하지 않는다.

(2) 매수영업권

매수영업권이란 외부에서 구입한 영업권으로 합병, 영업양수 등의 경우에 유상으로 취득한 것을 말하며, 합병 등의 대가로 지급한 금액이 합병 등으로 취득하는 순자산의 공정가치를 초과할 때, 그만큼의 금액이 영업권에 해당한다.

영업권 = 합병 등의 대가로 지급한 금액 − 취득한 순자산의 공정가치

분개사례

영업권의 취득과 상각

[1] (주)희망은 2025년 1월 1일 (주)소망을 합병하면서 현금 70,000,000원을 지급하였다. (주)소망의 2025년 1월 1일 현재 자산의 공정가치는 100,000,000원이며, 부채는 60,000,000원이다. 이때 영업권에 관한 분개를 하여라.

[2] 2025년 12월 31일 영업권 상각에 관한 회계처리를 직접법으로 하여라. (내용연수: 5년, 잔존가치: 0원, 감가상각방법: 정액법)

[3] [2]와 별도로, 2025년 12월 31일 영업권 상각에 관한 회계처리를 간접법으로 하여라.

| 정답 |

번호	차변		대변	
[1]	자산	100,000,000	부채	60,000,000
	영업권	30,000,000	현금	70,000,000
[2]	무형자산상각비	6,000,000	영업권	6,000,000*1
[3]	무형자산상각비	6,000,000	영업권상각누계액	6,000,000*2

*1 30,000,000원 × 1/5 = 6,000,000원

*2 30,000,000원 × 1/5 = 6,000,000원

영업권
- 자가창설영업권: 자산 ×
- 매수영업권: 자산 ○

2. 개발비

내부적으로 창출한 무형자산이 인식기준에 부합하는지를 평가하기 위하여 무형자산의 창출과정을 연구단계와 개발단계로 구분한다. 그러나 무형자산을 창출하기 위한 내부 프로젝트를 연구단계와 개발단계로 구분할 수 없는 경우에는 그 프로젝트에서 발생한 지출은 모두 연구단계에서 발생한 것으로 본다.

개발비
- 연구단계: 비용
- 개발단계
  - 일정 요건 충족 시: 자산
  - 일정 요건 미충족 시: 비용

(1) 연구단계

프로젝트의 연구단계에서는 미래 경제적 효익을 창출할 무형자산이 존재한다는 것을 입증할 수 없기 때문에 연구단계에서 발생한 지출은 무형자산으로 인식할 수 없고 발생한 기간의 비용(연구비)으로 인식한다.

(2) 개발단계

개발비란 신제품, 신기술의 개발과 관련하여 발생한 비용으로서 개별적으로 식별 가능하고 미래 경제적 효익을 확실하게 기대할 수 있는 것을 말한다. 개발단계에서 발생한 지출은 일정 요건을 모두 충족하는 경우에만 무형자산(개발비)으로 인식하고, 그 외의 경우에는 발생한 기간의 비용(경상개발비)으로 인식한다.

포인트 개발비의 회계처리

연구단계에서 발생한 지출		비용(연구비)으로 하여 발생한 기간에 비용으로 처리함
개발단계에서 발생한 지출	자산요건 충족 시	무형자산(개발비)으로 계상하여 20년 이내의 합리적인 기간 동안 상각함
	자산요건 미충족 시	비용(경상개발비)으로 하여 발생한 기간의 비용으로 처리함

3. 소프트웨어

소프트웨어를 구입하여 사용하는 경우 구입비용은 '소프트웨어' 과목으로 하여 무형자산으로 인식하지만, 내부에서 개발된 소프트웨어에 소요된 원가가 자산인식조건을 충족하는 경우에는 '개발비' 과목으로 하여 무형자산으로 처리한다.

소프트웨어
- 외부구입 시: 소프트웨어
- 내부개발 시: 개발비

4. 산업재산권

산업재산권이란 법률에 의하여 일정 기간 독점적·배타적으로 이용할 수 있는 권리로서 특허권, 실용신안권, 디자인권, 상표권 등을 말한다.

산업재산권
- 법률에 의해 일정 기간 독점·배타적으로 이용할 수 있는 권리
- 특허권, 실용신안권, 디자인권, 상표권 등

(1) 특허권

정부가 특수한 기술적인 발명이나 사실에 대하여 그 발명인 및 소유자를 보호하려는 취지에서 일정 기간 동안 그 발명품의 제조 및 판매에 관하여 부여하는 특권

(2) 실용신안권

특정 고안이 「실용신안법」에 의하여 등록되어 이를 일정 기간 독점적·배타적으로 이용할 수 있는 권리

(3) **디자인권**

특정 의장이 「디자인보호법」에 의하여 등록되어 이를 일정 기간 독점적·배타적으로 이용할 수 있는 권리

(4) **상표권**

특정 상표가 「상표법」에 의하여 등록되어 이를 일정 기간 독점적·배타적으로 이용할 수 있는 권리

5. 기타의 무형자산

그 외에 광업권, 어업권, 지상권, 라이선스, 프랜차이즈, 저작권 등이 무형자산에 포함된다.

유형문제 5

다음 사항을 회계처리하여라.

[1] 비전대학교에 의뢰한 신제품 개발에 따른 용역비 20,000,000원을 보통예금에서 인터넷뱅킹으로 이체하여 지급하였다. (개발단계에서 지출한 비용으로 자산 인식요건을 만족하였음)

(차)	(대)

[2] 신제품 개발과 관련된 비용 1,000,000원을 현금으로 지급하였다. (단, 자산 인식요건을 충족하지 못함)

(차)	(대)

[3] (주)발명으로부터 특허권을 500,000원에 현금으로 매입하고, 등록비용 100,000원을 현금으로 지급하였다.

(차)	(대)

[4] (주)비상은 하늘을 나는 자동차를 만드는 연구단계를 진행하면서 연구원 급여와 각종 재료비 1,500,000원을 보통예금 계좌에서 이체하였다.

(차)	(대)

[5] 회계 프로그램인 케이렙을 500,000원에 구입하면서 대금은 익월 말 지급하기로 하였다.

(차)	(대)

[6] (주)올인은 내부개발 소프트웨어인 전사적 자원관리시스템 ERP를 개발하면서 투입된 1억원에 대해 수표를 발행하여 지급하였다. (자산 인식요건을 만족함)

(차)	(대)

| 정답 |

번호	차변		대변	
[1]	개발비	20,000,000	보통예금	20,000,000
[2]	경상개발비	1,000,000	현금	1,000,000
[3]	특허권	600,000	현금	600,000
[4]	연구비	1,500,000	보통예금	1,500,000
[5]	소프트웨어	500,000	미지급금	500,000
[6]	개발비	100,000,000	당좌예금	100,000,000

5 무형자산의 상각 중요

무형자산도 유형자산과 같이 시간이 경과하거나 사용함으로써 가치가 감소하므로 내용연수 동안 가치 감소분을 합리적인 방법으로 상각해야 한다. 무형자산을 상각하는 것은 유형자산의 감가상각과는 달리 상각이라고 표현한다.

1. 상각기간(내용연수)

무형자산의 상각 대상금액은 그 자산의 추정 내용연수 동안 체계적인 방법에 의하여 비용으로 배분된다. 무형자산의 상각기간은 독점적·배타적인 권리를 부여하고 있는 관계법령이나 계약에 정해진 경우를 제외하고는 20년을 초과할 수 없다. 상각은 자산이 사용 가능한 때부터 시작한다. 단, 한국채택국제회계기준에는 이러한 제약기간에 대해 명시되어 있지 않다.

2. 상각방법

무형자산의 상각방법은 합리적인 방법(정액법, 정률법, 연수합계법 등)으로 상각한다. 다만, 합리적인 상각방법을 정할 수 없는 경우에는 정액법을 사용한다.

3. 재무제표 표시

무형자산은 취득원가에서 무형자산상각누계액을 직접 차감하여 표시하거나 취득원가에서 무형자산상각누계액을 차감하는 형식으로 표시할 수 있다. 기업회계기준에서는 무형자산의 표시방법으로 직접법과 간접법을 모두 허용하고 있다.

구분	회계처리			
직접법	(차) 무형자산상각비	×××	(대) 무형자산	×××
간접법	(차) 무형자산상각비	×××	(대) 무형자산상각누계액	×××

무형자산의 상각
- 상각기간: 20년 초과 ×
- 상각방법
  - 원칙: 합리적인 방법
  - 예외: 정액법
- 잔존가치: 원칙상 0원
- 상각비
  - 제조관련: 제조원가
  - 제조 관련×: 판매비와 관리비

4. 잔존가치

무형자산의 잔존가치는 없는 것을 원칙으로 한다. 다만, 중도매각을 전제로 경제적 내용연수보다 단기의 상각기간을 적용하는 경우 추정 매각금액을 잔존가치로 인식할 수 있다.

5. 무형자산상각비

무형자산의 상각비는 제조와 관련이 있으면 제조원가가 되며 제조와 관련이 없으면 판매비와 관리비에 해당한다.

03 투자자산

1 투자자산의 의의

투자자산이란 장기적인 투자수익을 얻기 위하여 가지고 있는 유가증권, 토지, 특정 목적의 예금 등을 말한다.

2 투자자산의 종류

1. 투자부동산

투자 목적의 건물이나 토지 등은 투자부동산으로 분류한다. 건물이나 토지를 취득할 때 투자 목적인 경우에는 '투자자산', 판매 목적인 경우에는 '재고자산', 사용 목적인 경우에는 '유형자산'으로 분류된다.

투자자산은 취득할 때 매입금액과 취득세·등록세 등 취득부대비용을 가산한 금액을 취득원가로 하며, 이후 처분할 때 이익이 발생하면 투자자산처분이익, 손실이 발생하면 투자자산처분손실 계정으로 손익계산서상 영업외손익에 반영한다.

건물이나 토지 취득 시 분류
- 투자자산: 투자 목적
- 재고자산: 판매 목적
- 유형자산: 사용 목적

분개사례

투자부동산의 취득과 처분

[1] 투자 목적으로 상가를 1,000,000원에 취득하고 대금은 수표를 발행하여 지급하다.

[2] 장부금액 1,000,000원인 투자 목적의 상가를 900,000원에 현금매각하다.

| 정답 |

번호	차변		대변	
[1]	투자부동산	1,000,000	당좌예금	1,000,000
[2]	현금	900,000	투자부동산	1,000,000
	투자자산처분손실	100,000		

유형문제 6

다음 사항을 회계처리하여라.

[1] 제조회사인 (주)미소전자는 투자 목적으로 토지를 100,000,000원에 취득하고 대금은 보통예금에서 계좌이체로 지급하였다. 또한 취득세 및 등록세 3,500,000원을 현금으로 지급하였다.

(차)	(대)

[2] 투자 목적으로 보유 중인 토지(장부금액 103,500,000원)를 110,000,000원에 현금을 받고 매각하였다.

(차)	(대)

| 정답 |

번호	차변		대변	
[1]	투자부동산	103,500,000	보통예금	100,000,000
			현금	3,500,000
[2]	현금	110,000,000	투자부동산	103,500,000
			투자자산처분이익	6,500,000

2. 장기대여금

대여금의 만기가 보고기간 종료일부터 1년 이내인 경우에는 단기대여금 계정, 1년을 초과한 경우에는 장기대여금 계정으로 기록한다.

분개사례

장기대여금의 대여와 회수

[1] 한배상사에 대여일부터 3년 후 상환조건으로 차용증서를 받고 현금 1,000,000원을 대여하다.

[2] 한배상사에 빌려준 장기대여금이 만기가 되어 원금 1,000,000원과 이자 100,000원에 대하여 이자소득 원천징수액 25,000원을 차감한 잔액을 현금으로 회수하다.

| 정답 |

번호	차변		대변	
[1]	장기대여금	1,000,000	현금	1,000,000
[2]	현금	1,075,000	장기대여금	1,000,000
	선납세금	25,000	이자수익	100,000

유형문제 7

다음 사항을 회계처리하여라.

[1] 매출처 신속전자에 대한 외상매출금 5,000,000원을 금일자로 연 8% 이자율로 동점에 2년간 대여하기로 하고 이를 대여금으로 대체하다.

(차)	(대)

[2] 장기대여금 5,000,000원이 만기가 되어 이자 800,000원과 함께 현금으로 수령하다. (단, 원천징수는 무시할 것)

(차)	(대)

| 정답 |

번호	차변		대변	
[1]	장기대여금	5,000,000	외상매출금	5,000,000
[2]	현금	5,800,000	장기대여금	5,000,000
			이자수익	800,000

3. 장기금융상품

장기금융상품은 금융상품 중 보고기간 종료일부터 만기가 1년을 초과하거나 차입금에 담보적 성격이 있는 것으로 1년 이내 사용이 제한되어 있는 당좌개설보증금(특정현금과 예금) 등을 말한다.

04 기타 비유동자산

기타 비유동자산이란 비유동자산 중 투자자산 및 유형자산, 무형자산에 속하지 않는 자산을 의미한다.

기타 비유동자산
- 임차보증금
- 장기매출채권
- 장기미수금

1 임차보증금

기업이 건물이나 창고 등을 장기간 임차하는 경우에는 일반적으로 보증금을 내는데, 임차료 미지급액이 없는 상태라면 계약만료 시점에 보증금을 되돌려받을 권리가 있으므로 기타 비유동자산에 해당한다.

분개사례

임차보증금

[1] 만복빌딩과 창고에 대한 임대차계약을 체결하고 임차보증금 2,000,000원을 현금으로 지급하다.

| 정답 |

번호	차변		대변	
[1]	임차보증금	2,000,000	현금	2,000,000

2 장기매출채권

일반적 상거래에서 발생한 매출채권 중 만기가 보고기간 종료일부터 1년 이후에 도래하는 것을 말한다.

분개사례

장기매출채권

[1] 세은상사에 상품을 300,000원에 매출하고 100,000원은 자기앞수표로 받고 나머지는 보고기간 종료일부터 1년 이후에 받기로 하였다.

| 정답 |

번호	차변		대변	
[1]	현금	100,000	상품매출	300,000
	장기외상매출금	200,000		

3 장기미수금

유형자산의 매각 등 일반적인 상거래 이외의 거래에서 발생하는 채권으로 만기가 보고기간 종료일부터 1년 이후에 도래하는 것을 말한다.

분개사례

장기미수금

[1] (주)예준은 차량을 1,000,000원에 처분하고 대금은 3년 후에 수령하기로 하였다.

| 정답 |

번호	차변		대변	
[1]	장기미수금	1,000,000	차량운반구	1,000,000

Keyword로 빠르게 체크하는 핵심 이론

1 유형자산 취득원가

매입원가+취득부대비용(매입수수료, 운송비, 관세, 하역비, 설치비, 시운전비, 취득세, 등록세 등)

2 감가상각

자산을 비용으로 배분하는 과정

1. 감가상각비 계산의 3대 요소: 01 ________, 02 ________, 03 ________
2. 감가상각비 계산방법
   - 정액법

$$감가상각비=(취득원가-잔존가치)\times\frac{1}{내용연수}$$

   - 정률법

미상각 잔액(취득원가 − 감가상각누계액) × 상각률

   - 연수합계법

$$감가상각비=(취득원가-잔존가치)\times\frac{잔여내용연수}{내용연수의\ 합}$$

3. 감가상각 대상이 아닌 것: 토지, 건설 중인 자산, 폐기 예정인 자산, 투자자산, 재고자산

3 취득 후 추가지출

1. 자본적 지출: 04 ________처리
2. 수익적 지출: 05 ________처리

자본적 지출	수익적 지출
• 엘리베이터, 냉난방 장치, 피난시설 등의 설치 • 본래의 용도에 이용가치가 없는 자산 등의 복구 • 개량, 확장, 증설, 철골보강공사비	• 건물 벽의 도장 • 파손된 유리창, 기와의 대체 • 소모된 부속품 교체 • 자동차 타이어의 교체 • 일반적인 소액수선비

4 유형자산의 처분

1. 처분금액 > 장부금액: 유형자산처분이익
2. 처분금액 < 장부금액: 유형자산처분손실

5 무형자산

1년을 초과하여 영업활동에 사용할 목적으로 보유하고 있는 물리적 실체가 없는 자산

1. 무형자산의 특징: 식별 가능성, 자원에 대한 통제, 미래 경제적 효익
2. 무형자산의 인식요건: 미래 경제적 효익이 기업에 유입될 가능성이 매우 높고 취득원가를 신뢰성 있게 측정해야 함
   - 충족 시: 무형자산
   - 미충족 시: 비용
3. 무형자산의 종류
   - 영업권: 자가창설영업권(자산 ×), 매수영업권(자산 ○)
   - 개발비: 연구단계(비용), 개발단계(요건 충족 시 자산, 요건 미충족 시 비용)
   - 소프트웨어: 외부구입(소프트웨어), 내부개발(개발비)
   - 산업재산권: 특허권, 실용신안권, 상표권 등
   - 기타의 무형자산: 광업권, 어업권, 지상권 등
4. 무형자산의 상각
   - 상각기간: 20년 초과 ×
   - 상각방법: 합리적인 방법, 정액법(예외)
   - 잔존가치: 원칙상 06 ________

정답

01 취득원가　02 잔존가치　03 내용연수
04 자산　05 비용　06 0원

기출 & 확인 문제

맞은 개수	개/총 40문항
복습 여부	YES / NO

전산 23' 111회 전산회계 2급

01 다음의 내용이 설명하는 계정과목으로 옳은 것은?

재화의 생산, 용역의 제공, 타인에 대한 임대 또는 자체적으로 사용할 목적으로 보유하는 물리적 형체가 있는 자산으로서, 1년을 초과하여 사용할 것이 예상되는 자산을 말한다.

① 건물
② 사채
③ 보험차익
④ 퇴직급여

전산 22' 102회(특별) 전산회계 1급

02 다음 중 유형자산의 취득원가를 구성하는 항목이 아닌 것은?

① 설계와 관련하여 전문가에게 지급하는 수수료
② 자동차세, 재산세 등 유형자산의 유지와 직접 관련된 제세공과금
③ 취득과 관련하여 발생한 운송비
④ 유형자산이 정상적으로 작동되는지 여부를 시험하는 과정에서 발생하는 원가

전산 21' 96회 전산회계 1급

03 다음 중 유형자산의 취득원가에 포함되는 부대비용을 모두 고른 것은?

a. 설치장소 준비를 위한 지출
b. 종합부동산세
c. 자본화 대상인 차입원가
d. 재산세
e. 유형자산의 취득과 직접 관련된 취득세

① a, e
② c, d
③ b, c, d
④ a, c, e

정답 및 해설

01 ① 건물과 같은 '유형자산'은 재화의 생산, 용역의 제공, 타인에 대한 임대 또는 자체적으로 사용할 목적으로 보유하는 물리적 형체가 있는 자산으로서, 1년을 초과하여 사용할 것이 예상되는 자산을 말한다.

02 ② 자동차세, 재산세 등 유형자산의 유지와 직접 관련된 제세공과금은 당기비용인 세금과공과 계정으로 처리한다.

03 ④ 종합부동산세와 재산세는 유형자산의 보유 단계에서 발생하는 비용이므로 발생 기간의 비용으로 인식하여야 한다.

AT | 23' 65회 FAT 2급

04 다음은 한공상사의 건물 취득과 관련된 자료이다. 건물의 취득원가는 얼마인가?

• 건물 구입 금액	20,000,000원
• 취득세	920,000원
• 구입 시 중개수수료	200,000원
• 건물취득 후 납부한 화재 보험료	80,000원

① 20,000,000원
② 20,200,000원
③ 21,120,000원
④ 21,200,000원

전산 | 22' 100회 전산회계 2급

05 다음 중 아래의 자료에서 설명하고 있는 성격의 자산으로 분류할 수 없는 것은?

• 보고기간 종료일부터 1년 이상 장기간 사용 가능한 자산
• 물리적 형태가 있는 자산
• 타인에 대한 임대 또는 자체적으로 사용할 목적의 자산

① 화장품을 판매하는 회사의 영업장 건물
② 휴대폰을 판매하는 회사가 보유하고 있는 판매용 휴대폰
③ 가구를 판매하는 회사가 사용하고 있는 운반용 차량운반구
④ 자동차 판매 회사가 보유하고 있는 영업용 토지

ERP | 22' 5회 ERP 회계 2급

06 당기 초에 취득한 취득원가 1,000,000원, 잔존가액은 취득원가의 10%, 내용연수 10년인 비품을 정액법으로 감가상각한다면, 취득 5년 후 결산 재무상태표에 기입되는 비품의 장부가액은 얼마인가?

① 450,000원
② 500,000원
③ 550,000원
④ 900,000원

07 다음 중 취득원가에 포함되지 않는 것은?

① 건물 준공 후 지급한 이자비용
② 토지를 구입할 때 취득세·등록세
③ 상품을 수입하는 과정에서 가입한 당사 부담의 화재보험료
④ 수입한 기계장치의 설치비

전산 22' 102회 전산회계 2급

08 다음 중 유형자산으로 인식되기 위한 조건을 충족한 자본적 지출에 해당하지 않는 것은?

① 엘리베이터의 설치
② 건물의 증축 비용
③ 건물 피난시설 설치
④ 건물 내부의 조명기구 교체

CH. 04

전산 23' 109회 전산회계 1급

09 다음 중 유형자산의 자본적 지출을 수익적 지출로 잘못 처리했을 경우 당기의 자산과 자본에 미치는 영향으로 올바른 것은?

	자산	자본
①	과대	과소
②	과소	과소
③	과소	과대
④	과대	과대

정답 및 해설

04 ③ • 건물 구입 시 지급하는 중개수수료, 취득세는 건물 취득원가에 포함된다.
• 건물 취득원가: 건물구입금액 20,000,000원+중개수수료 200,000원+취득세 920,000원=21,120,000원

05 ② 자료에서 설명하고 있는 것은 유형자산으로 재화의 생산, 용역의 제공, 타인에 대한 임대 또는 자체적으로 사용할 목적으로 보유하는 물리적 형체가 있는 자산으로서 1년을 초과하여 사용할 것이 예상되는 자산을 말한다. 휴대폰 판매 회사가 보유하고 있는 판매용 휴대폰은 재고자산(상품)이다.

06 ③ • 정액법 감가상각누계액: (1,000,000원－100,000원)×5년/10년＝450,000원
• 장부금액: 취득원가 1,000,000원－정액법 감가상각누계액 450,000원＝550,000원

07 ① 건물 준공 후 지급한 이자비용은 취득 후 지출(이자비용)에 해당한다.

08 ④ 건물 내부의 조명기구 교체는 수익적 지출에 해당한다.

09 ② 자본적 지출을 수익적 지출로 잘못 처리하게 되면 자산은 과소계상, 비용은 과대계상되므로 자본은 과소계상하게 된다.

전산 | 21' 96회 전산회계 2급

10 내용연수 경과에 따른 감가상각비 변화를 나타낸 그래프와 관련 없는 감가상각방법은?

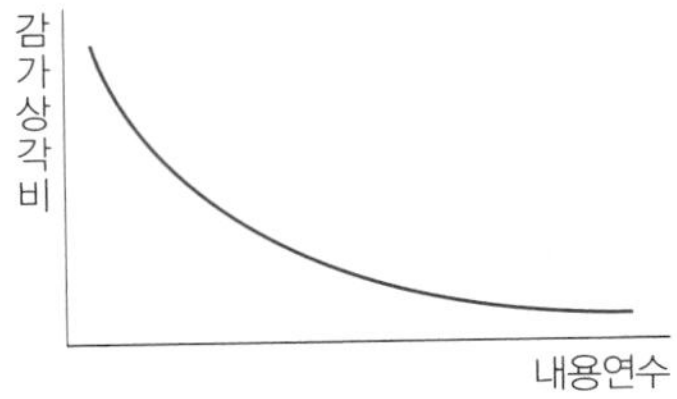

A. 정률법
B. 연수합계법
C. 이중체감법
D. 정액법

① A, B, C, D
② B, C, D
③ C, D
④ D

전산 | 21' 96회 전산회계 2급

11 아래의 거래내용과 관련이 없는 계정과목은?

업무에 사용 중인 토지를 20,000,000원(취득가액은 10,000,000원)에 처분하였다. 대금 중 5,000,000원은 보통예금으로 이체받고, 나머지는 만기가 3개월 후인 어음으로 받았다.

① 보통예금
② 감가상각누계액
③ 미수금
④ 유형자산처분이익

전산 21' 94회 전산회계 2급

12 **다음은 비품 처분과 관련된 자료이다. 비품의 처분가액은 얼마인가?**

• 취득가액	1,000,000원	• 감가상각누계액	300,000원
• 유형자산처분손실	300,000원		

① 400,000원
② 700,000원
③ 1,000,000원
④ 1,300,000원

CH. 04

전산 22' 101회(특별) 전산회계 1급

13 **다음은 유형자산의 감가상각에 대한 설명이다. 아래의 (㉠) 안에 들어갈 알맞은 단어는 무엇인가?**

> 유형자산의 감가상각방법에는 정액법, 체감잔액법, 연수합계법, 생산량비례법 등이 있다. (㉠)은 자산의 예상조업도 혹은 예상생산량에 근거하여 감가상각액을 인식하는 방법이다. 감가상각방법은 해당 자산으로부터 예상되는 미래 경제적 효익의 소멸형태에 따라 선택하고, 소멸형태가 변하지 않는 한 매기 계속 적용한다.

① 정액법
② 체감잔액법
③ 연수합계법
④ 생산량비례법

정답 및 해설

10 ④ 초기에 많은 감가상각비를, 후기에 적은 감가상각비를 비용으로 보내는 체감잔액법(가속상각법)에 대한 그래프이다. 정액법은 매기 동일한 금액을 감가상각하므로 체감잔액법(가속상각법)이 아니다.

11 ② 토지이므로 감가상각누계액은 계상되지 않는다.

(차) 보통예금	5,000,000	(대) 토지	10,000,000
미수금	15,000,000	유형자산처분이익	10,000,000

12 ① 유형자산처분손실 (−)300,000원 = 처분가액 − (취득가액 1,000,000원 − 감가상각누계액 300,000원)
∴ 처분가액 = 400,000원

13 ④ ① 정액법은 자산의 내용연수 동안 일정액의 감가상각액을 인식하는 방법이다.
② 체감잔액법과 ③ 연수합계법은 자산의 내용연수 동안 감가상각액이 매 기간 감소하는 방법이다.

전산 22' 101회(특별) 전산회계 1급

14 당기 중 새로 취득한 건물과 관련하여 지출된 비용은 다음과 같다. 건물의 취득원가는 얼마인가?

• 건물 매입가액	300,000,000원	• 건물 취득 관련 중개수수료	5,000,000원
• 건물 취득세	10,000,000원	• 건물 관리비	400,000원
• 건물 재산세	200,000원	• 건물 보험료	300,000원

① 300,000,000원　② 315,000,000원
③ 317,000,000원　④ 321,000,000원

전산 22' 102회 전산회계 2급

15 다음은 기계장치 처분과 관련된 자료이다. 해당 기계장치의 감가상각누계액은 얼마인가?

• 취득가액	680,000원	• 처분가액	770,000원
• 유형자산처분이익	450,000원		

① 300,000원　② 330,000원
③ 360,000원　④ 390,000원

전산 24' 113회 전산회계 2급

16 다음 중 감가상각을 해야 하는 자산으로만 짝지은 것은 무엇인가?

① 건물, 토지
② 차량운반구, 기계장치
③ 단기매매증권, 구축물
④ 재고자산, 건설 중인 자산

전산 22' 103회 전산회계 2급

17 다음 자료를 참고하여 (주)혜성이 당기 중에 처분한 업무용 승용차량의 취득가액으로 옳은 것은?

• 처분가액	1,000,000원	• 감가상각누계액	1,800,000원
• 유형자산처분이익	100,000원		

① 2,500,000원　② 2,600,000원
③ 2,700,000원　④ 2,800,000원

전산 | 22' 102회 전산회계 2급

18 **주어진 자료에서 당기손익으로 인식하는 금액은 얼마인가?**

1. 2025년 1월 1일 기계장치 취득
   - 취득가액: 1,000,000원
   - 잔존가액: 0원
   - 내용연수: 5년
   - 상각방법: 정액법
2. 이자수익 100,000원

① 손실 200,000원
② 손실 100,000원
③ 이익 100,000원
④ 이익 200,000원

전산 | 24' 112회 전산회계 1급

19 **다음 중 정액법으로 감가상각을 계산할 때 관련이 없는 것은?**

① 잔존가치
② 취득원가
③ 내용연수
④ 생산량

정답 및 해설

14 ② • 건물의 취득원가: 매입가액 300,000,000원 + 중개수수료 5,000,000원 + 취득세 10,000,000원 = 315,000,000원
• 관리비, 재산세, 보험료는 당기비용으로 처리하고, 건물의 취득원가에 포함시키지 않는다.

15 ③ 감가상각누계액: 취득가액 680,000원 + 유형자산처분이익 450,000원 − 처분가액 770,000원 = 360,000원

16 ② 유형자산 중 토지와 건설 중인 자산을 제외한 모든 유형자산은 감가상각을 해야 한다.

17 ③ 유형자산처분이익 100,000원 = 처분가액 1,000,000원 − (취득가액 − 감가상각누계액 1,800,000원)
∴ 취득가액 = 2,700,000원

18 ② • 감가상각비: 1,000,000원 ÷ 5년 = 200,000원
• 감가상각비 (−)200,000원 + 이자수익 100,000원 = (−)100,000원 → 손실

19 ④ 생산량은 생산량비례법으로 감가상각을 계산할 때 필수요소이다.

20 유형자산에 대한 감가상각을 하는 가장 중요한 목적은 무엇인가?

① 유형자산의 정확한 가치를 평가하기 위해서
② 사용 가능한 연수를 매년마다 확인하기 위해서
③ 현재 판매할 경우 예상되는 현금흐름을 측정하기 위해서
④ 자산의 취득원가를 체계적인 방법으로 기간 배분하기 위해서

21 다음 자료를 연수합계법으로 감가상각할 경우 2차 회계연도에 계상될 감가상각비는?

• 취득원가: 2,450,000원	• 잔존가치: 200,000원
• 내용연수: 5년	

① 750,000원 ② 600,000원
③ 450,000원 ④ 300,000원

전산 21' 95회 전산회계 1급

22 다음 중 무형자산과 관련된 설명으로 옳지 않은 것은?

① 무형자산은 회사가 사용할 목적으로 보유하는 물리적 실체가 없는 비화폐성 자산이다.
② 개발비는 개발단계에서 발생하여 미래 경제적 효익을 창출할 것이 기대되는 자산이다.
③ 내부적으로 창출한 브랜드, 고객 목록과 이와 실질이 유사한 항목은 무형자산으로 인식할 수 있다.
④ 연구단계와 개발단계에 따라 무형자산이나 비용으로 구분할 수 없는 경우 발생한 지출은 모두 연구단계에서 발생한 것으로 본다.

23 다음의 자료에서 제3기 2025년 말 결산 시에 계상하여야 할 감가상각비와 감가상각누계액을 바르게 표시한 것은?(단, 감가상각방법은 정률법에 의한다)

• 취득시점: 2023년 1월 1일	• 취득원가: 1,000,000원
• 내용연수: 5년	• 정률: 20%

① 감가상각비는 600,000원이고, 감가상각누계액은 200,000원이다.
② 감가상각비는 488,000원이고, 감가상각누계액은 128,000원이다.
③ 감가상각비는 128,000원이고, 감가상각누계액은 488,000원이다.
④ 감가상각비는 200,000원이고, 감가상각누계액은 600,000원이다.

CH. 04

24 다음 재무상태표에 대한 설명으로 옳지 않은 것은?

재무상태표 (단위: 원)

건물	300,000	
감가상각누계액	(50,000)	
	250,000	

① 지금까지 인식되어온 감가상각비의 합계액은 250,000원이다.
② 이 건물은 300,000원에 취득되었다.
③ 감가상각누계액은 50,000원이다.
④ 이 건물의 장부금액은 250,000원이다.

정답 및 해설

20 ④ 유형자산에 대한 감가상각을 하는 가장 중요한 목적은 자산의 취득원가를 체계적인 방법으로 기간 배분하기 위해서이다.

21 ② 연수합계법 감가상각비(2차연도): (2,450,000원 − 200,000원)×4/(5+4+3+2+1)=600,000원

22 ③ 내부적으로 창출한 브랜드, 고객 목록과 이와 실질이 유사한 항목은 무형자산으로 인식할 수 없다.

23 ③ • 2025년 감가상각비: 1,000,000원×20%×80%×80%=128,000원
• 2025년 감가상각누계액: (1,000,000원×20%)+(1,000,000원×20%×80%)+(1,000,000원×20%×80%×80%)=488,000원

24 ① 감가상각누계액은 50,000원이며, 이는 지금까지 인식한 감가상각비의 합계액을 말한다.

25 유형자산의 감가상각방법 중 정액법, 정률법 및 연수합계법 각각에 의한 1차연도 말 계상된 감가상각비가 큰 금액부터 나열한 것은?

• 기계장치 취득원가: 1,000,000원(1월 1일 취득)	• 내용연수: 5년
• 잔존가치: 취득원가의 10%	• 정률법 상각률: 0.4

① 정률법 > 정액법 > 연수합계법

② 정률법 > 연수합계법 > 정액법

③ 연수합계법 > 정률법 > 정액법

④ 연수합계법 > 정액법 > 정률법

전산 | 22' 103회 전산회계 2급

26 감가상각방법 중 정액법과 관련한 설명으로 가장 적합한 것은?

① 자산의 예상 조업도 혹은 예상 생산량에 근거하여 감가상각액을 인식하는 방법이다.

② 초기에 감가상각비가 많이 계상되는 가속상각방법이다.

③ (취득원가−잔존가액)을 내용연수 동안에 매기 균등하게 배분하여 상각하는 방법이다.

④ 취득원가를 내용연수의 합계로 나눈 다음 내용연수의 역순을 곱하여 계산하는 방법이다.

AT | 23' 68회 FAT 2급

27 다음 중 유형자산의 감가상각에 대한 설명으로 옳지 않은 것은?

① 취득원가, 내용연수, 잔존가치 등은 감가상각 계산의 요소이다.

② 유형자산 중 토지, 건물, 비품은 감가상각 대상이다.

③ 감가상각 방법에는 정액법, 정률법, 연수합계법, 생산량비례법 등이 있다.

④ 간접법에 의한 장부기록은 차변에 감가상각비, 대변에 감가상각누계액으로 한다.

전산 | 22' 101회 전산회계 2급

28 **다음은 무형자산에 대한 조건이다. 이에 해당하는 것으로 가장 옳은 것은?**

- 물리적 실체는 없지만, 식별이 가능해야 함
- 자원에 대한 통제가 가능해야 함
- 미래 경제적 효익을 가져올 수 있는 비화폐성 자산

① 기계장치
② 소프트웨어
③ 차량운반구
④ 받을어음

전산 | 22' 102회(특별) 전산회계 1급

29 **다음 중 무형자산에 대한 설명으로 틀린 것은?**

① 무형자산은 식별 가능하고 기업이 통제하고 있으며, 미래 경제적 효익이 있어야 한다.
② 무형자산을 상각할 때는 반드시 감가상각누계액이라는 자산의 차감적 계정을 사용한다.
③ 무형자산의 소비되는 형태를 신뢰성 있게 결정할 수 없을 경우 정액법으로 상각한다.
④ 무형자산의 잔존가치는 원칙적으로 없는 것으로 본다.

정답 및 해설

25 ② • 정률법: 1,000,000원×40%=400,000원
• 연수합계법: (1,000,000원−100,000원)×5/(5+4+3+2+1)=300,000원
• 정액법: (1,000,000원−100,000원)×1/5=180,000원

26 ③ 정액법은 자산의 내용연수 동안 일정액의 감가상각액을 인식하는 방법이다.

27 ② 유형자산 중 토지는 감가상각 대상이 아니다.

28 ② 무형자산은 재화의 생산이나 용역의 제공, 타인에 대한 임대, 관리에 사용할 목적으로 기업이 보유하고 있는 자산으로 소프트웨어, 영업권, 개발비 등이 해당한다.

29 ② 무형자산을 상각할 때는 자산 계정을 직접 차감할 수 있다.

전산 22' 105회 전산회계 2급

30 **다음의 자산 항목을 유동성이 높은 순서대로 바르게 나열한 것은?**

• 상품	• 토지	• 개발비	• 미수금

① 미수금 – 개발비 – 상품 – 토지
② 미수금 – 상품 – 토지 – 개발비
③ 상품 – 토지 – 미수금 – 개발비
④ 상품 – 미수금 – 개발비 – 토지

전산 22' 105회 전산회계 1급

31 **다음 중 무형자산의 상각에 대한 설명으로 바르지 않은 것은?**

① 자산이 사용 가능한 때부터 상각을 시작한다.
② 일반적으로 상각기간은 최대 40년까지 가능하다.
③ 합리적인 상각방법을 정할 수 없을 때에는 정액법으로 상각한다.
④ 재무상태표상 표시 방법으로 취득원가에서 무형자산상각누계액을 직접 차감하여 표시하는 직접법과 취득원가에서 무형자산상각누계액을 차감하는 형식으로 표시하는 간접법 모두 허용된다.

32 **다음 중 일반기업회계기준상 무형자산 상각에 관한 설명으로 옳지 않은 것은?**

① 원칙적으로 무형자산의 상각기간은 관련 법령이나 계약에 의한 경우를 제외하고는 20년을 초과할 수 없다.
② 제조와 관련된 무형자산의 상각비는 제조원가에 포함한다.
③ 무형자산의 잔존가치는 없는 것을 원칙으로 한다.
④ 무형자산의 상각방법으로는 정액법만 사용해야 한다.

전산 23' 106회 전산회계 2급

33 **2025년 1월 1일 취득한 건물(내용연수 10년)을 정액법에 의하여 기말에 감가상각한 결과, 당기감가상각비는 9,000원이었다. 건물의 잔존가치가 5,000원이라고 할 때 취득원가는 얼마인가?**

① 100,000원 ② 95,000원
③ 90,000원 ④ 85,000원

34 다음의 무형자산에 대한 설명 중 올바른 것은?

① 무형자산의 상각은 반드시 간접법으로만 해야 한다.

② 연구비와 개발비는 전액 비용처리한다.

③ 자가창설(내부 창출)된 영업권(Good Will)은 무형자산으로 계상할 수 없다.

④ 무형자산은 5년 이내의 기간 내에 정액법으로 상각해야 한다.

AT 21' 45회 FAT 2급

35 다음 중 무형자산에 해당하는 것은?

① 경상연구개발비 ② 개발비

③ 교육훈련비 ④ 통신비

정답 및 해설

30 ② 유동성이 높은 항목부터 배열하면 당좌자산(미수금) – 재고자산(상품) – 유형자산(토지) – 무형자산(개발비) 순이다.

31 ② 특별한 경우를 제외하고는 무형자산의 상각기간은 20년을 초과할 수 없다.

32 ④ 무형자산의 상각방법은 합리적인 방법을 사용하며, 합리적인 상각방법을 정할 수 없는 경우에는 정액법을 사용한다.

33 ② 당기 감가상각비 : 9,000원 = (취득원가 – 잔존가치 5,000원) ÷ 내용연수 10년
∴ 취득원가 = 95,000원

34 ③ ① 무형자산의 상각은 직접법, 간접법 모두 허용한다.
② 연구비는 비용으로, 개발비는 자산으로 처리한다.
④ 무형자산은 20년 이내의 기간 내에 합리적인 방법으로 상각한다.

35 ② ①, ③, ④는 판매비와 관리비에 해당한다.

36 다음 자료에서 유동자산과 비유동자산의 합계액을 계산하면 얼마인가?

• 현금	100,000원	• 토지	500,000원
• 장기대여금	200,000원	• 단기대여금	100,000원
• 영업권	600,000원	• 상품	300,000원
• 차량운반구	400,000원	• 자본금	500,000원

	유동자산	비유동자산
①	500,000원	1,700,000원
②	200,000원	2,000,000원
③	700,000원	1,800,000원
④	800,000원	1,500,000원

37 다음에서 설명하는 자산의 분류를 바르게 나타낸 것은?

ㄱ. 전자제품 유통업을 운영하는 회사가 상품 운반용으로 사용하는 자동차
ㄴ. 자동차를 생산하여 판매하는 회사가 투자를 목적으로 보유하고 있는 토지
ㄷ. 건물을 신축하여 판매하는 부동산 개발회사가 판매용으로 보유하고 있는 건물

	ㄱ	ㄴ	ㄷ
①	재고자산	투자자산	유형자산
②	투자자산	유형자산	재고자산
③	유형자산	투자자산	재고자산
④	유형자산	재고자산	투자자산

전산 23' 110회 전산회계 1급

38 다음 중 무형자산과 관련된 설명으로 옳지 않은 것은?

① 연구프로젝트에서 발생한 지출이 연구단계와 개발단계로 구분할 수 없는 경우에는 모두 연구단계에서 발생한 것으로 본다.
② 내부적으로 창출한 브랜드, 고객목록과 같은 항목은 무형자산으로 인식할 수 있다.
③ 무형자산은 회사가 사용할 목적으로 보유하는 물리적 실체가 없는 자산이다.
④ 무형자산의 소비되는 행태를 신뢰성 있게 결정할 수 없을 경우 정액법으로 상각한다.

전산 | 23' 106회 전산회계 1급

39 다음 중 유형자산의 취득원가에 포함되지 않는 것은?

① 토지의 취득세
② 새로운 상품과 서비스를 소개하는 데 소요되는 원가
③ 유형자산의 취득과 관련하여 불가피하게 매입한 국공채의 매입금액과 현재가치와의 차액
④ 설계와 관련하여 전문가에게 지급하는 수수료

전산 | 23' 107회 전산회계 1급

40 다음 중 유형자산에 대한 설명으로 옳은 것은?

① 기업이 보유하고 있는 토지는 기업의 보유 목적에 상관없이 모두 유형자산으로 분류된다.
② 유형자산의 취득 시 발생한 부대비용은 취득원가로 처리한다.
③ 유형자산을 취득한 후에 발생하는 모든 지출은 발생 시 당기비용으로 처리한다.
④ 모든 유형자산은 감가상각을 한다.

정답 및 해설

36 ① • 유동자산: 현금 100,000원+단기대여금 100,000원+상품 300,000원=500,000원
• 비유동자산: 토지 500,000원+장기대여금 200,000원+영업권 600,000원+차량운반구 400,000원=1,700,000원

37 ③ 영업활동에 사용되는 자동차는 유형자산, 투자 목적으로 보유하고 있는 토지는 투자자산으로 분류하고, 판매용으로 보유하고 있는 건물은 상품이므로 재고자산으로 분류한다.

38 ② 내부적으로 창출한 브랜드, 고객목록과 같은 항목은 무형자산으로 인식할 수 없다.

39 ② 유형자산의 취득원가는 유형자산의 매입금액과 그 자산이 본래의 기능을 수행하기까지 발생한 취득부대비용을 가산하여 산정한다. 새로운 상품과 서비스를 소개하는 데 소요되는 원가는 취득원가에 포함하지 않는다.

40 ② ① 기업이 보유하고 있는 토지는 보유 목적에 따라 재고자산, 투자자산, 유형자산으로 분류될 수 있다.
③ 유형자산을 취득한 후에 발생하는 비용은 성격에 따라 당기비용 또는 자산의 취득원가에 포함한다.
④ 토지와 건설 중인 자산은 감가상각을 하지 않는다.

CHAPTER 05

비유동부채와 충당부채

핵심키워드
- 대손회계
- 비유동부채
- 사채
- 퇴직급여
- 현재가치

1회독 2회독 3회독

01 대손회계와 충당부채

1 대손회계

1. 대손의 의의

외상매출금, 받을어음 등의 채권이 채무자 파산 등의 사유로 회수가 불가능하게 된 경우를 대손이라 한다. 즉, 대손이란 받을 돈을 못 받게 되어 손해를 본 경우를 말한다.

2. 대손사유

다음의 사유가 있는 경우 회사는 대손에 의한 회계처리를 할 수 있다.

① 채무자의 파산

② 채무자의 강제집행

③ 채무자의 사업 폐지, 사망, 행방불명

④ 부도발생일부터 6개월 이상 경과한 수표 또는 어음

⑤ 소멸시효가 완성된 채권

3. 회계처리방법

(1) 직접차감법

기말에 충당금을 별도로 설정하지 않고, 실제 대손사유가 발생할 때 관련 채권을 직접 차감하여 비용으로 회계처리하는 방법이다.

이는 기말에 매출채권이 순실현가능가치(받을 수 있을 것이라 예상되는 금액)로 표시되지 않으며 수익·비용 대응이 부적절하기 때문에 일반기업회계기준에서 인정하지 않는다. 여기서, 수익·비용 대응의 원칙이란 비용의 인식에 관한 기준으로 비용은 관련 수익이 창출되는 회계기간에 맞추어서 기록해야 함을 의미한다.

대손상각비 설정
- 대손상각비
  - 매출채권에서 발생
  - 판매비와 관리비
- 기타의 대손상각비
  - 기타채권에서 발생
  - 영업외비용

사례

1. 2025년 12월 1일 불량거래처에 상품을 100,000원에 외상으로 판매하였다.
   (차) 외상매출금 100,000 (대) 상품매출 100,000
2. 2025년 12월 31일 불량거래처의 외상대금 100,000원이 회수불능할 것으로 예상되나 회계처리는 없다.

재무상태표

외상매출금	100,000	외상매출금 회수불능으로 예상되나 정보이용자에게 보고하지 않음

3. 2026년 1월 1일 대손사유가 발생하였다.
   (차) 대손상각비 100,000 (대) 외상매출금 100,000

(2) 충당금 설정법 중요

기말시점에 대손예상액을 충당금으로 설정한 후, 실제 대손사유가 발생할 때 충당금과 상계처리하는 방법이다. 기말시점의 채권이 순실현가능가치로 평가되며 수익·비용 대응이 적절하므로 일반기업회계기준에서 인정하는 방법이다.

사례

1. 2025년 12월 1일 불량거래처에 상품을 100,000원에 외상으로 판매하였다.
   (차) 외상매출금 100,000 (대) 상품매출 100,000
2. 2025년 12월 31일 불량거래처의 외상대금 100,000원이 회수불능할 것으로 예상된다.
   (차) 대손상각비 100,000 (대) 대손충당금 100,000

재무상태표

외상매출금 (대손충당금)	100,000 (100,000) 0	대손충당금을 설정하여 회수예상액을 정보이용자에게 공시함

3. 2026년 1월 1일 대손사유가 발생하였다.
   (차) 대손충당금 100,000 (대) 외상매출금 100,000

4. 대손의 각 상황별 회계처리방법

(1) 기말 대손충당금(자산의 차감적 평가 계정)의 설정

대손추산액(대손예상액)과 수정 전 잔액의 차액만 보충하여 충당금으로 설정한다.

시산표상 채권 잔액 × 대손율	= 대손예상액(대손충당금)	⇨ 재무상태표
	− 시산표상 대손충당금 잔액	
	= 추가설정액(대손상각비)	⇨ 손익계산서

대손충당금

설정 전
1/1 ×××
(−) 대손발생
(+) 대손채권회수
×××
⊕비용
⊖수익
설정 후
×××
기말매출채권 × 설정률

사례

1. 기말 외상매출금 100,000원에 대한 대손예상액이 500원이고 이미 설정된 대손충당금 잔액 100원이 있는 경우 대손충당금 추가설정액은 500원 − 100원 = 400원이 된다.

(차) 대손상각비	400	(대) 대손충당금	400

재무상태표

외상매출금	100,000	외상매출금 총장부금액
(대손충당금)	(500)	대손예상액
	99,500	순실현가능가치(순장부금액)

2. 대손충당금 잔액(600원)이 대손추산액(500원)을 초과하는 경우 회계처리는 다음과 같다.

(차) 대손충당금	100	(대) 대손충당금환입	100

이때, 매출채권의 대손충당금환입 계정은 판매비와 관리비(판관비)의 부(−)로 표시한다.

(2) 대손일 때

대손충당금과 우선상계한 후, 부족한 금액은 대손상각비로 처리한다.

사례

외상매출금 100원에 대한 대손이 발생하였다.

1. 대손충당금 잔액이 400원 있는 경우

(차) 대손충당금	100	(대) 외상매출금	100

2. 대손충당금 잔액이 30원 있는 경우

(차) 대손충당금	30	(대) 외상매출금	100
대손상각비	70		

3. 대손충당금 잔액이 0원 있는 경우

(차) 대손상각비	100	(대) 외상매출금	100

(3) 대손채권을 회수할 때

대손된 채권을 회수하는 경우에는 감소시킨 대손충당금을 회복시킨다.

사례

전기 대손처리된 외상매출금 100원을 현금으로 회수하였다.

(차) 현금	100	(대) 대손충당금	100

대손 회계처리방법

- 기말설정
  - 설정 전 < 설정 후
    - (차) 대손상각비 ××
    - (대) 대손충당금 ××
  - 설정 전 > 설정 후
    - (차) 대손충당금 ××
    - (대) 대손충당금 환입 ××
- 대손 시
  - (차) 대손충당금 ××
  - 대손상각비 ××
  - (대) 매출채권 ××
- 대손채권 회수 시
  - (차) 현금 ××
  - (대) 대손충당금 ××

유형문제 1

(주)에듀윌의 2025년 외상매출금의 대손과 관련된 사항이 아래와 같을 때 물음에 답하여라.

• 1월 1일 대손충당금 잔액	150,000원
• 3월 1일 대손발생	100,000원
• 5월 1일 대손발생	70,000원
• 7월 1일 3월 1일 대손처리된 채권의 일부 현금 회수	30,000원
• 2025년 12월 31일 기말 외상매출금의 잔액은 20,000,000원이며 대손율은 1%이다.	

[1] 각 시점별 회계처리를 하여라.

3월 1일 (차) ______________ (대) ______________

5월 1일 (차) ______________ (대) ______________

7월 1일 (차) ______________ (대) ______________

12월 31일 (차) ______________ (대) ______________

[2] 2025년 기말 대손충당금 잔액을 구하여라.

[3] 2025년 기말 외상매출금 순장부금액을 구하여라.

[4] 2025년 대손상각비를 구하여라.

| 정답 |

[1]

3월 1일	(차) 대손충당금	100,000	(대) 외상매출금	100,000
5월 1일	(차) 대손충당금	50,000	(대) 외상매출금	70,000
	대손상각비	20,000		
7월 1일	(차) 현금	30,000	(대) 대손충당금	30,000
12월 31일	(차) 대손상각비	170,000	(대) 대손충당금	170,000*

* 20,000,000원×1%−30,000원=170,000원

[2]

대손충당금

(차) (대)

감소사항: 대손일 때	100,000 50,000	1월 1일	150,000
12월 31일	200,000	증가사항: ① 현금 회수 ② 대손설정	30,000 170,000*

* 20,000,000원×1%−30,000원=170,000원

⇨ 기말 대손충당금 잔액: 20,000,000원×1%=200,000원

[3]

재무상태표

외상매출금	20,000,000	외상매출금 총장부금액
(대손충당금)	(200,000)	대손예상액
	19,800,000	외상매출금 순장부금액

⇨ 기말 외상매출금 순장부금액: 19,800,000원

[4] 대손상각비: 20,000원+170,000원=190,000원

유형문제 2

외상매출금 관련 기초 대손충당금 잔액이 300,000원일 때, 다음의 경우 대손 관련 회계처리를 하여라.

[1] 매출처 (주)오전에 대한 외상매출금 200,000원이 회수 불가능하게 되어 전액 대손처리하였다.

(차)	(대)

[2] 매출처 (주)오후에 대한 외상매출금 200,000원이 회수 불가능하게 되어 전액 대손처리하였다.

(차)	(대)

[3] 전기에 대손이 확정되어 대손충당금과 상계처리하였던 외상매출금 중 일부인 50,000원을 회수하여 당좌예금 계좌에 입금하였다.

(차)	(대)

[4] 기말 외상매출금 잔액은 20,000,000원이며 대손예상률이 1%일 경우 기말수정분개를 하여라.

(차)	(대)

| 정답 |

번호	차변		대변	
[1]	대손충당금	200,000	외상매출금	200,000
[2]	대손충당금	100,000	외상매출금	200,000
	대손상각비	100,000		
[3]	당좌예금	50,000	대손충당금	50,000
[4]	대손상각비	150,000	대손충당금	150,000*

* 20,000,000원×1%－50,000원＝150,000원

2 퇴직급여충당부채

퇴직급여충당부채란 장래에 종업원이 퇴직할 때 지급해야 할 퇴직금을 퇴사하기 전인 기말에 미리 설정한 부채이다. 이렇게 설정한 금액은 나중에 퇴사 시 지급될 때 한꺼번에 비용으로 인식하지 않고, 근로를 제공받은 기간에 수익이 발생하였으므로 그 기간 동안 퇴직급여라는 비용으로 나누어 인식하여 수익·비용 대응이 이루어지도록 하는 것이다.

일반기업회계기준에서는 결산할 때 재무상태표에 표시될 퇴직급여충당금은 퇴직급여추계액(전 종업원이 일시 퇴직할 때 지급할 퇴직금의 합계)으로 하도록 규정하고 있다. 따라서 매 기말 퇴직급여추계액과 이미 계상된 퇴직급여충당부채 잔액의 차이를 차변에 '퇴직급여' 계정, 대변에 '퇴직급여충당부채' 계정으로 추가 계상하고, 실제로 퇴직금 지급 시에는 퇴직급여충당부채 계정과 상계한다. 또한, 퇴직소득도 원천징수대상 소득이므로 소득을 지급하는 회사는 퇴사한 근로소득자가 내야 할 소득세와 지방소득세를 원천징수하여 예수금 계정으로 처리하였다가 지급한 달의 다음 달 10일까지 관할 세무서에 납부해야 한다.

퇴직급여충당부채 회계처리

- 퇴직급여 설정 시
  - (차) 퇴직급여 ××
  - (대) 퇴직급여충당부채 ××
- 퇴직 시
  - (차) 퇴직급여충당부채 ××
  - 퇴직급여 ××
  - (대) 현금 ××
  - 예수금 ××

사례

1. 퇴직급여충당부채 설정 시(결산 시)
   2025년 12월 31일 퇴직급여충당금 잔액이 5,000,000원이며, 당기의 퇴직급여추계액이 6,000,000원이다.
   (차) 퇴직급여 1,000,000 (대) 퇴직급여충당부채 1,000,000
2. 2026년 1월 1일 종업원이 퇴직할 때 퇴직금 2,000,000원을 현금으로 지급하였다. (단, 소득세 100,000원을 원천징수한 것으로 가정함)
   (차) 퇴직급여충당부채 2,000,000 (대) 현금 1,900,000
   예수금 100,000

유형문제 3

기초 퇴직급여충당부채 잔액이 40,000,000원일 때, 다음의 경우 회계처리를 하여라.

[1] 직원 나이직 씨가 개인적인 이유로 퇴직하여 다음과 같이 퇴직금을 지급하였다. (현재 당사의 퇴직급여충당부채를 고려하여 회계처리할 것)

내역	금액 및 비고
퇴직급여	30,000,000원
퇴직 관련 세금(소득세 및 지방소득세)	1,000,000원
차감 지급액	29,000,000원
지급방법	당사 보통예금에서 지급

(차)	(대)

[2] 직원 너이직 씨가 퇴사하여 퇴직금을 우리은행 보통예금 통장에서 지급하였다. 퇴직급여명세서의 내용은 다음과 같다.

내역	금액
퇴직급여	2,000,000원
퇴직소득세, 지방소득세	400,000원
차감 지급액	1,600,000원

(차)	(대)

[3] 기말 퇴직급여추계액은 10,000,000원이며 퇴직급여충당부채는 퇴직급여추계액만큼 설정하고 있다.

(차)	(대)

| 정답 |

번호	차변		대변	
[1]	퇴직급여충당부채	30,000,000	예수금	1,000,000
			보통예금	29,000,000
[2]	퇴직급여충당부채	2,000,000	예수금	400,000
			보통예금	1,600,000
[3]	퇴직급여	2,000,000	퇴직급여충당부채	2,000,000

02 비유동부채

1 비유동부채의 정의

비유동부채란 부채 중 보고기간 종료일부터 1년 이후에 만기가 도래하는 부채를 말한다.

2 비유동부채의 종류

계정과목	내용
사채	주식회사가 장기자금을 조달하기 위해 발행한 확정 채무임을 표시하는 증서
퇴직급여충당부채	장래에 종업원이 퇴직할 때 지급해야 할 퇴직금을 대비하여 기말에 미리 설정한 부채
장기차입금	차입금 중 상환기한이 보고기간 종료일부터 1년 이후에 도래하는 부채
장기성 매입채무	일반적 상거래에서 발생한 장기외상매입금과 장기지급어음
장기미지급금	미지급금 중 상환기한이 보고기간 종료일부터 1년 이후에 도래하는 부채

사례

1. **2025년 1월 1일 장기간 운용자금에 사용할 목적으로 국민은행에서 2026년 6월 30일 상환조건으로 10,000,000원을 차입하고, 시가 20,000,000원 상당의 부동산을 담보로 설정한 후 담보설정수수료 100,000원을 차감한 잔액이 당좌예금 계좌로 입금되었다.**

(차) 당좌예금	9,900,000	(대) 장기차입금	10,000,000
수수료비용	100,000		

2. **2025년 12월 31일 보고기간 종료일 현재 만기가 1년 이내 도래하는 장기차입금 10,000,000원이 유동성 장기부채로 대체되었다.**

(차) 장기차입금	10,000,000	(대) 유동성 장기부채	10,000,000

3. **2026년 6월 30일 국민은행에 장기차입한 10,000,000원과 이자 1,000,000원에 대하여 이자소득 원천징수액 154,000원을 차감한 잔액을 당좌예금 계좌로 이체하였다.**

(차) 유동성 장기부채	10,000,000	(대) 예수금	154,000
이자비용	1,000,000	당좌예금	10,846,000

3 현재가치평가

1. 화폐의 시간가치

화폐의 시간가치는 명목가액상 동일한 화폐금액이라 할지라도, 측정하는 시점에 따라 그 평가가치가 다르게 나타난다. 이자를 고려해야 하기 때문에 미래에 받게 될 현금과 현재 현금가치의 차이가 동일하지 않으며 국제회계기준에서는 명목가치와 현재가치의 차이가 중요한 경우에 현재가치평가를 원칙으로 한다.

2. 미래가치

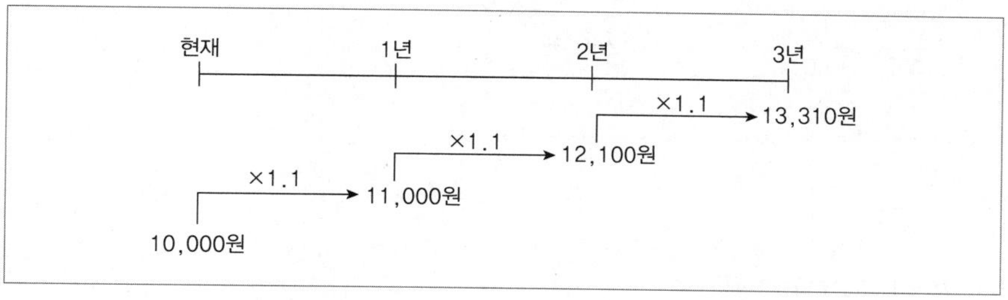

위의 그림과 같이 이자율을 연 10%로 가정했을 때 현재의 10,000원은 1년 후의 11,000원, 2년 후의 12,100원, 3년 후의 13,310원과 같다. 현재가치를 계산할 때 이자 계산방식은 복리이자방식을 사용하는데, 복리이자방식이란 원금과 이자에 동시에 이자가 발생하는 이자 계산방식을 말한다.

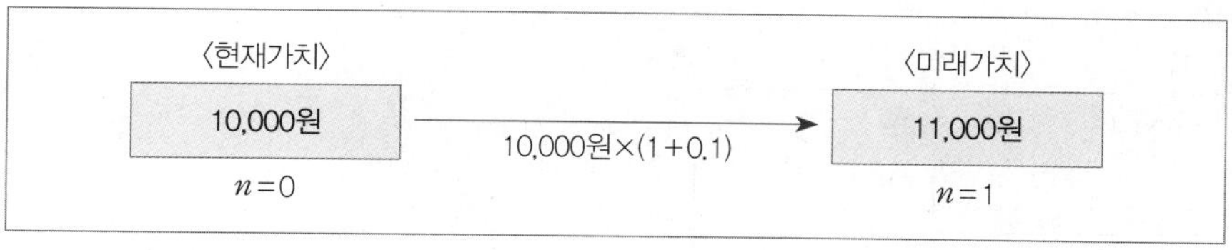

이것을 식으로 만들면 다음과 같다.

$$P_n = P_0(1+i)^n$$

- P_n: n기간 후 원금의 미래가치
- P_0: 현재가치
- i: 연 이자율
- n: 연도 수

3. 현재가치

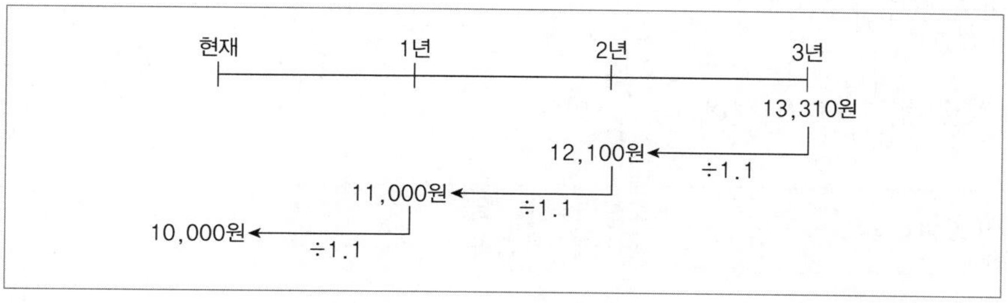

미래가치를 이용하여 현재가치를 구하기 위해서는 반대로 적용해야 한다. 2년 후의 12,100원은 현재가치로 하면 10,000원이 된다. 이유는 12,100원÷1.1÷1.1=10,000원이기 때문이다. 미래가치는 이자가 가산되므로 현재가치보다 그 금액이 큰 반면에, 현재가치는 미래가치에 비해 이자가 차감되므로 그 금액이 작게 나타난다.
현재가치를 이용하여 미래가치를 구할 때 이자율만큼 곱한다면, 미래가치를 이용하여 현재가치를 구할 때에는 이자율만큼 나누어 산정한다.

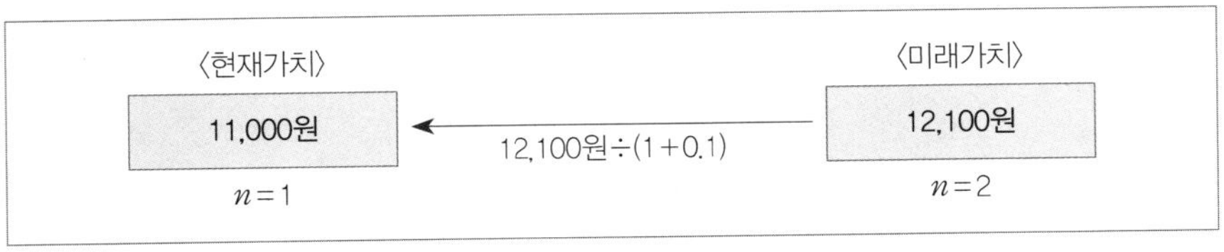

이를 식으로 만들면 다음과 같다.

$$P_0 = P_n/(1+i)^n$$

- P_n: n기간 후 원금의 미래가치
- P_0: 현재가치
- i: 연 이자율
- n: 연도 수

4. 연금의 현재가치

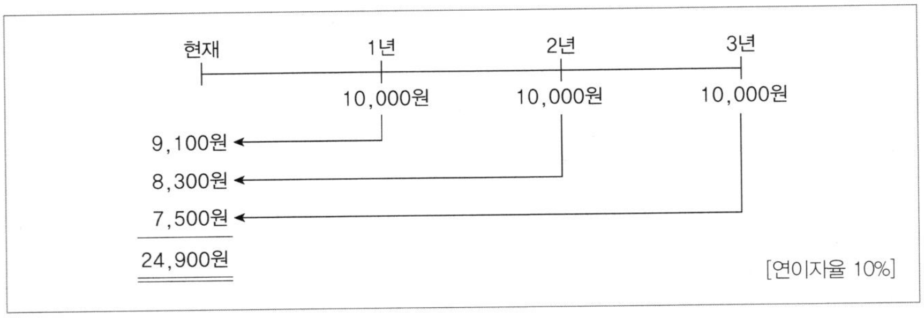

연금의 현가계수란 현가계수의 합계를 의미한다.

위 그림에서 미래 현금흐름의 현재가치를 계산하면

1년 후의 10,000원÷(1.1)+2년 후의 10,000원÷$(1.1)^2$+3년 후의 10,000원÷$(1.1)^3$ 이 된다.

즉, $\frac{10,000원}{(1.1)} + \frac{10,000원}{(1.1)^2} + \frac{10,000원}{(1.1)^3}$이다.

이는, $10,000원 \times \frac{1}{(1.1)} + 10,000원 \times \frac{1}{(1.1)^2} + 10,000원 \times \frac{1}{(1.1)^3}$이다.

구분(n: 기간)	10% 현가계수	10% 연금현가계수 (현가계수의 합계)
$n=1$	$\frac{1}{(1.1)}=0.91$	0.91
$n=2$	$\frac{1}{(1.1)^2}=0.83$	1.74
$n=3$	$\frac{1}{(1.1)^3}=0.75$	2.49

연금의 현가계수는 현재가치금액을 빠르게 계산하기 위한 것으로 현가계수를 이용하여 현재가치를 계산하면

10,000원×0.91+10,000원×0.83+10,000원×0.75 = 24,900원이다.

이 식에서 10,000원을 곱셈 공식을 이용하여 묶으면,

10,000원×(0.91+0.83+0.75) = 24,900원이다.

연금의 현가계수는 현재가치금액을 조금 더 빠르게 구하기 위한 스킬에 불과하다.

유형문제 4

다음의 현가표를 이용하여 현재가치를 계산하여라. 미래 현금흐름은 다음과 같으며, 이자율은 10%이다.

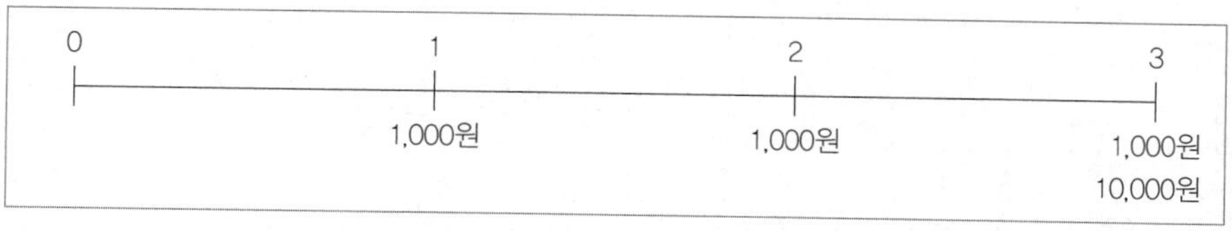

구분 (n: 기간)	10% 현가계수	10% 연금현가계수	12% 현가계수	12% 연금현가계수
$n=1$	0.91	0.91	0.89	0.89
$n=2$	0.83	1.74	0.80	1.69
$n=3$	0.75	2.49	0.71	2.40

| 정답 |

1,000원×2.49(3기 10%, 연금현가)+10,000원×0.75(3기 10%, 현가)=9,990원

유형문제 5

다음의 현가표를 이용하여 현재가치를 계산하여라. 미래 현금흐름은 다음과 같으며, 이자율은 12%이다.

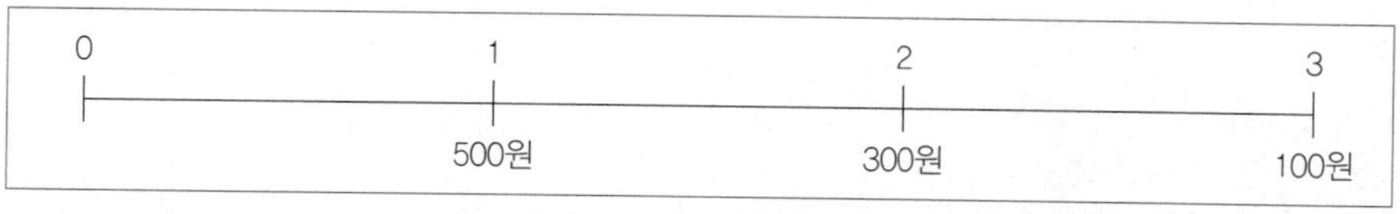

구분 (n: 기간)	10% 현가계수	10% 연금현가계수	12% 현가계수	12% 연금현가계수
$n=1$	0.91	0.91	0.89	0.89
$n=2$	0.83	1.74	0.80	1.69
$n=3$	0.75	2.49	0.71	2.40

| 정답 |

500원×0.89(1기 12%, 현가)+300원×0.80(2기 12%, 현가)+100원×0.71(3기 12%, 현가)=756원

유형문제 6

다음의 현가표를 이용하여 현재가치를 계산하여라. 미래 현금흐름은 다음과 같으며, 이자율은 10%이다.

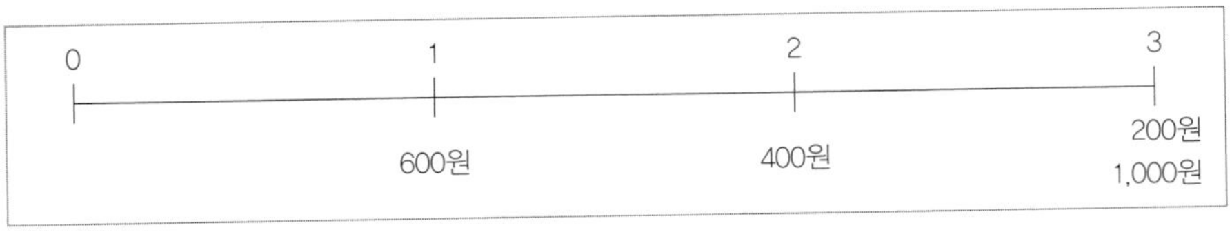

구분 (n: 기간)	10% 현가계수	10% 연금현가계수	12% 현가계수	12% 연금현가계수
$n=1$	0.91	0.91	0.89	0.89
$n=2$	0.83	1.74	0.80	1.69
$n=3$	0.75	2.49	0.71	2.40

| 정답 |

600원×0.91(1기 10%, 현가)+400원×0.83(2기 10%, 현가)+1,200원×0.75(3기 10%, 현가)=1,778원

유형문제 7

(주)에듀윌은 상품을 외상으로 판매하고, 대금으로 3년 후에 1,000,000원을 받기로 하였다. 이자율은 연 12%이며, 12% 현가계수는 다음과 같다.

구분(n: 기간)	12% 현가계수	12% 연금현가계수
$n=1$	0.89	0.89
$n=2$	0.80	1.69
$n=3$	0.71	2.40

[1] 현재가치를 계산하여라.

[2] 매출 시의 회계처리를 하여라.

| 정답 |

[1] 1,000,000원×0.71(3기 12%, 현가)=710,000원

[2] (차) 외상매출금	1,000,000	(대) 상품매출	710,000
		현재가치할인차금	290,000

재무상태표

외상매출금	1,000,000	
(현재가치할인차금)	(290,000)	
	710,000	

4 사채 중요

1. 사채의 의의

사채란 기업이 거액의 장기자금을 조달할 목적으로 상환금액을 증서로 표시하는 채무증권을 발행하여 다수의 제3자로부터 차입하는 부채를 의미한다. 기업의 경우 은행에서 차입을 통해 자금을 마련할 수 있으나 일반적으로 은행 관련 차입금의 경우 기업이 대규모의 자금을 안정적으로 장기간 차입하기가 쉽지 않다. 사채는 차입금의 이러한 문제점을 해결해 주는 기업의 자금조달(차입) 수단이다.

사채발행

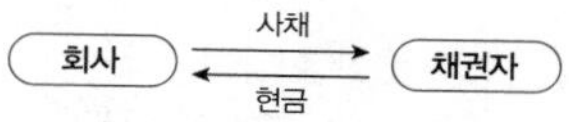

2. 사채발행자와 사채투자자

발행자의 입장에서는 비유동부채인 사채이며, 투자자의 입장에서는 자산인 금융자산 중 채무증권에 해당한다. 그러나 투자자의 취득 목적에 따라 단기매매증권, 매도가능증권, 만기보유증권으로 분류될 수 있다.

사채발행자는 차후 이자비용(당기비용)을 지급해야 하며, 사채투자자는 차후 이자수익(당기수익)을 받을 권리가 있다.

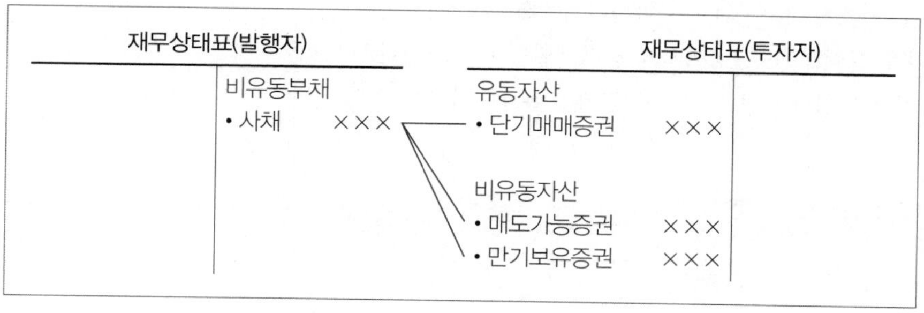

3. 사채발행가액의 결정

액면발행은 사채발행가액이 액면가액과 일치하는 경우를 말하며, 액면가액에 미달하는 경우를 할인발행, 액면가액을 초과하는 경우를 할증발행이라고 한다.

구분	이자율 관계	발행자의 총이자비용
액면발행	시장이자율 = 액면이자율	현금지급액
할인발행	시장이자율 > 액면이자율	현금지급액 + 할인액
할증발행	시장이자율 < 액면이자율	현금지급액 – 할증액

시장이자율과 액면이자율
- 시장이자율: 실제 자본시장에서 형성된 이자율
- 액면이자율: 사채 권면액에 표시한 약정된 이자율(표시이자율)

(1) 액면발행

액면이자율과 시장이자율이 일치하는 경우 미래 현금흐름의 현재가치는 액면가액과 일치하므로 액면가액으로 발행되는 경우를 말한다.

(차) 현금	×××	(대) 사채	×××

(2) 할인발행

액면이자율보다 시장이자율이 커서 미래 현금흐름의 현재가치가 액면가액보다 할인되는 경우를 말한다.

(차) 현금	×××	(대) 사채	×××
사채할인발행차금	×××		

(3) 할증발행

액면이자율보다 시장이자율이 작아서 미래 현금흐름의 현재가치가 액면가액보다 할증되는 경우를 말한다.

(차) 현금	×××	(대) 사채	×××
		사채할증발행차금	×××

(4) 사채발행비

사채를 발행하는 데 직접 소요된 지출을 말하며 사채권인쇄비, 광고비, 수수료 등이 이에 해당한다. 또한 사채발행비는 사채발행시점의 사채발행가액에서 직접 차감한다. 시장이자율과 유효이자율의 관계를 살펴보면, 시장이자율에 사채발행비를 고려한 이자율을 유효이자율이라고 하며 사채의 발행가액을 계산할 때에는 유효이자율에 의해서 계산한다.

+ 이자율

구분	내용
액면이자율	사채 권면액에 표시한 약정된 이자율(표시이자율)
시장이자율	실제 자본시장에서 형성된 이자율
유효이자율	사채의 발행가액과 사채 미래 현금흐름의 현재가치를 일치시키는 이자율(시장이자율+사채발행비)을 고려한 이자율

4. 사채의 액면발행

(주)에듀윌은 ×1년 1월 1일 액면금액 100,000원의 사채를 발행하였다. 이 사채의 만기는 3년이며, 이자는 매년 말 지급한다. 단, 시장이자율은 10%, 액면이자율은 10%라 가정한다. (3년 10% 현재가치: 0.75, 3년 10% 연금현재가치: 2.5)

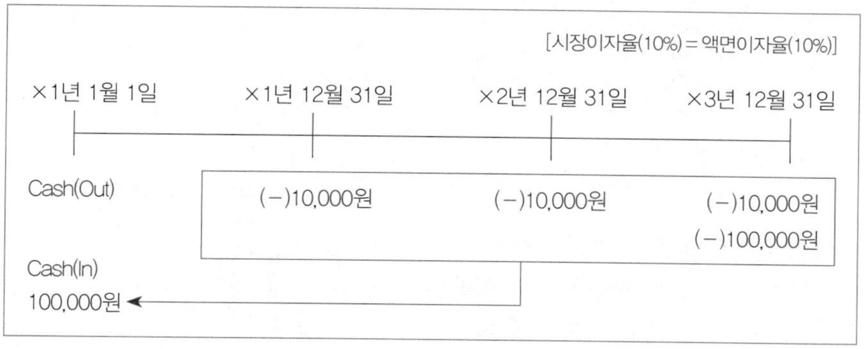

- 이자의 현재가치: 10,000원 × 2.5(3년 10%, 연금현가) = 25,000원
- 원금의 현재가치: 100,000원 × 0.75(3년 10%, 현가) = 75,000원
- 사채의 발행가액: 100,000원

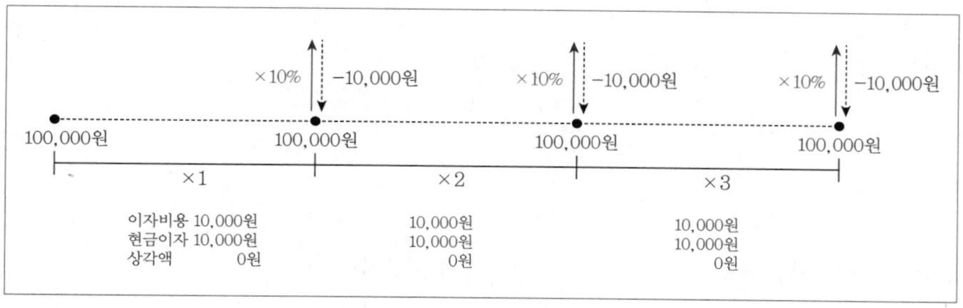

(1) 사채발행자(부채)의 회계처리

구분	회계처리			
×1년 1월 1일	(차) 현금	100,000	(대) 사채	100,000
×1년 12월 31일	(차) 이자비용	10,000	(대) 현금	10,000
×2년 12월 31일	(차) 이자비용	10,000	(대) 현금	10,000
×3년 12월 31일	(차) 이자비용	10,000	(대) 현금	10,000
	(차) 사채	100,000	(대) 현금	100,000

(2) 사채투자자(자산)의 회계처리

구분	회계처리			
×1년 1월 1일	(차) 채무상품	100,000	(대) 현금	100,000
×1년 12월 31일	(차) 현금	10,000	(대) 이자수익	10,000
×2년 12월 31일	(차) 현금	10,000	(대) 이자수익	10,000
×3년 12월 31일	(차) 현금	10,000	(대) 이자수익	10,000
	(차) 현금	100,000	(대) 채무상품	100,000

5. 사채의 할인발행

(주)에듀윌은 ×1년 1월 1일 액면금액 100,000원의 사채를 발행하였다. 이 사채의 만기는 3년이며, 이자는 매년 말 지급한다. 단, 시장이자율은 10%, 액면이자율은 8%라 가정한다. (3년 10% 현재가치: 0.75, 3년 10% 연금현재가치: 2.5)

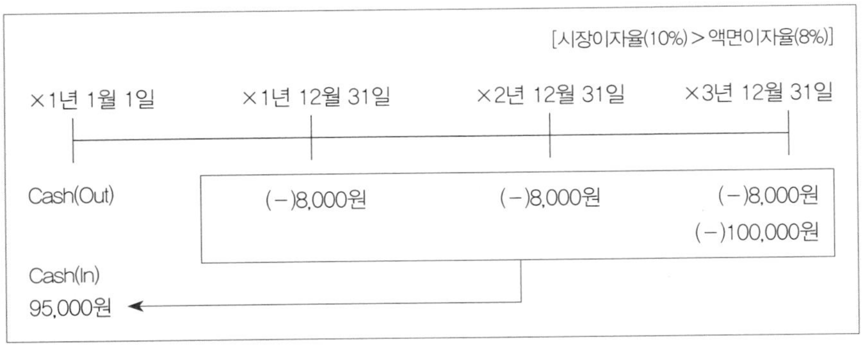

- 이자의 현재가치: 8,000원×2.5(3년 10%, 연금현가) = 20,000원
- 원금의 현재가치: 100,000원×0.75(3년 10%, 현가) = 75,000원
- 사채의 발행가액: 95,000원

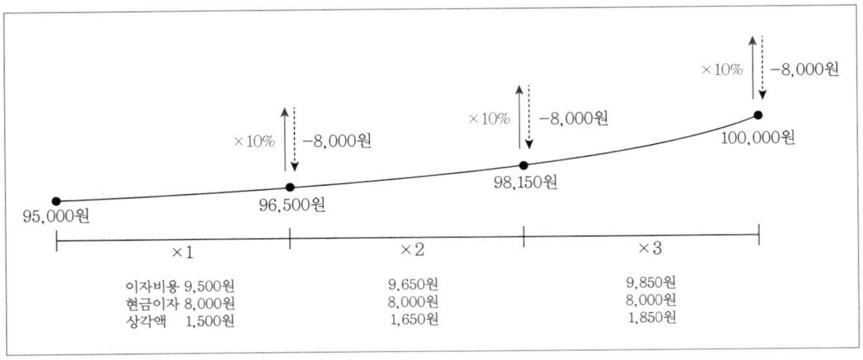

사채의 할인발행
- 사채의 장부가액: 증가
- 현금 지급이자: 일정
- 총이자비용: 증가
- 할인액 상각: 증가

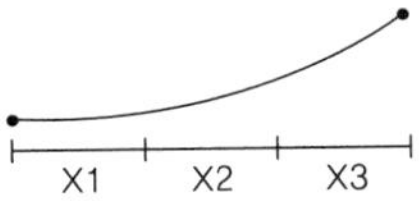

(1) **상각표**

구분	장부금액	유효이자(10%)	액면이자(8%)	상각액
×1년 1월 1일	95,000원			
×1년 12월 31일	96,500원	9,500원	8,000원	1,500원
×2년 12월 31일	98,150원	9,650원	8,000원	1,650원
×3년 12월 31일	100,000원	9,850원*	8,000원	1,850원

* 단수 차이 조정

(2) **사채발행자(부채)의 회계처리**

구분	회계처리			
×1년 1월 1일	(차) 현금 사채할인발행차금	95,000 5,000	(대) 사채	100,000
×1년 12월 31일	(차) 이자비용	9,500	(대) 현금 사채할인발행차금	8,000 1,500
×2년 12월 31일	(차) 이자비용	9,650	(대) 현금 사채할인발행차금	8,000 1,650
×3년 12월 31일	(차) 이자비용	9,850	(대) 현금 사채할인발행차금	8,000 1,850
	(차) 사채	100,000	(대) 현금	100,000

(3) **사채투자자(자산)의 회계처리**

구분	회계처리			
×1년 1월 1일	(차) 채무상품	95,000	(대) 현금	95,000
×1년 12월 31일	(차) 현금 채무상품	8,000 1,500	(대) 이자수익	9,500
×2년 12월 31일	(차) 현금 채무상품	8,000 1,650	(대) 이자수익	9,650
×3년 12월 31일	(차) 현금 채무상품	8,000 1,850	(대) 이자수익	9,850
	(차) 현금	100,000	(대) 채무상품	100,000

6. 사채의 할증발행

(주)에듀윌은 ×1년 1월 1일 액면금액 100,000원의 사채를 발행하였다. 이 사채의 만기는 3년이며, 이자는 매년 말 지급한다. 단, 시장이자율은 10%, 액면이자율은 12%라 가정한다. (3년 10% 현재가치: 0.75, 3년 10% 연금현재가치: 2.5)

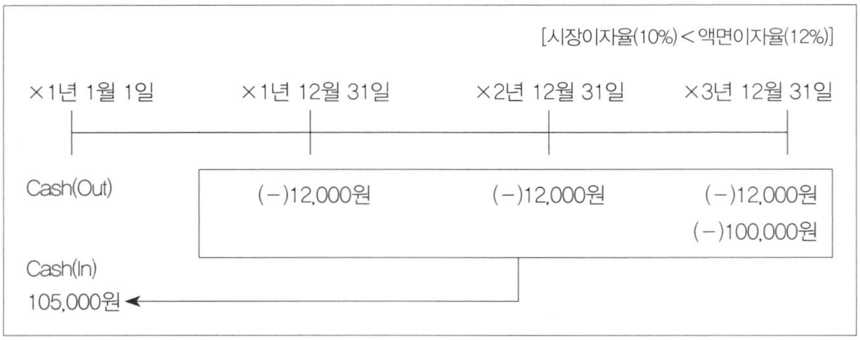

- **이자의 현재가치:** 12,000원×2.5(3년 10%, 연금현가) = 30,000원
- **원금의 현재가치:** 100,000원×0.75(3년 10%, 현가) = 75,000원
- **사채의 발행가액:** 105,000원

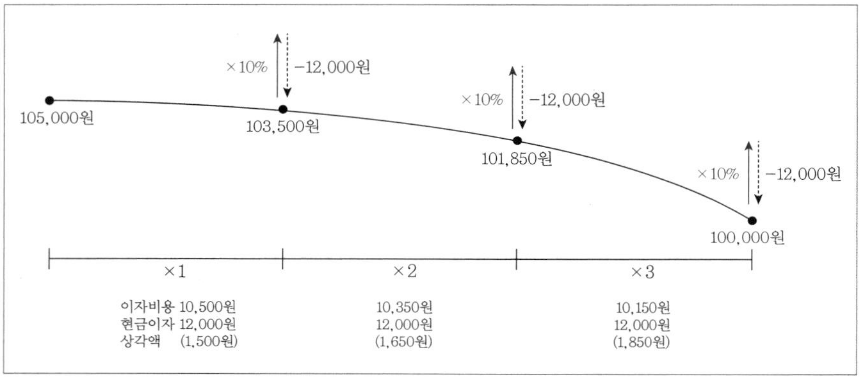

(1) 상각표

구분	장부금액	유효이자(10%)	액면이자(12%)	상각액
×1년 1월 1일	105,000원			
×1년 12월 31일	103,500원	10,500원	12,000원	1,500원
×2년 12월 31일	101,850원	10,350원	12,000원	1,650원
×3년 12월 31일	100,000원	10,150원*	12,000원	1,850원

* 단수 차이 조정

사채의 할증발행
- 사채의 장부가액: 감소
- 현금 지급이자: 일정
- 총이자비용: 감소
- 할증액 상각: 증가

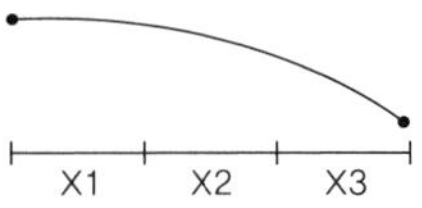

(2) **사채발행자(부채)의 회계처리**

구분	회계처리			
×1년 1월 1일	(차) 현금	105,000	(대) 사채 사채할증발행차금	100,000 5,000
×1년 12월 31일	(차) 이자비용 사채할증발행차금	10,500 1,500	(대) 현금	12,000
×2년 12월 31일	(차) 이자비용 사채할증발행차금	10,350 1,650	(대) 현금	12,000
×3년 12월 31일	(차) 이자비용 사채할증발행차금	10,150 1,850	(대) 현금	12,000
	(차) 사채	100,000	(대) 현금	100,000

(3) **사채투자자(자산)의 회계처리**

구분	회계처리			
×1년 1월 1일	(차) 채무상품	105,000	(대) 현금	105,000
×1년 12월 31일	(차) 현금	12,000	(대) 이자수익 채무상품	10,500 1,500
×2년 12월 31일	(차) 현금	12,000	(대) 이자수익 채무상품	10,350 1,650
×3년 12월 31일	(차) 현금	12,000	(대) 이자수익 채무상품	10,150 1,850
	(차) 현금	100,000	(대) 채무상품	100,000

7. 사채의 유효이자율 관계

구분	사채의 장부가액	현금 지급이자	이자비용	할인(할증)액 상각
할인발행	증가	일정	증가	증가
할증발행	감소	일정	감소	증가

유형문제 8

(주)에듀윌은 다음과 같은 사채를 발행하였다.

> 2025년 1월 1일 액면 20,000원을 현금 19,000원으로 발행하였다. (만기 2027년 12월 31일, 액면이자율 4%, 유효이자율 5%, 이자지급 12월 31일, 결산 12월 31일)

[1] 사채의 총이자비용을 구하여라.

[2] 2025년 이자비용을 구하여라.

[3] 2026년 이자비용을 구하여라.

| 정답 |

[1] 사채의 총이자비용: (1)+(2)=3,400원

(1) 현금이자: (20,000원×4%)×3회=2,400원

(2) 사채할인발행차금: 20,000원－19,000원=1,000원

[2] 2025년 이자비용: 19,000원×5%=950원

[3] 2026년 이자비용: {(19,000원×1.05)－800원}×5%=958원

유형문제 9

다음을 회계처리하여라.

[1] 회사는 사채(액면금액 50,000,000원, 만기 3년)를 발행하였다. 사채의 발행금액은 48,100,000원이며 대금은 보통예금 계좌로 입금받았다.

(차)	(대)

[2] 사채 액면총액 6,000,000원, 상환기한 5년, 발행금액은 5,800,000원으로 발행하고 납입금은 사채발행비 100,000원을 제외하고 현금으로 받았다.

(차)	(대)

[3] 사채 액면총액 2,000,000원, 상환기한 3년, 발행금액은 1,800,000원으로 발행하고 보통예금에 납입하다. 그리고 사채발행비 50,000원은 현금으로 지급하다.

(차)	(대)

[4] 사채 액면총액 1,000,000원, 상환기한 3년, 발행금액은 1,200,000원으로 발행하고 보통예금에 납입하다. 그리고 사채발행비 10,000원은 자기앞수표로 지급하다.

(차)	(대)

| 정답 |

번호	차변		대변	
[1]	보통예금	48,100,000	사채	50,000,000
	사채할인발행차금	1,900,000		
[2]	현금	5,700,000	사채	6,000,000
	사채할인발행차금	300,000		
[3]	보통예금	1,800,000	사채	2,000,000
	사채할인발행차금	250,000	현금	50,000
[4]	보통예금	1,200,000	사채	1,000,000
			현금	10,000
			사채할증발행차금	190,000

Keyword로 빠르게 체크하는 핵심 이론

1 대손회계

1. 대손: 채무자의 파산 등의 사유로 채권의 회수가 불가능하게 된 경우
2. 대손사유
   - 채무자의 파산
   - 채무자의 강제집행
   - 채무자의 사업 폐지, 사망, 행방불명
   - 부도발생일부터 01 ______ 이상 경과한 수표, 어음
   - 소멸시효가 완성된 채권
3. 대손 회계처리
   - 대손 시

(차) 대손충당금	×××	(대) 매출채권	×××
02 ______	×××		

   - 대손채권 회수 시

(차) 현금	×××	(대) 대손충당금	×××

   - 기말설정
     - 설정 전<설정 후

(차) 대손상각비	×××	(대) 대손충당금	×××

     - 설정 전>설정 후

(차) 대손충당금	×××	(대) 대손충당금환입	×××

2 퇴직급여

1. 퇴직급여충당부채: 종업원이 퇴직 시 지급해야 할 퇴직금을 퇴사하기 전인 기말에 미리 설정한 부채
2. 퇴직급여충당부채 회계처리
   - 퇴직급여 설정 시(설정 전<설정 후)

(차) 퇴직급여	×××	(대) 퇴직급여충당부채	×××

   - 퇴직 시

(차) 퇴직급여충당부채	×××	(대) 현금	×××
퇴직급여	×××	예수금	×××

3 비유동부채

1. 의의: 03 ______ 부터 1년 이후에 만기가 도래하는 부채
2. 비유동부채의 종류
   - 사채
   - 퇴직급여충당부채
   - 장기차입금
   - 장기성 매입채무
   - 장기미지급금

4 현재가치

화폐의 평가가치는 측정시점에 따라 다르게 나타나며 국제회계기준에서는 명목가치와 현재가치의 차이가 중요한 경우에 현재가치평가를 원칙으로 함

5 사채

1. 의의: 기업이 상환금액을 증서로 표시하는 채무증권을 발행하여 다수의 제3자로부터 차입하는 부채
2. 사채발행가액의 결정
   - 액면발행: 시장이자율 = 액면이자율

(차) 현금	×××	(대) 사채	×××

   - 할인발행: 시장이자율 > 액면이자율

(차) 현금	×××	(대) 사채	×××
사채할인발행차금	×××		

   - 할증발행: 시장이자율 < 액면이자율

(차) 현금	×××	(대) 사채	×××
		사채할증발행차금	×××

정답

01 6개월　02 대손상각비　03 보고기간 종료일

기출 & 확인 문제

맞은 개수	개/총 24문항
복습 여부	YES / NO

ERP 23' 4회 ERP 회계 2급

01 **부채에 대한 설명으로 가장 적절하지 않은 것은?**

① 예수금은 유동부채에 속한다.

② 퇴직급여충당부채는 비유동부채에 속한다.

③ 장기차입금은 보고기간 종료일로부터 1년 이내에 상환될 부채이다.

④ 유동성 장기부채는 보고기간 종료일로부터 1년 이내에 상환될 부채이다.

ERP 22' 6회 ERP 회계 2급

02 **다음의 거래 자료를 기반으로 한 분개로 옳은 것은?**

> 5월 1일 외상매출금 200,000원이 거래처 파산으로 회수불능 채권으로 확정되었다. (대손충당금 잔액은 50,000원 있음)

①	(차) 대손충당금	200,000원	(대) 외상매출금	200,000원
②	(차) 대손상각비	250,000원	(대) 외상매출금	250,000원
③	(차) 대손충당금	250,000원	(대) 외상매출금	250,000원
④	(차) 대손충당금	50,000원	(대) 외상매출금	200,000원
	대손상각비	150,000원		

ERP 23' 1회 ERP 회계 2급

03 **(주)생산은 매출채권 잔액의 1%를 대손충당금으로 설정한다. 다음 자료에 의할 경우 2025년 말 대손충당금 추가설정액은?**

> • 2025년 1월 1일: 대손충당금 잔액 1,000,000원
> • 2025년 7월 1일: 대손발생액 800,000원
> • 2025년 12월 31일: 매출채권 잔액 100,000,000원

① 700,000원 ② 800,000원

③ 900,000원 ④ 1,000,000원

전산 21' 95회 전산회계 2급

04 다음 거래에 대한 기말분개로 가장 옳은 것은?

> 12월 31일 결산 시 외상매출금 잔액 30,000,000원에 대해 2%의 대손을 예상하였다. 단, 당사는 보충법을 사용하고 있으며 기말분개 전 대손충당금 잔액은 100,000원이 계상되어 있다.

① (차) 대손충당금 500,000 (대) 대손상각비 500,000
② (차) 대손상각비 500,000 (대) 대손충당금 500,000
③ (차) 대손상각비 500,000 (대) 외상매출금 500,000
④ (차) 대손상각비 600,000 (대) 대손충당금 600,000

전산 22' 102회 전산회계 2급

05 다음의 계정별원장 중 잔액의 표시가 옳은 것은?

①

선수금	
50,000	

②

차량운반구	
	100,000

③

선납세금	
	120,000

④

임차보증금	
800,000	

정답 및 해설

01 ③ 장기차입금은 보고기간 종료일로부터 1년을 초과하여 상환할 부채이다.

02 ④ 대손 시 대손충당금으로 우선상계한 후, 부족한 금액은 대손상각비로 처리한다.

03 ② 대손충당금 추가설정액: 100,000,000원×1%−(1,000,000원−800,000원)=800,000원

04 ② • 결산일 대손추산액: 외상매출금 30,000,000원×대손율 2%=600,000원
• 추가설정액: 대손추산액 600,000원−대손충당금 100,000원=500,000원

05 ④ 차량운반구, 선납세금, 임차보증금은 자산 계정으로 잔액이 차변에 남고, 선수금은 부채 계정으로 잔액이 대변에 남는다.

ERP | 23' 2회 ERP 회계 2급

06 다음은 (주)생산의 대손충당금 자료이다. (주)생산의 결산시점 대손충당금 잔액은 얼마인가?

- 기초 대손충당금 잔액은 50,000원
- 당기 중 매출채권 20,000원 대손처리
- 기말결산 시 대손상각비 15,000원 추가 계상

① 10,000원　　② 15,000원
③ 30,000원　　④ 45,000원

전산 | 24' 113회 전산회계 1급

07 다음 중 유동부채와 비유동부채의 분류가 적절하지 않은 것은?

	유동부채	비유동부채
①	단기차입금	사채
②	외상매입금	유동성 장기부채
③	미지급비용	장기차입금
④	지급어음	퇴직급여충당부채

ERP | 21' 1회 ERP 회계 2급

08 아래 자료를 참고하여 기타의 대손상각비를 1% 계상하면?

• 외상매출금	4,000,000원	• 미수금	600,000원
• 대여금	2,000,000원	• 가지급금	2,000,000원
• 선수금	5,000,000원	• 받을어음	12,000,000원

① 20,000원　　② 26,000원
③ 76,000원　　④ 120,000원

전산 23' 109회 전산회계 2급

09 **다음 자료에 의한 기말 현재 대손충당금 잔액은 얼마인가?**

- 기말 매출채권: 20,000,000원
- 기말 매출채권 잔액에 대하여 1%의 대손충당금을 설정하기로 한다.

① 200,000원
② 218,000원
③ 250,000원
④ 320,000원

ERP 23' 3회 ERP 회계 2급

10 **[보기]의 거래 자료를 기반으로 한 분개로 옳은 것은?**

[보기]
6월 1일 미수금 150,000원이 회수불능 미수금으로 확정되었다.
(대손충당금 잔액은 50,000원 있음)

① (차변) 대손충당금 150,000원 / (대변) 미수금 150,000원
② (차변) 대손상각비 100,000원 / (대변) 미수금 100,000원
③ (차변) 대손충당금 100,000원 / (대변) 미수금 100,000원
④ (차변) 대손충당금 50,000원, 기타의대손상각비 100,000원 / (대변) 미수금 150,000원

정답 및 해설

06 ④ 기말 대손충당금 잔액: 기초 대손충당금 잔액 50,000원 − 당기 대손처리 20,000원 + 대손상각비 추가 계상액 15,000원 = 45,000원

07 ② 유동성 장기부채는 비유동부채 중 1년 이내에 상환해야 할 부채를 의미한다. 원료나 상품을 외상으로 구입한 외상매입금은 유동부채로 분류한다.

08 ② (미수금 600,000원 + 대여금 2,000,000원) × 1% = 26,000원

09 ① 기말 현재 대손충당금: 기말 매출채권 20,000,000원 × 1% = 200,000원

10 ④ 대손충당금을 우선 상계처리하고 잔액에 대해서는 영업외비용에 해당하는 기타의 대손상각비로 처리한다.
(차) 대손충당금 50,000원 / 기타의대손상각비 150,000원 − 50,000원 = 100,000원 / (대) 미수금 150,000원

11 ○○상점의 퇴직급여충당부채에 관한 자료이다. 기말에 추가로 설정해야 할 퇴직급여충당부채를 계산한 금액으로 옳은 것은?

• 퇴직급여충당부채 기초 잔액	4,000,000원
• 기중 퇴직급여 지급액	2,500,000원
• 기말 현재 모든 종업원이 퇴직할 경우 지급해야 할 퇴직금 추계액	3,000,000원

① 1,000,000원
② 1,500,000원
③ 2,000,000원
④ 2,500,000원

12 다음 자료에 의하여 결산 시 손익계산서에 기입할 퇴직급여액을 계산한 금액으로 옳은 것은?

• 퇴직급여충당부채 기초 잔액	2,000,000원
• 기중 퇴직금 지급액	1,500,000원
• 기말 현재 모든 종업원이 퇴직할 경우 지급해야 할 퇴직금 추정액	3,000,000원

① 1,000,000원
② 1,500,000원
③ 2,000,000원
④ 2,500,000원

13 회사채 100주(액면금액 5,000원, 발행금액 6,000원)를 발행하고, 사채발행에 따른 제비용 50,000원을 차감한 잔액을 모두 현금으로 수취하였을 때 올바른 분개는?

①	(차) 현금	600,000	(대) 사채	500,000
	신주발행비	50,000	사채할증발행차금	100,000
			사채	50,000
②	(차) 현금	550,000	(대) 사채	500,000
			사채할증발행차금	50,000
③	(차) 현금	550,000	(대) 사채	500,000
	사채할인발행차금	50,000	사채할증발행차금	100,000
④	(차) 현금	550,000	(대) 사채	500,000
	신주발행비	50,000	사채할증발행차금	100,000

전산 22' 100회(특별) 전산회계 1급

14 **다음 중 재무상태표의 자산이나 부채의 차감 계정을 모두 고른 것은?**

가. 감가상각누계액	나. 대손충당금
다. 사채할인발행차금	라. 퇴직급여충당부채

① 가, 나　② 가, 나, 다
③ 가, 나, 라　④ 가, 나, 다, 라

15 **사채에 관한 설명 중 가장 잘못된 것은?**

① 사채할인발행차금은 사채의 발행금액에서 차감하는 형식으로 표시한다.
② 액면이자율 < 시장이자율인 경우에는 할인발행된다.
③ 사채할증발행차금은 사채의 액면금액에서 가산하는 형식으로 표시한다.
④ 액면이자율 > 시장이자율인 경우에는 할증발행된다.

정답 및 해설

11 ② • 결산 시 퇴직급여충당부채 잔액: 기초 잔액 4,000,000원 − 기중 지급액 2,500,000원 = 1,500,000원
• 기말 현재 모든 종업원이 퇴직할 경우 지급해야 할 퇴직금 추계액이 3,000,000원이므로 1,500,000원을 추가로 설정해야 한다.

12 ④ 기말 현재 전 종업원이 퇴직할 경우 지급해야 할 퇴직금 추정액 3,000,000원에서 결산 시 퇴직급여충당부채의 잔액 500,000원(= 기초 잔액 2,000,000원 − 기중 지급액 1,500,000원)을 차감하여 다음과 같이 분개한다.

(차) 퇴직급여	2,500,000	(대) 퇴직급여충당부채	2,500,000

13 ② 사채할증발행차금은 사채의 액면금액에 부가하는 형식으로 표시하고, 사채발행에 따른 제비용은 사채할증발행금액을 감액시킨다.

14 ② 퇴직급여충당부채는 자산 또는 부채의 차감 계정이 아니라 부채 계정이다.

15 ① 사채할인발행차금은 사채의 액면금액에서 차감하는 형식으로 표시한다.

16 다음의 거래에 대한 설명으로 적절하지 않은 것은?

> (주)강서상사는 사채를 6억원에 발행하고 발행금액은 사채발행비용을 제외한 599,000,000원을 보통예금으로 입금받았다. 사채의 액면가액은 5억원이고, 만기는 2년, 액면이자율은 10%이다.

① 사채는 할증발행되었다.
② 액면이자율이 시장이자율보다 높다.
③ 액면금액과 발행금액의 차이를 '사채할증발행차금' 계정으로 사용한다.
④ 사채발행비용은 영업외비용으로 처리한다.

전산 | 22' 100회(특별) 전산회계 1급

17 다음 중 사채에 대한 설명으로 올바른 것은?

① 유효이자율법 적용 시 사채를 할인발행한 경우 사채의 장부가액이 매년 감소한다.
② 유효이자율법 적용 시 사채할인발행차금 상각액은 매년 감소한다.
③ 유효이자율법 적용 시 사채할증발행차금 상각액은 매년 증가한다.
④ 유효이자율법 적용 시 사채를 할증발행한 경우 사채이자는 매년 증가한다.

전산 | 22' 100회(특별) 전산회계 1급

18 (주)백호는 매출채권 잔액의 1%를 대손충당금으로 설정한다. 다음 자료를 이용하여 (주)백호가 2025년 말 결산 시 인식할 대손충당금 추가설정액은 얼마인가?

> • 2025년 1월 1일 대손충당금 잔액: 1,000,000원
> • 2025년 12월 5일 대손발생액: 500,000원
> • 2025년 12월 31일 매출채권 잔액: 200,000,000원

① 1,000,000원　② 1,500,000원
③ 2,000,000원　④ 3,000,000원

ERP 22' 2회 ERP 회계 2급

19 **다음 자료를 참고하여 결산시점 회계처리 시 차변 계정과목과 금액으로 적절한 것은?**

> • 기초 퇴직급여충당부채: 15,000,000원
> • 회계기간 중 지급된 퇴직급여: 10,000,000원
> • 당기 말 결산시점 회사의 전 임직원이 일시에 퇴직할 경우 지급해야 할 퇴직금 추계액: 8,000,000원

① 퇴직급여 3,000,000원
② 퇴직급여 5,000,000원
③ 퇴직급여충당부채 10,000,000원
④ 퇴직급여충당부채 4,000,000원

전산 23' 109회 전산회계 2급

20 **다음 중 결산 시 대손상각 처리를 할 수 있는 계정과목에 해당하지 않는 것은?**

① 받을어음
② 미수금
③ 외상매출금
④ 단기차입금

정답 및 해설

16 ④ 사채를 할증발행할 때 사채발행비는 사채할증발행금액을 감액시킨다.

17 ③ 유효이자율법 적용 시 사채를 할인발행한 경우 사채의 장부가액은 매년 증가하고, 할증발행한 경우 사채이자는 매년 감소한다. 또한 할인(할증)액 상각은 매년 증가한다.

18 ② • 결산 전 기말 대손충당금 잔액: 기초 대손충당금 1,000,000원 – 당기 대손발생액 500,000원 = 500,000원
• 추가설정액: 기말매출채권 잔액 200,000,000원 × 1% – 결산 전 기말 대손충당금 잔액 500,000원 = 1,500,000원

19 ① • 설정액: 설정 후 퇴직급여충당부채 8,000,000원 – 설정 전 퇴직급여충당부채 5,000,000원(= 15,000,000원 – 10,000,000원) = 3,000,000원
• (차) 퇴직급여 3,000,000 (대) 퇴직급여충당부채 3,000,000

20 ④ 결산 시 대손상각 처리가 가능한 계정과목은 채권에 해당하는 계정과목이다. 단기차입금 계정은 채무에 해당하는 계정과목이므로 대손상각 처리를 할 수 없는 계정과목이다.

ERP | 23' 1회 ERP 회계 2급

21 **사채발행에 대한 설명으로 가장 옳지 않은 것은?**

① 만기일 전에 사채를 상환하는 것을 조기상환이라 한다.

② 사채를 할인발행한 경우에는 만기에는 액면금액이 아닌 발행금액을 상환해야 한다.

③ 액면이자율이 시장이자율보다 큰 경우에는 액면금액보다 많은 금액으로 할증발행을 하게 된다.

④ 액면이자율이 시장이자율보다 작은 경우에는 액면금액보다 적은 금액으로 할인발행을 하게 된다.

AT | 23' 61회 FAT 1급

22 **다음 자료를 토대로 2025년 12월 31일 재무상태표에 표시될 비유동부채 금액을 계산하면 얼마인가?**

- 2025. 3. 1. 은행으로부터 6,000,000원 차입. 이에 대한 차입금 상환스케줄은 다음과 같다.
  - 2026. 3. 1. 2,000,000원 상환
  - 2027. 3. 1. 2,000,000원 상환
  - 2028. 3. 1. 2,000,000원 상환
- 2025. 12. 31. 기말 현재 전 임직원이 퇴직할 경우 지급해야 할 퇴직금 34,000,000원

① 34,000,000원

② 35,000,000원

③ 38,000,000원

④ 39,000,000원

ERP | 23' 3회 ERP 회계 1급

23 **사채발행의 회계처리에 대한 설명으로 가장 적절하지 않은 것은?**

① 사채할인발행차금은 사채의 차감적 평가 계정이다.

② 사채의 액면이자율이 사장이자율보다 낮은 경우 할인발행이 된다.

③ 유효이자율법 적용 시 사채할증발행차금 상각액은 매년 증가한다.

④ 대변에 사채를 발행가액으로 기록하고, 차변에 수령하는 금액을 액면금액으로 기록한다.

ERP | 23' 3회 ERP 회계 2급

24 **[보기]는 사채 할증발행가액에 따른 변동 내역에 대한 내용이다. [보기]의 ㉠, ㉡, ㉢에 들어갈 내용을 바르게 짝지은 것은?**

> [보기]
> • 상각액: 매년 (㉠)
> • 이자비용: 매년 (㉡)
> • 장부가액: 매년 (㉢)

① ㉠ 증가 ㉡ 감소 ㉢ 감소
② ㉠ 증가 ㉡ 증가 ㉢ 증가
③ ㉠ 감소 ㉡ 감소 ㉢ 감소
④ ㉠ 감소 ㉡ 증가 ㉢ 증가

정답 및 해설

21 ② 사채발행 회사의 신용도에 따라 시장이자율이 결정되므로, 액면금액과 액면이자율이 동일하더라도 발행금액은 발행회사의 신용도에 따라 달라진다. 즉, 사채는 만기 시 액면금액으로 상환해야 한다.

22 ③ • 2026년 중 상환될 금액 2,000,000원을 제외한 금액을 비유동부채로 분류한다.
• 비유동부채 합계액: 장기차입금 4,000,000원 + 퇴직급여충당부채 34,000,000원 = 38,000,000원

23 ④ 대변에 사채를 액면가액으로 기록하고, 차변에 수령하는 금액을 발행금액으로 기록한다.

24 ① 사채의 할증발행과 할인발행 여부와 관계없이 상각액은 매년 증가하며, 할증발행할 경우 이자비용은 매년 감소하고, 장부가액도 매년 감소한다.

CHAPTER 06

자본

핵심키워드
- 자본
- 신주발행
- 자기주식
- 감자
- 기타포괄손익누계액
- 이익잉여금

1회독 2회독 3회독

01 자본의 의의 및 성격

1 자본의 의의

기업은 경영활동을 하는 데 필요한 자금을 조달하는 원천으로써 자기자본과 타인자본에 의존하게 된다. 최초 설립 시에는 자기자본으로 기업에 필요한 자금을 조달하나, 기업의 규모가 커짐에 따라 충분한 자금 확보를 위해 타인자본으로도 자금을 조달하게 된다.
일반적으로 '타인자본'을 부채 또는 채권자 지분, '자기자본'을 자본 또는 소유주 지분이라고 한다. 자기자본은 기업의 자산에서 채권자 지분인 부채를 차감한 후에 남는 잔여지분, 즉 기업의 순자산을 말한다.

자본

자산	부채
	자본

자본=소유주 지분, 순자산

2 자본의 성격

자산과 부채는 각각 독립적으로 측정할 수 있지만 자본은 독립적으로 측정할 수 없기 때문에 잔여지분으로 파악해야 한다. 즉, 자본은 일정한 것이 아니라 기업의 수익성에 따라 변동되며, 총자산에서 채권자에게 지급하고 남은 잔액을 의미한다.

02 자본의 회계처리

1 기업형태에 따른 자본의 회계처리

1. 개인기업

개인기업은 기업과 기업주(소유주)가 분리되지 않아서 별도로 독립된 법인격을 갖지 못한 기업의 형태를 말하며, 자본과 관련된 모든 거래를 자본금 계정 하나로 회계처리한다. 즉, 기업주가 출자하거나 순이익이 발생하면 그 금액만큼 자본금을 증가시킨다. 반면에 기업주 개인이 사용할 목적으로 자금을 인출하면 인출금 계정에 기입하였다가 결산일이 되면 자본금 계정에서 직접 차감하고, 순손실이 발생하면 순손실의 금액만큼 자본금을 감소시킨다.

개인기업의 세금처리

- 인출금: 기업의 사업소득세(종합소득세)
- 세금과공과: 기업이 부담하는 재산세, 자동차세, 상공회의소회비 등

분개사례

개인기업의 인출금

[1] 기업주가 현금 2,000,000원을 출자하여 사업을 개시하다.

(차)	(대)

[2] 기업주가 현금 300,000원을 가사용으로 인출하다.

(차)	(대)

[3] 기업주가 인출한 자금 중 100,000원을 현금으로 반환하다.

(차)	(대)

[4] 기말에 인출금 계정 잔액 200,000원을 자본금 계정으로 대체하여 마감하다.

(차)	(대)

| 정답 |

번호	차변		대변	
[1]	현금	2,000,000	자본금	2,000,000
[2]	인출금	300,000	현금	300,000
[3]	현금	100,000	인출금	100,000
[4]	자본금	200,000	인출금	200,000

2. 법인기업(주식회사)

자본은 발생원천을 기준으로 '납입자본'과 '이익잉여금'으로 구분할 수 있다. 납입자본은 주주로부터 출자받은 금액을 의미하고, 이익잉여금은 기업의 손익거래로 얻은 순이익 중에서 배당을 하지 않고 남은 부분을 말한다.

이렇게 구분하는 이유는 납입자본은 배당을 할 수 없고 이익잉여금으로만 배당이 가능하기 때문이다. 만약 납입자본을 모두 배당을 주게 된다면 출자금 없이 부채만으로 기업을 운영하게 되고 이는 채권자를 보호할 수 없다.

납입자본은 우리나라 「상법」 규정에 따라 '자본금'과 '자본잉여금'으로 구분될 수 있다. 「상법」에서는 발행주식 수에 주당 액면금액을 곱한 금액을 자본금으로 규정하고 있기 때문에 납입자본 중 자본금을 제외한 나머지가 자본잉여금이 된다.

이와 같이 일반기업회계기준에서는 자본을 크게 자본금, 자본잉여금, 자본조정, 기타 포괄손익누계액, 이익잉여금으로 구분하고 있다.

구분	내용
자본금	법률에 의하여 정해진 납입자본금
자본잉여금	주주에 대한 자본거래에서 발생한 것으로서 자본이 증가된 것
자본조정	주주에 대한 자본거래에서 발생한 것으로서 자본이 감소된 것
기타포괄손익누계액	손익 항목 중 미실현된 손익의 항목
이익잉여금	영업활동을 통하여 발생한 이익이 축적된 부분

자본 BOX
- 자본거래
  - 자본금: 발행주식 수×주당 액면금액
  - 자본잉여금: 자본거래의 이익
  - 자본조정: 자본거래의 손실
- 손익거래
  - 기타포괄손익누계액: 손익거래 중 미실현된 손익의 집합 계정
  - 이익잉여금: 손익거래 중 실현된 손익의 집합 계정

2 자본잉여금과 자본조정

자본거래는 회사가 주주와 거래한 것을 말하며, 손익거래는 회사가 주주 이외의 자와 거래한 것을 의미하는데, 자본거래 중 자본잉여금과 자본조정을 구분할 수 있어야 한다. '자본잉여금'은 자본거래 중 회사가 주주와 거래하여 자본이 증가한 거래(자본거래의 이익)를 의미하며, '자본조정'은 회사가 주주와 거래하여 자본이 감소한 거래(자본거래의 손실)를 의미한다.

구분	자본잉여금(+)	자본조정(−)
증자(신주발행)	주식발행초과금	주식할인발행차금
자기주식거래	자기주식처분이익	자기주식처분손실
감자(주식소각)	감자차익	감자차손
기타		자기주식, 미교부주식배당금, 배당건설이자

3 자본금

1. 자본금의 의의

자본금은 주주의 불입자본 중 「상법」의 규정에 따라 정관에 자본금으로 확정되어 있는 법정자본금을 의미한다. 이러한 자본금은 원칙적으로 기업 내부에 영구적으로 유보되어 기업활동의 기초가 되며 채권자 보호 등의 관점에서 사내에 유보시켜야 하는 자산가액의 최저한도를 표시한다.

2. 주식의 종류

주식은 이익배당의 보장 여부와 의결권의 존재 여부에 따라 '보통주식'과 '우선주식' 두 종류로 구분할 수 있다.

▶ 자본금 역시 발행하는 주식의 종류에 따라 보통주 자본금과 우선주 자본금으로 분류된다.

(1) **보통주**

여러 종류의 주식 중 상대적인 의미에서 표준이 되는 주식을 말한다. 보통주주는 주주총회에서 주식 소유비율만큼 의결권을 행사할 수 있으며, 이익배당을 받을 권리가 있다.

(2) **우선주**

보통주에 비하여 특정 사항에 대하여 우선적 지위를 갖는 주식으로 우선권의 내용에 따라 이익배당우선주, 전환우선주, 상환우선주로 구분한다. 그러나 우선주는 자기권리가 침해되지 않는 사항에 대해서는 주주총회에서 행사할 의결권이 없다.

4 신주발행(자본금의 증가) 중요

주식회사는 사업 확장이나 부채상환에 필요한 자금조달을 위해 주식을 발행한다. 신주발행 시 새로 발행한 주식 수에 주당 액면금액을 곱한 만큼 자본금이 증가한다.

주식발행

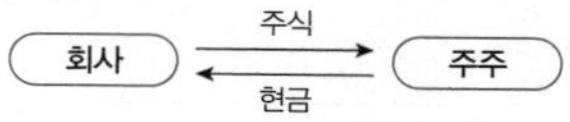

1. 주식의 발행방법

(1) **액면발행(발행금액 = 액면금액)**

주식의 발행금액과 액면금액이 동일한 경우로, 액면금액만큼 자본금이 증가한다.

사례

액면 5,000원인 주식을 5,000원에 발행하였다.

(차) 현금	5,000	(대) 자본금	5,000

(2) **할증발행(발행금액 > 액면금액)**

발행금액을 액면금액보다 크게 발행하는 경우를 말하며, 발행금액이 주식의 액면금액을 초과하는 금액을 자본잉여금에 해당하는 주식발행초과금으로 기록한다. 주식발행초과금은 발행할 때마다 한도 없이 계속 적립할 수 있으며, 다른 자본잉여금과 마찬가지로 회사자본에 전입하거나 이익잉여금 및 기타 자본잉여금 등으로 전보하고도 남는 결손금을 보전하는 목적으로 처분할 수 있다.

주식발행초과금
- 발행금액 – 액면금액
- 자본잉여금에 해당됨

사례

액면 5,000원인 주식을 6,000원에 발행하였다.

(차) 현금	6,000	(대) 자본금	5,000
		주식발행초과금	1,000

(3) **할인발행(발행금액 < 액면금액)**

발행금액을 액면금액보다 작게 발행하는 경우를 말하며, 발행금액이 액면금액보다 작으면 그 미달액은 자본조정에 해당하는 주식할인발행차금으로 기록한다. 주식할인발행차금은 잔액이 차변에 나타나므로 재무상태표에 보고할 때에는 자본에서 차감한다.

주식할인발행차금
- 액면금액 – 발행금액
- 자본조정에 해당됨

사례

액면 5,000원인 주식을 4,000원에 발행하였다.

(차) 현금	4,000	(대) 자본금	5,000
주식할인발행차금	1,000		

(4) 주식발행초과금과 주식할인발행차금의 관계

주식발행초과금은 재무상태표에 그 반대 계정인 주식할인발행차금과 동시에 존재하면 안 된다. 즉, 자본거래의 경우에는 우선상계의 대상이 된다.

예를 들어, 기초재무상태표는 다음과 같다.

재무상태표

2025년 1월 1일

	자본금	5,000
	주식발행초과금	2,000

2025년 3월 1일 회사는 신주를 발행해 대금으로 4,500원을 수령하였고, 액면금액은 5,000원이다. 이를 다음과 같이 회계처리하였다.

(차) 현금	4,500	(대) 자본금	5,000
주식할인발행차금	500		

회계처리 후의 재무상태표를 살펴보면 다음과 같다.

재무상태표

2025년 3월 1일

	자본금	10,000
	주식발행초과금	2,000
	주식할인발행차금	500

이러한 경우 주식발행초과금과 주식할인발행차금이 동시에 재무상태표에 표시되므로 이를 방지하기 위해서 다음과 같이 회계처리를 해야 한다.

(차) 현금	4,500	(대) 자본금	5,000
주식발행초과금	500		

이와 같이 회계처리한 후의 재무상태표를 살펴보면 다음과 같다.

▶ 주식발행초과금과 주식할인발행차금은 발생 순서에 관계없이 우선 상계한다.

재무상태표		
2025년 3월 1일		
	자본금	10,000
	주식발행초과금	1,500

즉, 신주발행이 자본에 미치는 영향은 4,500원으로, 결과적으로 자본이 증가한다.

(5) 신주발행비가 있는 경우

신주발행비란 주식을 발행할 때 발생하는 비용으로 각종 수수료, 인쇄비, 광고비 등을 말한다. 즉, 주주로부터 자본을 조달하면서 지출된 비용이므로 주주가 납입한 총액에서 차감한 잔액을 실질적인 자본조달액으로 보고 주식발행초과금에서 차감하거나 주식할인발행차금에서 가산한다.

2. 현물출자

기업이 자산을 취득하고 그 대가로 주식을 교부하는 것을 현물출자라고 한다. 현물출자에 의해서 자산을 취득할 때에는 제공받은 자산의 공정가치를 주식의 발행금액으로 한다.

사례

공정가치가 1,000,000원인 토지를 액면금액 @5,000원으로 200주 발행하여 매입하였다.

(차) 토지	1,000,000	(대) 자본금	1,000,000

유형문제 1

증자에 관한 회계처리를 하여라. (다음 문제는 상호 독립적이다)

[1] (주)에듀윌은 100주 신주발행(발행금액 @7,000원, 액면금액 @5,000원) 대금을 현금으로 수령하였다.

(차)	(대)

[2] (주)에듀윌은 200주 신주발행(발행금액 @4,500원, 액면금액 @5,000원) 대금이 보통예금으로 입금되었다.

(차)	(대)

[3] (주)에듀윌은 500주 신주발행(발행금액 @6,000원, 액면금액 @5,000) 대금이 보통예금으로 입금되었다. 신주발행비 100,000원은 현금으로 지급하였다.

(차)	(대)

[4] (주)에듀윌은 400주 신주발행(발행금액 @5,000원, 액면금액 @5,000원) 대금을 현금으로 수령하였다. 신주발행비 50,000원은 현금으로 지급하였다.

(차)	(대)

[5] (주)에듀윌은 1주당 액면금액이 5,000원인 보통주 10,000주를 발행하여 토지를 취득하였다. (주)에듀윌은 상장회사로서 증권시장에서 주당 8,000원에 거래되고 있으며 토지의 공정가치는 80,000,000원이다. 현물출자에 관한 회계처리를 하여라.

(차)	(대)

| 정답 |

번호	차변		대변	
[1]	현금	700,000	자본금	500,000
			주식발행초과금	200,000
[2]	보통예금	900,000	자본금	1,000,000
	주식할인발행차금	100,000		
[3]	보통예금	3,000,000	자본금	2,500,000
			주식발행초과금	400,000
			현금	100,000
[4]	현금	1,950,000	자본금	2,000,000
	주식할인발행차금	50,000		
[5]	토지	80,000,000	자본금	50,000,000
			주식발행초과금	30,000,000

5 자기주식 중요

자기주식이란 발행회사가 유통 중인 자사의 주식을 매입해서 소각하지 않고 보유하고 있는 주식을 의미한다. 「상법」에서는 법정자본금을 유지함으로써 채권자를 보호하기 위해 원칙적으로 자기주식의 취득을 금지하고 있으나 주식을 소각하는 경우(합병 또는 영업 전부를 양수하는 경우 등)에는 예외로 한다.

최근 자본시장에서는 회사의 주가 하락을 방지하고 안정된 주가 수준을 유지하기 위하여 자기주식을 취득하기도 하고 스톡옵션(Stock Option)과 같이 전문경영자 등에 대한 보상을 위하여 취득하기도 한다.

1. 자기주식의 취득

자기주식을 취득하는 경우 주주에게 납입자본을 환급하는 것이므로 자본거래에 해당한다. 자기주식의 취득은 유상감자와 성격상으로는 차이가 없으나 주식 자체를 공식적으로 소각하지 않는 점에서 차이가 있다. 자기주식은 자본조정 항목으로 분류하고 자본에서 차감하는 형식으로 보고한다.

자기주식의 취득

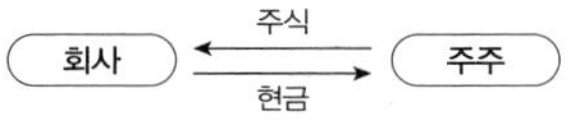

사례

액면 5,000원인 자기주식을 4,000원에 현금으로 매입하였다.

(차) 자기주식	4,000	(대) 현금	4,000

2. 자기주식의 처분

자기주식을 처분하는 것은 주식을 발행하는 것과 경제적인 면에서 차이가 없다. 자기주식의 처분금액이 취득원가보다 높은 경우에는 자본잉여금에 해당하는 자기주식처분이익으로 기록한다. 반대로 자기주식의 처분금액이 취득원가보다 낮은 경우에는 자본조정에 해당하는 자기주식처분손실로 기록하면 된다. 이때, 자기주식처분손실이 발생하는 경우 자기주식처분이익과 먼저 상계한다.

자기주식의 처분

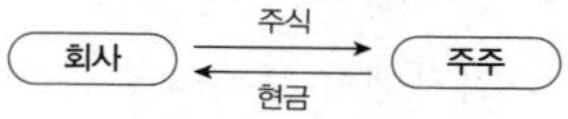

*자기주식 처분 시 처분손실과 처분이익은 상계처리한다.

사례

4,000원에 매입한 자기주식을 6,000원에 처분하였다. (단, 전기이월된 자기주식처분손실 1,000원이 계상되어 있다)

(차) 현금	6,000	(대) 자기주식	4,000
		자기주식처분손실	1,000
		자기주식처분이익	1,000

유형문제 2

자기주식처분에 관한 회계처리를 하여라.

[1] 1월 1일 (주)에듀윌은 자기주식 300주를 처분하고 처분대가는 현금으로 수령하였다. (자기주식 취득원가 @4,000원, 액면금액 @5,000원, 처분금액 @5,500원)

(차)	(대)

[2] 2월 1일 (주)에듀윌은 자기주식 100주를 처분하고 처분대가는 현금으로 수령하였다. (자기주식 취득원가 @6,000원, 액면금액 @5,000원, 처분금액 @5,200원)

(차)	(대)

| 정답 |

번호	차변		대변	
[1]	현금	1,650,000	자기주식	1,200,000
			자기주식처분이익	450,000
[2]	현금	520,000	자기주식	600,000
	자기주식처분이익	80,000		

CH. 06

6 감자(주식소각) 중요

감자(주식소각)

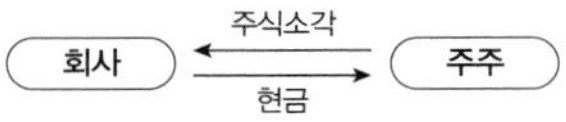

1. 감자의 의의

감자는 자본금을 감소시키는 것으로, 주식을 매입하여 소각하는 경우이다. 즉, 기업의 자산이 실질적으로 사외로 유출되는 자본금의 감소를 말한다.

2. 감자차익

감자에서 주식의 환급금액이 액면금액보다 작으면 자본잉여금에 해당하는 감자차익이 발생한다.

사례

액면 5,000원인 주식을 4,000원에 매입하여 즉시 소각하였다.

(차) 자본금	5,000	(대) 현금	4,000
		감자차익	1,000

3. 감자차손

환급금액이 액면금액보다 크면 자본조정에 해당하는 감자차손이 발생한다. 감자차손은 감자차익과 우선적으로 상계한다.

사례

액면 5,000원인 주식을 6,000원에 매입하여 즉시 소각하였다.

(차) 자본금	5,000	(대) 현금	6,000
감자차손	1,000		

유형문제 3

감자에 관한 회계처리를 하여라.

[1] 1월 1일 (주)에듀윌은 회사주식 200주를 매입하여 소각하였다. 감자대가는 현금으로 지급하였다. (감자대가 @4,000원, 액면금액 @5,000원)

(차)	(대)

[2] 2월 1일 (주)에듀윌은 주식 100주를 매입하여 소각하였다. 감자대가는 보통예금에서 계좌이체하였다. (감자대가 @5,500원, 액면금액 @5,000원)

(차)	(대)

| 정답 |

번호	차변		대변	
[1]	자본금	1,000,000	현금	800,000
			감자차익	200,000
[2]	자본금	500,000	보통예금	550,000
	감자차익	50,000		

7 기타포괄손익누계액 중요

포괄손익이란 일정 기간 동안 주주에 대한 자본거래를 제외한 모든 거래나 사건에서 인식한 자본의 변동을 말한다. 이와 같이 자본거래 이외의 원천에서 발생한 순자산의 변동에서 측정되는 포괄이익은 손익계산서의 당기순손익에 반영되어 이익잉여금에 영향을 미치는 부분과 손익계산서에 반영되지 않고 재무상태표에 직접 포함되는 부분으로 구분된다.

포괄손익 중 손익계산서에 반영되지 않고 재무상태표에 직접 반영되는 부분을 '기타포괄손익'이라고 하는데, 기타포괄손익에는 매도가능증권평가손익, 재평가잉여금, 해외사업환산손익, 현금흐름 위험회피 파생상품평가손익 등이 해당한다.

기타포괄손익의 성격을 이해하기 위해서 그 대표적인 항목인 매도가능증권평가손익을 살펴볼 수 있다. 매도가능증권평가손익은 장기간 투자할 목적으로 보유한 유가증권으로부터 얻은 미실현손익이므로, 기간 내에 처분하여 실현될 가능성이 낮기 때문에 이를 당기순손익에 반영할 경우 당기순손익이 왜곡되어 표시된다. 따라서 매도가능증권평가손익은 기타포괄손익이라는 별도의 자본 항목으로 분류하여 직접 재무상태표 자본에 반영하도록 하고 있다.

기타포괄손익누계액
- 매도가능증권평가손익
- 재평가잉여금
- 해외사업환산손익
- 현금흐름 위험회피 파생상품평가손익

포인트 매도가능증권의 회계 기말 회계처리

매도가능증권은 기말에 공정가치가 있는 경우 공정가치로 평가한다. 단, 공정가치를 신뢰성 있게 측정할 수 없는 경우는 원가로 평가하며 매도가능증권평가손익은 차기 이후에 발생하는 평가손익과 상계하여 회계처리하여야 한다.

[1] 취득의 경우

(주)에듀윌의 주식을 장기투자 목적으로 현금 1,000,000원을 지급하고 구입하다.

(차) 매도가능증권	1,000,000	(대) 현금	1,000,000

[2] 1차연도 기말 공정가치가 1,100,000원인 경우

(차) 매도가능증권	100,000	(대) 매도가능증권평가이익	100,000

[3] 2차연도 기말 공정가치가 900,000원인 경우

(차) 매도가능증권평가이익	100,000	(대) 매도가능증권	200,000
매도가능증권평가손실	100,000		

| 단기매매증권평가손익과 매도가능증권평가손익의 비교

구분	계정	관련 재무제표
단기매매증권평가손익	영업외손익	손익계산서에 반영
매도가능증권평가손익	기타포괄손익누계액	재무상태표에 반영

유형문제 4

다음을 회계처리하여라.

[1] 2025년 1월 1일 장기투자 목적으로 (주)한강의 주식 100주를 주당 100,000원에 취득하였으며, 매입수수료 100,000원을 포함하여 현금으로 지급하였다.

(차)	(대)

[2] 2025년 1월 1일 취득한 상장법인 (주)한강 주식의 2025년 12월 31일 결산일 현재 1주당 공정가치가 120,000원으로 평가된다. 주식이 매도가능증권으로 분류되는 경우 결산일의 회계처리를 하여라.

(차)	(대)

[3] 2025년 1월 1일 취득한 상장법인 (주)한강 주식의 2026년 12월 31일 결산일 현재 1주당 공정가치가 90,000원으로 평가된다. 주식이 매도가능증권으로 분류되는 경우 결산일의 회계처리를 하여라.

(차)	(대)

| 정답 |

번호	차변		대변	
[1]	매도가능증권	10,100,000	현금	10,100,000
[2]	매도가능증권	1,900,000	매도가능증권평가이익	1,900,000
[3]	매도가능증권평가이익	1,900,000	매도가능증권	3,000,000
	매도가능증권평가손실	1,100,000		

8 이익잉여금 중요

1. 이익잉여금의 의의

이익잉여금은 회사의 설립시점부터 현재시점까지 경영활동을 통해 창출한 순이익의 누적액 중에서 배당이나 납입자본으로 대체된 금액을 제외하고 기업 내부에 유보되어 있는 금액이다. 경영활동의 결과 당기순이익은 이익잉여금을 증가시키고 당기순손실은 이익잉여금을 감소시킨다. 이익잉여금은 재무상태표와 손익계산서를 연결시켜 주는 계정이다.

2. 이익잉여금의 구분

이익잉여금은 법정적립금, 임의적립금 및 미처분이익잉여금(또는 미처리결손금)으로 구분하여 표시한다.

(1) 법정적립금

「상법」 및 기타 법률에 의해 강제되는 적립금이다. 「상법」은 기업의 유지와 채권자 보호를 위하여 "주식회사는 그 자본금의 2분의 1에 달할 때까지 매 결산기의 금전에 의한 이익배당액의 10분의 1 이상의 금액을 이익준비금으로 적립하여야 한다."고 규정하고 있다.

또한 현재는 폐지되었지만 과거 「조세특례제한법」에 의하여 일정한 공제나 감면을 받게 되는 경우에는 공제받은 세액과 같은 금액을 기업합리화적립금으로 적립하게 했으며, 상장법인 재무관리규정에서는 재무구조개선적립금에 관한 규정이 있었다.

(2) 임의적립금

이익준비금과 기타 법정적립금과 같이 법령에 의하여 강제적으로 적립되는 것이 아니라 정관이나 주주총회의 결의에 의해서 이익잉여금 중 사내에 유보된 적립금을 의미한다.

예 사업확장적립금, 감채적립금, 배당평균적립금, 결손보전적립금 등

(3) 미처분이익잉여금

회사가 벌어들인 이익 중 배당금을 지급하거나 다른 목적으로 적립한 후 남아 있는 잉여금으로 당기 이익잉여금처분계산서의 처분 전 이익잉여금을 말한다.

(4) 이익잉여금처분계산서(Retained Earnings)

이익잉여금처분계산서

(주)에듀윌 2025년 1월 1일~2025년 12월 31일 (단위: 원)

Ⅰ. 미처분이익잉여금		600,000,000
전기이월미처분이익잉여금	500,000,000	
회계변경의 누적 효과	–	
전기오류수정손익	–	
당기순이익	100,000,000	
Ⅱ. 임의적립금 등의 이입액		
합계		600,000,000
Ⅲ. 이익잉여금처분액		(160,000,000)
현금배당	100,000,000	
주식배당	50,000,000	
이익준비금	10,000,000	
Ⅳ. 차기이월미처분이익잉여금		440,000,000

이익잉여금
- 법정적립금: 상법 또는 기타 법률에 의한 적립금(이익준비금, 재무구조개선적립금)
- 임의적립금: 정관 또는 주주총회의 결의로 유보된 적립금(사업확장적립금, 감채적립금, 결손보전적립금 등)
- 미처분이익잉여금: 아직 이익잉여금 처분이 이루어지지 않은 잉여금

9 배당

회사의 주주에게 올해 이익의 처분 항목으로 배당을 지급하게 된다. 배당은 '현금배당'과 '주식배당'으로 구분하며 당기에 처분할 배당액으로 하되 금전에 의한 배당과 주식에 의한 배당으로 구분하여 기재한다.

1. 현금배당

현금배당은 현금으로 배당금을 지급하는 것으로 일반적인 형태의 배당이다. 「상법」에서는 중간배당의 경우 금전배당에 의해서만 지급하도록 되어 있다.

현금배당

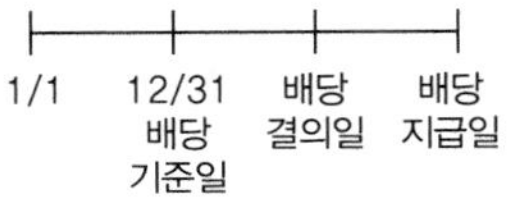

(1) 배당기준일

배당기준일은 배당을 받을 권리가 있는 주주를 결정하는 날이며, 「상법」에서는 배당기준일을 주주명부폐쇄일이라 한다. 이날 이후의 주식을 배당락된 주식이라 하며, 배당기준일은 일반적으로 당해 기업의 결산일이 된다. 배당기준일은 회계처리가 없다.

(2) 배당결의일

배당결의일은 정기주주총회에서 주주들이 배당을 결의하는 날이다. 이날 주주들이 얼마의 배당을 받을 것인지 결의하고 바로 배당을 지급하지 않으므로 다음과 같은 회계처리를 한다.

(차) 미처분이익잉여금	×××	(대) 미지급배당금	×××

(3) 배당지급일

배당지급일은 배당금으로 결의된 금액을 실제로 지급한 날로, 다음과 같은 회계처리를 한다.

(차) 미지급배당금	×××	(대) 현금	×××

2. 주식배당

주식배당은 주식을 발행하여 배당하는 것으로 회사의 순자산이 외부로 유출되지 않으므로 무상증자와 유사하다.

(1) 배당결의일

(차) 미처분이익잉여금	×××	(대) 미교부주식배당금	×××

(2) 배당지급일

(차) 미교부주식배당금	×××	(대) 자본금	×××

다음과 같이 주식배당을 회계학적으로 본다면 이익잉여금이 자본금이 된다.

구분	주식배당 전	효과	주식배당 후
1. 자본금	100		200
2. 자본잉여금	0		0
3. 자본조정	0		0
4. 기타포괄손익누계액	0		0
5. 이익잉여금	100		0

유형문제 5

배당에 관한 회계처리를 하여라.

[1] 금년 3월 10일에 열린 주주총회에서 주식배당 20,000,000원을 결의하다.

(차)	(대)

[2] 금년 3월 10일에 열린 주주총회에서 결의한 주식배당 20,000,000원에 대해 주식배정을 실시하였다. 단, 원천징수세액은 없는 것으로 한다.

(차)	(대)

[3] 주주총회에서 현금배당금 30,000,000원을 지급하기로 결의하다.

(차)	(대)

[4] 주주총회에서 결의한 현금배당금 30,000,000원을 현금으로 지급하였다. 단, 원천징수는 없는 것으로 가정한다.

(차)	(대)

| 정답 |

번호	차변		대변	
[1]	미처분이익잉여금	20,000,000	미교부주식배당금	20,000,000
[2]	미교부주식배당금	20,000,000	자본금	20,000,000
[3]	미처분이익잉여금	30,000,000	미지급배당금	30,000,000
[4]	미지급배당금	30,000,000	현금	30,000,000

10 출자전환

기업의 재무구조 개선방법 중 하나로 채권자인 금융기관이 기업에 대출한 금액의 일부 또는 전부를 해당 기업에 출자해 기업의 주식을 취득하는 것을 말한다. 즉, 채권자인 금융기관이 채무자인 기업에 빌려준 대출금을 주식으로 전환해 기업의 부채를 조정하는 방식을 의미한다.

사례

(주)비전은 장기차입금 10,000,000원에 대하여 채권자인 우리은행에 신주(액면금액 @5,000원) 2,000주를 발행하여 주다. 신주발행일 (주)비전의 주식 공정가치는 5,000원이다.

(차) 장기차입금	10,000,000	(대) 자본금	10,000,000

Keyword로 빠르게 체크하는 핵심 이론

1 자본

1. **타인자본**: 부채 또는 채권자 지분
2. **자기자본(순자산)**: 자본 또는 소유주 지분

2 신주발행

신주를 발행하면 새로 발행한 발행주식 수에 주당 01 _______ 을 곱한 만큼 자본금이 증가함

1. **액면발행**: 발행금액 = 액면금액
2. **할증발행**: 발행금액 > 액면금액
3. **할인발행**: 발행금액 < 액면금액

3 자기주식

발행회사가 유통 중인 자사의 주식을 매입해서 소각하지 않고 보유하고 있는 주식

1. 자기주식의 취득

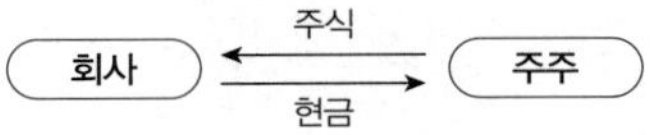

2. 자기주식의 처분

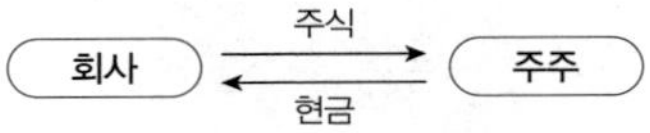

4 감자

자본금을 02 _______ 시키는 것

1. **감자차익**: 주식의 환급금액 < 액면금액
2. **감자차손**: 주식의 환급금액 > 액면금액

5 기타포괄손익누계액

1. **의의**: 포괄손익(일정 기간 동안 주주에 대한 자본거래를 제외한 모든 거래나 사건에서 인식한 자본의 변동) 중 재무상태표에 직접 반영되는 부분을 기타포괄손익이라 함
2. 기타포괄손익의 종류
   - 매도가능증권평가손익
   - 재평가잉여금
   - 해외사업환산손익
   - 현금흐름 위험회피 파생상품평가손익

6 이익잉여금

1. **법정적립금**: 상법, 기타 법률에 의한 적립금(이익준비금, 재무구조개선적립금)
2. **임의적립금**: 정관, 주주총회의 결의로 유보된 적립금(사업확장적립금, 감채적립금, 결손보전적립금 등)
3. 03 _______ : 아직 이익잉여금 처분이 이루어지지 않은 잉여금

정답

01 액면금액　　02 감소　　03 미처분이익잉여금

기출 & 확인 문제

맞은 개수	개/총 23문항
복습 여부	YES / NO

ERP 22' 6회 ERP 회계 2급

01 다음 중 재무제표상 자본에 해당하지 않는 것은?

① 자본조정 ② 자본잉여금
③ 장기성 예금 ④ 기타포괄손익누계액

전산 21' 94회 전산회계 1급

02 다음 자본의 분류 중 그 성격이 다른 것은?

① 매도가능증권평가손실 ② 자기주식
③ 감자차손 ④ 주식할인발행차금

전산 22' 102회(특별) 전산회계 1급

03 다음의 자본 항목 중 성격이 다른 하나는?

① 자기주식 ② 감자차익
③ 자기주식처분이익 ④ 주식발행초과금

전산 22' 102회 전산회계 2급

04 다음 설명에 해당하는 계정과목으로 옳은 것은?

주로 기업주가 개인적으로 소비하는 것을 말하며, 개인기업의 자본금 계정에 대한 평가 계정으로 자본금 계정을 대신하여 사용되는 임시 계정이다. 또한 기말 결산 시 자본금 계정에 대체한다.

① 인출금
② 예수금
③ 미지급비용
④ 선수금

전산 22' 101회(특별) 전산회계 1급

05 다음 자본의 분류 항목 중 나머지 셋과 성격이 다른 계정과목을 고르시오.

① 자기주식처분이익
② 주식발행초과금
③ 감자차익
④ 이익준비금

정답 및 해설

01 ③ 장기성 예금과 같은 장기금융상품은 투자자산에 해당한다.

02 ① 매도가능증권평가손익은 기타포괄손익누계액이지만 나머지는 자본조정에 해당한다.

03 ① 자기주식은 자본조정(차감 항목)에 해당하며, 감자차익, 자기주식처분이익, 주식발행초과금은 모두 자본잉여금에 해당한다.

04 ① 기업주가 기업의 현금, 상품 등을 개인적으로 소비하는 것을 인출이라고 한다. 기업주가 개인적으로 사용할 목적으로 자금을 인출하는 경우 차변에 인출금 계정을 기입했다가 기말 결산 시 자본금 계정에 대체한다.

05 ④ 이익준비금은 이익잉여금에 해당하며, 자기주식처분이익, 주식발행초과금, 감자차익은 모두 자본잉여금에 해당한다.

06 자본증자를 위해 액면 5,000원의 주식을 6,000원에 발행하고 대금은 전액 현금으로 수취하였다. 올바르게 분개된 것은?

① (차) 현금	6,000	(대) 자본금	6,000
② (차) 현금	6,000	(대) 자본금	5,000
		주식발행초과금	1,000
③ (차) 현금	5,000	(대) 자본금	5,000
④ (차) 현금	6,000	(대) 자본금	5,000
		주식할인발행차금	1,000

07 자기주식을 구입금액보다 낮게 처분하여 발생하는 부분은 재무상태표상 자본 항목 중 어디에 표시되는가?

① 자본금
② 자본잉여금
③ 자본조정
④ 기타포괄손익누계액

08 다음 거래의 분개 시 (가)와 (나)에 들어갈 계정과목이 바르게 연결된 것은?

> 사업 규모를 축소하기 위하여 1주당 액면금액 10,000원의 주식 100주를 1주당 9,000원에 현금을 지급하고 매입하여 소각하다.
> (차) (가) 1,000,000 (대) 현금 900,000
> (나) 100,000

	(가)	(나)
①	자본금	감자차익
②	자본금	자기주식처분이익
③	자기주식	감자차익
④	자기주식	자기주식처분이익

ERP | 22' 1회 ERP 회계 2급

09 **다음은 자본의 구성요소에 관한 설명이다. 가장 옳지 않은 것은?**

① 자본금은 주식의 액면금액이 아닌 발행 시 총납입금액으로 계상한다.
② 자본잉여금은 자본거래로 인한 자본의 증가분으로 주식발행초과금, 감자차익 등이 있다.
③ 이익잉여금은 손익거래에서 벌어들인 이익 중 배당 등으로 유출되지 않고 사내에 남아 있는 것이다.
④ 자본조정에는 주식할인발행차금, 감자차손 등이 있다.

전산 | 21' 95회 전산회계 1급

10 **다음 자료를 바탕으로 자본조정의 금액을 계산하면 얼마인가? (단, 각 계정과목은 독립적이라고 가정함)**

• 감자차손	200,000원	• 주식발행초과금	600,000원
• 자기주식처분이익	300,000원	• 자기주식	400,000원

① 600,000원
② 900,000원
③ 950,000원
④ 1,000,000원

정답 및 해설

06 ② 발행금액이 액면금액보다 큰 할증발행의 경우, 발행금액이 주식의 액면금액을 초과하는 만큼의 금액을 자본잉여금에 속하는 주식발행초과금으로 기록한다.

07 ③ 자기주식을 구입금액보다 낮게 처분한 경우에는 자기주식처분손실이 발생하며, 이는 자본조정에 해당한다.

08 ① 주식을 소각하므로 차변에 자본금의 감소가 나타나고, 주식 1,000,000원을 현금 900,000원으로 소각하므로 대변에는 감자차익 100,000원을 기입한다.

09 ① 자본금은 발행금액이 아닌 발행주식 액면금액의 합계액으로 계상한다.

10 ① 자본조정: 감자차손 200,000원+자기주식 400,000원=600,000원

ERP 24' 1회 ERP 회계 1급

11 **[보기]의 상황을 기업회계기준에 따라 회계처리할 때 발생하는 계정과목으로 가장 적절하지 않은 것은?**

> [보기]
> (주)생산의 상장주식 20주를 1주당 50,000원에 취득하고, 대금은 수표를 발행하여 지급하고 거래수수료 50,000원을 포함하여 보통예금 계좌에서 이체하여 지급하였다. 해당 주식은 장기투자를 목적으로 보유하는 것으로 가정한다.

① 당좌예금
② 보통예금
③ 매도가능증권
④ 단기매매증권

ERP 23' 3회 ERP 회계 2급

12 **[보기]를 참고할 때, (주)생산성의 주식발행으로 인해 발생한 주식발행초과금은?**

> [보기]
> (주)생산성은 액면가액 5,000원인 보통주 100주를 주당 11,000원에 발행하였다. 발행대금은 전액 당좌예금에 입금하였고, 주식인쇄 등 주식발행과 직접 관련된 비용 20,000원을 현금으로 지급하였다.

① 480,000원
② 500,000원
③ 580,000원
④ 600,000원

ERP 23' 5회 ERP 회계 2급

13 **[보기]의 내용을 회계 처리할 경우 차변 계정과목 금액으로 적절한 것은?**

> [보기]
> 유가증권시장에 상장되어 있는 주식 1,000주를 1주당 6,000원(액면금액 5,000원)에 취득하고, 거래수수료 100,000원을 지급하였다(회사는 주식을 장기보유목적으로 취득하였다).

① (계정과목) 단기매매증권 (금액) 5,000,000원
② (계정과목) 단기매매증권 (금액) 6,000,000원
③ (계정과목) 매도가능증권 (금액) 5,100,000원
④ (계정과목) 매도가능증권 (금액) 6,100,000원

전산 | 22' 103회 전산회계 1급

14 **다음 중 자본에 대한 설명으로 가장 옳지 않은 것은?**

① 자본은 기업의 자산에서 모든 부채를 차감한 후의 잔여지분을 의미한다.
② 잉여금은 자본거래에 따라 이익잉여금, 손익거래에 따라 자본잉여금으로 구분한다.
③ 주식의 발행금액 중 주권의 액면을 초과하여 발행한 금액을 주식발행초과금이라 한다.
④ 주식으로 배당하는 경우 발행주식의 액면금액을 배당액으로 하여 자본금의 증가와 이익잉여금의 감소로 회계처리한다.

CH. 06

15 **다음 중 이익잉여금처분계산서에 나타나지 않는 항목은?**

① 이익준비금　　② 임의적립금
③ 주식배당　　④ 자본잉여금

정답 및 해설

11 ④ 유가증권은 취득한 후에 만기보유증권, 단기매매증권, 그리고 매도가능증권 중 한 가지로 분류하여야 한다. 해당 주식은 장기투자의 목적으로 보유하므로 단기매매증권 회계처리는 적절하지 않다.

12 ③ 주식발행으로 인해 발생한 주식발행초과금: (차) 현금 1,080,000원 – (대) 자본금 500,000원 = 580,000원

13 ④ 장기보유목적으로 취득하였으므로 매도가능증권이며, 매도가능증권의 거래수수료는 취득원가에 가산한다(단기매매증권의 거래수수료는 당기비용으로 처리한다).
• (금액): (1,000주 × 6,000원) + 100,000원 = 6,100,000원

14 ② 잉여금은 자본거래에 따라 자본잉여금, 손익거래에 따라 이익잉여금으로 구분한다.

15 ④ 자본잉여금 항목은 재무상태표에 표시한다.

전산 | 22' 100회(특별) 전산회계 1급

16 **다음의 유가증권 관련 거래가 (주)한세의 당기순이익에 미치는 영향으로 옳은 것은?**

> (주)한세는 2025년 10월 1일 (주)한공의 주식을 주당 20,000원에 100주를 취득하고 매도가능증권으로 분류하였다. 주식 취득 시 20,000원의 수수료가 발생했으며, 2025년 말 현재 동 주식의 공정가치는 주당 22,000원이다.

① 당기순이익 0원 증가
② 당기순이익 20,000원 감소
③ 당기순이익 180,000원 증가
④ 당기순이익 200,000원 증가

전산 | 22' 105회 전산회계 2급

17 **다음 거래에서 개인기업의 자본금 계정에 영향을 미치지 않는 거래는?**

① 현금 1,000,000원을 거래처에 단기대여하다.
② 사업주가 단기대여금 1,000,000원을 회수하여 사업주 개인 용도로 사용하다.
③ 결산 시 인출금 계정의 차변 잔액 1,000,000원을 정리하다.
④ 사업주의 자택에서 사용할 에어컨 1,000,000원을 회사 자금으로 구입하다.

18 **주식발행회사의 입장에서 주식배당으로 인한 효과로 가장 적절한 것은?**

① 자본 총액이 주식배당액만큼 감소하며, 회사의 자산도 동액만큼 감소한다.
② 미지급배당금만큼 부채가 증가한다.
③ 자본금은 증가하지만 이익잉여금은 감소한다.
④ 주식배당은 배당으로 인한 회계처리가 불필요하므로 자본 항목 간의 변동도 없다.

전산 | 22' 105회 전산회계 1급

19 **다음의 자본 항목 중 기타포괄손익누계액에 해당하는 것은?**

① 매도가능증권평가손익
② 감자차손
③ 자기주식
④ 주식할인발행차금

ERP | 23' 4회 ERP 회계 2급

20 **다음 자본조정 항목 중 성격이 다른 하나는?**

① 감자차손
② 자기주식
③ 자기주식처분손실
④ 미교부주식배당금

정답 및 해설

16 ① 매도가능증권 취득 관련 비용은 매도가능증권의 취득원가에 가산하며, 평가차익은 기타포괄손익누계액에 반영된다. 따라서 당기순이익에 영향을 미치지 않는다.

17

① (차) 단기대여금	1,000,000원	(대) 현금	1,000,000원
② (차) 자본금(인출금)	1,000,000원	(대) 단기대여금	1,000,000원
③ (차) 자본금	1,000,000원	(대) 인출금	1,000,000원
④ (차) 자본금(인출금)	1,000,000원	(대) 현금	1,000,000원

18 ③ 주식배당의 효과로 자본금이 증가하며, 이익잉여금은 감소한다.

19 ① 감자차손, 자기주식, 주식할인발행차금은 자본조정 항목에 해당한다.

20 ④ • 자본 차감 계정: 자기주식, 감자차손, 자기주식처분손실, 주식할인발행차금
• 자본 가산 계정: 미교부주식배당금, 주식매수선택권, 신주청약증거금

전산 23' 109회 전산회계 1급

21 (주)한국상사의 2025년 1월 1일 자본금은 50,000,000원(발행주식 수 10,000주, 1주당 액면금액 5,000원)이다. 2025년 10월 1일 1주당 6,000원에 2,000주를 유상증자하였을 경우, 2025년 기말 자본금은 얼마인가?

① 12,000,000원 ② 50,000,000원

③ 60,000,000원 ④ 62,000,000원

전산 23' 111회 전산회계 1급

22 다음 중 자본에 대한 설명으로 옳지 않은 것은?

① 자본금은 발행주식수에 액면가액을 곱한 금액이다.

② 주식발행초과금과 감자차익은 자본잉여금이다.

③ 자본조정에는 주식할인발행차금, 감자차손 등이 있다.

④ 주식배당과 무상증자는 순자산의 증가가 발생한다.

전산 23' 108회 전산회계 1급

23 자기주식을 취득가액보다 낮은 금액으로 처분한 경우, 다음 중 재무제표상 자기주식의 취득가액과 처분가액의 차액이 표기되는 항목으로 옳은 것은?

① 영업외비용 ② 자본잉여금

③ 기타포괄손익누계액 ④ 자본조정

정답 및 해설

21 ③ 기말 자본금: 기초 자본금 50,000,000원+(2,000주×액면금액 5,000원)=60,000,000원

22 ④ 주식배당과 무상증자는 순자산의 증가가 발생하지 않는다.

23 ④ 자기주식을 취득가액보다 낮은 금액으로 처분한 경우 취득가액과 처분가액의 차액은 자기주식처분손실로 표기되며, 이는 자본조정 항목이다.

잘 시작하는 것은 중요합니다.
잘 마무리하는 것은 더 중요합니다.

– 조정민, 『사람이 선물이다』, 두란노

CHAPTER 07

손익계산서 및 재무제표 결산

핵심키워드
• 손익계산서 • 수익인식
• 재무제표 작성기준
• 기말수정분개 • 마감

1회독 2회독 3회독

01 수익과 비용 및 재무제표 작성기준

1 수익(Revenues) · 비용(Expenses)의 의의

1. 수익

수익은 주요 경영활동으로서 재화의 판매, 용역의 제공 등에 따른 경제적 효익의 유입을 의미한다. 이는 자산의 증가 또는 부채의 감소 및 그 결과에 따른 자본의 증가로 나타난다.

2. 비용

비용은 주요 경영활동으로서 재화의 판매, 용역의 제공 등에 따른 경제적 효익의 유출을 의미한다. 이는 자산의 감소 또는 부채의 증가 및 그 결과에 따른 자본의 감소로 나타난다.

2 손익계산서(I/S; Income Statement) 중요

일정 기간 동안 기업의 경영성과를 나타내는 동태적 재무제표로 기업의 이익창출능력에 관한 정보와 경영자의 수탁책임 및 경영성과에 관한 정보를 제공한다.
손익계산서 양식은 보고식 손익계산서만 인정되며, 계정식 손익계산서는 다음과 같이 작성하나 일반기업회계기준에서는 인정되지 않고 있다.

계정식 손익계산서

(주)에듀윌 제1기 2025년 1월 1일~2025년 12월 31일 (단위: 원)

매출원가	50,000	매출액	100,000
영업외비용	5,000	영업외수익	10,000
판매비와 관리비	10,000		
법인세비용	15,000		
당기순이익	30,000		
계	110,000	계	110,000

보고식 손익계산서는 중단사업이 있는 경우와 없는 경우 재무제표 작성 방식에 차이가 있다. 중단사업이 생긴 경우는 경상(계속·반복)적으로 발생하는 것이 아니므로 나누어 작성하여 예측가능성을 향상시키면 정보이용자의 의사결정에 도움이 된다.

보고식 손익계산서

(주)에듀윌 제1기 2025년 1월 1일~2025년 12월 31일 (단위: 원)

일반적인 경우	중단사업손익이 있는 경우
Ⅰ. 매출액	Ⅰ. 매출액
Ⅱ. (매출원가)	Ⅱ. (매출원가)
Ⅲ. 매출총이익	Ⅲ. 매출총이익
Ⅳ. (판매비와 관리비)	Ⅳ. (판매비와 관리비)
Ⅴ. 영업이익	Ⅴ. 영업이익
Ⅵ. 영업외수익	Ⅵ. 영업외수익
Ⅶ. (영업외비용)	Ⅶ. (영업외비용)
Ⅷ. 법인세 차감 전 순이익	Ⅷ. 법인세 차감 전 계속사업순손익
Ⅸ. (법인세비용)	Ⅸ. (계속사업손익 법인세비용)
Ⅹ. 당기순이익	Ⅹ. 계속사업손익
	Ⅺ. 중단사업손익
	Ⅻ. 당기순이익

3 판매비와 관리비 및 영업외비용

판매비와 관리비	영업외비용
영업과 관련 있는 비용	영업과 관련 없는 비용
급여, 퇴직급여, 복리후생비, 여비교통비, 교육훈련비, 도서인쇄비, 통신비, 소모품비, 수도광열비, 세금과공과, 임차료, 감가상각비, 무형자산상각비, 수선비, 차량유지비, 보험료, 기업업무추진비, 광고선전비, 보관료, 견본비, 포장비, 연구비, 경상개발비, 판매수수료, 운반비, 대손상각비 등	이자비용, 단기매매증권처분손실, 단기매매증권평가손실, 기부금, 유형자산처분손실, 재해손실, 기타의 대손상각비, 외화환산손실, 외환차손 등

판매비와 관리비 vs. 영업외비용

- 판매비와 관리비: 영업 관련 비용
- 영업외비용: 영업 무관 비용

4 수익인식 조건

1. 수익인식의 의의

수익의 인식이란 수익의 발생시점에 관한 것으로 수익이 귀속되는 회계기간을 결정하는 것이다. 수익의 인식과 측정에 있어서는 발생주의에 따라 일정한 요건을 설정하여 이 요건이 충족된 시점에서 수익이 발생하였다고 보아 수익을 인식하는데, 이를 실현주의(Realization Basis)라고 한다. 여기서 실현주의란 제품·상품 등을 판매하는 경우 수익획득과정이 완료됨과 동시에 구매자로부터 유입되는 돈 받을 권리가 확정되는 시점을 말한다.

2. 수익인식기준의 구체적 적용 중요

(1) 재화의 공급

재화의 공급이란 상품 혹은 제품 등을 판매하는 업종의 매출에 해당하며 다음 조건이 모두 충족될 때 인식한다.

① 재화의 소유에 따른 유의적인 위험과 보상이 구매자에게 이전된다.

② 판매자는 판매한 재화에 대하여 소유권이 있을 때 통상적으로 행사하는 정도의 관리나 효과적인 통제를 할 수 없다.

③ 수입금액을 신뢰성 있게 측정할 수 있다.

④ 경제적 효익의 유입가능성이 매우 높다.

⑤ 거래와 관련하여 발생했거나 발생할 거래원가와 비용을 신뢰성 있게 측정할 수 있다.

> **재화의 공급**
> - 원칙: 재화의 인도시점
> - 예외
>   - 위탁판매: 수탁자가 재화를 판매한 때
>   - 시용판매: 소비자가 매입의사를 표시한 때

(2) 용역의 공급

용역의 공급이란 서비스업을 하는 업종의 매출에 해당한다.

> **용역의 공급**
> - 원칙: 진행기준에 의해 수익을 인식
> - 예외: 비상장 중소기업의 단기건설용역의 경우 완성기준 가능

(3) 이자 · 배당금 · 로열티수익

다음 조건을 모두 충족시키는 경우에 각각의 회계기간 중에 인식한다.

① 수입금액을 신뢰성 있게 측정할 수 있다.

② 경제적 효익의 유입 가능성이 매우 높다.

(4) 주요 수익의 인식시기

① **반품조건부판매**: 반품금액을 합리적으로 추정할 수 있는지 여부에 따라 수익의 인식이 달라진다.

반품예상액을 합리적으로 추정할 수 있는 경우	제품의 인도시점에 수익을 인식하고 반품예상액은 수익에서 차감
반품예상액을 합리적으로 추정할 수 없는 경우	구매자가 재화의 인수를 공식적으로 수락한 시점 또는 재화가 인도된 후 반품기간이 종료된 시점에 수익을 인식

② **할부판매**: 상품이나 제품을 판매하고 판매대금은 분할하여 회수하는 조건인 판매형태이다. 할부판매의 경우 수익인식은 장 · 단기 구분 없이 재화가 인도되는 시점에 인식한다.

③ **상품권**: 상품권의 수익은 상품권을 회사가 회수한 때 인식한다.

상품권을 발행할 때	상품권을 발행하는 시점에 회사에는 현금이 유입되고 선수금 계정으로 처리
상품권을 회수할 때	상품권을 회수하는 시점에 수익을 인식하며, 이때가 재고자산이 인도되는 시점
상품권의 잔액을 환급할 때	물품판매 후 잔액을 환급하여 주는 때에 선수금과 상계
상품권의 소멸시효를 완성할 때	상품권의 「상법」상의 소멸시효가 완성된 경우에는 잔액을 전부 영업외수익(잡이익)으로 처리

④ **설치 및 검사조건부 판매**: 구매자에게 재화가 인도되어 설치와 검사가 완료되었을 때 수익을 인식한다.

⑤ 기타 주요 수익의 인식시기

매출의 분류	수익의 인식시기
방송사의 광고수익	광고를 대중에게 전달하는 시점
광고제작 용역수익	제작기간 동안 진행기준 적용
공연입장료	행사가 개최되는 시점
수강료	강의기간 동안 발생기준 적용

유형문제 1

다음 사항을 회계처리하여라.

[1] 신세계백화점은 제품을 교환할 수 있는 상품권(1장당 10,000원) 300장을 시중에 판매하고 현금 3,000,000원을 획득하였다.

(차)	(대)

[2] 고객에게 2,850,000원의 상품을 판매하고, 상품권(1장당 10,000원) 290장을 회수하였다. 차액은 현금으로 돌려주었다.

(차)	(대)

[3] 상품권(1장당 10,000원) 10장은 소멸시효가 완성되었다.

(차)	(대)

| 정답 |

번호	차변		대변	
[1]	현금	3,000,000	선수금	3,000,000
[2]	선수금	2,900,000	상품매출	2,850,000
			현금	50,000
[3]	선수금	100,000	잡이익	100,000

CH. 07

5 재무제표의 작성기준

1. 재무상태표의 작성기준

(1) 자산, 부채, 자본의 구분표시

재무상태표는 자산, 부채 및 자본으로 구분하고, 자산은 유동자산 및 비유동자산으로, 부채는 유동부채 및 비유동부채로, 자본은 자본금, 자본잉여금, 자본조정, 기타포괄손익누계액 및 이익잉여금으로 구분표시한다.

(2) 자산, 부채, 자본의 총액표시

자산, 부채 및 자본은 총액에 의하여 기재함을 원칙으로 하고, 자산의 항목과 부채 또는 자본의 항목을 상계함으로써 그 전부 또는 일부를 재무상태표에서 제외하여서는 안 된다.

(3) 1년 기준 또는 정상영업주기

자산과 부채는 보고기간 종료일부터 1년 또는 정상영업주기를 기준으로 하여 유동자산 또는 비유동자산, 유동부채 또는 비유동부채로 구분하는 것을 원칙으로 한다. 정상영업주기는 영업활동을 위한 자산의 취득시점부터 그 자산이 현금화되는 데 소요되는 기간으로, 정상영업주기를 명확히 식별할 수 없을 때에는 1년으로 추정한다.

(4) 유동성 배열기준

재무상태표에 기재하는 자산과 부채의 항목배열은 유동성 배열법에 의함을 원칙으로 한다. 즉, 유동성이 높은 계정부터(현금화가 쉬운 것부터) 차례대로 배열하여야 한다.

(5) 자본잉여금과 이익잉여금의 구분표시

자본거래에서 발생한 자본잉여금과 손익거래에서 발생한 이익잉여금을 혼동하여 표시하여서는 안 된다.

(6) 미결산 항목 및 비망기록 표시금지

가지급금 또는 가수금 등의 미결산 항목은 그 내용을 나타내는 적절한 과목으로 표시하고, 비망 계정은 재무상태표의 자산 또는 부채 항목으로 표시하여서는 안 된다.

재무상태표의 작성기준
- 자산, 부채, 자본의 구분표시
- 자산, 부채, 자본의 총액표시
- 1년 기준 또는 정상영업주기
- 유동성 배열기준
- 자본잉여금과 이익잉여금의 구분표시
- 미결산 항목 및 비망기록 표시금지

2. 손익계산서의 작성기준

(1) 발생주의

'현금주의'란 현금을 수취한 시점에서 그 금액을 수익으로 인식하고, 현금을 지출한 시점에서 그 금액을 비용으로 인식하는 방법이다. 반면에 '발생주의'란 현금의 수취 및 지출 그 자체보다는 근원적으로 현금의 수입과 지출을 일어나게 하는 경제적 사건이 발생했을 때 발생 사실에 따라 수익과 비용을 인식하는 방법이다.

손익계산서의 작성기준
- 발생주의
- 실현주의
- 수익·비용 대응의 원칙
- 총액주의
- 구분계산의 원칙

(2) **실현주의**

'실현주의'란 수익창출활동이 완료되거나 실질적으로 거의 완료되고 수익획득과정으로 인한 현금수입을 큰 오차없이 합리적으로 측정할 수 있을 때 수익을 인식하는 것이다. 발생주의에 의해 수익과 비용을 인식하는 것이 기업회계의 대전제가 되기는 하지만, 구체적으로 수익을 인식함에 있어서는 실현주의를 채택하고 있다.

(3) **수익 · 비용 대응의 원칙**

수익 · 비용 대응의 원칙이란 성과와 노력 간의 인과관계를 연결시키고자, 수익을 창출하기 위해 발생한 비용을 관련 수익이 인식되는 기간에 인식하는 것이다. 즉, 수익 · 비용 대응의 원칙이란 비용인식의 원칙을 말한다.

(4) **총액주의**

수익과 비용을 총액으로 기재한다.

(5) **구분계산의 원칙**

손익계산서는 매출액, 매출원가, 매출총손익, 판매비와 관리비, 영업손익, 영업외수익, 영업외비용, 법인세비용 차감 전 순손익, 법인세비용, 당기순손익으로 구분되어 계산된다. 이때 구분표시의 원칙이 아니라는 점에 주의해야 한다.

+ 재무제표 작성과 표시의 일반 원칙

- 계속기업의 가정에 의한 작성
- 재무제표의 작성책임과 공정한 표시
- 재무제표 항목의 구분과 통합표시
- 비교재무제표의 작성
- 재무제표 항목의 표시와 분류의 계속성
- 재무제표의 양식

02 결산의 의의와 기말수정분개

1 결산의 의의

1. 결산의 개념

기업은 회계기간 동안 거래가 발생하면 이를 거래의 8요소에 따라 분개장에 분개한 후 총계정원장에 전기해 놓았다가 회계연도 말이 되면 회계정보를 종합적으로 정리하여 재무상태표와 손익계산서를 작성한다. 즉, '결산'이란 회계기간 동안 발생한 자산, 부채, 자본의 변동내용과 그 결과물을 종합해서 재무상태표와 손익계산서를 만드는 과정이라고 할 수 있다.

2. 회계순환과정

기업이 수행하는 회계기간 중 회계처리와 결산과정은 다음과 같다.

+ 회계의 순환과정

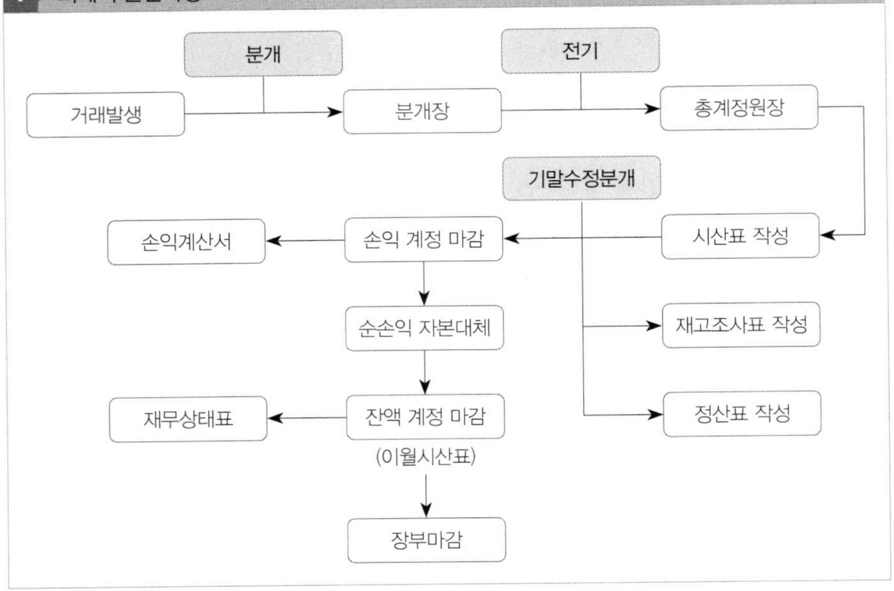

회계기간 말이 되면 결산을 수행하는데, 결산을 위해서는 우선 수정 전 시산표를 작성해서 회계기간 중에 수행한 분개와 전기에 오류가 없는지 확인하고 기말수정분개를 추가적으로 총계정원장에 반영한 후, 수정 후 시산표를 작성하고 장부를 마감하게 된다. 이후 수정 후 시산표를 기초로 재무상태표와 손익계산서를 작성하는 것으로 회계순환과정이 마무리된다.

회계순환과정

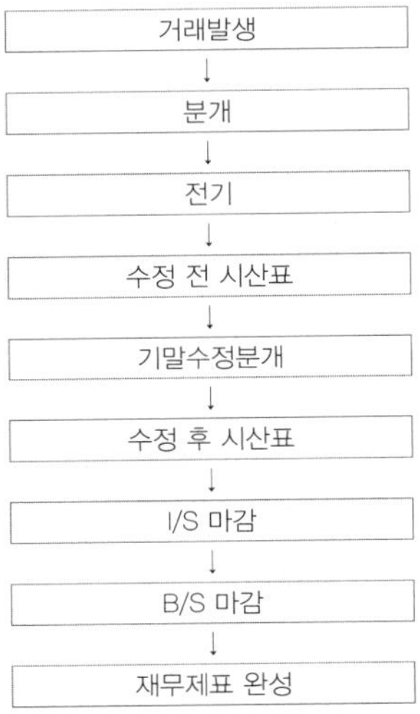

2 기말수정분개

회계연도 말에 재무상태표와 손익계산서를 작성하기에 앞서 총계정원장의 계정 잔액과 실제 계정 잔액이 일치하지 않는 경우 이를 일치하도록 분개를 해야 하는데 이를 기말수정분개라고 한다.

비용이나 수익 항목 중에는 미리 주거나 미리 받음으로써 장부상의 기록과 실제 당기분으로 포함해야 할 수익이나 비용이 일치하지 않는 항목이 있다.

결국, 총계정원장의 계정 잔액을 정확하게 실제 계정 잔액으로 만들기 위해서는 기말수정분개가 필요한 것이다.

1. 소모품 중요

소모품이란 쓰는 대로 닳아 없어지는 물품으로 문방구, 사무용품 등을 말한다. 소모품 중에서 당기사용분은 소모품비(비용)로 계상하여야 하고, 미사용분은 소모품(자산)으로 계상하여야 한다. 소모품 구입 시에 어떠한 처리를 하였느냐에 따라서 두 가지의 결산분개가 가능하다.

소모품

- 사용분: 비용
- 미사용분: 자산

구입 시 처리	기말수정분개
자산	사용한 것만큼 비용으로 인식하고 그만큼 소모품을 감소시킨다. (차) 소모품비 ××× (대) 소모품 ×××
비용	사용하지 않은 것만큼 비용을 소멸시키고 그만큼 소모품을 증가시킨다. (차) 소모품 ××× (대) 소모품비 ×××

유형문제 2

기말수정분개를 하여라.

[1] 본사 사무실에서 구입하여 사용하던 소모품 1,000,000원 중 미사용 잔액은 200,000원이다. (구입 시 비용처리)

(차)	(대)

[2] 소모품(1,000,000원)에 계상되어 있는 금액 중 미사용액은 650,000원이다.

(차)	(대)

| 정답 |

번호	차변		대변	
[1]	소모품	200,000	소모품비	200,000
[2]	소모품비	350,000	소모품	350,000

2. 수익과 비용의 이연

구분	내용
비용의 이연	이미 현금으로 지급한 비용 중 결산일 현재 사용 또는 소비되지 않은 비용은 자산으로 계상하고 차기에 이연시킨다.
수익의 이연	이미 현금으로 받은 수익 중 결산일 현재 실현되지 않은 수익은 부채로 계상하고 차기로 이연시킨다.

(1) 선급비용(자산) 중요

선급비용이란 현금은 지출되었으나 다음 연도의 비용에 해당하는 금액을 말한다. 즉, 이미 현금을 지급하고 비용으로 계상하였지만 결산일 현재 일부가 사용 또는 소비되지 않은 경우가 비용의 이연에 해당된다. 결산일까지 비용화되지 않은 부분에 대해서는 자산 계정인 선급비용으로 수정하여 차기로 이연시켜야 한다. 선급비용은 차기에 사용 또는 소비될 때 비용으로 대체된다.

선급비용
- 기간경과분: 비용
- 기간미경과분: 자산

구입 시 처리	기말수정분개
자산(선급비용)	결산일에 소비된 부분만큼 자산(선급비용)을 감소시키고 그만큼 비용을 발생시킨다. (차) 비용 계정 ××× (대) 선급비용 ×××
비용	결산일에 소비되지 않은 부분만큼 자산(선급비용)을 증가시키고 그만큼 비용을 소멸시킨다. (차) 선급비용 ××× (대) 비용 계정 ×××

유형문제 3

기말수정분개를 하여라.

[1] 3월 1일에 (주)에듀윌은 아래의 보험료를 지급하고, 전액 선급비용 계정으로 회계처리하였다.

- 보험회사: (주)교보
- 보험가입대상: 회계팀에서 사용하는 컴퓨터 및 서버
- 보험적용기간: 2025년 3월 1일~2026년 2월 28일
- 보험금납입액: 6,000,000원
- 월할계산한다.

(차)	(대)

[2] 판매비와 관리비 중 보험료 2,400,000원은 전액 본사 화재보험료(보험기간: 2025년 9월~2026년 8월)이다.

(차)	(대)

| 정답 |

번호	차변		대변	
[1]	보험료	5,000,000*1	선급비용	5,000,000
[2]	선급비용	1,600,000	보험료	1,600,000*2

*1 6,000,000원×10개월/12개월=5,000,000원
*2 2,400,000원×8개월/12개월=1,600,000원

(2) 선수수익(부채) 중요

선수수익이란 이미 현금을 받은 금액 중에서 당기수익이 아니고 다음 연도 수익에 속하는 부분을 말한다. 즉, 현금을 미리 받고 수익으로 계상하였지만 결산일 현재 일부의 수익이 실현되지 않은 경우가 수익의 이연에 해당된다. 결산일까지 수익이 실현되지 않은 부분에 대해서는 부채 계정인 선수수익으로 수정하여 차기로 이연시켜야 한다. 선수수익은 선급비용과 상대적인 계정이다.

선수수익
- 기간경과분: 수익
- 기간미경과분: 부채

수령 시 처리	기말수정분개
부채 (선수수익)	결산일 현재 실현된 부분만큼 부채(선수수익)를 감소시키고 그만큼 수익을 발생시킨다. (차) 선수수익 ×××　(대) 수익 계정 ×××
수익	결산일 현재 실현되지 않은 부분만큼 부채(선수수익)를 증가시키고 그만큼 수익을 소멸시킨다. (차) 수익 계정 ×××　(대) 선수수익 ×××

유형문제 4

2025년 9월 1일 임대료 1년분 240,000원을 전액 수령하였을 때, 기말수정분개를 하여라.

[1] 수령 당시 부채로 처리한 경우 분개를 수행하여라.

(차)	(대)

[2] 수령 당시 수익으로 처리한 경우 분개를 수행하여라.

(차)	(대)

| 정답 |

번호	차변		대변	
[1]	선수수익	80,000*1	임대료	80,000
[2]	임대료	160,000*2	선수수익	160,000

*1 240,000원×4개월/12개월=80,000원
*2 240,000원×8개월/12개월=160,000원

3. 발생 항목의 결산정리

구분	내용
비용의 발생	이미 서비스를 제공받아 비용이 발생하였지만 결산일 현재 비용으로 회계처리하지 않았다면 비용을 인식하고 부채로 계상해야 한다.
수익의 발생	이미 서비스를 제공하여 수익이 발생하였지만 결산일 현재 수익으로 회계처리하지 않았다면 수익을 인식하고 자산으로 계상해야 한다.

(1) 미지급비용(부채) 중요

미지급비용이란 회계기간 중에 용역을 제공받고도 현금을 지급하지 않아서 아직 비용을 장부에 기록하지 않은 미지급분을 말한다. 이미 서비스를 제공받아 그 대가를 지불할 의무가 있는데 결산일 현재까지 이행되지 않은 경우에는 당기비용으로 회계처리를 해야 한다.

미수수익의 기말수정분개			
(차) 비용 계정(비용의 증가)	×××	(대) 미지급비용(부채의 증가)	×××

유형문제 5

2025년 3월 1일 본사와 계약기간 1년의 건물임차계약을 맺었다. 임차료는 연 360,000원이고, 1년이 경과하는 시점에 지급하기로 했을 때 다음을 분개하여라.

[1] 2025년 12월 31일 결산일 분개를 수행하여라.

(차)	(대)

[2] 2026년 2월 28일 임차료를 현금으로 지급할 때의 분개를 수행하여라.

(차)	(대)

| 정답 |

번호	차변		대변	
[1]	임차료	300,000	미지급비용	300,000
[2]	미지급비용	300,000	현금	360,000
	임차료	60,000		

(2) **미수수익(자산)** 중요

미수수익이란 당기에 용역을 제공하고 수익을 획득하였으나 그 대가를 받지 못하여 수익 계정에 기입하지 않은 금액을 말한다. 이미 서비스를 제공하여 그 대가를 수령할 권리가 있으나 결산일 현재까지 미이행된 경우에는 당기수익으로 회계처리를 해야 한다.

미수수익의 기말수정분개			
(차) 미수수익(자산의 증가)	×××	(대) 수익 계정(수익의 증가)	×××

유형문제 6

2025년 4월 1일 일시적인 여유 자금이 있어 1,000,000원을 1년간 연 10% 이자율로 대여하였다. 이자는 1년이 경과하는 시점에서 받기로 했을 때, 다음을 분개하여라.

[1] 2025년 12월 31일 결산일 분개를 수행하여라.

(차)	(대)

[2] 2026년 3월 31일 이자를 현금으로 수령할 때의 분개를 수행하여라.

(차)	(대)

| 정답 |

번호	차변		대변	
[1]	미수수익	75,000	이자수익	75,000
[2]	현금	100,000	미수수익	75,000
			이자수익	25,000

4. 결산정리사항이 순이익에 미치는 효과 (중요)

기말수정분개 중 선급비용과 미수수익인 자산을 누락한 경우(차변 누락)에는 대변 계정인 자본의 구성 항목인 순이익이 누락되어 과소계상된다. 반면, 기말수정분개 중 선수수익과 미지급비용인 부채를 누락한 경우(대변 누락)에는 대변 계정인 자본의 구성 항목인 순이익이 과대계상된다.

기말수정분개를 누락한 경우

자산	부채
선급비용 누락	선수수익 누락
미수수익 누락	미지급비용 누락
∴ 순이익 과소계상	∴ 순이익 과대계상

유형문제 7

결산을 한 결과 당기순이익 150,000원이 산출되었으나 다음과 같은 사항이 누락되었음을 발견하였다. 당기의 수정 후 당기순이익은 얼마인가?

• 당기보험료 선급분	30,000원	• 당기이자비용 미지급분	20,000원
• 당기임대료 선수분	50,000원	• 당기이자수익 미수분	40,000원

| 정답 |

기말수정분개는 다음과 같다.

(차) 선급비용	30,000	(대) 보험료	30,000
(차) 이자비용	20,000	(대) 미지급비용	20,000
(차) 임대료	50,000	(대) 선수수익	50,000
(차) 미수수익	40,000	(대) 이자수익	40,000

∴ 수정 후 당기순이익: 150,000원 + 30,000원 − 20,000원 − 50,000원 + 40,000원 = 150,000원

03 종합사례를 통한 결산과정

결산의 전체 과정을 이해할 수 있는 종합사례를 통하여 결산과정을 살펴보도록 하자. 2025년에 발생한 회계상의 거래는 다음과 같다.

1월 1일	현금 5,000,000원과 보통예금 2,000,000원을 출자해서 영업을 시작하다.
1월 1일	현대자동차로부터 영업용 차량 1,200,000원을 구입하고, 대금은 현금으로 지급하다.
2월 1일	사무실 임대차계약을 체결하고 1년분의 임차료 120,000원을 현금으로 지급하다.
4월 1일	종로상회로부터 상품 400,000원을 매입하고, 대금 중 1/2은 현금으로 지급하고, 잔액은 외상으로 하다.
5월 1일	고려상회에서 상품을 1,000,000원에 매출하고, 대금은 외상으로 하다.
6월 1일	종로상회의 외상매입금 중 100,000원을 현금으로 지급하다.
7월 1일	3년 뒤 상환하기로 하고 미래은행에서 100,000원을 차입하여 현금으로 수령하다. 동 차입금에 대한 이자율은 12%이고 다음 연도 6월 30일에 지급하기로 약정하다.
8월 1일	고려상회로부터 외상매출금 200,000원을 현금으로 받다.
9월 1일	미래은행에 현금 240,000원을 보통예금 계좌에 입금하다. 동 예금에 대한 이자율은 12%이고 예금에 대한 이자는 다음 연도 8월 31일에 수령하기로 되어 있다.
10월 1일	종업원의 급여 50,000원을 현금으로 지급하다.
11월 1일	신문구독료 15,000원을 보통예금에서 계좌이체하다.
12월 1일	소모품 100,000원을 현금으로 매입하고 자산으로 처리하다.

1 분개 및 전기

1. 분개

2025년에 발생한 거래를 분개하여라.

일자	차변		대변	
1월 1일				
1월 1일				
2월 1일				
4월 1일				
5월 1일				
6월 1일				
7월 1일				
8월 1일				
9월 1일				
10월 1일				
11월 1일				
12월 1일				

| 정답 |

일자	차변		대변	
1월 1일	현금	5,000,000	자본금	7,000,000
	보통예금	2,000,000		
1월 1일	차량운반구	1,200,000	현금	1,200,000
2월 1일	임차료	120,000	현금	120,000
4월 1일	상품	400,000	현금	200,000
			외상매입금	200,000
5월 1일	외상매출금	1,000,000	상품매출	1,000,000
6월 1일	외상매입금	100,000	현금	100,000
7월 1일	현금	100,000	장기차입금	100,000
8월 1일	현금	200,000	외상매출금	200,000
9월 1일	보통예금	240,000	현금	240,000
10월 1일	급여	50,000	현금	50,000
11월 1일	도서인쇄비	15,000	보통예금	15,000
12월 1일	소모품	100,000	현금	100,000

2. 전기

2025년 거래를 총계정원장에 전기하여라.

현금

급여

보통예금

도서인쇄비

외상매입금

소모품

외상매출금

장기차입금

자본금

상품매출

차량운반구

임차료

상품

| 정답 |

현금

1/1 자본금	5,000,000	1/1 차량운반구	1,200,000
7/1 장기차입금	100,000	2/1 임차료	120,000
8/1 외상매출금	200,000	4/1 상품	200,000
		6/1 외상매입금	100,000
		9/1 보통예금	240,000
		10/1 급여	50,000
		12/1 소모품	100,000

급여

10/1 현금	50,000		

보통예금

1/1 자본금	2,000,000	11/1 도서인쇄비	15,000
9/1 현금	240,000		

도서인쇄비

11/1 보통예금	15,000		

외상매입금

6/1 현금	100,000	4/1 상품	200,000

소모품

12/1 현금	100,000		

외상매출금

5/1 상품매출	1,000,000	8/1 현금	200,000

장기차입금

		7/1 현금	100,000

자본금

		1/1 제좌	7,000,000

상품매출

		5/1 외상매출금	1,000,000

차량운반구

1/1 현금	1,200,000		

임차료

2/1 현금	120,000		

상품

4/1 제좌	400,000		

3. 수정 전 시산표 작성

수정 전 시산표를 작성하여라.

차변		계정과목	대변	
잔액	합계		합계	잔액
		현금		
		보통예금		
		외상매출금		
		소모품		
		상품		
		차량운반구		
		외상매입금		
		장기차입금		
		자본금		
		상품매출		
		급여		
		임차료		
		도서인쇄비		
		합계		

| 정답 |

차변		계정과목	대변	
잔액	합계		합계	잔액
3,290,000	5,300,000	현 금	2,010,000	
2,225,000	2,240,000	보 통 예 금	15,000	
800,000	1,000,000	외 상 매 출 금	200,000	
100,000	100,000	소 모 품		
400,000	400,000	상 품		
1,200,000	1,200,000	차 량 운 반 구		
	100,000	외 상 매 입 금	200,000	100,000
		장 기 차 입 금	100,000	100,000
		자 본 금	7,000,000	7,000,000
		상 품 매 출	1,000,000	1,000,000
50,000	50,000	급 여		
120,000	120,000	임 차 료		
15,000	15,000	도 서 인 쇄 비		
8,200,000	10,525,000	합 계	10,525,000	8,200,000

2 기말수정분개와 수정 후 시산표

총계정원장의 잔액을 기초로 시산표를 작성하고 분개와 전기 과정에 오류가 없었는지를 확인하면 기말수정분개를 한다. 기말수정분개를 한 후 이를 총계정원장에 다시 전기하고, 수정 후 시산표를 작성하여 기말수정분개에 오류가 없었는지를 확인해야 한다.

1. 기말수정분개

결산과정에서 가장 핵심적인 내용이 기말수정분개이다. 기말수정분개를 누락 없이 정확하게 계산해서 포함시켜야만 실제 계정 잔액이 정확해진다.

[1] 기초재고는 없으며, 기말 실사한 결과 상품재고는 50,000원인 것으로 확인되었다. 이를 이용하여 매출원가를 산정하여라. (감모손실과 평가손실은 없는 것으로 가정함)
[2] 1월 1일 차량운반구에 대한 내용연수는 10년, 잔존가액은 없으며, 정액법으로 감가상각한다.
[3] 2월 1일 1년분 임차료에 대한 기간미경과분
[4] 7월 1일 차입금에 대한 기간경과분 이자비용
[5] 9월 1일 보통예금에 대한 기간경과분 이자수익
[6] 12월 1일 구입 소모품 중 당기사용분은 10,000원이고 미사용분은 90,000원이다.
[7] 기말 외상매출금 잔액에 대한 대손예상액은 1,000원이다. (기말 대손충당금 잔액은 없음)

(1) **위 사항을 고려하여 기말수정분개를 수행하여라.**

구분	일자	차변		대변	
[1]	12월 31일				
[2]	12월 31일				
[3]	12월 31일				
[4]	12월 31일				
[5]	12월 31일				
[6]	12월 31일				
[7]	12월 31일				

| 정답 |

구분	일자	차변		대변	
[1]	12월 31일	매출원가	350,000	상품	350,000
[2]	12월 31일	감가상각비	120,000	감가상각누계액	120,000
[3]	12월 31일	선급비용	10,000	임차료	10,000
[4]	12월 31일	이자비용	6,000	미지급비용	6,000
[5]	12월 31일	미수수익	9,600	이자수익	9,600
[6]	12월 31일	소모품비	10,000	소모품	10,000
[7]	12월 31일	대손상각비	1,000	대손충당금	1,000

(2) **기말수정분개를 총계정원장에 전기하여라.**

매출원가

상품

4/1 제좌 400,000

선급비용

임차료

2/1 현금 120,000

감가상각비

감가상각누계액

미지급비용

이자비용

이자수익

미수수익

소모품비

소모품

12/1 현금 100,000	

대손충당금

대손상각비

| 정답 |

매출원가

12/31 상품 350,000	

상품

4/1 제좌 400,000	12/31 매출원가 350,000

선급비용

12/31 임차료 10,000	

임차료

2/1 현금 120,000	12/31 선급비용 10,000

감가상각비

12/31 감가상각누계액 120,000	

감가상각누계액

	12/31 감가상각비 120,000

미지급비용

	12/31 이자비용 6,000

이자비용

12/31 미지급비용 6,000	

이자수익

	12/31 미수수익 9,600

미수수익

12/31 이자수익 9,600	

소모품비

12/31 소모품 10,000	

소모품

12/1 현금 100,000	12/31 소모품비 10,000

대손충당금

	12/31 대손상각비 1,000

대손상각비

12/31 대손충당금 1,000	

2. 수정 후 시산표

수정 후 시산표를 작성하여라.

차변		계정과목	대변	
잔액	합계		합계	잔액
		현 금		
		보 통 예 금		
		외 상 매 출 금		
		소 모 품		
		상 품		
		차 량 운 반 구		
		외 상 매 입 금		
		장 기 차 입 금		
		자 본 금		
		상 품 매 출		
		급 여		
		임 차 료		
		도 서 인 쇄 비		
		매 출 원 가		
		선 급 비 용		
		감 가 상 각 비		
		감가상각누계액		
		미 지 급 비 용		
		이 자 비 용		
		이 자 수 익		
		미 수 수 익		
		소 모 품 비		
		대 손 상 각 비		
		대 손 충 당 금		
		합 계		

| 정답 |

차변		계정과목	대변	
잔액	합계		합계	잔액
3,290,000	5,300,000	현 금	2,010,000	
2,225,000	2,240,000	보 통 예 금	15,000	
800,000	1,000,000	외 상 매 출 금	200,000	
90,000	100,000	소 모 품	10,000	
50,000	400,000	상 품	350,000	
1,200,000	1,200,000	차 량 운 반 구		
	100,000	외 상 매 입 금	200,000	100,000
		장 기 차 입 금	100,000	100,000
		자 본 금	7,000,000	7,000,000
		상 품 매 출	1,000,000	1,000,000
50,000	50,000	급 여		
110,000	120,000	임 차 료	10,000	
15,000	15,000	도 서 인 쇄 비		
350,000	350,000	매 출 원 가		
10,000	10,000	선 급 비 용		
120,000	120,000	감 가 상 각 비		
		감가상각누계액	120,000	120,000
		미 지 급 비 용	6,000	6,000
6,000	6,000	이 자 비 용		
		이 자 수 익	9,600	9,600
9,600	9,600	미 수 수 익		
10,000	10,000	소 모 품 비		
1,000	1,000	대 손 상 각 비		
		대 손 충 당 금	1,000	1,000
8,336,600	11,031,600	합 계	11,031,600	8,336,600

3 계정의 마감

기말수정분개를 정확히 계산한 후에는 총계정원장의 각 계정들을 마감하여 다음 회계기간의 경영활동을 기록하기 위한 준비를 해야 한다. 계정을 마감하는 방법은 영구 계정*1과 임시 계정*2이 다르므로 이를 구분하여야 한다.

*1 영구 계정: 잔액이 차기로 이월되는 자산, 부채, 자본 등 재무상태표 계정을 의미한다.

*2 임시 계정: 기말 결산에 계정을 마감하고 나면 잔액이 다음 기로 이월되지 않고 특정 기간만 일시적으로 존재하는 계정을 의미한다. 손익계산서 계정은 모두 임시 계정이다.

1. 손익계산서 계정의 마감

수익 계정과 비용 계정은 당기의 경영성과를 나타내는 것으로 다음 기의 경영성과를 파악할 때 영향을 미쳐서는 안 된다. 따라서 수익·비용 계정은 한 회계기간이 끝나면 잔액을 0으로 만들어서 다음 기의 수익 계정과 비용 계정이 0에서 출발하도록 해야 한다. 이를 위해서 수익과 비용 계정은 다음 단계에 따라 계정을 마감해야 한다.

I/S 계정 마감
- 수익, 비용
- 임시 계정의 마감
- 수익과 비용의 잔액이 '0'이 되도록 함

(1) **1단계: 집합손익 계정의 설정**

수익 계정과 비용 계정을 마감하여 잔액을 0으로 만들기 위해서는 마감을 위한 임시 계정인 집합손익 계정을 설정해야 한다.

(2) **2단계: 수익 계정의 마감**

수익 계정은 대변에 잔액이 남아 있으므로 이를 0으로 만들기 위해서는 수익 계정의 잔액을 차변에 기록하고 집합손익 계정의 대변에 동일 금액을 기록해서 수익 계정의 잔액을 집합손익 계정으로 대체해야 한다.

위 종합사례에서 매출액 등을 없애기 위해 차변에 기록하고 동일한 금액을 대변에 집합손익으로 대체하면 다음과 같다.

(차) 매출액	1,000,000	(대) 집합손익	1,009,600
이자수익	9,600		

이처럼 모든 수익 계정을 마감분개하면 수익 계정의 잔액은 0이 된다.

(3) **3단계: 비용 계정의 마감**

비용 계정은 차변에 잔액이 남아 있으므로 이를 0으로 만들기 위해서 대변에 비용 계정의 잔액을 기록하고 집합손익 계정의 차변에 동일 금액을 기록해서 비용 계정의 잔액을 집합손익 계정으로 대체해야 한다.

위 종합사례에서 매출원가 등 비용을 없애기 위해 대변에 기록하고 동일한 금액을 차변에 집합손익으로 대체하면 다음과 같다.

(차) 집합손익	662,000	(대) 매출원가	350,000
		급여	50,000
		임차료	110,000
		도서인쇄비	15,000
		감가상각비	120,000
		이자비용	6,000
		소모품비	10,000
		대손상각비	1,000

(4) **4단계: 집합손익 계정의 마감**

수익 계정과 비용 계정을 마감하게 되면 수익 계정 잔액은 집합손익 계정의 대변에 집계되고 비용 계정 잔액은 집합손익 계정의 차변에 집계된다.

따라서 집합손익 계정이 대변 잔액이면 수익이 비용보다 큰 것으로 당기순이익이 발생한 것임을, 집합손익 계정이 차변 잔액이면 비용이 수익보다 큰 것으로 당기순손실이 발생한 것임을 알 수 있다.

마지막 단계로, 두 경우 모두 집합손익 계정의 잔액을 0으로 만들면서 재무상태표 계정인 이익잉여금 계정으로 대체하게 된다.

집합손익

차변	금액	대변	금액
매출원가	350,000	매출액	1,000,000
급여	50,000	이자수익	9,600
임차료	110,000		
도서인쇄비	15,000		
감가상각비	120,000		
이자비용	6,000		
소모품비	10,000		
대손상각비	1,000		
	662,000		1,009,600

① **당기순이익이 발생한 경우**: 당기순이익이 발생한 경우 집합손익 계정은 대변에 잔액이 남게 된다. 이를 마감하기 위해서는 집합손익 계정의 차변에 대변 잔액을 기록하고 동일 금액을 이익잉여금 계정(자본 계정)의 대변에 기록하면 된다.

위 종합사례에서 대변에 남아 있는 집합손익 347,600원(1,009,600원－662,000원)을 이익잉여금으로 대체하면 다음과 같다.

(차) 집합손익	347,600	(대) 이익잉여금	347,600

결과적으로, 마감분개를 하면 집합손익 계정의 잔액이 0이 되면서 이익잉여금이 증가하여 당기순이익만큼 자본이 증가하는 결과를 얻을 수 있다.

② **당기순손실이 발생한 경우**: 당기순손실이 발생한 경우 집합손익 계정은 차변에 잔액이 남게 된다. 이를 마감하기 위해서는 집합손익 계정의 대변에 차변 잔액을 기록하고, 동일 금액을 이익잉여금 계정의 차변에 기록하면 된다.

(차) 이익잉여금	×××	(대) 집합손익	×××

결과적으로, 마감분개를 하면 집합손익 계정의 잔액이 0이 되면서 이익잉여금이 감소하여 당기순손실만큼 자본이 감소하는 결과를 얻을 수 있다.

이처럼 수익과 비용 계정을 집합손익 계정에 대체하고, 집합손익 계정의 잔액인 당기순손익을 이익잉여금 계정에 대체하기 위하여 분개장에 분개를 하는데 이 분개를 '마감분개'라고 한다.
손익계산서 계정을 마감하고 나면 모든 손익계산서 계정 잔액은 0으로 없어지고 차기에는 0부터 시작하므로 다음 연도의 경영성과를 새로 집계할 수 있다. 또한, 수익과 비용 계정을 마감하기 위해 사용한 집합손익이라는 계정 역시 결산분개를 마치고 나면 잔액이 0이 되기 때문에, 집합손익 계정은 손익계산서 계정을 마감할 때 잠시 생겼다가 바로 없어지는 결산을 위한 임시 계정임을 알 수 있다.

2. 재무상태표 계정의 마감

B/S 계정 마감
• 자산, 부채, 자본
• 영구 계정의 마감
• 차기이월됨

손익계산서 계정을 마감한 후에는 재무상태표 계정인 자산, 부채, 자본 계정을 마감해야 한다. 재무상태표 계정은 수익·비용 계정과는 달리 한 회계기간이 종료되더라도 잔액이 0이 되지 않고 계속해서 잔액을 유지하게 된다. 자산이나 부채 및 자본 계정은 영구 계정으로 다음 연도에도 권리나 의무가 그대로 존속되기 때문이다.

따라서, 재무상태표 계정 잔액을 다음 회계기간으로 이월시켜야 하는데 이를 재무상태표 계정의 마감이라고 한다. 재무상태표 계정 중에서 자산 계정은 차변에 잔액이 남아 있고 부채와 자본 계정은 대변에 잔액이 남아 있으므로 다음과 같은 방법으로 마감해야 한다.

(1) 1단계: 자산 계정의 마감

자산 계정은 차변에 잔액이 남아 있으므로 대변에 차변 잔액만큼 기입하여 차변과 대변을 일치시켜 마감한다. 그리고 그 잔액을 다음 연도 장부의 첫 날짜로, 동일 계정과목 차변에 '전기이월'로 기입하여 기초에 가지고 있는 자산금액이라는 것을 표시하며 다음 회계기간으로 이월시킨다.

종합사례의 자산 계정을 마감하면 다음과 같다.

현금

1/1	자본금	5,000,000	1/1	차량운반구	1,200,000
7/1	장기차입금	100,000	2/1	임차료	120,000
8/1	외상매출금	200,000	4/1	상품	200,000
			6/1	외상매입금	100,000
			9/1	보통예금	240,000
			10/1	급여	50,000
			12/1	소모품	100,000
			12/31	차기이월	3,290,000
		5,300,000			5,300,000
1/1	전기이월	3,290,000			

보통예금

1/1	자본금	2,000,000	11/1	도서인쇄비	15,000
9/1	현금	240,000	12/31	차기이월	2,225,000
		2,240,000			2,240,000
1/1	전기이월	2,225,000			

외상매출금

5/1	상품	1,000,000	8/1	현금	200,000
			12/31	차기이월	800,000
		1,000,000			1,000,000
1/1	전기이월	800,000			

대손충당금

12/31	대손상각비	1,000	12/31	차기이월	1,000
		1,000			1,000
1/1	전기이월	1,000			

선급비용

12/31	임차료	10,000	12/31	차기이월	10,000
		10,000			10,000
1/1	전기이월	10,000			

미수수익

12/31	이자수익	9,600	12/31	차기이월	9,600
		9,600			9,600
1/1	전기이월	9,600			

소모품

12/1	현금	100,000	12/31	소모품비	10,000
			12/31	차기이월	90,000
		100,000			100,000
1/1	전기이월	90,000			

상품

4/1	제좌	400,000	12/31	매출원가	350,000
			12/31	차기이월	50,000
		400,000			400,000
1/1	전기이월	50,000			

차량운반구

1/1	현금	1,200,000	12/31	차기이월	1,200,000
		1,200,000			1,200,000
1/1	전기이월	1,200,000			

감가상각누계액

12/31	차기이월	120,000	12/31	감가상각비	120,000
		120,000			120,000
			1/1	전기이월	120,000

(2) 2단계: 부채 및 자본 계정의 마감

부채 및 자본 계정은 대변에 잔액이 남아 있으므로 차변에 대변 잔액만큼 기입하여 차변과 대변을 일치시켜 마감한다. 그리고 그 잔액을 다음 연도 장부의 첫 날짜로, 동일 계정과목 대변에 '전기이월'로 기입하여 기초에 가지고 있는 부채 및 자본금액이라는 것을 표시하며 다음 회계기간으로 이월시킨다.

외상매입금

6/1	현금	100,000	4/1	상품	200,000
12/31	차기이월	100,000			
		200,000			200,000
			1/1	전기이월	100,000

장기차입금

12/31	차기이월	100,000	7/1	현금	100,000
		100,000			100,000
			1/1	전기이월	100,000

미지급비용

12/31	차기이월	6,000	12/31	이자비용	6,000
		6,000			6,000
			1/1	전기이월	6,000

자본금

12/31	차기이월	7,000,000	1/1	제좌	7,000,000
		7,000,000			7,000,000
			1/1	전기이월	7,000,000

이익잉여금

12/31	차기이월	347,600	12/1	집합손익	347,600
		347,600			347,600
			1/1	전기이월	347,600

4 손익계산서와 재무상태표의 작성

손익계산서 계정의 잔액들과 재무상태표 계정의 잔액들을 기초로 해서 회계기간의 손익계산서와 기말시점의 재무상태표를 작성하게 된다.

종합사례에서 손익계산서 계정의 잔액을 집계해서 비교해 보면 대변 항목인 수익 합계와 차변 항목인 비용 합계가 서로 차이가 나는데, 이 금액이 당기순이익이다.

또한, 재무상태표 계정의 잔액을 집계하여 비교해 보면 차변 항목인 자산 합계와 대변 항목인 부채 합계 및 자본 합계의 합계가 서로 차이가 나는데, 이 금액 역시 당기순이익이다.

즉, 손익계산서 계정을 모아서 비교하면 당기순이익이 파악되고, 재무상태표 계정을 모아서 비교해도 당기순이익이 파악되는 것을 알 수 있다.

1. 손익계산서의 작성

종합사례에서 수익 · 비용 계정의 잔액을 모아서 만든 손익계산서는 다음과 같다.

손익계산서

(주)에듀윌 2025년 1월 1일～2025년 12월 31일 (단위: 원)

비용		수익	
매출원가	350,000	매출액	1,000,000
급여	50,000	이자수익	9,600
임차료	110,000		
도서인쇄비	15,000		
감가상각비	120,000		
이자비용	6,000		
소모품비	10,000		
대손상각비	1,000		
당기순이익	347,600		
합계	1,009,600	합계	1,009,600

위의 손익계산서와 같이 수익 계정 잔액에서 비용 계정 잔액을 차감하면 당기순이익이 계산되어 손익계산서를 완성할 수 있다.

2. 재무상태표의 작성

종합사례에서 자산 · 부채 · 자본 계정의 잔액을 모아서 만든 재무상태표는 다음과 같다. 재무상태표를 작성할 때 이익잉여금은 집합손익 계정을 마감한 후의 잔액으로 표시한다는 점에 주의해야 한다.

재무상태표

(주)에듀윌 2025년 12월 31일 (단위: 원)

자산		부채	
현금	3,290,000	외상매입금	100,000
보통예금	2,225,000	미지급비용	6,000
외상매출금	800,000	장기차입금	100,000
대손충당금	(1,000)		
선급비용	10,000		
미수수익	9,600	자본	
소모품	90,000	자본금	7,000,000
상품	50,000	이익잉여금	347,600
차량운반구	1,200,000		
감가상각누계액	(120,000)		
합계	7,553,600	합계	7,553,600

CH.07

3. 손익계산서와 재무상태표의 관계

회계기간 중의 경영성과를 파악하기 위해 수익과 비용을 별도의 계정으로 기록해서 손익계산서를 작성하지만, 회계연도 말에 재무상태표를 작성할 때에는 손익계산서 계정이 자본에 미친 효과를 이익잉여금 계정에 집계해서 표시한다.

종합사례에서도 손익계산서의 성과가 재무상태표에 어떻게 영향을 미쳤는가는 1월 1일의 재무상태표와 12월 31일의 재무상태표를 비교해 보면 알 수 있다.

기초 재무상태표		손익계산서		기말 재무상태표	
자본금	7,000,000			자본금	7,000,000
이익잉여금	0	당기순이익	347,600	이익잉여금	347,600
자본 총계	7,000,000			자본 총계	7,347,600

이와 같이 손익계산서의 경영성과는 기업의 재무상태에 영향을 미치므로 손익계산서와 재무상태표는 서로 유기적으로 영향을 주고받는 보고서임을 알 수 있다.

04 재고조사표와 정산표

1 재고조사표

시산표에 의한 각 계정의 기입이 정확하더라도 그 계정의 잔액 중에서 실제로 남아 있는 현재액과 일치하지 않는 것이 있을 수 있다. 따라서 자산·부채의 현재액을 조사하고, 또 기간 중의 수익·비용의 실제 발생액을 조사하여 장부 잔액을 실제 재고액에 일치시키기 위한 것을 재고조사라 하며, 그 결과를 기재한 표를 재고조사표라고 한다.

2 정산표

회계기간 동안의 거래를 분개하고 총계정원장에 전기해 놓은 것을 회계연도 말에 최종적으로 정리해서 손익계산서와 재무상태표를 작성하는 결산과정은 매우 복잡하다.

이 과정을 단순화하여 결산을 신속하고 정확하게 마칠 수 있도록 정산표를 사용하는 기업이 있다. 여기서 정산표란 원장 각 계정의 마감 전에 신속하고 정확하게, 또는 간단한 방법으로 기업의 경영성과와 재무상태를 알기 위하여 작성한 일람표를 말한다.

정산표는 장부나 재무제표가 아닌 결산을 단순화하기 위해 임의적으로 작성하는 표로 가장 대표적인 형식의 정산표는 다음과 같은 10위식 정산표이다.

| 10위식 정산표

계정과목	수정 전 시산표		기말수정분개		수정 후 시산표		손익계산서		재무상태표	
	차변	대변	차변	대변	차변	대변	차변	대변	차변	대변

지금까지 살펴본 회계기간 말에 수행하는 결산의 절차는 다음의 도표와 같이 요약할 수 있다.

+ 결산의 절차

결산예비절차

① 수정 전 시산표 작성
② 재고조사표 작성
③ 결산정리
④ 정산표 작성

↓

결산 본절차

① 수익, 비용 계정 마감
② 집합손익 계정 대체
③ 집합손익 계정을 마감하여 이익잉여금 계정에 대체
④ 자산, 부채, 자본 계정 마감

↓

결산보고서 작성

① 손익계산서 작성
② 재무상태표 작성

05 재무제표의 연관관계

원가회계에서 배우는 제조원가명세서의 당기제품제조원가는 손익계산서 매출원가를 구하는 데 사용된다.
또한, 손익계산서의 당기순이익은 이익잉여금의 미처분이익잉여금에 포함된 후 재무상태표의 미처분이익잉여금에 반영된다.
재무제표의 연관관계는 다음과 같다.

재무상태표

2025년 12월 31일 현재

자산		부채	
Ⅰ. 유동자산	×××	Ⅰ. 유동부채	×××
1. 당좌자산	×××	Ⅱ. 비유동부채	×××
(1) 현금 및…	×××	:	
(2) 당좌예금	×××	부채 총계	×××
:			
2. 재고자산		자본	
(1) 상품	×××	Ⅰ. 자본금	×××
(2) 제품	×××	Ⅱ. 자본잉여금	×××
(3) 반제품	×××	Ⅲ. 이익잉여금	×××
(4) 재공품	×××	1. 이익준비금	×××
(5) 원재료	×××	2. 기타 법정…	×××
(6) 저장품	×××	3. 임의적립금	×××
:		4. 미처분이익잉여금	×××
Ⅱ. 비유동자산	×××	(당기순이익	×××)
1. 투자자산	×××	Ⅳ. 자본조정	×××
2. 유형자산	×××	:	
3. 무형자산	×××	자본 총계	×××
자산 총계	×××	부채와 자본 총계	×××

손익계산서

2025년 1월 1일～2025년 12월 31일

Ⅰ. 매출액		×××
Ⅱ. 매출원가		×××
1. 상품매출원가	×××	
(1) 기초상품재고액	×××	
(2) 당기상품매입액	×××	
(3) 기말상품재고액	×××	
2. 제품매출원가	×××	
(1) 기초제품재고액	×××	
(2) 당기제품제조원가	×××	
(3) 기말제품재고액	×××	
Ⅲ. 매출총이익(손실)		×××
Ⅳ. 판매비와 관리비		×××
1. 급여	×××	
:		
Ⅴ. 영업이익(손실)		×××
Ⅵ. 영업외수익		×××
Ⅶ. 영업외비용		×××
Ⅷ. 법인세 차감 전 순이익(손실)		×××
Ⅸ. 법인세 등		×××
Ⅹ. 당기순이익(손실)		×××

제조원가명세서

Ⅰ. 원재료비		×××
1. 기초원재료재고액	×××	
2. 당기원재료매입액	×××	
3. 기말원재료재고액	×××	
Ⅱ. 노무비		×××
1. 임금	×××	
:	:	
Ⅲ. 경비		×××
1. 복리후생비	×××	
:	:	
Ⅳ. 당기총제조비용		×××
Ⅴ. 기초재공품원가		×××
Ⅵ. 합계		×××
Ⅶ. 기말재공품원가		×××
Ⅷ. 타계정대체액		×××
Ⅸ. 당기제품제조원가		×××

이익잉여금처분계산서
(결의일 2026년 3월 31일)

Ⅰ. 미처분이익잉여금		×××
1. 전기이월이익잉여금	×××	
2. 당기순이익	×××	
Ⅱ. 임의적립금 등의 이입액 합계		×××
Ⅲ. 이익잉여금처분액		×××
1. 이익준비금	×××	
2. 기타 법정적립금	×××	
3. 주식할인발행차금상각액	×××	
4. 배당금	×××	
(1) 현금배당	×××	
(2) 주식배당	×××	
Ⅳ. 차기이월이익잉여금		×××

Keyword로 빠르게 체크하는 핵심 이론

1 손익계산서

일정 기간 기업의 경영성과를 나타낸 동태적 재무제표

2 수익인식

1. 의의: 수익의 01 ________에 관한 것으로 수익이 귀속되는 회계기간을 결정함
2. 수익의 인식시기
   - 할부판매: 재화가 인도되는 시점
   - 상품권: 상품권을 회사가 회수한 때
     - 상품권 발행 시: 02 ________ 계정으로 처리
     - 상품권 회수 시: 회수하는 시점에 수익 인식
     - 상품권 소멸시효 완성 시: 잔액을 전부 영업외수익으로 처리

3 재무제표 작성기준

- 자산, 부채, 자본의 구분표시
- 자산, 부채, 자본의 총액표시
- 1년 기준 또는 정상영업주기
- 03 ________ 배열기준
- 자본잉여금과 이익잉여금의 구분표시
- 미결산 항목 및 비망기록 표시 금지

4 결산과정

1. 결산: 회계기간 동안 발생한 자산, 부채, 자본의 변동내용과 결과물을 종합하여 재무상태표와 손익계산서를 만드는 과정
2. 회계순환과정
   거래발생 → 04 ________ → 전기 → 수정 전 시산표 → 기말수정분개 → 수정 후 시산표 → I/S 계정 마감 → B/S 계정 마감 → 재무제표 완성
3. 기말수정분개: 회계연도 말에 총계정원장의 잔액과 실제 잔액이 일치하지 않는 경우 이를 일치하도록 하는 분개
   - 소모품
     - 사용분: 비용
     - 미사용분: 자산
   - 선급비용
     - 기간경과분: 비용
     - 기간미경과분: 자산
   - 선수수익
     - 기간경과분: 수익
     - 기간미경과분: 부채
4. 기말수정분개를 누락한 경우

자산	부채
선급비용 누락	선수수익 누락
미수수익 누락	미지급비용 누락
∴ 순이익 05 ________계상	∴ 순이익 06 ________계상

5 마감

1. 손익계산서 계정의 마감
   임시 계정으로 수익·비용의 잔액이 '0'이 되도록 함(차기이월 ×)
   - 1단계: 집합손익 계정의 설정
   - 2단계: 수익 계정의 마감
   - 3단계: 비용 계정의 마감
   - 4단계: 집합손익 계정의 마감
2. 재무상태표 계정의 마감
   손익계산서 계정을 마감한 후, 자산, 부채·자본 계정을 마감해야 함. 영구 계정으로 잔액이 0이 되지 않고 계속해서 잔액을 유지함(차기이월 ○)

정답

01 발생시점　02 선수금　03 유동성
04 분개　05 과소　06 과대

기출 & 확인 문제

맞은 개수	개/총 40문항
복습 여부	YES / NO

ERP 23' 3회 ERP 회계 1급

01 **재무제표 작성기준 중 손익계산서 작성기준으로 가장 적절하지 않은 것은?**

① 1년 기준

② 총액주의

③ 발생주의

④ 유동성 배열

ERP 22' 5회 ERP 회계 2급

02 **판매비와 관리비로만 구성된 것은 무엇인가?**

① 유형자산처분손실, 재해손실, 여비교통비, 대손상각비

② 단기매매증권처분손실, 급여, 복리후생비, 이자비용

③ 이자, 기부금, 단기매매증권처분손실, 기타의 대손상각비

④ 급여, 수도광열비, 차량유지비, 세금과공과, 광고선전비

ERP | 23' 3회 ERP 회계 1급

03 손익계산서에 대한 설명으로 가장 적절하지 않은 것은?

① 매출액에서 매출원가를 차감하여 매출총이익을 표시한다.

② 수익과 비용은 각각 총액으로 보고하는 것을 원칙으로 한다.

③ 영업외수익은 기업의 영업활동으로부터 발생한 수익으로 표시한다.

④ 손익계산서는 일정 기간 동안 기업의 경영성과에 관한 정보를 제공하는 보고서를 의미한다.

ERP | 23' 4회 ERP 회계 1급

04 [보기]는 일반기업회계기준 관련 내용이다. [보기]의 (　)에 공통으로 들어갈 내용으로 알맞은 것은?

[보기]
- 매출액 - 매출원가 = 매출총이익
- 매출총이익 - 판매비 및 일반관리비 = 영업이익
- 영업이익 + 영업외수익 - 영업외비용 = (　　　　　)
- (　　　　　) - 법인세비용 = 당기순이익

① 영업이익

② 매출총이익

③ 법인세비용

④ 법인세비용 차감 전 순이익

정답 및 해설

01 ④ 유동성 배열법은 재무상태표 작성기준이다.
- 1년 기준의 경우 재무상태표의 작성기준으로 잘 알려져 있으나 이의신청결과 재무제표 작성의 전반적 특성으로 해석하도록 하고 있으며 선지 중 명확하게 재무상태표 작성기준에 해당하는 것은 유동성 배열법이다

02 ④
- 판매비와 관리비: 여비교통비, 대손상각비, 복리후생비, 급여, 수도광열비, 차량유지비, 세금과공과, 광고선전비 등
- 영업외비용: 유형자산처분손실, 재해손실, 단기매매증권처분손실, 이자비용, 기부금, 기타의 대손상각비 등

03 ③ 영업외수익은 기업의 주된 영업활동이 아닌 활동으로부터 발생한 수익을 말한다.

04 ④
- 영업이익 + 영업외수익 - 영업외비용 = 법인세비용 차감 전 순이익
- 법인세비용 차감 전 순이익 - 법인세비용 = 당기순이익

전산 21' 96회 전산회계 1급

05 **다음 중 재화의 판매로 인한 수익인식요건이 아닌 것은?**

① 재화의 소유에 따른 유의적인 위험과 보상이 구매자에게 이전된다.
② 판매자는 판매한 재화에 대하여, 소유권이 있을 때 통상적으로 행사하는 정도의 관리나 효과적인 통제를 할 수 있다.
③ 수익금액을 신뢰성 있게 측정할 수 있다.
④ 경제적 효익의 유입 가능성이 매우 높다.

ERP 23' 1회 ERP 회계 2급

06 **미결산 계정으로 결산확정 시에 재무제표에 존재하면 안 되는 계정으로 올바로 묶인 것은?**

① 선급금, 선수금
② 가수금, 가지급금
③ 미수금, 미지급금
④ 외상매출금, 외상매입금

ERP 23' 6회 ERP 회계 1급

07 **[보기]의 손익 계정에서 영업이익의 합계는 얼마인가?**

[보기]

• 매출원가	100,000원
• 매출액	150,000원
• 종업원의 복리후생비	15,000원
• 이자비용	5,000원
• 건물의 감가상각비	3,500원
• 기부금	3,000원
• 기타의 대손상각비	1,200원

① 25,700원 ② 30,700원
③ 31,500원 ④ 50,000원

08 상품권에 대한 회계처리 내용 중 틀린 것은?

① 상품권을 판매할 때 선수금 등으로 계상할 뿐 수익을 인식하지 않는다.
② 상품권을 회수하고 재화 등을 인도한 때 매출로 인식한다.
③ 상품권을 회수하여 재화 등을 인도하는 경우, 잔액을 환급하여 주는 경우 선수금과 상계한다.
④ 상품권 판매 후 회수되지 않고 소멸시효가 완성되는 경우, 소멸시효가 완성되는 시점에 매출로 계상한다.

CH.07

전산 23' 110회 전산회계 1급

09 다음 중 일반기업회계기준에 의한 수익 인식 시점에 대한 설명으로 옳지 않은 것은?

① 위탁판매의 경우에는 수탁자가 위탁품을 소비자에게 판매한 시점에 수익을 인식한다.
② 시용판매의 경우에는 상품 인도 시점에 수익을 인식한다.
③ 광고 제작 수수료의 경우에는 광고 제작의 진행률에 따라 수익을 인식한다.
④ 수강료의 경우에는 강의 시간에 걸쳐 수익으로 인식한다.

정답 및 해설

05 ② 판매자는 판매한 재화에 대하여, 소유권이 있을 때 통상적으로 행사하는 정도의 관리나 효과적인 통제를 할 수 없다.

06 ② 가수금, 가지급금은 임시 계정으로 결산일까지 그 내역을 확인하여 올바른 계정과목으로 재무제표에 표시하도록 하고 있다(일반기업회계기준). 즉, 결산확정 시에는 존재하면 안 되는 계정과목이다.

07 ③ • 매출총이익: 매출액 150,000원 − 매출원가 100,000원 = 50,000원
• 영업이익: 매출총이익 50,000원 − 판매비와 관리비 18,500원 = 31,500원
• 판매비와 관리비: 복리후생비 15,000원 + 감가상각비 3,500원 = 18,500원

08 ④ 상품권 판매 후 회수되지 않고 소멸시효가 완성되는 경우, 소멸시효가 완성되는 시점에 영업외수익으로 계상한다.

09 ② 시용판매의 경우에는 소비자가 매입의사를 표시하는 시점에 수익을 인식한다.

전산 23' 110회 전산회계 1급

10 **다음 중 영업이익에 영향을 주는 거래로 옳은 것은?**

① 거래처에 대한 대여금의 전기분 이자를 받다.

② 창고에 보관하고 있던 상품이 화재로 인해 소실되다.

③ 차입금에 대한 전기분 이자를 지급하다.

④ 일용직 직원에 대한 수당을 지급하다.

전산 22' 102회 전산회계 1급

11 **다음 중 영업외비용으로 처리되는 계정과목은?**

① 개발비 ② 경상연구개발비

③ 무형자산손상차손 ④ 소모품비

전산 21' 94회 전산회계 1급

12 **제조업을 경영하는 회사가 받을어음에 대한 대손충당금을 신규로 설정할 경우, 손익계산서 항목 중 변하지 않는 것은?**

① 매출총이익 ② 영업이익

③ 법인세비용 차감 전 순이익 ④ 당기순이익

전산 | 22' 102회 전산회계 2급

13 **다음과 같이 주어진 자료에서 당기 기말 손익계산서에 계상되는 보험료는 얼마인가?**

> • 당기보험료 현금 지급액: 40,000원
> • 기말 재무상태표에 계상된 선급보험료: 10,000원

① 10,000원 ② 30,000원
③ 40,000원 ④ 50,000원

전산 | 24' 112회 전산회계 1급

14 **다음 중 수익인식기준에 대한 설명으로 잘못된 것은?**

① 위탁매출은 위탁자가 수탁자로부터 판매대금을 지급받는 때에 수익을 인식한다.
② 상품권매출은 물품 등을 제공하거나 판매하면서 상품권을 회수하는 때에 수익을 인식한다.
③ 단기할부매출은 상품 등을 판매(인도)한 날에 수익을 인식한다.
④ 용역매출은 진행기준에 따라 수익을 인식한다.

정답 및 해설

10 ④ 일용직 직원에 대한 수당은 잡급(판)으로 처리한다. 이자수익은 영업외수익으로, 재해손실과 이자비용은 영업외비용으로 처리한다.

11 ③ 무형자산손상차손은 영업외비용에 해당하며 개발비는 무형자산, 경상연구개발비, 소모품비는 판매비와 관리비에 해당한다.

12 ① 받을어음에 대한 대손충당금 설정은 판매비 및 관리비에 속하므로 변하지 않는 것은 매출총이익이다.

13 ② • 보험료 40,000원 – 선급보험료 10,000원 = 30,000원

• 기중	(차) 보험료	40,000	(대) 현금	40,000
• 12월 31일	(차) 선급보험료	10,000	(대) 보험료	10,000

14 ① 위탁매출은 수탁자가 해당 재화를 제3자에게 판매한 시점에 수익으로 인식한다.

15 다음 중 일반기업회계기준상 수익의 인식에 대한 설명으로 틀린 것은?

① 매출에누리와 할인 및 환입은 수익에서 차감한다.
② 수익은 재화의 판매, 용역의 제공이나 자산의 사용에 대하여 받았거나 받을 대가의 공정가액으로 측정한다.
③ 거래 이후에도 판매자가 재화의 소유에 대한 위험의 대부분을 부담하는 경우에는 그 거래를 아직 판매로 보지 않으며 수익을 인식하지 않는다.
④ 상품권의 발행과 관련된 수익은 상품권의 대가를 수령하고 상품권을 인도한 시점에 인식한다.

ERP | 23' 1회 ERP 회계 2급

16 일반기업회계기준에 의한 유가증권 관련 계정 중 당기손익에 영향을 주는 계정으로 가장 적절하지 않은 것은?

① 단기매매증권평가손실
② 단기매매증권처분이익
③ 매도가능증권평가손실
④ 매도가능증권처분이익

17 다음 중 손익계산서에 대한 설명으로 틀린 것은?

① 손익계산서를 작성할 때 수익과 비용을 구분계산하지 않아도 된다.
② 일정 기간 동안의 경영성과 또는 영업성적을 나타낸다.
③ 수익과 비용은 총액에 의하여 기재함을 원칙으로 한다.
④ 수익은 실현시기를 기준으로 계상하고, 미실현수익은 산입하지 아니함을 원칙으로 한다.

18 일반기업회계기준상의 재무상태표와 손익계산서의 작성원칙이다. 틀린 것은?

① 자산과 부채는 1년을 기준으로 하여 유동자산 또는 비유동자산, 유동부채 또는 비유동부채로 구분하는 것을 원칙으로 한다.

② 자본거래에서 발생한 자본잉여금과 손익거래에서 발생한 이익잉여금은 혼동하여 표시하여서는 안 된다.

③ 수익과 비용은 그 발생원천에 따라 명확하게 분류하고 각 수익 항목과 이에 관련되는 비용 항목을 대응 표시하여야 한다.

④ 수익과 비용은 순액에 의하여 기재함을 원칙으로 하며 수익 항목과 비용 항목을 직접 상계함으로써 그 전부 또는 일부를 손익계산서에서 제외할 수 있다.

19 일반기업회계기준상의 재무상태표 표시와 관련된 설명으로 가장 적절하지 않은 것은?

① 자산은 유동자산과 비유동자산으로 구분하며, 비유동자산은 재고자산, 유형자산, 무형자산, 기타 비유동자산으로 구분한다.

② 부채는 유동부채와 비유동부채로 구분한다.

③ 자본은 자본금, 자본잉여금, 이익잉여금, 기타포괄손익누계액, 자본조정으로 구성되어 있다.

④ 자산과 부채는 유동성이 높은 항목부터 배열하는 것을 원칙으로 한다.

정답 및 해설

15 ④ 상품권의 수익은 상품권을 회수한 시점에 인식한다.

16 ③ 매도가능증권평가손실은 일반기업회계기준에서 자본 항목인 기타포괄손익누계액으로 분류되기 때문에 당기손익에 영향을 미치지 않는다.

17 ① 손익계산서를 작성할 때 수익과 비용을 구분계산해야 한다.

18 ④ 수익과 비용은 총액에 의하여 기재함을 원칙으로 하며, 수익 항목과 비용 항목을 직접 상계함으로써 그 전부 또는 일부를 손익계산서에서 제외할 수 없다.

19 ① 재고자산은 유동자산이다.

AT | 23' 68회 FAT 2급

20 **다음 중 (가)에 해당하는 결산정리사항으로 옳은 것은?**

결산정리사항	재무제표에 미치는 영향
(가)	비용의 발생, 부채의 증가

① 임차료 선급분 300,000원을 계상하다.
② 임대료 선수분 200,000원을 계상하다.
③ 이자수익 미수분 100,000원을 계상하다.
④ 이자비용 미지급분 400,000원을 계상하다.

전산 | 22' 103회 전산회계 1급

21 **다음 중 일반기업회계기준에 의한 수익인식 기준으로 가장 옳지 않은 것은?**

① 상품권 판매: 물품 등을 제공 또는 판매하여 상품권을 회수한 때 수익을 인식한다.
② 위탁판매: 위탁자는 수탁자가 해당 재화를 제3자에게 판매한 시점에 수익을 인식한다.
③ 광고매체수수료: 광고 또는 상업방송이 대중에게 전달될 때 수익을 인식한다.
④ 주문형 소프트웨어의 개발 수수료: 소프트웨어 전달 시에 수익을 인식한다.

전산 | 22' 105회 전산회계 2급

22 **다음 중 영업손익과 관련이 없는 거래는 무엇인가?**

① 영업부 급여 500,000원을 현금으로 지급하다.
② 상품광고를 위하여 250,000원을 보통예금으로 지급하다.
③ 수재민을 위하여 100,000원을 현금으로 기부하다.
④ 사무실 전기요금 150,000원을 현금으로 지급하다.

전산 | 23' 106회 전산회계 2급

23 다음 중 결산 시 손익으로 계정을 마감하는 계정과목에 해당하는 것은?

① 이자수익
② 자본금
③ 미지급금
④ 외상매출금

ERP | 23' 3회 ERP 회계 2급

24 회계순환과정의 내용 중 결산 전에 발생하는 절차로 가장 적절한 것은?

① 장부마감
② 수정후시산표 작성
③ 회계기간 중 분개
④ 재무제표 작성

정답 및 해설

20 ④ (차) 이자비용 400,000원 / (대) 미지급비용 400,000원

21 ④ 주문개발하는 소프트웨어의 대가로 수취하는 수수료는 진행률에 따라 수익을 인식한다. 이때 진행률은 소프트웨어의 개발과 소프트웨어 인도 후 제공하는 지원용역을 모두 포함하여 결정한다.

22 ③ 기부금은 영업외비용으로 영업손익과 관련이 없다.

23 ① 결산 시 비용 계정과 수익 계정은 손익계산서 계정으로 마감한다. 자본금, 미지급금, 외상매출금은 각각 자본 계정, 부채 계정, 자산 계정이므로 재무상태표 계정으로 마감해야 한다.

24 ③ 회계기간 중 분개는 결산 전에 발생하는 절차이다. '거래 → 분개 → 전기 → 총계정원장 작성 → 결산 → 수정전시산표의 작성 → 기말수정분개 → 손익계산서 계정의 마감 → 재무상태표 계정의 마감'의 순서로 진행한다.

전산 | 21' 94회 전산회계 2급

25 수정 전 당기순이익 500,000원이 산출되었으나 다음과 같은 사항이 누락되었음을 확인하였다. 수정 후 당기순이익은 얼마인가?

• 이자 미수분	60,000원	• 임차료 미지급분	80,000원

① 360,000원 ② 480,000원
③ 500,000원 ④ 520,000원

전산 | 23' 106회 전산회계 1급

26 (주)연무는 2025년 12월 26일 거래처에 상품을 인도하였으나 상품 판매대금 전액이 2026년 1월 5일에 입금되어 동일자에 전액 수익으로 인식하였다. 위 회계처리가 2025년도의 재무제표에 미치는 영향으로 올바른 것은? (단, 매출원가에 대해서는 고려하지 않는다)

① 자산의 과소계상
② 비용의 과대계상
③ 부채의 과소계상
④ 수익의 과대계상

전산 | 23' 108회 전산회계 2급

27 다음 중 수익의 이연에 해당하는 계정과목으로 옳은 것은?

① 선급비용 ② 미지급비용
③ 선수수익 ④ 미수수익

전산 | 21' 95회 전산회계 2급

28 **결산 시 미수이자에 대한 분개를 누락한 경우 기말재무제표에 어떤 영향을 미치는가?**

① 비용이 과소계상된다.
② 부채가 과소계상된다.
③ 자산이 과소계상된다.
④ 수익이 과대계상된다.

전산 | 22' 102회 전산회계 2급

29 **다음 지출내역 중 판매비와 관리비에 해당하는 것을 모두 고른 것은?**

가. 종업원 회식비용	×××원	나. 차입금 지급이자	×××원
다. 장애인단체 기부금	×××원	라. 사무실 전화요금	×××원

① 가, 나　② 나, 다
③ 가, 라　④ 나, 라

정답 및 해설

25 ② • 이자 미수분에 대한 회계처리

(차) 미수수익	60,000	(대) 이자수익	60,000

• 임차료 미지급분에 대한 회계처리

(차) 임차료	80,000	(대) 미지급비용	80,000

∴ 당초의 당기순이익보다 이자수익이 60,000원 증가하고, 임차료가 80,000원 증가하였으므로 수정 후 당기순이익은 480,000원(=500,000원+60,000원−80,000원)이다.

26 ① 아래의 올바른 회계처리가 누락되어 자산(외상매출금)과 수익(상품매출)이 과소계상되었다.
2025.12.26. (차) 외상매출금 (대) 상품매출

27 ③ 선수수익은 수익의 이연, 미수수익은 수익의 계상, 선급비용은 비용의 이연, 미지급비용은 비용의 계상에 해당한다.

28 ③ 기말분개에서 '(차) 미수이자 / (대) 이자수익'을 누락한 경우 자산(미수이자)과 수익(이자수익)이 과소계상된다.

29 ③ 차입금 지급이자와 기부금은 영업외비용에 해당한다.

전산 21' 94회 전산회계 2급

30 다음 자료에서 당기의 손익계산서에 표시되는 이자수익의 금액으로 옳은 것은?

이자수익 (단위: 원)

12/31 선수수익	60,000	10/1 보통예금	100,000
12/31 손익	40,000		

① 20,000원
② 40,000원
③ 60,000원
④ 100,000원

ERP 23' 5회 ERP 회계 1급

31 회계순환과정상 장부를 마감하는 과정에서 집합손익 계정으로 대체하여 마감하지 않는 계정과목은?

① 매출채권
② 매출원가
③ 이자비용
④ 감가상각비

전산 22' 101회 전산회계 1급

32 다음의 계정과목 중 계정체계의 분류가 나머지와 다른 것은?

① 매도가능증권처분이익
② 자산수증이익
③ 단기매매증권평가이익
④ 자기주식처분이익

전산 22' 101회 전산회계 2급

33 다음 자료의 누락분을 반영한 수정 후 당기순이익은 얼마인가?

- 수정 전 당기순이익: 1,000,000원
- 이자비용 기간경과분 반영 누락: 당기분 20,000원
- 전액 비용처리한 지급보험료의 차기분 이월 누락: 차기분 200,000원

① 820,000원 ② 1,180,000원
③ 1,200,000원 ④ 1,220,000원

전산 22' 100회(특별) 전산회계 1급

34 다음의 손익계산서 자료를 이용하여 영업이익을 계산하면 얼마인가?

• 매출총이익	1,000,000원	• 영업부 직원 인건비	70,000원
• 이자비용	30,000원	• 감가상각비	40,000원
• 광고선전비	50,000원	• 기부금	30,000원

① 765,000원 ② 810,000원
③ 835,000원 ④ 840,000원

정답 및 해설

30 ②

• 10/1	(차) 보통예금	100,000	(대) 이자수익	100,000
• 12/31	(차) 이자수익	60,000	(대) 선수수익	60,000
• 12/31	(차) 이자수익	40,000	(대) 손익	40,000

31 ① 매출채권은 기말결산 시 장부를 마감하는 과정에서 집합손익 계정으로 대체하여 마감하지 않는다. 매출채권은 차기이월/전기이월로 마감하는 자산 계정이자 영구 계정이다. 매출원가, 이자비용, 감가상각비는 비용 계정으로 집합손익 계정으로 대체한다.

32 ④ 자기주식처분이익은 자본잉여금이고, 나머지 항목은 모두 영업외수익이다.

33 ② 수정 전 당기순이익 1,000,000원 − 미지급이자 20,000원 + 선급보험료 200,000원 = 1,180,000원

34 ④ • 판매비와 관리비: 인건비 70,000원 + 감가상각비 40,000원 + 광고선전비 50,000원 = 160,000원
• 이자비용, 기부금은 영업외비용이다.
∴ 영업이익: 매출총이익 1,000,000원 − 판매비와 관리비 160,000원 = 840,000원

전산 | 22' 100회 전산회계 1급

35 **다음의 회계처리로 인하여 재무제표에 미치는 영향을 바르게 설명한 것은?**

비품 7,000,000원을 소모품비로 회계처리하였다.

① 수익이 7,000,000원 과대계상된다.
② 자산이 7,000,000원 과소계상된다.
③ 비용이 7,000,000원 과소계상된다.
④ 순이익이 7,000,000원 과대계상된다.

AT | 22' 51회 FAT 2급

36 **다음의 자료를 토대로 영업이익을 계산하면 얼마인가? (단, 도소매업이라고 가정한다)**

• 매출액	600,000원	• 매출원가	400,000원
• 급여	30,000원	• 기부금	10,000원
• 차량유지비	40,000원	• 이자비용	50,000원

① 130,000원
② 170,000원
③ 190,000원
④ 200,000원

AT | 22' 52회 FAT 1급

37 **다음은 (주)한공의 기말 결산 관련 자료이다. 결산 후 당기순이익은 얼마인가?**

• 결산 전 당기순이익: 100,000원
• 결산 수정사항: 미지급급여 10,000원, 선수이자 20,000원

① 70,000원
② 90,000원
③ 110,000원
④ 130,000원

CH. 07

ERP | 23' 3회 ERP 회계 2급

38 **결산정리사항으로 가장 적절하지 않은 것은?**

① 차입금의 상환
② 미수이자의 계상
③ 감가상각비의 계상
④ 대손충당금의 계상

정답 및 해설

35 ② 자산을 비용으로 처리하면 자산이 과소계상, 비용이 과대계상, 순이익이 과소계상되지만 수익에는 영향을 미치지 않는다.

36 ① • 영업이익: 매출액 600,000원 − 매출원가 400,000원 − 판매비와 관리비(급여, 차량유지비) 70,000원 = 130,000원
• 기부금과 이자비용은 영업외비용이다.

37 ① 결산 후 당기순이익: 결산 전 당기순이익 100,000원 − 미지급급여 10,000원 − 선수이자 20,000원 = 70,000원

38 ① 차입금의 상환은 회계기간 중에 발생하는 거래로 결산정리사항이 아니다.

전산 | 24' 112회 전산회계 2급

39 **다음 중 기말수정분개의 대상 항목 또는 유형으로 적합하지 않은 것은?**

① 유형자산의 처분
② 수익과 비용의 이연과 예상
③ 현금과부족 계정 잔액의 정리
④ 매출채권에 대한 대손충당금 설정

AT | 23' 59회 FAT 1급

40 **다음은 (주)한공의 소모품 관련 자료이다. 결산 시 회계처리로 옳은 것은? (소모품은 2025년에 처음 구입하였으며, 구입 시 전액 비용처리하였다)**

- 2025년 3월 1일　소모품 200,000원을 현금 구입하였다.
- 2025년 12월 31일　소모품 미사용액은 50,000원이었다.

①	(차) 소모품	150,000	(대) 소모품비	150,000
②	(차) 소모품	50,000	(대) 소모품비	50,000
③	(차) 소모품비	150,000	(대) 소모품	150,000
④	(차) 소모품비	50,000	(대) 소모품	50,000

정답 및 해설

39 ① 유형자산의 처분은 기말수정분개의 대상 항목이 아니다.

40 ②

2025년 3월 1일	(차) 소모품비	200,000	(대) 현금	200,000
2025년 12월 31일	(차) 소모품	50,000	(대) 소모품비	50,000

삶의 순간순간이
아름다운 마무리이며
새로운 시작이어야 한다.

– 법정 스님

여러분의 작은 소리
에듀윌은 크게 듣겠습니다.

본 교재에 대한 여러분의 목소리를 들려주세요.
공부하시면서 어려웠던 점, 궁금한 점,
칭찬하고 싶은 점, 개선할 점, 어떤 것이라도 좋습니다.

에듀윌은 여러분께서 나누어 주신 의견을
통해 끊임없이 발전하고 있습니다.

에듀윌 도서몰 book.eduwill.net
- 부가학습자료 및 정오표: 에듀윌 도서몰 → 도서자료실
- 교재 문의: 에듀윌 도서몰 → 문의하기 → 교재(내용, 출간) / 주문 및 배송

2025 에듀윌 분개로 익히는 기초회계원리 2주완성

발 행 일	2024년 8월 16일
편 저 자	김성수, 박진혁
펴 낸 이	양형남
개 발	정상욱, 신은빈
펴 낸 곳	(주)에듀윌
등록번호	제25100–2002–000052호
주 소	08378 서울특별시 구로구 디지털로34길 55 코오롱싸이언스밸리 2차 3층

www.eduwill.net
대표전화 1600-6700

2025 최신판

에듀윌
분개로 익히는 기초회계원리
2주완성

핵심 500제
분개노트

eduwill

2025 최신판

에듀윌
분개로 익히는 기초회계원리
2주완성

2025

에듀윌

분개로 익히는 기초회계원리

2주완성

핵심 500제
분개노트

eduwill

분개를 완성하는 계정과목 한눈에 보기

1 재무상태표

1. 자산

구분		계정과목		내용
유동자산	당좌자산	현금		기업이 보유하고 있는 현금(지폐와 동전) 및 수표
		보통예금		입·출금이 자유로운 예금
		당좌예금		지불의 편의성을 목적으로 당좌수표를 발행하여 돈을 인출하기 위해 가입한 예금
		정기예금		일정 금액을 일정 기간 동안 금융기관에 맡기고 정한 기한 후에 일정 금액과 이자를 받기로 한 예금
		정기적금		목돈을 만들기 위해 일정 금액씩 일정 기간 동안 금융기관에 맡기고 정한 기한 후에 목돈을 받기로 한 예금
		단기매매증권		단기시세차익 목적으로 취득한 주식 및 채권
		매출채권	외상매출금	상품, 제품을 외상으로 판매한 경우
			받을어음	상품, 제품을 판매하고 대금을 어음으로 받은 경우
		미수금		일반적 상거래(상품, 제품) 이외의 채권
		단기대여금		보고기간 종료일부터 1년 이내 회수하기로 하고 빌려준 채권
		선급금		상품 등을 구입하기로 하고 미리 지급한 계약금
		선납세금		미리 납부한 세금
		가지급금		현금을 실제로 주고받았으나 거래가 완결되지 않아 용도와 금액이 불분명하여 이들을 처리할 계정과목이나 금액이 확정되지 않았을 경우 사용하는 임시 계정
		미수수익		당기에 용역을 제공하고 수익을 획득했으나 그 대가를 받지 못하여 수익 계정에 기입하지 않은 금액
		선급비용		현금은 지출되었으나 다음 연도의 비용에 해당하는 금액
		부가세대급금		상품을 매입할 때 공급자에게 이미 낸 부가세(물건값의 10%에 해당하는 세금)
		대손충당금		매출채권 중 회수가 불가능할 것으로 예상되는 금액을 비용으로 처리하기 위해 설정하는 금액
	재고자산	상품		상기업에서 판매를 목적으로 구입한 물건
		제품		제조기업에서 판매를 목적으로 만든 물건
		원재료		제품을 생산하기 위해 매입한 원료, 재료 등
		소모품		영업활동에 사용할 목적으로 구입한 사무용품 등
		미착품		재고자산 중 아직 목적지에 도착하지 않은 상품
비유동자산	투자자산	투자부동산		투자 목적의 건물이나 토지 등
		만기보유증권		만기가 확정된 채무증권으로서 상환금액이 확정되었거나 확정이 가능한 채무증권을 만기까지 보유할 의도와 능력이 있는 경우
		매도가능증권		단기매매증권, 만기보유증권, 지분법적용투자주식으로 분류되지 않는 유가증권으로, 보통 장기투자 목적인 경우
		장기대여금		보고기간 종료일부터 1년 이후에 회수하기로 하고 빌려준 채권

	유형자산	토지	회사가 보유하고 있는 땅
		건물	회사가 보유하고 있는 건물
		기계장치	제품 생산을 위해 사용하는 기계 등
		건설 중인 자산	유형자산의 건설을 위한 재료비, 노무비 및 경비
		차량운반구	영업활동에 사용하는 승용차, 승합차, 트럭, 오토바이 등
		비품	영업활동에 사용할 목적으로 구입한 책상, 컴퓨터, 에어컨 등
		감가상각누계액	간접법에 의해 감가상각을 하는 경우 감가상각비의 상대 계정으로 계상되는 금액
	무형자산	영업권	동종산업에 종사하는 다른 기업에 비하여 특별히 유리한 사항을 집합해 놓은 무형의 자원
		개발비	신제품이나 신기술 개발을 위해 지출한 금액
	기타 비유동자산	임차보증금	건물이나 창고 등을 장기간 임차하는 경우에 지급한 보증금
		부도어음과 수표	만기가 되어 지급을 청구했으나 지급불능이 되어버린 어음이 발생했을 때 사용하는 임시 계정

2. 부채

구분	계정과목		내용
유동부채	매입채무	외상매입금	상품, 원재료를 외상으로 매입하고 갚지 않은 경우
		지급어음	상품, 원재료를 외상으로 매입하고 어음을 발행한 경우
	미지급금		상품, 원재료 외의 물품을 외상으로 구입하고 지급하지 않은 경우
	단기차입금		보고기간 종료일부터 1년 이내 상환할 조건으로 빌려온 채무
	당좌차월		당좌예금 잔액을 초과하여 인출하는 경우
	예수금		일시적으로 미리 받아둔 금액
	가수금		내용불명의 송금액을 받은 경우 등에 사용하는 임시 계정
	선수금		상품 등을 판매하기로 하고 미리 받은 계약금
	선수수익		이미 현금을 받은 금액 중에서 당기 수익이 아닌 다음 연도 수익에 속하는 부분
	부가세예수금		상품을 매출할 때 매입자에게 이미 징수한 부가세를 처리하는 계정
	미지급세금		부가가치세 납부세액에 해당되는 부채
	미지급비용		회계기간 중에 용역을 제공받고도 현금을 지급하지 않아서 아직 비용을 장부에 기록하지 않은 미지급분
	미지급배당금		현금배당을 지급하기 위한 부채
	유동성 장기부채		본래는 만기가 1년을 초과하여 남아 있는 장기부채였으나 시간의 경과로 인해 보고기간 종료일 현재 만기가 1년 이내로 도래한 부채
비유동부채	사채		주식회사가 장기자금을 조달하기 위해 발행한 확정 채무임을 표시하는 증서
	장기차입금		보고기간 종료일부터 1년 이후에 지급할 조건으로 빌려온 채무
	퇴직급여충당부채		장래에 종업원이 퇴직할 때 지급해야 할 퇴직금을 대비하여 기말에 미리 설정한 부채
	외화장기차입금		보고기간 종료일부터 1년 이후에 지급할 조건으로 빌려온 외화채무
	임대보증금		건물이나 창고 등을 장기간 임대하는 경우에 받은 보증금

3. 자본

구분	계정과목	내용
자본금	자본금	주주의 불입자본 중 「상법」의 규정에 따라 정관에 자본금으로 확정되어 있는 법정자본금
	인출금	개인기업에서 기업주 개인이 사용할 목적으로 인출한 자금
자본잉여금	주식발행초과금	주식 발행금액이 주식의 액면금액을 초과하는 금액
	자기주식처분이익	자기주식의 처분금액이 취득원가보다 높은 경우
이익잉여금	법정적립금	상법상 적립금으로 현금배당의 10% 이상 자본금의 1/2에 달할 때까지 적립하는 이익준비금
	임의적립금	정관 또는 주주총회의 결의로 유보된 적립금
	미처분이익잉여금	회사가 벌어들인 이익 중 배당금을 지급하거나 다른 목적으로 적립한 후 남아있는 잉여금으로 당기 이익잉여금처분계산서의 처분 전 이익잉여금
자본조정	자기주식	발행회사가 유통 중인 자사의 주식을 매입해서 소각하지 않고 보유하고 있는 주식
	주식할인발행차금	주식 발행에서 액면금액보다 발행금액이 작게 발행되는 경우
	자기주식처분손실	자기주식의 처분금액이 취득원가보다 낮은 경우
기타포괄손익누계액	매도가능증권평가이익	장기간 투자할 목적으로 보유한 유가증권으로부터 얻은 미실현손익
	매도가능증권평가손실	장기간 투자할 목적으로 보유한 유가증권으로부터 얻은 미실현손익

2 손익계산서

1. 수익

구분	계정과목	내용
매출액	상품매출	상품을 매출할 때 발생하는 금전 및 금전청구권
	매출환입	매출한 상품 중 불량품 등이 반품되어 오는 것
	매출에누리	매출한 상품 중 불량품 등에 대하여 가격을 깎아주는 것
	매출할인	외상매출금을 기일 전에 회수함으로써 외상매출금의 일부를 할인해 주는 것
영업외수익	이자수익	대여금이나 은행예금 등에 대하여 발생한 이자
	배당금수익	주식, 출자 등의 투자에 대한 이익분배를 받은 금액
	임대료	건물이나 토지 등을 대여하고, 집세나 지대를 받은 경우
	단기매매증권처분이익	단기매매증권의 처분금액이 장부금액보다 많은 경우
	단기매매증권평가이익	단기매매증권의 기말 평가 시 공정가치가 장부금액보다 큰 경우
	외환차익	외화외상매출금을 회수할 때 환율변동으로 인한 외화자산의 이익
	외화환산이익	결산일 현재의 외화채무를 기준환율로 환산할 때 발생하는 이익
	유형자산처분이익	유형자산을 처분할 때 처분금액이 장부금액보다 많은 경우 발생하는 이익
	매도가능증권처분이익	매도가능증권의 처분금액이 취득금액보다 많은 경우
	자산수증이익	주주 등이 무상으로 증여한 자산금액
	채무면제이익	채권자에 의해 채무를 면제받은 금액
	보험수익	보험금 수령으로 인한 수익
	임대료수익	건물 등을 임대해 주고 받는 수익
	수수료수익	용역을 제공하고 수수료를 받은 경우
	잡이익	영업활동 이외에서 발생하는 기타의 이익금액

2. 비용

구분	계정과목	내용
판매비와 관리비	급여	직원에게 근로의 대가로 지급하는 금액
	퇴직급여	직원이 퇴직할 때 지급하는 금액
	복리후생비	직원의 복리를 위해 지급하는 금액
	임차료	토지·건물 등의 부동산을 빌리고 지급하는 금액
	기업업무추진비	영업 목적의 접대를 위하여 지출하는 금액
	세금과공과	국가에 대한 세금과 기타의 공과금(세금 이외의 강제적 부담금)
	수도광열비	수도, 전기, 가스 등의 이용 금액
	광고선전비	판매를 위한 광고, 홍보, 선전 등을 위한 지출액
	여비교통비	업무상 교통요금과 출장경비 등으로 지급하는 금액
	소모품비	영업활동에 사용할 소모품을 구입하고 지급한 금액
	통신비	전화, 인터넷, 우편 등의 이용 금액
	운반비	상품발송 등의 운송비 지급 금액
	보험료	보험료 지급 금액
	수선비	건물, 기계장치 등의 수리비 지급 금액
	차량유지비	차량 운행을 위한 유류, 부품 및 차량수리비 등의 지출액
	교육훈련비	직원의 교육과 훈련을 위한 지출액
	도서인쇄비	신문, 도서 등의 구입액 및 인쇄비
	수수료비용	용역을 제공받고 지급하는 수수료 금액
	감가상각비	시간의 흐름에 따라 유형자산의 가치 감소분을 회계처리하는 것
	대손상각비	채권을 회수할 수 없게 되는 경우의 대손비용
	무형자산상각비	무형자산에 대한 상각비용
영업외비용	이자비용	차입금 등에 대한 이자로 지급하는 금액
	기타의 대손상각비	매출채권 외 채권의 대손에 대비하여 대손충당금을 설정할 때 반영하는 비용
	단기매매증권처분손실	단기매매증권의 처분금액이 장부금액보다 적은 경우
	단기매매증권평가손실	단기매매증권의 기말 평가 시 공정가치가 장부금액보다 적은 경우
	외환차손	외화외상매출금을 회수할 때 환율변동으로 인한 외화자산의 손실
	외화환산손실	결산일 현재의 외화채무를 기준환율로 환산할 때 발생하는 손실
	기부금	영업과 무관하게 기부하는 금품 및 물품의 금액
	유형자산처분손실	유형자산을 처분할 때 처분금액이 장부금액보다 적은 경우 발생하는 손실
	매도가능증권처분손실	매도가능증권의 처분금액이 취득금액보다 적은 경우
	매출채권처분손실	어음의 할인 시 매각거래에서 발생하는 처분손실
	재해손실	천재지변이나 재해 등으로 입은 손실 금액
	잡손실	영업활동 이외에서 발생하는 기타의 손실 금액
법인세비용	법인세비용	법인기업의 소득에 부과하는 법인세 상당액

핵심 500제 분개노트

※ 무료강의를 적극 활용하세요!

※ 20×5년 거래에 관한 자료이다.

채점할 때마다 O/X를 기입하면서 체크하세요!

001 1월 1일 (주)비전상사를 설립하고 주식을 발행하여 자본금으로 현금 10,000,000원을 납입받았다. 또한, 월급 1,000,000원을 지급하기로 하고 신규직원을 채용하다.

(차)	(대)

002 1월 2일 에듀윌상사에서 상품을 2,000,000원에 매입하였다. 대금 중 1,000,000원은 수표를 발행하여 지급하고, 잔액은 어음을 발행하다.

(차)	(대)

003 1월 3일 회사 승용차의 엔진오일을 교체하고 40,000원을 SK주유소에 현금으로 지급하다.

(차)	(대)

004 1월 4일 거래처 대표이사의 모친이 별세하여 조의금으로 현금 100,000원을 전달하였다.

(차)	(대)

005 1월 5일 강동상사에 상품 900,000원을 매출하였다. 대금 중 600,000원은 외상으로 하고, 잔액은 자기앞수표로 받았다.

(차)	(대)

006 1월 6일 삼청각에서 영업부 직원 회식비 300,000원을 법인카드(비씨카드)로 결제하다.

(차)	(대)

007 1월 7일 LG대리점으로부터 에어컨을 950,000원에 구입하고 대금 결제는 전액 외상으로 하였다.

(차)	(대)

008 1월 8일 강서상사로부터 3개월 후 상환한다는 차용증서를 받고 3,000,000원을 당좌수표를 발행하여 대여하다.

(차)	(대)

009 1월 9일 사무실에서 사용한 전화요금 128,000원이 보통예금에서 계좌이체되다.

(차)	(대)

010 1월 10일 상품매입처 예인상사에 발행한 약속어음 500,000원이 만기가 되어 당사 거래은행의 당좌예금 계좌에서 결제되었다.

(차)	(대)

정답

001	(차)	현금	10,000,000	(대)	자본금	10,000,000
002	(차)	상품	2,000,000	(대)	당좌예금	1,000,000
					지급어음[에듀윌상사]	1,000,000
003	(차)	차량유지비(판)	40,000	(대)	현금	40,000
004	(차)	기업업무추진비(판)	100,000	(대)	현금	100,000
005	(차)	외상매출금[강동상사]	600,000	(대)	상품매출	900,000
		현금	300,000			
006	(차)	복리후생비(판)	300,000	(대)	미지급금[비씨카드]	300,000
007	(차)	비품	950,000	(대)	미지급금[LG대리점]	950,000
008	(차)	단기대여금[강서상사]	3,000,000	(대)	당좌예금	3,000,000
009	(차)	통신비(판)	128,000	(대)	보통예금	128,000
010	(차)	지급어음[예인상사]	500,000	(대)	당좌예금	500,000

011 1월 11일 농협의 단기차입금 1,500,000원과 이에 대한 이자 60,000원을 보통예금 계좌에서 인출하여 상환하다.

(차)	(대)

012 1월 12일 폭설로 피해를 입은 이재민을 돕기 위해 현금 1,000,000원을 사회복지 공동모금회에 지급하였다.

(차)	(대)

013 1월 13일 강동상사의 외상매출금 600,000원을 자기앞수표로 받다.

(차)	(대)

014 1월 14일 우리현상소에서 회사 게시판에 부착할 사진을 현상하고 대금 13,000원을 신용카드(비씨카드)로 결제하였다.

(차)	(대)

015 1월 15일 용산전자에서 사무실용 컴퓨터 1대를 1,200,000원에 구입하고 대금 중 800,000원은 당좌수표를 발행하여 지급하고 잔액은 외상으로 하였다.

(차)	(대)

016 1월 16일 하나은행에서 4,500,000원을 차입(상환기간: 20×5.5.26.)하여 즉시 당사 당좌예금 계좌에 입금하였다.

(차)	(대)

017 1월 17일 보람산업에서 상품을 1,000,000원에 매입하기로 하고, 계약금 100,000원을 현금으로 지급하였다.

(차)	(대)

018 1월 18일 보람산업으로부터 상품을 1,000,000원에 매입하고, 1월 17일에 지급한 계약금 100,000원을 제외한 나머지는 외상으로 하다.

(차)	(대)

019 1월 19일 제품 광고를 위하여 삼화버스회사에 광고를 의뢰하고 광고비 500,000원을 현금으로 지급하다.

(차)	(대)

020 1월 20일 거래처인 (주)천사의 미지급금 20,000,000원 중 10,000,000원은 당좌수표로 지급하고, 나머지 10,000,000원은 면제받았다.

(차)	(대)

정답

011	(차)	단기차입금[농협]	1,500,000	(대)	보통예금	1,560,000
		이자비용	60,000			
012	(차)	기부금	1,000,000	(대)	현금	1,000,000
013	(차)	현금	600,000	(대)	외상매출금[강동상사]	600,000
014	(차)	도서인쇄비(판)	13,000	(대)	미지급금[비씨카드]	13,000
015	(차)	비품	1,200,000	(대)	당좌예금	800,000
					미지급금[용산전자]	400,000
016	(차)	당좌예금	4,500,000	(대)	단기차입금[하나은행]	4,500,000
017	(차)	선급금[보람산업]	100,000	(대)	현금	100,000
018	(차)	상품	1,000,000	(대)	선급금[보람산업]	100,000
					외상매입금[보람산업]	900,000
019	(차)	광고선전비(판)	500,000	(대)	현금	500,000
020	(차)	미지급금[(주)천사]	20,000,000	(대)	당좌예금	10,000,000
					채무면제이익	10,000,000

021 1월 21일 업무용 차량에 대한 유류를 현금으로 구입하고 영수증을 받았다.

영 수 증

20×5/1/21 17:30

SK 강남주유소 (T.521－0085)
서울시 강남구 역삼동
124-61-10054 김성수

유종명	수량	단가	금액
일반 휘발유	50L	1,900	95,000

합계 95,000원

감사합니다.

(차)	(대)

022 1월 22일 회사 차량에 대한 자동차세 200,000원을 보통예금에서 계좌이체하다.

(차)	(대)

023 1월 23일 미래산업의 상품을 7,000,000원에 판매하기로 하고 계약금 900,000원을 현금으로 수령하다.

(차)	(대)

024 1월 24일 미래산업과 계약한 상품을 계약대로 7,000,000원에 판매하고, 1월 23일에 지급한 계약금 900,000원을 제외한 나머지를 외상으로 하다.

(차)	(대)

025 1월 25일 에듀상사에 대한 외상매입금 3,000,000원을 약속어음(만기: 20×5.10.31.)으로 지급하였다.

(차)	(대)

026 1월 26일 본사에서 사용할 목적으로 난방용 석유 100,000원을 천지주유소에서 외상으로 구입하였다.

(차)	(대)

027 1월 27일 인쇄비용을 현금으로 지급하고 영수증을 받았다.

1월분 영 수 증

독자번호	K	3	2	4	금 액	15,000

독자주소	의정부시 의정부동 210-1
성 명	김성수 귀하

위 금액을 정히 영수합니다.

20×5.1.27.

한국일보(의정부지사) 지국

(차)	(대)

028 1월 28일 놀부기업의 외상매출금 1,500,000원을 동점 발행 약속어음(만기: 20×5.3.15.)으로 받았다.

(차)	(대)

정답

021	(차)	차량유지비(판)	95,000	(대)	현금	95,000
022	(차)	세금과공과(판)	200,000	(대)	보통예금	200,000

포인트 차량 관련 비용은 차량유지비(유류대, 수리비, 통행료 등), 보험료(자동차보험료), 세금과공과(자동차세, 벌금, 과태료 등)로 구분한다.

023	(차)	현금	900,000	(대)	선수금[미래산업]	900,000
024	(차)	외상매출금[미래산업]	6,100,000	(대)	상품매출	7,000,000
		선수금[미래산업]	900,000			
025	(차)	외상매입금[에듀상사]	3,000,000	(대)	지급어음[에듀상사]	3,000,000
026	(차)	수도광열비(판)	100,000	(대)	미지급금[천지주유소]	100,000

포인트 공장에서 발생한 전기요금은 전력비(제), 가스 및 수도요금은 가스수도료(제) 계정으로 처리한다.

027	(차)	도서인쇄비(판)	15,000	(대)	현금	15,000
028	(차)	받을어음[놀부기업]	1,500,000	(대)	외상매출금[놀부기업]	1,500,000

029 1월 29일 빈 박스 등 폐품을 매각하고 매각대금 17,000원을 현금으로 받다.

(차)	(대)

030 1월 30일 거래처의 확장 이전을 축하하기 위하여 화환을 현금으로 구입하여 전달하고 영수증을 받았다.

영 수 증

20×5/1/30 15:30

경기화원 (T.821-1257)
경기도 고양시 정발산동 210-1
124-61-10614 박진혁

품명	수량	단가	금액
화환	2	50,000	100,000
합계			100,000원

감사합니다.

(차)	(대)

031 1월 31일 우체국에서 업무서류를 등기우편으로 발송하고 우편료 30,000원을 현금으로 지급하였다.

(차)	(대)

032 2월 1일 (주)장한평자동차로부터 화물차 1대를 10,000,000원에 구입하고 대금은 10개월 할부로 지급하기로 하였다.

(차)	(대)

033 2월 2일 (주)장한평자동차의 차량할부금 1,000,000원(1개월분)을 하나은행 보통예금 통장에서 지로로 자동납부하였다.

(차)	(대)

034 2월 3일 거래처 직원과 회식을 하고 신용카드로 결제하다.

매출전표

카드종류		거래일자	
우리카드		20×5.2.3. 20:25	
카드번호(CARD NO)			
1111－1234－4567－****			
승인번호		금액 AMOUNT	230000
20×502030551			
일반	할부	부가세 V.AT	
일시불		봉사료 CASHBACK	
거래유형		합계 TOTAL	230000
신용승인			
가맹점명			
술한잔해			
대표자명		사업자번호	
김성수		128-86-12345	
전화번호		가맹점번호	
		975444541	
주소			
의정부시 의정부 1동 100			

상기의 거래 내역을 확인합니다. 서명 비전상사

(차) (대)

035 2월 4일 거래은행에 대출받기로 하고 1억원의 건물을 담보로 제공하다.

(차) (대)

정답

029	(차) 현금	17,000	(대) 잡이익	17,000
030	(차) 기업업무추진비(판)	100,000	(대) 현금	100,000
031	(차) 통신비(판)	30,000	(대) 현금	30,000
032	(차) 차량운반구	10,000,000	(대) 미지급금[(주)장한평자동차]	10,000,000
033	(차) 미지급금[(주)장한평자동차]	1,000,000	(대) 보통예금	1,000,000
034	(차) 기업업무추진비(판)	230,000	(대) 미지급금[우리카드] 또는 미지급비용[우리카드]	230,000

035 분개 없음

포인트 임대차계약, 종업원의 채용, 상품 주문, 담보 제공 등은 회계상의 거래가 아니므로 분개를 하지 않는다.

036 2월 5일 영업용 건물에 대한 재산세 60,000원과 상공회의소회비 60,000원을 수표를 발행하여 지급하다.

(차)	(대)

037 2월 6일 본사 전기요금을 현금으로 납부하고 다음과 같은 영수증을 수취하였다.

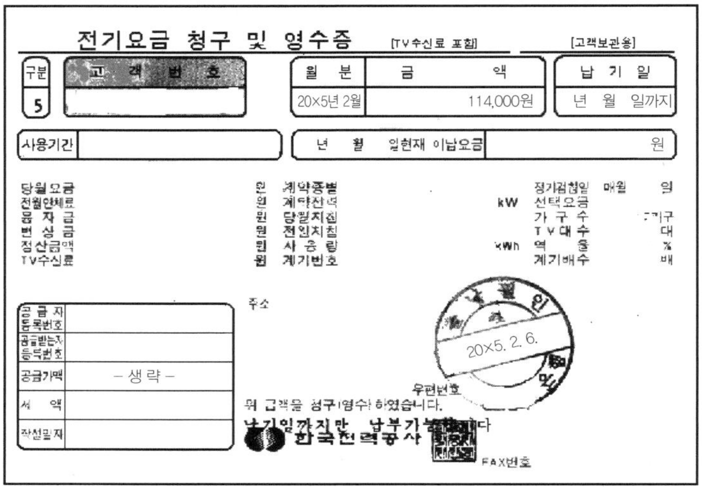
전기요금 청구 및 영수증 [TV수신료 포함] [고객보관용]

구분	고객번호	월분	금액	납기일
5		20×5년 2월	114,000원	년 월 일까지

사용기간		년 월 일현재 이납요금	원

당월요금	원	계약종별		정기검침일	매월 일
전월연체료	원	계약전력	kW	선택요금	
물자금	원	당월지침		가구수	가구
변상금	원	전월지침		TV대수	대
정산금액	원	사용량	kWh	역률	%
TV수신료	원	계기번호		계기배수	배

공급자 등록번호	
공급받는자 등록번호	
공급가액	– 생략 –
세액	
작성일자	

주소

20×5. 2. 6.

우편번호

위 금액을 청구(영수)하였습니다.

납기일까지만 납부가능합니다

한국전력공사

FAX번호

(차)	(대)

038 2월 7일 강동상사에 상품 2,500,000원을 판매하고, 대금 중 미리 받은 계약금 500,000원을 차감한 잔액은 외상으로 하였다.

(차)	(대)

039 2월 8일 종업원에게 지급할 선물로 갈비세트를 2,800,000원에 구입하고 대금 중 반은 현금으로 지급하고 잔액은 외상으로 하였다.

(차)	(대)

040 2월 9일 업무용 양식지를 인쇄하고 인쇄대금을 현금으로 지급한 후 영수증을 받았다.

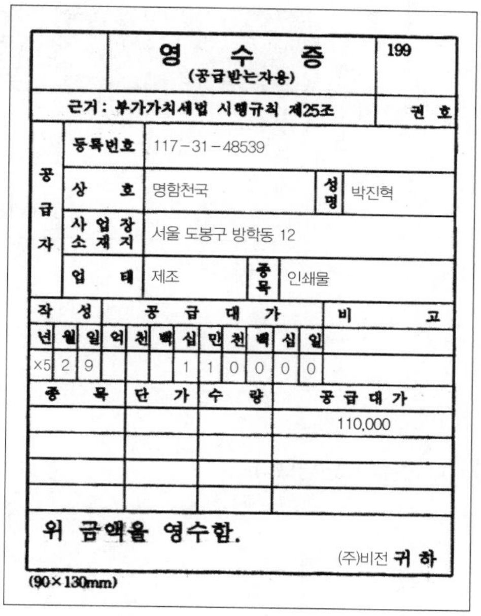

영 수 증 (공급받는자용)				199
근거 : 부가가치세법 시행규칙 제25조				권 호
공급자	등록번호	117-31-48539		
	상 호	명함천국	성명	박진혁
	사업장 소재지	서울 도봉구 방학동 12		
	업 태	제조	종목	인쇄물

작성			공급대가									비고
년	월	일	억	천	백	십	만	천	백	십	일	
×5	2	9				1	1	0	0	0	0	

종목	단가	수량	공급대가
			110,000

위 금액을 영수함.

(주)비전 귀하

(90×130mm)

(차)	(대)

041 2월 10일 강남상사에 대한 외상매입금 1,800,000원을 당좌수표를 발행하여 지급하다.

(차)	(대)

정답

036	(차)	세금과공과(판)	120,000	(대)	당좌예금	120,000
037	(차)	수도광열비(판)	114,000	(대)	현금	114,000
038	(차)	선수금[강동상사]	500,000	(대)	상품매출	2,500,000
		외상매출금[강동상사]	2,000,000			
039	(차)	복리후생비(판)	2,800,000	(대)	현금	1,400,000
					미지급금	1,400,000
040	(차)	도서인쇄비(판)	110,000	(대)	현금	110,000
041	(차)	외상매입금[강남상사]	1,800,000	(대)	당좌예금	1,800,000

042 2월 11일 종업원의 출장을 위한 교통비를 현금으로 지급하고 다음과 같은 영수증을 받았다.

탑승권 BOARDING PASS 대한항공
부산 이경신 K38117 20×5.2.11. 10:45 32E 55,000원

(차) (대)

043 2월 12일 현금 100,000원을 도난당했다.

(차) (대)

044 2월 13일 상품 5,000,000원을 주문하다.

(차) (대)

045 2월 14일 사무실 가스요금 50,000원을 보통예금에서 이체하여 지급하다.

(차) (대)

046 2월 15일 거래처 강동상사에 상품을 판매한 후 수령한 약속어음 3,000,000원이 만기가 도래하여 당점 거래은행의 당좌예금 계좌에 입금되었음을 확인하였다.

(차) (대)

047 2월 16일 사무용 장부 구입대금 30,000원을 현금으로 지급하다. (단, 비용으로 처리할 것)

(차) (대)

048 □□□ 2월 17일 강남산업에서 상품 800개(@10,000원)를 매입하고 대금 중 2,000,000원은 현금으로 지급하고 3,000,000원은 외상, 잔액은 어음을 발행하여 지급하다.

(차)	(대)

049 □□□ 2월 18일 인터넷 매출로 인한 택배비 5,000원을 현금으로 지급하였다.

(차)	(대)

050 □□□ 2월 19일 (주)강서에 상품 5,000,000원을 판매하고 대금 중 2,500,000원은 외상, 나머지는 동점 발행 약속어음(만기: 20×5.6.30.)으로 받았다.

(차)	(대)

정답

042	(차)	여비교통비(판)	55,000	(대)	현금	55,000
043	(차)	잡손실	100,000	(대)	현금	100,000
044	분개 없음					

포인트 임대차계약, 종업원의 채용, 상품 주문, 담보 제공 등은 회계상의 거래가 아니므로 분개를 하지 않는다.

045	(차)	수도광열비(판)	50,000	(대)	보통예금	50,000
046	(차)	당좌예금	3,000,000	(대)	받을어음[강동상사]	3,000,000
047	(차)	소모품비(판)	30,000	(대)	현금	30,000
048	(차)	상품	8,000,000	(대)	현금	2,000,000
					외상매입금[강남산업]	3,000,000
					지급어음[강남산업]	3,000,000
049	(차)	운반비(판)	5,000	(대)	현금	5,000
050	(차)	외상매출금[(주)강서]	2,500,000	(대)	상품매출	5,000,000
		받을어음[(주)강서]	2,500,000			

051 2월 20일 전기안전관리 유지보수료 110,000원을 현금으로 지급하다.

(차)	(대)

052 2월 21일 강동상사에서 상품을 5,500,000원에 매입하고, 대금 중 1,500,000원은 현금으로 지급하고, 기지급한 계약금 500,000원을 차감한 나머지는 다음 달에 지급하기로 하다.

(차)	(대)

053 2월 22일 수재의연금 300,000원을 한국방송공사에 현금으로 기부하다.

(차)	(대)

054 2월 23일 종업원의 명함을 제작하고 대금 10,000원을 현금으로 지급하다.

(차)	(대)

055 2월 24일 영업부 비품의 고장 수리비로 200,000원을 현금으로 지급하다.

(차)	(대)

056 2월 25일 상품 판매를 거래처에 주선하고 수수료 50,000원을 현금으로 받다.

(차)	(대)

057 2월 26일 봉고차 1대를 금호렌터카에서 1개월간 렌트하고 렌트료 400,000원을 비씨카드로 결제하였다.

(차)	(대)

058 2월 27일 회사 자동차에 대한 화재보험에 가입하고 보험료 500,000원을 (주)대한화재보험에 보통예금으로 계좌이체하다.

대한화재보험 자동차보험증권

20×5년 2월 27일

계 약 번 호	20×5-12341234			계 약 일		20×5년 2월
기명피보험자	(주)비전상사			기명피보험자코드		
계 약 자	(주)비전상사			계 약 자 코 드		
보험 가입 자동차				보험료 납입사항		
차 량 번 호 (차 대 번 호)	23무 5437 (연식: 2010년)			납입하신 보 험 료	의무보험	
					임의보험	
차 량 가 액	1,420만원	부속품가액	20만원	연간 보험료		500,000원
의무보험기간	20×5년 2월 28일 00:00부터 20×6년 2월 27일 00:00까지					
임의보험기간	20×5년 2월 28일 00:00부터 20×6년 2월 27일 00:00까지					
차회 보험료						

(차)	(대)

059 2월 28일 동작상사의 외상매입금 5,000,000원을 당점 거래은행인 하나은행의 보통예금 계좌에서 온라인으로 송금하고 송금수수료 1,500원도 보통예금 계좌에서 지급하다.

(차)	(대)

정답

051	(차)	수수료비용(판)	110,000	(대)	현금	110,000
052	(차)	상품	5,500,000	(대)	현금	1,500,000
					선급금[강동상사]	500,000
					외상매입금[강동상사]	3,500,000
053	(차)	기부금	300,000	(대)	현금	300,000
054	(차)	도서인쇄비(판)	10,000	(대)	현금	10,000
055	(차)	수선비(판)	200,000	(대)	현금	200,000
056	(차)	현금	50,000	(대)	수수료수익	50,000
057	(차)	임차료(판)	400,000	(대)	미지급금[비씨카드]	400,000
058	(차)	보험료(판)	500,000	(대)	보통예금	500,000
059	(차)	외상매입금[동작상사]	5,000,000	(대)	보통예금	5,001,500
		수수료비용(판)	1,500			

060 3월 1일 (주)예준에 제품 6,000,000원(10개, @600,000원)을 판매하기로 계약하고, 대금 중 15%를 당좌예금 계좌로 송금 받다.

(차)	(대)

061 3월 2일 미래상사에서 상품 3,000,000원을 매입하고, 대금 중 500,000원은 소유하고 있던 거래처 발행 당좌수표로 지급하고, 잔액은 당사가 당좌수표를 발행하여 지급하다. (단, 매입운임 20,000원은 현금으로 지급함)

(차)	(대)

062 3월 3일 영업부 직원들의 직무역량 강화 교육을 위한 학원 수강료 100,000원을 보통예금 계좌에서 이체하여 지급하다.

(차)	(대)

063 3월 4일 판매부서 건물의 엘리베이터 설치비(자본적 지출) 6,000,000원과 외벽 도색비(수익적 지출) 600,000원을 현금으로 지급하다.

(차)	(대)

064 3월 5일 강동상사에서 업무용 컴퓨터를 2,000,000원에 구입하고, 계약금으로 기지급한 500,000원을 차감한 잔액은 당점 발행 약속어음으로 지급하다.

(차)	(대)

065 3월 6일 수익 증대를 위해 사무실을 2년간 신라문구에 임대하기로 계약하고, 보증금 2,000,000원과 1개월분 임대료 300,000원을 보통예금으로 이체 받다.

(차)	(대)

066 3월 7일 상품 3,000,000원을 일광상사에 외상으로 매출하고, 운반비 50,000원은 현금으로 지급하다.

(차)	(대)

067 3월 8일 영업부 업무용 화물차에 대하여 자동차세 60,000원과 자동차보험료 600,000원을 보통예금 계좌에서 이체하여 지급하다.

(차)	(대)

068 3월 9일 거래은행인 국민은행에서 10,000,000원을 신용대출받아 보통예금에 입금하다. (상환기간: 3년, 연 이율: 5.5%)

(차)	(대)

정답

060	(차)	당좌예금	900,000	(대)	선수금[(주)예준]	900,000
061	(차)	상품	3,020,000	(대)	현금	520,000
					당좌예금	2,500,000

포인트 매입 시 운반비는 취득원가에 가산하고 판매 시 매출운임은 운반비 계정으로 처리한다.

062	(차)	교육훈련비(판)	100,000	(대)	보통예금	100,000
063	(차)	건물	6,000,000	(대)	현금	6,600,000
		수선비(판)	600,000			
064	(차)	비품	2,000,000	(대)	선급금[강동상사]	500,000
					미지급금[강동상사]	1,500,000

포인트 당점 발행 약속어음은 상거래의 경우 지급어음, 상거래가 아닌 경우 미지급금 계정으로 처리한다.

065	(차)	보통예금	2,300,000	(대)	임대보증금[신라문구]	2,000,000
					임대료	300,000
066	(차)	외상매출금[일광상사]	3,000,000	(대)	상품매출	3,000,000
		운반비(판)	50,000		현금	50,000
067	(차)	세금과공과(판)	60,000	(대)	보통예금	660,000
		보험료(판)	600,000			
068	(차)	보통예금	10,000,000	(대)	장기차입금[국민은행]	10,000,000

069 3월 10일 영업사원의 급여 1,800,000원을 지급하면서 소득세, 지방소득세, 건강보험료 등(근로자 부담분)을 다음 급여대장과 같이 차감하여 잔액을 보통예금 통장에서 이체하였다.

20×5년 3월 급여대장

지급 내용			공제 내용				차감 수령액
기본급	각종수당	급여 계	소득세	지방소득세	건강보험료 등	공제 계	
1,500,000원	300,000원	1,800,000원	50,000원	5,000원	100,000원	155,000원	1,645,000원

(차) (대)

070 3월 11일 거래처 선물 구입에 사용할 현금을 확보하기 위하여 경기상사 발행의 약속어음 8,000,000원을 은행에서 할인받고, 할인료 500,000원을 제외한 금액을 당좌예입하다. (단, 매각거래임)

(차) (대)

071 3월 12일 미래조명에 상품매입 대금으로 발행해 준 약속어음 600,000원이 만기가 되어 당사 당좌예금 계좌에서 지급하다.

(차) (대)

072 3월 13일 마포구청에 영업 관련 공과금 800,000원을 현금으로 지급하였다.

(차) (대)

073 3월 14일 문구 홍보관을 개설하기 위해 서현빌딩으로부터 보증금 10,000,000원에 점포를 임차하고 대금은 현금으로 지급하다.

(차) (대)

074 3월 15일 회사의 건물 취득 시 취득원가 20,000,000원과 취득세 500,000원 및 중개수수료 300,000원을 전액 현금으로 지급하다.

(차) (대)

075 3월 16일 단기매매차익을 목적으로 주권상장법인인 (주)대호전자의 주식 2,000주를 1주당 2,000원(1주당 액면금액 1,000원)에 취득하고, 증권거래수수료 10,000원을 포함한 대금을 모두 보통예금 계좌에서 지급하였다.

(차)	(대)

076 3월 17일 화재로 피해를 입은 농민을 돕기 위해 현금 100,000원을 한국방송공사에 지급하다.

(차)	(대)

077 3월 18일 당사의 거래처인 (주)서울로부터 기계장치를 무상으로 받았다. 동 기계장치의 공정가치는 3,800,000원이다.

(차)	(대)

정답

069	(차)	급여(판)	1,800,000	(대)	예수금	155,000
					보통예금	1,645,000
070	(차)	당좌예금	7,500,000	(대)	받을어음[경기상사]	8,000,000
		매출채권처분손실	500,000			
071	(차)	지급어음[미래조명]	600,000	(대)	당좌예금	600,000
072	(차)	세금과공과(판)	800,000	(대)	현금	800,000
073	(차)	임차보증금[서현빌딩]	10,000,000	(대)	현금	10,000,000
074	(차)	건물	20,800,000	(대)	현금	20,800,000

포인트 유형자산 취득원가 = 매입원가 + 취득부대비용(수수료, 운송비, 관세, 설치비, 취득세 등)

075	(차)	단기매매증권	4,000,000	(대)	보통예금	4,010,000
		수수료비용(영)	10,000			
076	(차)	기부금	100,000	(대)	현금	100,000
077	(차)	기계장치	3,800,000	(대)	자산수증이익	3,800,000

078 3월 19일 매출거래처 직원 접대용으로 식사를 하고 다음과 같이 신용카드 매출전표를 받았다.

가맹점	성남식당		
대표자	고성남	TEL	(031)323－3388
가맹점번호	123456	사업자번호	131－92－23923
주소	경기 성남시 수정구 고등동 525-5		
카드종류		거래종류	결제방법
비씨카드		신용구매	일시불
회원번호(Card No.)		취소 시 원거래일자	
4140－0202－3245－9958			
유효기간		거래일시	품명
/		20×5.3.19.	
전표제출		공급대가 총액	
		80,000	
전표매입사		합계 금액	
		80,000	
거래번호		승인번호(Approval No.)	
		98421147	

(차)	(대)

079 3월 20일 중고나라에서 완구운반용 트럭을 11,000,000원에 구입하고 대금은 10개월 무이자할부로 지급하기로 하다. 트럭 구입 시 취득세 1,500,000원은 현금으로 납부하다.

(차)	(대)

080 3월 21일 거래처 금성상사에 대한 단기대여금 1,000,000원과 이자 50,000원을 현금으로 받다.

(차)	(대)

081 3월 22일 신상품의 판매촉진을 위해 통일신문에 광고를 게재하고 광고비 250,000원을 당좌수표를 발행하여 지급하였다.

(차)	(대)

082 □□□ 3월 23일 하나갈비에서 영업부 직원 회식 후 식사대 200,000원을 신용카드(하나카드)로 결제하다.

(차)	(대)

083 □□□ 3월 24일 기송산업에 상품 5,000,000원을 판매하기로 계약하고, 계약금(판매금액의 10%)은 자기앞수표로 받다.

(차)	(대)

084 □□□ 3월 25일 대림은행으로부터 원금 20,000,000원을 6개월 동안 차입하면서 수수료 200,000원을 차감한 금액이 당사 당좌예금 계좌로 입금되었다.

(차)	(대)

085 □□□ 3월 26일 진사상사에서 상품 7,000,000원(200개, @35,000원)을 구입하기로 계약하고, 대금의 20%를 당좌예금 계좌에서 이체하다.

(차)	(대)

정답

078	(차)	기업업무추진비(판)	80,000	(대)	미지급금[비씨카드] 또는 미지급비용[비씨카드]	80,000
079	(차)	차량운반구	12,500,000	(대)	미지급금[중고나라] 현금	11,000,000 1,500,000
080	(차)	현금	1,050,000	(대)	단기대여금[금성상사] 이자수익	1,000,000 50,000
081	(차)	광고선전비(판)	250,000	(대)	당좌예금	250,000
082	(차)	복리후생비(판)	200,000	(대)	미지급금[하나카드]	200,000
083	(차)	현금	500,000	(대)	선수금[기송산업]	500,000
084	(차)	당좌예금 수수료비용(판)	19,800,000 200,000	(대)	단기차입금[대림은행]	20,000,000
085	(차)	선급금[진사상사]	1,400,000	(대)	당좌예금	1,400,000

086 3월 27일 영업사원 박혜정의 급여 1,400,000원을 지급하면서 소득세 · 지방소득세 · 고용보험료 · 국민연금 · 건강보험료를 다음 급여내역과 같이 차감하고 잔액을 보통예금 통장에서 이체하다.

20×5년 3월 급여내역 (단위: 원)

이름	박혜정	지급일	20×5.3.27.
기본급여	1,000,000	소득세	6,800
직책수당	100,000	지방소득세	680
상여금	–	고용보험	15,520
특별수당	100,000	국민연금	50,000
차량유지	200,000	건강보험	20,000
교육지원	–	기타	–
급여 계	1,400,000	공제 합계	93,000
노고에 감사드립니다.		지급 총액	1,307,000

(차)	(대)

087 3월 28일 영업부 직원의 시내 출장용 교통카드를 충전하고 대금은 현금으로 지급하다.

[교통카드 충전영수증]

역사명 : 종각역
장비번호: 151
카드번호: 10122521223251
결제방식: 현금
충전일시: 20×5.3.28.

충전 전 잔액:	800원
충 전 금 액:	50,000원
충전 후 잔액:	50,800원

대표자명: 김서울
사업자번호: 114-82-01319
주소: 서울특별시 서초구 효령로 432

(차)	(대)

088 3월 29일 부산상사에 상품 5,000,000원을 판매하기로 하고, 계약금 500,000원을 부산상사 발행 당좌수표로 받다.

(차)	(대)

089 3월 30일 영업부 사무실에 사용할 문구류를 구입하고 대금은 신용카드로 결제하다. (단, 비용으로 처리할 것)

신용카드 매출전표	
가 맹 점 명	세한문구(031)259－5684
사업자번호	123－37－82710
대 표 자 명	김세한
주 소	경기 성남시 판교대로 120
삼 성 카 드	신용승인
거 래 일 시	20×5－3－30 오후 19:08:07
카 드 번 호	4564－1110－****－****
유 효 기 간	**/**
가맹점번호	8907654
매 입 사	국민카드(전자서명전표)
판 매 금 액	300,000
합 계	300,000

(차)	(대)

090 3월 31일 영업부 사무실에 대한 3월분 임차료 250,000원을 보통예금 계좌에서 이체하여 지급하다.

(차)	(대)

정답

086	(차)	급여(판)	1,400,000	(대)	예수금	93,000
					보통예금	1,307,000
087	(차)	여비교통비(판)	50,000	(대)	현금	50,000
088	(차)	현금	500,000	(대)	선수금[부산상사]	500,000
089	(차)	소모품비(판)	300,000	(대)	미지급금[국민카드]	300,000
090	(차)	임차료(판)	250,000	(대)	보통예금	250,000

091 4월 1일 보유 중인 (주)소랜토의 주식에 대하여 배당금이 확정되어 1,500,000원을 보통예금 계좌로 받았다. (다음의 증명서류를 근거로 적절한 회계처리를 할 것)

(정기) 배당금 지급통지서

(주)소랜토의 배당금 지급내역을 아래와 같이 통지합니다.

■ 주주명: 현승상사 ■ 주주번호: 12551*********

• 현금배당 및 세금내역

종류	소유주식 수	배당일수	현금배당률	A.배당금액	B.원천징수세액	
보통주	100	365	50%	1,500,000원	소득세	
우선주					지방소득세	
					총세액	
				실지급액(A−B)		

■ 배당금 지급기간 및 장소

1차	지급기간	20×5.4.1.	지급장소	증권회사 거래 계좌에 세금공제 후 자동입금
2차	지급기간			

(차) (대)

092 4월 2일 회사 창립기념일을 맞이하여 영업사원 선물용 과일바구니 500,000원과 거래처 선물용 홍삼세트 200,000원을 국민카드로 결제하다.

(차) (대)

093 4월 3일 제품매출 거래처인 한국전자(주)에 대한 외상매출금 12,500,000원이 약정기일보다 빠르게 회수되어 2% 할인을 해주고 잔액을 보통예금 계좌로 송금 받았다.

(차) (대)

094 4월 4일 (주)일신기업에서 매출대금으로 받아 보관 중인 약속어음 2,000,000원이 만기가 도래하여 기업은행에 추심의뢰한 바, 추심수수료 30,000원이 차감되어 당점 기업은행 보통예금에 입금되다.

(차) (대)

095 □□□ 4월 5일 판매장의 화재와 도난에 대비하기 위하여 화재손해보험에 가입하고 1년분 보험료 480,000원을 보통예금 계좌로 이체하여 지급하였다. (단, 비용으로 처리할 것)

(차)	(대)

096 □□□ 4월 6일 당사에서 생산한 전자제품 5,000,000원을 사회복지 공동모금회에 현물 기부하였다.

(차)	(대)

097 □□□ 4월 7일 이자수익 200,000원에 대하여 원천징수세액을 제외한 나머지 금액이 보통예금으로 입금되었다. (원천징수세율은 15.4%로 가정하고, 자산으로 처리할 것)

(차)	(대)

098 □□□ 4월 8일 (주)빠른유통의 외상매입금 5,000,000원을 결제하기 위하여 당사가 제품매출의 대가로 받아 보유하고 있던 (주)용산전자의 약속어음 5,000,000원을 배서하여 지급하였다.

(차)	(대)

정답

091	(차)	보통예금	1,500,000	(대)	배당금수익	1,500,000
092	(차)	복리후생비(판)	500,000	(대)	미지급금[국민카드]	700,000
		기업업무추진비(판)	200,000			
093	(차)	보통예금	12,250,000	(대)	외상매출금[한국전자(주)]	12,500,000
		매출할인	250,000*			

* 12,500,000원×2%=250,000원

094	(차)	보통예금	1,970,000	(대)	받을어음[(주)일신기업]	2,000,000
		수수료비용(판)	30,000			
095	(차)	보험료(판)	480,000	(대)	보통예금	480,000
096	(차)	기부금	5,000,000	(대)	제품(타계정대체)	5,000,000

포인트 제품 또는 상품이 기부, 접대, 복리후생 등 판매 이외의 목적으로 나간 경우 타계정대체 적요를 입력해야 한다.

097	(차)	선납세금	30,800	(대)	이자수익	200,000
		보통예금	169,200			
098	(차)	외상매입금[(주)빠른유통]	5,000,000	(대)	받을어음[(주)용산전자]	5,000,000

099 4월 9일 소망은행으로부터 5년 후 상환조건으로 100,000,000원을 차입하고, 보통예금 계좌로 입금 받다.

(차)	(대)

100 4월 10일 과거에 수령한 가수금 1,000,000원이 우리전자에 제품을 판매하기로 계약하고 받은 계약금 500,000원과 동사의 외상매출금 500,000원을 회수한 것으로 확인되다.

(차)	(대)

101 4월 11일 캠브리지에 수출(선적일자: 4월 1일)한 제품의 외상매출금이 보통예금 계좌에 원화로 환전되어 입금되었다.

- 외상매출금: $5,000(USD)
- 4월 1일 환율: 1,100원/USD
- 4월 11일 환율: 1,050원/USD

(차)	(대)

102 4월 12일 강남상사로부터 임차하여 영업점으로 사용하던 건물의 임대차계약이 만료되어 보증금 100,000,000원을 보통예금 계좌로 돌려받았다. (단, 보증금의 거래처를 기재할 것)

(차)	(대)

103 4월 13일 대한무역에 상품 3,000,000원을 매출하고, 계약금 300,000원을 차감하여 자기앞수표로 받다.

(차)	(대)

104 4월 14일 (주)거붕에 대한 받을어음 17,000,000원이 만기가 되어 추심수수료 50,000원을 차감하고 나머지 잔액은 당사 보통예금에 입금되었다.

(차)	(대)

105 4월 15일 희정은행의 정기예금에 가입하고, 보통예금 계좌에서 10,000,000원을 이체하였다.

(차)	(대)

106 4월 16일 영업부 김소희 사원이 제주 출장 시 지급받은 가지급금 500,000원에 대해 아래와 같이 사용하고 잔액은 현금으로 정산하다.

• 왕복항공료: 240,000원 • 택시요금: 80,000원 • 숙박비: 160,000원

(차)	(대)

107 4월 17일 신입 직원에게 월급 2,000,000원을 지급하기로 하고 채용하다.

(차)	(대)

정답

099	(차)	보통예금	100,000,000	(대)	장기차입금[소망은행]	100,000,000
100	(차)	가수금	1,000,000	(대)	선수금[우리전자]	500,000
					외상매출금[우리전자]	500,000
101	(차)	보통예금	5,250,000	(대)	외상매출금[캠브리지]	5,500,000
		외환차손	250,000			
102	(차)	보통예금	100,000,000	(대)	임차보증금[강남상사]	100,000,000
103	(차)	선수금[대한무역]	300,000	(대)	상품매출	3,000,000
		현금	2,700,000			
104	(차)	보통예금	16,950,000	(대)	받을어음[(주)거붕]	17,000,000
		수수료비용(판)	50,000			
105	(차)	정기예금[희정은행]	10,000,000	(대)	보통예금	10,000,000
106	(차)	여비교통비(판)	480,000	(대)	가지급금[김소희]	500,000
		현금	20,000			
107	분개 없음					

포인트 임대차계약, 종업원의 채용, 상품 주문, 담보 제공 등은 회계상의 거래가 아니므로 분개를 하지 않는다.

108 4월 18일 3월에 입사한 영업부 신입사원 김하나의 3월분 급여를 다음과 같이 보통예금으로 지급하다.

유리상사 20×5년 3월 급여명세서

이름	김하나	지급일	20×5.4.18.
기본급여	750,000원	소득세	0원
직책수당	0원	지방소득세	0원
상여금	0원	고용보험	6,000원
특별수당	0원	국민연금	0원
차량유지	0원	건강보험	0원
교육지원	0원	기타	0원
급여 계	750,000원	공제 합계	6,000원
귀하의 노고에 감사드립니다.		지급 총액	744,000원

(차) (대)

109 4월 19일 부영상사에 업무용 차량운반구(취득원가 12,000,000원, 감가상각누계액 4,000,000원)를 5,000,000원에 처분하고 대금 중 3,000,000원은 동점 발행 당좌수표로 받고 잔액은 1개월 후에 받기로 하였다.

(차) (대)

110 4월 20일 의류판매를 위한 광고전단지를 한국기획에서 제작하고, 전단지 제작비 600,000원을 1개월 후에 지급하기로 하다.

(차) (대)

111 4월 21일 매장 건물을 신축하기 위하여 토지를 취득하고, 그 대금 50,000,000원을 당좌수표를 발행하여 지급하다. 또한 부동산 중개수수료 500,000원과 취득세 600,000원은 현금으로 지급하다.

(차) (대)

112 4월 22일 정연실업에 판매용 흑백복합기 2,000,000원(10개, @200,000원)을 판매하기로 계약하고, 대금 중 20%를 당좌예금 계좌로 송금 받다.

(차) (대)

113 4월 23일 현금 시재를 확인하던 중 장부상 현금보다 실제 현금이 65,000원 많은 것을 발견하였으나 원인을 파악할 수 없다.

(차)	(대)

114 4월 24일 튼튼자동차에서 할부로 구입하고 미지급금으로 처리한 차량할부금 200,000원이 보통예금 계좌에서 자동이체되었다.

(차)	(대)

115 4월 25일 래인상사(주)로부터 제품 판매대금으로 수령한 3개월 만기 약속어음 20,000,000원을 하나은행에 할인하고, 할인수수료 550,000원을 차감한 잔액이 보통예금 계좌로 입금되었다. (단, 차입거래로 회계처리할 것)

(차)	(대)

116 4월 26일 영업용 컴퓨터 수리비 150,000원은 당사 보통예금 계좌에서 이체하다. (수익적 지출로 처리할 것)

(차)	(대)

정답

108	(차)	급여(판)	750,000	(대)	예수금	6,000
					보통예금	744,000
109	(차)	감가상각누계액(차량운반구)	4,000,000	(대)	차량운반구	12,000,000
		현금	3,000,000			
		미수금[부영상사]	2,000,000			
		유형자산처분손실	3,000,000			
110	(차)	광고선전비(판)	600,000	(대)	미지급금[한국기획]	600,000
111	(차)	토지	51,100,000	(대)	당좌예금	50,000,000
					현금	1,100,000
112	(차)	당좌예금	400,000	(대)	선수금[정연실업]	400,000
113	(차)	현금	65,000	(대)	현금과부족	65,000
114	(차)	미지급금[튼튼자동차]	200,000	(대)	보통예금	200,000
115	(차)	보통예금	19,450,000	(대)	단기차입금[하나은행]	20,000,000
		이자비용	550,000			
116	(차)	수선비(판)	150,000	(대)	보통예금	150,000

117 4월 27일 성실상회에 상품 15,000,000원을 매출하고 대금 중 10,000,000원은 자기앞수표로 받고, 나머지는 1개월 후에 받기로 하였다.

(차)	(대)

118 4월 28일 하나카드의 7월분 매출대금 3,500,000원에서 가맹점수수료 2%를 차감한 금액이 당사의 보통예금 계좌로 입금되었다. (단, 신용카드 매출대금은 외상매출금으로 처리하고 있음)

(차)	(대)

119 4월 29일 성일전자의 파산으로 인해 외상매출금 1,000,000원이 회수 불가능하게 되어 대손처리하다. (단, 대손충당금 잔액은 66,000원임)

(차)	(대)

120 4월 30일 전기에 대손처리한 외상매출금 100,000원을 회수하여 보통예금에 입금하다.

(차)	(대)

121 5월 1일 판매용 전기부품 5,000,000원과 업무용 컴퓨터 2,000,000원을 선진전기에서 구입하였다. 대금 중 판매용 전기부품은 당좌수표를 발행하여 지급하고, 업무용 컴퓨터는 외상으로 하였다.

(차)	(대)

122 5월 2일 원봉상사의 외상매출금 25,800,000원 중 국민은행 보통예금 계좌에 10,000,000원이 입금되고, 나머지는 대한은행 당좌예금 계좌에 입금되었다.

(차)	(대)

123 5월 3일 단기매매차익을 얻을 목적으로 보유하고 있는 (주)망고의 주식 100주를 1주당 10,000원에 처분하고 대금은 수수료 등 10,000원을 차감한 금액이 보통예금 계좌로 입금되었다. (단, (주)망고의 주식 1주당 취득원가는 5,000원임)

(차)	(대)

124 5월 4일 업무용 차량의 주유비를 현금으로 결제하고 현금영수증을 수취하였다.

(주)원흥주유소
128-85-123456
경기도 고양시 덕양구

[사업자지출증빙]

거래종류 : 현금(지출증빙)
식별번호 : 11····8953
거래일시 : 20×5/5/4

공급가액 :	45,455원
부 가 세 :	4,545원
합 계 :	50,000원

승인번호 : 2853
전표번호 : A-0111
매 입 사 : 현대오일뱅크

현금영수증문의: 국세청 콜센터
126-2, http://현금영수증.kr

[회원용]

(차)	(대)

정답

117	(차)	현금	10,000,000	(대)	상품매출	15,000,000
		외상매출금[성실상회]	5,000,000			
118	(차)	보통예금	3,430,000	(대)	외상매출금[하나카드]	3,500,000
		수수료비용(판)	70,000			
119	(차)	대손충당금	66,000	(대)	외상매출금[성일전자]	1,000,000
		대손상각비(판)	934,000			
120	(차)	보통예금	100,000	(대)	대손충당금	100,000
121	(차)	상품	5,000,000	(대)	당좌예금	5,000,000
		비품	2,000,000		미지급금[선진전기]	2,000,000
122	(차)	보통예금	10,000,000	(대)	외상매출금[원봉상사]	25,800,000
		당좌예금	15,800,000			
123	(차)	보통예금	990,000	(대)	단기매매증권	500,000
					단기매매증권처분이익	490,000
124	(차)	차량유지비(판)	50,000	(대)	현금	50,000

125 5월 5일 본사 사옥을 신축할 목적으로 토지를 취득하면서 토지대금 300,000,000원, 취득세 5,000,000원을 당좌수표를 발행하여 지급하였다.

(차)	(대)

126 5월 6일 북구상사의 외상매입금 420,000원을 약정기일 이전에 지급함으로써 20,000원을 할인받고, 잔액은 당좌수표를 발행하여 지급하였다.

(차)	(대)

127 5월 7일 국제상사에 상품을 7,000,000원에 판매하기로 계약하고, 계약금 2,000,000원을 당사 당좌예금 계좌로 이체 받다.

(차)	(대)

128 5월 8일 대전상사에 상품 1,000,000원을 판매하고, 대금은 5월 2일 수령한 계약금 100,000원을 차감한 잔액 중 600,000원은 보통예금으로 이체 받고 잔액은 외상으로 하다.

(차)	(대)

129 5월 9일 당사는 거래처 영광산업으로부터 상품을 2,000,000원에 매입하고, 그 대금으로 당좌수표를 발행하여 지급하였다. (당좌예금 잔액은 1,500,000원이고, 당좌차월 한도는 1,000,000원임)

(차)	(대)

130 5월 10일 당해 사업연도 법인세의 중간예납세액 24,000,000원을 현금으로 납부하였다. (단, 법인세납부액은 자산 계정으로 처리할 것)

(차)	(대)

131 ☐☐☐ 5월 11일 초지전자에서 매입계약한 판매용 컴퓨터 5대를 인수받고, 기지급한 계약금 750,000원을 차감한 잔액은 외상으로 하였다.

1권	2호	**거래명세표(거래용)**				
20×5년 5월 11일		공급자	등록번호	133－22－66643		
안양상사 귀하			상호	초지전자	성명	우상갑 ㊞
			사업장 소재지	경기도 안산시 단원구 초지로 90		
아래와 같이 계산합니다.			업태	도소매	종목	가전제품

합계금액	칠백오십만 원정 (₩ 7,500,000)					
월일	품목	규격	수량	단가	공급가액	세액
5/11	컴퓨터	펜티엄9	5	1,500,000원	7,500,000원	
전잔금			합계		7,500,000원	
입금	계약금 750,000원	잔금	6,750,000원		인수자	나기동 ㊞
비고						

(차)	(대)

정답

번호	차변	금액	대변	금액
125	(차) 토지	305,000,000	(대) 당좌예금	305,000,000
126	(차) 외상매입금[북구상사]	420,000	(대) 매입할인	20,000
			당좌예금	400,000
127	(차) 당좌예금	2,000,000	(대) 선수금[국제상사]	2,000,000
128	(차) 보통예금	600,000	(대) 상품매출	1,000,000
	선수금[대전상사]	100,000		
	외상매출금[대전상사]	300,000		
129	(차) 상품	2,000,000	(대) 당좌예금	1,500,000
			당좌차월 또는 단기차입금	500,000
130	(차) 선납세금	24,000,000	(대) 현금	24,000,000
131	(차) 상품	7,500,000	(대) 선급금[초지전자]	750,000
			외상매입금[초지전자]	6,750,000

132 5월 12일 당사는 사무실에서 사용하던 비품인 냉난방기의 고장으로 새로운 냉난방기를 설치하기로 하였다. 난방마트(주)에서 새로운 냉난방기를 구입하고 구입대금 500,000원은 이번 달 20일에 지급하기로 하고 설치비 50,000원은 현금으로 지급하였다.

(차)	(대)

133 5월 13일 영업부 직원들이 사용할 사무용품 700,000원을 동보성문구로부터 구입하고 사업용 신용카드(비씨카드)로 결제하였다. (비용 계정으로 처리할 것)

전자서명 전표

단말기번호
8002124738 120524128234
카드종류
비씨카드 신용승인
회원번호
4906－0302－3245－9958
유효기간
20×5/05/13 13:52:46
일반
일시불 금액 700,000원

은행확인 세금 0원
비씨
판매자 봉사료 0원
합계 700,000원
대표자
이성수
사업자 등록번호
117－09－52793
가맹점명
동보성문구
가맹점주소
서울 양천구 신정동 973-12
서명 동보성문구

(차)	(대)

134 5월 14일 공장용 건물에 대한 재산세 2,500,000원을 현금 납부하였다.

(차)	(대)

135 5월 15일 미지급금으로 계상된 창고 임차료 2,200,000원을 임대인인 (주)제일과 합의하여 임차보증금과 상계하였다.

(차)	(대)

136 5월 16일 정기주주총회에서 주식배당 10,000,000원, 현금배당 20,000,000원을 실시하기로 결의하였다. (단, 현금배당의 10%를 이익준비금으로 적립함)

(차)	(대)

137 5월 17일 지난달 도시가스공사에 대한 가스요금 54,000원(미지급비용)을 보통예금에서 이체하여 지급하였다.

(차)	(대)

정답

132	(차)	비품	550,000	(대)	현금	50,000
					미지급금[난방마트(주)]	500,000
133	(차)	사무용품비(판) 또는 소모품비(판)	700,000	(대)	미지급금[비씨카드] 또는 미지급비용[비씨카드]	700,000
134	(차)	세금과공과(제)	2,500,000	(대)	현금	2,500,000
135	(차)	미지급금[(주)제일]	2,200,000	(대)	임차보증금[(주)제일]	2,200,000
136	(차)	미처분이익잉여금	32,000,000	(대)	미교부주식배당금	10,000,000
					미지급배당금	20,000,000
					이익준비금	2,000,000
137	(차)	미지급비용[도시가스공사]	54,000	(대)	보통예금	54,000

138 5월 18일 기계장치 취득 후 3년이 지난 현재 주요 수선 및 설비 증설을 위한 자본적 지출로 6,000,000원을 현금 지급하였다.

(차)	(대)

139 5월 19일 추석 명절에 사용할 현금을 확보하기 위하여 주원고무 발행의 약속어음 3,000,000원을 은행에서 할인받고, 할인료 300,000원을 제외한 금액을 당좌예입하다. (단, 매각거래임)

(차)	(대)

140 5월 20일 민영기획과 체결했던 광고대행 계약과 관련하여 실제 옥외광고가 이루어졌고, 이에 잔금 900,000원을 보통예금 계좌에서 이체하였다. 계약일인 5월 1일에 지급한 계약금 100,000원은 선급비용으로 회계처리하였다.

(차)	(대)

141 5월 21일 사업주 개인용도로 사용하기 위해 신형카메라 690,000원을 구매하고, 사업용 신용카드(현대카드)로 결제하였다. (단, 개인기업으로 가정함)

(차)	(대)

142 5월 22일 창고 건물과 토지를 총 220,000,000원에 보통예금으로 지급하고 매입하였다. 토지의 취득가격은 200,000,000원, 창고 건물의 취득가격은 20,000,000원이고, 매입에 따른 추가부대비용은 다음과 같으며 모두 현금으로 지급하였다.

- 토지 중개수수료 및 등기이전비용: 1,000,000원
- 토지 조경공사비(영구성 있음): 2,000,000원
- 배수로 및 하수처리장 설치비(유지보수 책임은 지방자치단체에 있음): 3,000,000원
- 대대적인 창고 건물의 리모델링을 위한 지출: 6,000,000원

(차)	(대)

143 5월 23일 거래처인 (주)인성상사에 1년 이내 회수 목적으로 100,000,000원을 대여하기로 하여 보통예금에서 80,000,000원을 지급하였고, 나머지 20,000,000원은 (주)인성상사에 대한 외상매출금을 대여금으로 전환하기로 약정하였다.

(차)	(대)

144 5월 24일 길음상사의 파산으로 인해 외상매출금 1,000,000원이 회수 불가능하게 되어 대손처리하였다. 외상매출금에 대한 대손충당금 현재 잔액은 280,000원이며, 대손세액공제는 고려하지 않기로 한다.

(차)	(대)

145 5월 25일 출장 갔던 생산직 사원 이익동이 복귀하여 5월 2일에 가지급금으로 처리하였던 출장비 150,000원을 정산하고, 초과지출분 16,000원을 추가로 현금 지급하였다.

(차)	(대)

정답

138	(차)	기계장치	6,000,000	(대)	현금	6,000,000
139	(차)	당좌예금	2,700,000	(대)	받을어음[주원고무]	3,000,000
		매출채권처분손실	300,000			
140	(차)	광고선전비(판)	1,000,000	(대)	선급비용[민영기획]	100,000
					보통예금	900,000
141	(차)	인출금	690,000	(대)	미지급금[현대카드]	690,000
					또는 미지급비용[현대카드]	
142	(차)	토지	206,000,000*1	(대)	보통예금	220,000,000
		건물	26,000,000*2		현금	12,000,000

*1 200,000,000원 + 1,000,000원 + 2,000,000원 + 3,000,000원 = 206,000,000원
*2 20,000,000원 + 6,000,000원 = 26,000,000원

143	(차)	단기대여금[(주)인성상사]	100,000,000	(대)	보통예금	80,000,000
					외상매출금[(주)인성상사]	20,000,000
144	(차)	대손충당금	280,000	(대)	외상매출금[길음상사]	1,000,000
		대손상각비(판)	720,000			
145	(차)	여비교통비(제)	166,000	(대)	가지급금[이익동]	150,000
					현금	16,000

146 5월 26일 강동상사의 제품 외상매출금 7,000,000원이 약정기일보다 10일 빠르게 회수되어 외상매출금의 3%를 할인해 주었고, 대금은 모두 보통예금으로 입금되었다.

(차)	(대)

147 5월 27일 보관 중인 아모레상사가 발행한 당좌수표 5,000,000원을 당사 당좌예금 계좌에 예입하였다.

(차)	(대)

148 5월 28일 창문상사에서 상품 6,000,000원(300개, @20,000원)을 구입하기로 계약하고, 대금의 20%를 당좌예금 계좌에서 이체하였다.

(차)	(대)

149 5월 29일 호수상사의 외상매입금 5,000,000원을 결제하기 위해 매출처 일품컴퓨터에서 받아 보관 중인 약속어음 5,000,000원을 배서양도하였다.

(차)	(대)

150 5월 30일 거제물산에 납품한 상품의 상차작업을 위해 고용한 일용직 근로자에게 일당 100,000원을 현금으로 지급하였다.

(차)	(대)

151 5월 31일 당사는 1주당 액면가액 5,000원의 주식 1,000주를 1주당 8,000원에 발행하고 신주발행비 35,000원을 제외한 대금을 보통예금 계좌로 송금 받았다.

(차)	(대)

152 6월 1일 건강보험료 회사 부담분 120,000원과 직원 부담분 120,000원을 보통예금 통장에서 이체하였다. (단, 사무직 직원으로 가정함)

(차)	(대)

153 6월 2일 대표이사로부터 토지 300,000,000원을 무상으로 수증 받았다.

(차)	(대)

154 6월 3일 보통예금 계좌에서 300,000원의 이자수익이 발생하였으며, 원천징수법인세를 제외한 나머지 금액이 보통예금 계좌로 입금되었다. (원천징수법인세율은 14%로 가정함)

(차)	(대)

155 6월 4일 액면가액이 1주당 5,000원인 보통주를 증권시장에서 주당 10,000원에 5,000주를 현금 발행하였으며 주식 발행에 소요된 인쇄비, 수수료 등의 주식발행비 5,000,000원이 현금 지출되었다.

(차)	(대)

정답

146	(차)	보통예금	6,790,000	(대)	외상매출금[강동상사]	7,000,000
		매출할인(제품)	210,000*			
	* 7,000,000원×3%=210,000원					
147	(차)	당좌예금	5,000,000	(대)	현금	5,000,000
148	(차)	선급금[창문상사]	1,200,000	(대)	당좌예금	1,200,000
149	(차)	외상매입금[호수상사]	5,000,000	(대)	받을어음[일품컴퓨터]	5,000,000
150	(차)	잡급(판)	100,000	(대)	현금	100,000
151	(차)	보통예금	7,965,000	(대)	자본금	5,000,000
					주식발행초과금	2,965,000
152	(차)	예수금	120,000	(대)	보통예금	240,000
		복리후생비(판)	120,000			
153	(차)	토지	300,000,000	(대)	자산수증이익	300,000,000
154	(차)	선납세금	42,000*	(대)	이자수익	300,000
		보통예금	258,000			
	* 300,000원×14%=42,000원					
155	(차)	현금	45,000,000*[1]	(대)	자본금	25,000,000*[2]
					주식발행초과금	20,000,000

*[1] 5,000주×10,000원−5,000,000원=45,000,000원

*[2] 5,000주×5,000원=25,000,000원

156 6월 5일 당사의 신제품 개발을 위해 보통예금에서 개발비 2,000,000원이 인출되었다. (자산 계정을 사용할 것)

(차)	(대)

157 6월 6일 공장 근로자의 5월분 급여에 대한 원천징수 금액 중 국민연금(회사 부담분 포함)과 근로소득세, 지방소득세를 현금으로 납부하였다. (국민연금의 비용 항목은 '세금과공과'로 처리할 것)

- 국민연금 324,000원 납부(회사 부담분 162,000원, 근로자 부담분 162,000원)
- 근로소득세 200,000원 납부, 지방소득세 20,000원 납부

(차)	(대)

158 6월 7일 다음의 휴대폰 이용요금 청구서를 수령하고 납부해야 할 총금액을 현금으로 지급하였다.

기본내역

휴대폰 서비스 이용요금	29,526원
기본료	26,000원
국내 이용료	3,636원
메시지 이용료	60원
할인 및 조정	−170원
기타 금액	14,764원
당월 청구요금	44,290원
미납요금	0원
납부하실 총금액	44,290원

(차)	(대)

159 6월 8일 보통예금 계좌에 2,000,000원이 입금되었으나, 입금자명이 불분명하여 그 내역을 확인할 수 없다.

(차)	(대)

160 6월 9일 업무용 차량의 자동차세를 사업용 카드(비씨카드)로 납부하고 영수증을 수령하였다.

<table>
<tr><td></td><td colspan="4">20×5년분 자동차세 세액 신고납부서</td><td>납세자 보관용 영수증</td></tr>
<tr><td>납 세 자</td><td colspan="5">최범락</td></tr>
<tr><td>주 소</td><td colspan="5">경기도 안양시 동안구 학의로 332</td></tr>
<tr><td>납세번호</td><td>기관번호</td><td colspan="2">제목</td><td>납세년월기</td><td>과세번호</td></tr>
<tr><td rowspan="2">과세대상</td><td rowspan="2">17바 1234
(비영업용, 1,998cc)</td><td>구 분</td><td>자동차세</td><td>지방교육세</td><td>납부할 세액 합계</td></tr>
<tr><td>당초 산출세액</td><td>198,700원</td><td rowspan="3">(자동차세액 ×30%)</td><td rowspan="4">258,310원</td></tr>
<tr><td rowspan="3">과세기간</td><td rowspan="3">20×5.7.1.
~20×5.12.31.</td><td>선납공제액(10%)</td><td></td></tr>
<tr><td>요일제감면액(5%)</td><td></td></tr>
<tr><td>납부할 세액</td><td>198,700원</td><td>59,610원</td></tr>
<tr><td colspan="4">* 수납인이 없으면 이 영수증은 무효입니다. * 공무원은 현금을 수납하지 않습니다.</td><td colspan="2">위의 금액을 영수합니다.
20×5년 6월 9일</td></tr>
</table>

(차)	(대)

161 6월 10일 영업점을 이전하면서 임대인(대성빌딩)으로부터 임차보증금 중 임차료 미지급액 6,000,000원을 차감한 나머지 194,000,000원을 보통예금으로 반환받았다. (미지급비용 계정과목을 사용할 것)

(차)	(대)

정답

156	(차)	개발비	2,000,000	(대)	보통예금	2,000,000
157	(차)	예수금	382,000	(대)	현금	544,000
		세금과공과(제)	162,000			
158	(차)	통신비(판)	44,290	(대)	현금	44,290
159	(차)	보통예금	2,000,000	(대)	가수금	2,000,000
160	(차)	세금과공과(판)	258,310	(대)	미지급금[비씨카드] 또는 미지급비용[비씨카드]	258,310
161	(차)	보통예금	194,000,000	(대)	임차보증금[대성빌딩]	200,000,000
		미지급비용[대성빌딩]	6,000,000			

162 6월 11일 단기간의 매매차익을 목적으로 총액 7,000,000원에 구입한 상장회사 (주)구노물산의 주식 200주 중 80주를 주당 40,000원에 처분하였으며 처분대금은 소망은행 보통예금에 입금되었다.

(차)	(대)

163 6월 12일 당사는 거래처 동백상사로부터 상품 10개(@10,000원)를 매입하고, 대금은 당사 발행어음으로 지급하였다.

(차)	(대)

164 6월 13일 대표이사로부터 차입한 잔액 19,500,000원에 대하여 채무를 면제받았다. (해당 차입금은 단기차입금으로 계상되어 있음)

(차)	(대)

165 6월 14일 매출계약하고 선수금 600,000원을 받은 미림전자에 세탁기 5대를 인도하고 계약금을 차감한 잔액을 외상으로 하다. 당사 부담 운반비 150,000원은 현금으로 지급하다.

1권	2호	거래명세표(거래용)				
20×5년 6월 14일		공급자	등록번호	135-27-40377		
미림전자 귀하			상호	보은상회	성명	나기동 ㉿
			사업장 소재지	경기도 안산시 단원구 거미울길 13(선부동)		
아래와 같이 계산합니다.			업태	도소매	종목	가전제품
합계금액	육백만 원정 (₩ 6,000,000)					
월일	품목	규격	수량	단가	공급가액	세액
6/14	세탁기	15kg	5	1,200,000원	6,000,000원	
전잔금			합계		6,000,000원	
입금	계약금 600,000원	잔금	5,400,000원		인수자	김선태 ㉿
비고	당사 부담 운임 150,000원 현금 지급					

(차)	(대)

166 6월 15일 생산라인 증설을 위해 계약금 5,000,000원을 주고 (주)광속테금에 제작 의뢰한 기계장치가 설치 완료되어 잔금 25,000,000원 중 22,000,000원은 소망은행 보통예금으로 지급하고 나머지는 15일 후에 지급하기로 했다. (단, 부가가치세는 고려하지 말 것)

(차)	(대)

167 6월 16일 당사는 보유하고 있던 토지(취득원가 30,000,000원)를 영동상사에 50,000,000원에 매각하고 대금 중 10,000,000원은 당좌수표로 지급받았으며, 나머지는 다음 달 10일에 수령하기로 하였다.

(차)	(대)

168 6월 17일 화재 발생으로 소실된 제품(원가 10,000,000원)에 대한 보험금 7,000,000원을 보험회사로부터 보통예금 계좌로 입금받았다. 당사는 삼성화재에 화재보험이 가입되어 있다.

(차)	(대)

정답

162	(차)	보통예금	3,200,000	(대)	단기매매증권	2,800,000*
		* 7,000,000원×80주/200주=2,800,000원			단기매매증권처분이익	400,000
163	(차)	상품	100,000	(대)	지급어음[동백상사]	100,000
164	(차)	단기차입금[대표이사]	19,500,000	(대)	채무면제이익	19,500,000
165	(차)	선수금[미림전자]	600,000	(대)	상품매출	6,000,000
		외상매출금[미림전자]	5,400,000		현금	150,000
		운반비(판)	150,000			
166	(차)	기계장치	30,000,000	(대)	선급금[(주)광속테금]	5,000,000
					보통예금	22,000,000
					미지급금[(주)광속테금]	3,000,000
167	(차)	현금	10,000,000	(대)	토지	30,000,000
		미수금[영동상사]	40,000,000		유형자산처분이익	20,000,000
168	(차)	보통예금	7,000,000	(대)	보험수익	7,000,000

169 6월 18일 매출거래처 영아상사에 대한 외상매출금 5,000,000원을 현금으로 회수하고, 다음의 입금표를 발행하였다.

No. 1 (공급자 보관용)

입 금 표

영아상사 귀하

공급자	사업자 등록번호	135-27-40377		
	상호	보은상회	성명	나기동 (인)
	사업장 소재지	경기도 안산시 단원구 거미울길13(선부동)		
	업태	도소매	종목	가전제품

작성일			금액										세액							
년	월	일	공란수	억	천	백	십	만	천	백	십	일	천	백	십	만	천	백	십	일
20×5	6	18																		

합계	십	억	천	백	십	만	천	백	십	일
				5	0	0	0	0	0	0

내용	외상매출금 현금 입금
위 금액을 정히 영수함	

(차)	(대)

170 6월 19일 고객응대를 위한 화분과 꽃 등 소모품을 구입하고 국민카드로 결제하다. (단, 비용처리할 것)

카드매출전표
(공급받는자용)

카드종류: 국민카드
회원번호: ****-****-****-0001
거래일시: 20×5.6.19. 13:20:26
거래유형: 신용승인
매 출: 200,000원
부 가 세: 0원
합 계: 200,000원
결제방법: 일시불
승인번호: 133501449
은행확인: 국민카드사

가맹점명 : 선부화원
- 이 하 생 략 -

(차)	(대)

171 6월 20일 남촌빌딩으로부터 보증금 10,000,000원에 사무실을 임차하고, 대금은 외상으로 하였다.

(차)	(대)

172 6월 21일 회사의 차량을 15,000,000원에 취득하고 취득세 450,000원 및 기타 매입부대비용 150,000원을 보통예금에서 이체하다.

(차)	(대)

173 6월 22일 매출거래처인 (주)지수포장의 파산으로 인해 외상매출금 1,800,000원이 회수 불가능할 것으로 판단하여 대손처리하였다. 대손발생일 직전 외상매출금에 대한 대손충당금 잔액은 320,000원이다.

(차)	(대)

174 6월 23일 (주)울산중고나라에서 영업부 비품으로 에어컨을 1,100,000원에 구입하고 대금은 다음과 같이 하나카드로 결제하였다.

카드매출전표

카드종류: 하나카드
회원번호: 1754-6599-****-9997
거래일시: 20×5.6.23. 16:05:16
거래유형: 신용승인
금　　액: 1,100,000원
결제방법: 일시불
승인번호: 71999995
은행확인: 하나은행

가맹점명: (주)울산중고나라
－이 하 생 략－

(차)	(대)

정답

169	(차)	현금	5,000,000	(대)	외상매출금[영아상사]	5,000,000
170	(차)	소모품비(판)	200,000	(대)	미지급금[국민카드] 또는 미지급비용[국민카드]	200,000
171	(차)	임차보증금[남촌빌딩]	10,000,000	(대)	미지급금[남촌빌딩]	10,000,000
172	(차)	차량운반구	15,600,000	(대)	보통예금	15,600,000
173	(차)	대손충당금	320,000	(대)	외상매출금[(주)지수포장]	1,800,000
		대손상각비(판)	1,480,000			
174	(차)	비품	1,100,000	(대)	미지급금[하나카드]	1,100,000

175 6월 24일 김해남 씨로부터 장기투자 목적으로 토지를 취득하면서 6,000,000원은 당좌수표를 발행하여 지급하고, 나머지 1,000,000원은 30일 후에 지급하기로 하였다. 또한 등기이전하면서 취득세 150,000원을 현금으로 지급하였다.

(차)	(대)

176 6월 25일 국제상사에서 상품 5,000,000원을 매입하였다. 대금은 계약금으로 기지급한 500,000원을 차감하고 나머지 잔액은 1개월 후에 지급하기로 하다. 또한, 상품매입 시 운임 50,000원은 당사가 부담하기로 하여 현금으로 지급하다.

(차)	(대)

177 6월 26일 (주)서일기업에 대한 외상매출금 2,700,000원과 외상매입금 3,800,000원을 상계처리하고 나머지 잔액은 당좌수표를 발행하여 (주)서일기업에 지급하였다.

(차)	(대)

178 6월 27일 미납된 법인세 4,000,000원을 보통예금 계좌에서 이체하여 납부하였다. (단, 미지급한 세금은 부채임)

(차)	(대)

179 6월 28일 영업부 사무실의 인터넷요금 50,000원과 수도요금 30,000원을 보통예금에서 이체하였다.

(차)	(대)

180 6월 29일　구글에 수출(선적일자: 5월 25일)한 제품의 외상매출금이 보통예금 계좌에 원화로 입금되었다.

• 외상매출금: $3,000	• 5월 25일 환율: 1,200원/$	• 6월 29일 환율: 1,300원/$

(차)	(대)

181 6월 30일　영업부 건물 화재보험료(귀속기간: 20×5.9.25.～20×5.12.31.) 150,000원을 현금 납부하였다.

(차)	(대)

정답

175	(차)	투자부동산	7,150,000	(대)	당좌예금	6,000,000
					미지급금[김해남]	1,000,000
					현금	150,000

포인트 투자 목적의 건물이나 토지 등은 투자부동산으로 분류하며 매입금액과 취득세, 등록세 등 취득부대비용을 취득원가에 가산한다.

176	(차)	상품	5,050,000	(대)	선급금[국제상사]	500,000
					외상매입금[국제상사]	4,500,000
					현금	50,000
177	(차)	외상매입금[(주)서일기업]	3,800,000	(대)	외상매출금[(주)서일기업]	2,700,000
					당좌예금	1,100,000
178	(차)	미지급세금	4,000,000	(대)	보통예금	4,000,000
179	(차)	통신비(판)	50,000	(대)	보통예금	80,000
		수도광열비(판)	30,000			
180	(차)	보통예금	3,900,000*1	(대)	외상매출금[구글]	3,600,000*2
					외환차익	300,000

*1 $3,000×1,300원/$=3,900,000원
*2 $3,000×1,200원/$=3,600,000원

181	(차)	보험료(판)	150,000	(대)	현금	150,000

182 7월 1일 매출처의 체육행사 지원을 위해 과일 1,000,000원을 구매하고 법인카드(신한카드)로 결제하다.

(차)	(대)

183 7월 2일 강남상사의 단기대여금 8,000,000원과 이자 302,000원이 당사 보통예금 계좌에 입금되다.

(차)	(대)

184 7월 3일 유진전자에서 5월 1일에 구입한 3,000,000원의 컴퓨터를 사회복지공동모금회에 기부하였다. (단, 컴퓨터는 구입 시 비품으로 처리함)

(차)	(대)

185 7월 4일 거래처인 (주)용산전자의 외상매입금 55,000,000원 중 33,000,000원은 당좌수표로 지급하고, 나머지 금액은 면제받았다.

(차)	(대)

186 7월 5일 제조부 소속 신상용 대리(6년 근속)의 퇴직으로 퇴직금 9,000,000원 중 소득세 및 지방소득세로 230,000원을 원천징수한 후 차인지급액을 전액 믿음은행 보통예금 계좌에서 이체하였다. 퇴직 직전 퇴직급여충당부채 잔액은 없었다.

(차)	(대)

187 7월 6일 제1기 예정 신고기간의 부가가치세 미납액 2,500,000원과 납부지연가산세 2,500원을 함께 우리은행 보통예금 계좌에서 이체하여 납부하였다. (단, 부가가치세 미납액은 미지급세금으로, 납부지연가산세는 판매비와 관리비 항목의 세금과공과로 처리할 것)

(차)	(대)

188 7월 7일 불특정 다수에게 배포할 목적으로 광고용 휴지를 구입하고 다음의 신용카드 전표를 받았다.

단말기번호			
9002125248	120524128234		
카드종류			
국민카드	신용승인		
회원번호			
4906-0302-3245-9952			
거래일자			
20×5/7/7 13:52:46			
일반			
일시불	**금액**	300,000원	
은행확인	**세금**	30,000원	
비씨			
판매자	**봉사료**	0원	
	합계	330,000원	
대표자			
이성수			
사업자 등록번호			
117-09-52793			
가맹점명			
가나다마트			
가맹점주소			
서울 서초구 매헌로 16			
	서명	misa	

(차) (대)

정답

182	(차) 기업업무추진비(판)	1,000,000	(대) 미지급금[신한카드] 또는 미지급비용[신한카드]	1,000,000	
183	(차) 보통예금	8,302,000	(대) 단기대여금[강남상사] 이자수익	8,000,000 302,000	
184	(차) 기부금	3,000,000	(대) 비품	3,000,000	
185	(차) 외상매입금[(주)용산전자]	55,000,000	(대) 당좌예금 채무면제이익	33,000,000 22,000,000	
186	(차) 퇴직급여(제)	9,000,000	(대) 보통예금 예수금	8,770,000 230,000	
187	(차) 미지급세금 세금과공과(판)	2,500,000 2,500	(대) 보통예금	2,502,500	
188	(차) 광고선전비(판)	330,000	(대) 미지급금[국민카드] 또는 미지급비용[국민카드]	330,000	

189 7월 8일 (주)동행기업의 파산으로 인해 단기대여금 3,000,000원이 회수불능되어 대손처리를 하였다. (단, 단기대여금에 대한 대손충당금 현재 잔액은 660,000원임)

(차)	(대)

190 7월 9일 단기매매차익을 얻을 목적으로 보유하고 있는 (주)사과의 주식 100주를 1주당 10,000원에 처분하고 대금은 수수료 등 10,000원을 차감한 금액이 보통예금 계좌에 입금되었다. (단, (주)사과의 주식 1주당 취득원가는 5,000원임)

(차)	(대)

191 7월 10일 기업은행에서 차입한 단기차입금에 대한 이자 250,000원을 당사 보통예금 계좌에서 이체하였다.

(차)	(대)

192 7월 11일 당사에서 생산한 제품 4,000,000원(장부금액)을 국군장병 위문품으로 국방부에 무상으로 기탁하였다.

(차)	(대)

193 7월 12일 전기에 회수불능 채권으로 대손처리했던 외상매출금 6,000,000원 중 절반을 현금으로 회수하다. (단, 부가가치세법상 대손세액공제는 적용하지 않음)

(차)	(대)

194 7월 13일 현금 시재를 확인하던 중 실제 현금이 장부상 현금보다 10,000원 적은 것을 발견하였으나 그 원인을 파악할 수 없다.

(차)	(대)

195 ☐☐☐ 7월 14일 영업부 사원 최지방이 부산 출장 시 지급받은 가지급금 400,000원을 아래와 같이 사용하고 잔액은 현금으로 정산하였다. (단, 가지급금에 대한 거래처 입력은 생략함)

왕복 교통비 및 숙박비: 350,000원

(차) (대)

196 ☐☐☐ 7월 15일 아산상점에 상품을 매출하고 받은 약속어음 400,000원을 주거래 은행에서 할인받고 할인료 15,000원을 차감하여 당좌예입하다. (단, 관련 비용은 매출채권처분손실로 회계처리할 것)

(차) (대)

정답

189	(차)	대손충당금	660,000	(대)	단기대여금[(주)동행기업]	3,000,000
		기타의 대손상각비	2,340,000			
190	(차)	보통예금	990,000	(대)	단기매매증권	500,000
					단기매매증권처분이익	490,000

(포인트) 단기매매증권 처분 시 수수료는 처분금액에서 차감한다.

191	(차)	이자비용	250,000	(대)	보통예금	250,000
192	(차)	기부금	4,000,000	(대)	제품(타계정대체)	4,000,000
193	(차)	현금	3,000,000	(대)	대손충당금	3,000,000
194	(차)	현금과부족	10,000	(대)	현금	10,000
195	(차)	여비교통비(판)	350,000	(대)	가지급금[최지방]	400,000
		현금	50,000			
196	(차)	매출채권처분손실	15,000	(대)	받을어음[아산상점]	400,000
		당좌예금	385,000			

197 7월 16일 공장 건물의 화재와 도난에 대비하여 (주)미래화재에 손해보험을 가입한 후 보험료 3,000,000원을 보통예금 계좌에서 송금하고 전액 비용으로 회계처리하였다.

(차)	(대)

198 7월 17일 정기예금의 만기가 도래하여 원금 10,000,000원과 정기예금이자(이자소득 400,000원, 원천징수세액 61,600원)의 원천징수세액을 제외한 나머지가 보통예금 계좌로 입금되다. (단, 원천징수세액은 자산 항목으로 처리함)

(차)	(대)

199 7월 18일 미래상사에 상품을 10,000,000원에 판매하기로 계약하고, 계약금 2,000,000원을 당사 보통예금 계좌로 이체 받다.

(차)	(대)

200 7월 19일 (주)한국자동차로부터 업무용 승용차를 구입하는 과정에서 취득해야 하는 공채를 현금 200,000원(액면금액)에 구입하였다. 단, 공채의 현재가치는 160,000원이며 회사는 이를 단기매매증권으로 처리하고 있다.

(차)	(대)

정답

197	(차)	보험료(제)	3,000,000	(대)	보통예금	3,000,000
198	(차)	보통예금	10,338,400	(대)	정기예금	10,000,000
		선납세금	61,600		이자수익	400,000
199	(차)	보통예금	2,000,000	(대)	선수금[미래상사]	2,000,000
200	(차)	차량운반구	40,000	(대)	현금	200,000
		단기매매증권	160,000			

자신의 능력을 믿어야 한다.
그리고 끝까지 굳세게 밀고 나가라.

– 엘리너 로절린 스미스 카터(Eleanor Rosalynn Smith carter)

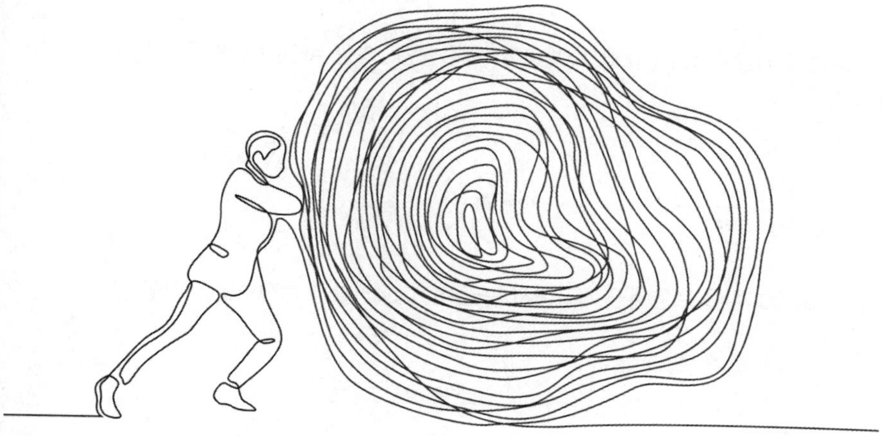

201 7월 20일 가락유통에서 상품 3,400,000원을 매입하고, 7월 1일에 지급한 계약금 300,000원을 차감한 잔액을 전액 보통예금에서 송금하였다.

(차)	(대)

202 7월 21일 상품을 판매하고 발급한 거래명세서이다. 대금 중 일부는 당좌예금 계좌로 입금받고, 나머지는 외상으로 하였다.

<table>
<tr><td>1권</td><td>2호</td><td colspan="6">거래명세표(거래용)</td></tr>
<tr><td colspan="2">20×5년 7월 21일</td><td rowspan="4">공급자</td><td>등록번호</td><td colspan="4">104-04-11258</td></tr>
<tr><td colspan="2" rowspan="2">강원컴퓨터 귀하</td><td>상호</td><td>우현상사</td><td>성명</td><td colspan="2">방우현 ㊞</td></tr>
<tr><td>사업장 소재지</td><td colspan="4">서울시 관악구 과천대로 855</td></tr>
<tr><td colspan="2">아래와 같이 계산합니다.</td><td>업태</td><td>도소매</td><td>종목</td><td colspan="2">컴퓨터부품</td></tr>
<tr><td>합계금액</td><td colspan="7">일천육백오십만 원정 (₩ 16,500,000)</td></tr>
<tr><td>월일</td><td>품목</td><td>규격</td><td>수량</td><td>단가</td><td>공급가액</td><td colspan="2">세액</td></tr>
<tr><td>7/21</td><td>컴퓨터</td><td></td><td>11</td><td>1,500,000원</td><td>16,500,000원</td><td colspan="2"></td></tr>
<tr><td>전잔금</td><td colspan="2"></td><td colspan="2">합계</td><td colspan="3">16,500,000원</td></tr>
<tr><td>입금</td><td colspan="2">10,000,000원</td><td>잔금</td><td colspan="2">6,500,000원</td><td>인수자</td><td>박차돌 ㊞</td></tr>
<tr><td>비고</td><td colspan="7"></td></tr>
</table>

(차)	(대)

203 7월 22일 광동물산에 매출한 상품의 외상매출금 5,000,000원에서 매출할인 3%를 차감한 금액을 보통예금 통장으로 송금 받았다.

(차)	(대)

204 7월 23일 대표자의 자택관리비 262,000원을 보통예금 계좌에서 송금하였다. (인출금 계정으로 처리할 것)

(차)	(대)

205 7월 24일 인천상사에서 판매용 컴퓨터 10,000,000원과 업무용 컴퓨터 2,000,000원을 매입하였다. 대금은 당사가 발행한 약속어음 2매(10,000,000원 1매, 2,000,000원 1매)로 지급하였다.

(차)	(대)

206 7월 25일 제1기 확정 신고분 부가가치세와 신용카드수수료(판매비와 관리비) 350,000원을 포함하여 신용카드(비씨카드)로 납부하였다. (단, 6월 30일 납부세액은 35,000,000원임)

(차)	(대)

207 7월 26일 신한상사에서 할부로 구입하고 미지급금으로 처리했던 차량할부금 중 500,000원을 현금으로 지급하였다.

(차)	(대)

208 7월 27일 당사 영업용 건물에 대한 난방장치 설치비(자본적 지출) 5,000,000원과 창문 수리비(수익적 지출) 430,000원을 전액 보통예금에서 지급하였다.

(차)	(대)

정답

201	(차)	상품	3,400,000	(대)	선급금[가락유통]	300,000
					보통예금	3,100,000
202	(차)	당좌예금	10,000,000	(대)	상품매출	16,500,000
		외상매출금[강원컴퓨터]	6,500,000			
203	(차)	보통예금	4,850,000	(대)	외상매출금[광동물산]	5,000,000
		매출할인	150,000*			

* 5,000,000원×3%=150,000원

204	(차)	인출금	262,000	(대)	보통예금	262,000
205	(차)	상품	10,000,000	(대)	지급어음[인천상사]	10,000,000
		비품	2,000,000		미지급금[인천상사]	2,000,000

포인트 일반적인 상거래 이외의 경우 어음 수령 및 발행 시 미수금 또는 미지급금 계정으로 처리한다.

206	(차)	미지급세금	35,000,000	(대)	미지급금[비씨카드]	35,350,000
		수수료비용(판)	350,000			
207	(차)	미지급금[신한상사]	500,000	(대)	현금	500,000
208	(차)	건물	5,000,000	(대)	보통예금	5,430,000
		수선비(판)	430,000			

209 7월 28일 사용 중인 업무용 승용차를 무등상사에 5,000,000원에 처분하고 대금은 1개월 후에 받기로 하였다. 업무용 승용차의 취득원가는 9,000,000원이고 처분 시 감가상각누계액은 3,500,000원이다.

(차)	(대)

210 7월 29일 국민은행의 단기차입금 100,000,000원을 조기 상환함에 따라 조기 상환에 따른 은행수수료 380,000원, 이자비용 1,050,000원을 포함하여 101,430,000원을 보통예금에서 이체하였다. (은행수수료는 판매비와 관리비로 처리할 것)

(차)	(대)

211 7월 30일 제조부서에 근무하는 나성실의 7월분 급여가 보통예금 계좌에서 지급되었다.

20×5년 7월 임금대장

성명	부서	임금(원)	공제액(원)			차인지급액(원)
			사회보험	소득세 등	공제액 계	
나성실	제조부	2,500,000	200,000	100,000	300,000	2,200,000

(차)	(대)

212 7월 31일 거래처인 (주)엠에스로부터 수취한 받을어음 22,000,000원이 부도처리되었다는 것을 국민은행으로부터 통보받고, 부도어음과 수표 계정으로 대체하였다.

(차)	(대)

213 8월 1일 주차장으로 사용할 토지를 20,000,000원에 준선상사로부터 매입하고 대금은 당좌수표를 발행하여 지급하다. 토지 취득 시 취득세 920,000원은 현금으로 지급하였다.

(차)	(대)

214 8월 2일 사업주가 가정에서 사용할 목적으로 컴퓨터를 국민카드로 1,000,000원에 구입하였다. (단, 법인기업으로 가정함)

(차)	(대)

215 8월 3일 금정문구는 소유한 창고를 (주)민철산업에 임대하기로 하고 임대보증금의 잔금을 (주)민철산업이 발행한 당좌수표로 받다. (단, 계약금은 계약서 작성일인 7월 1일에 현금으로 받았으며 별도의 영수증을 발행함)

부동산 임대차계약서 ■ 월세 □ 전세

임대인과 임차인 쌍방은 표기 부동산에 관하여 다음 계약내용과 같이 임대차계약을 체결한다.

1. 부동산의 표시

소재지	부산광역시 금정구 금샘로 323(구서동)					
토지	지목	대지			면적	3,242m^2
건물	구조	창고	용도	사업용	면적	1,530m^2
임대할 부분	전체				면적	3,242m^2

2. 계약내용

제1조(목적) 위 부동산의 임대차에 한하여 임대인과 임차인은 합의에 의하여 임차보증금 및 차임을 아래와 같이 지불하기로 한다.

보증금	金 10,000,000원정	
계약금	金 1,000,000원정은 계약 시 지불하고 영수함	영수자 ( ) (인)
중도금	金 원정은 년 월 일에 지불하며	
잔금	金 9,000,000원정은 20×5년 8월 3일에 지불한다.	
차임	金 800,000원정은 매월 20일(후불)에 지급한다.	

제2조(존속기간) 임대인은 위 부동산을 임대차 목적대로 사용할 수 있는 상태로 20×5년 8월 3일까지 임차인에게 인도하며 임대차 기간은 인도일로부터 20×6년 8월 2일(12개월)까지로 한다.

(차) (대)

정답

209	(차)	감가상각누계액(차량운반구)	3,500,000	(대)	차량운반구	9,000,000
		미수금[무등상사]	5,000,000			
		유형자산처분손실	500,000			
210	(차)	단기차입금[국민은행]	100,000,000	(대)	보통예금	101,430,000
		수수료비용(판)	380,000			
		이자비용	1,050,000			
211	(차)	임금(제)	2,500,000	(대)	예수금	300,000
					보통예금	2,200,000
212	(차)	부도어음과 수표[(주)엠에스]	22,000,000	(대)	받을어음[(주)엠에스]	22,000,000
213	(차)	토지	20,920,000	(대)	당좌예금	20,000,000
					현금	920,000
214	(차)	가지급금	1,000,000	(대)	미지급금[국민카드]	1,000,000
215	(차)	현금	9,000,000	(대)	임대보증금[(주)민철산업]	10,000,000
		선수금[(주)민철산업]	1,000,000			

216 8월 4일 업무용 오토바이의 주유비를 신용카드(비씨카드)로 결제하고 신용카드 전표를 수취하였다.

매 출 전 표

단말기번호	3657398	전표번호	134
카드종류		거래종류	결제방법
비씨카드		신용구매	일시불
회원번호(Card No)		취소 시 원거래일자	
9710－****－****－4587			
유효기간		거래일시	
(**/**)		20×5년 8월 4일 09:13:57	
상품명	단가	수량	금액
무연휘발유	1,443원	13.860L	
전표제출		금 액/AMOUNT	20,000원
		부 가 세/VAT	
전표매입사		봉 사 료/TIPS	
비씨카드사 (에스원에너지 (주)금정주유소)		합 계/TOTAL	20,000원
거래번호	0487	승인번호/(Approval No.) 98421147	
가맹점	에스원에너지 (주)금정주유소		
대표자	최우성	TEL	051－513－2700
가맹점번호	785250476	사업자번호	621－85－34245
주소	부산 금정구 중앙대로 1972 금정주유소		
		서명(Signature) 심유혁	

(차) (대)

217 8월 5일 지난달 근로소득 지급액에 대한 원천징수세액인 예수금 220,000원 중 200,000원은 보통예금으로 납부하고, 나머지는 현금으로 납부하다. (단, 하나의 전표로 처리하되, 거래처명은 기재하지 말 것)

(차) (대)

218 8월 6일 판매용 문서세단기 5,000,000원(5대)과 업무용 문서세단기 1,000,000원(1대)을 전포문구에서 구입하고, 대금은 이번 달 30일에 모두 지급하기로 하였다.

(차) (대)

219 8월 7일 고성상사에서 판매용 컴퓨터 부품을 2,500,000원에 외상으로 구입하고, 당사 부담 운반비 50,000원은 현금으로 지급하다.

(차)	(대)

220 8월 8일 거래처 대전상사에 경영자금 100,000,000원을 보통예금에서 단기대여해 주면서 이체수수료 1,500원을 현금으로 지급하다. (단, 수수료는 수수료비용으로 회계처리함)

(차)	(대)

221 8월 9일 창고에 보관 중인 제품 7,200,000원이 화재로 인하여 소실되다. 당사는 화재보험에 가입되어 있지 않다.

(차)	(대)

222 8월 10일 (주)동국 소유의 건물로 사무실을 이전하고 임차보증금 15,000,000원 중 계약금 5,000,000원(8월 3일 지급)을 제외한 잔금 10,000,000원을 보통예금 계좌에서 지급하였다.

(차)	(대)

정답

216	(차)	차량유지비(판)	20,000	(대)	미지급금[비씨카드] 또는 미지급비용[비씨카드]	20,000
217	(차)	예수금	220,000	(대)	보통예금	200,000
					현금	20,000
218	(차)	상품	5,000,000	(대)	외상매입금[전포문구]	5,000,000
		비품	1,000,000		미지급금[전포문구]	1,000,000
219	(차)	상품	2,550,000	(대)	현금	50,000
					외상매입금[고성상사]	2,500,000
220	(차)	단기대여금[대전상사]	100,000,000	(대)	보통예금	100,000,000
		수수료비용(판)	1,500		현금	1,500
221	(차)	재해손실	7,200,000	(대)	제품(타계정대체)	7,200,000
222	(차)	임차보증금[(주)동국]	15,000,000	(대)	선급금[(주)동국]	5,000,000
					보통예금	10,000,000

223 8월 11일 일중상사에 외상으로 매출한 상품 중 불량품 200,000원이 반품되어 오다. 반품액은 외상매출금과 상계하기로 하였다.

(차) (대)

224 8월 12일 상품(100개, @10,000원)을 양촌상사로부터 외상으로 매입하고, 운반비 50,000원은 현금으로 지급하였다.

(차) (대)

225 8월 13일 2년 후에 상환할 목적으로 국빈은행에서 50,000,000원을 차입하여 보통예금에 입금하였다.

(차) (대)

226 8월 14일 상품 5,000,000원을 한국산업에 외상으로 판매하고 운송비 50,000원을 현금으로 지급하였다.

(차) (대)

227 8월 15일 생산부의 전직원(생산직 100명)에 대한 건강검진을 한국병원에서 실시하고, 건강검진 비용 10,000,000원을 법인 신용카드(하나카드)로 결제하였다. (미지급금으로 회계처리할 것)

(차) (대)

228 8월 16일 관리부 소속 건물의 외벽에 피난시설을 설치하면서 설치비 10,000,000원(자본적 지출)을 국민은행 보통예금으로 지급하고, 외벽 도장공사비 2,000,000원(수익적 지출)은 현금으로 지급하였다.

(차) (대)

229 8월 17일 영업사원의 당월분 급여 2,200,000원 중 근로소득세 등 총 100,000원을 차감한 잔액을 보통예금 계좌에서 이체하여 지급하였다.

(차) (대)

230 8월 18일 사업주가 업무와 관련 없이 개인용도로 사용하기 위해 신형 빔프로젝트를 500,000원에 구매하고 회사 신용카드(국민카드)로 결제하다. (단, 법인기업으로 가정함)

(차)	(대)

231 8월 19일 성일상사에 대여한 단기대여금 5,000,000원과 이자 250,000원을 당사 보통예금으로 회수하다.

(차)	(대)

232 8월 20일 7월분 국민연금 보험료를 현금으로 납부하였다. 납부한 총금액은 540,000원이며, 이 중 50%는 직원 부담분이고, 나머지 50%는 회사 부담분(제조부문 직원분 180,000원, 관리부문 직원분 90,000원)이다. 단, 회사 부담분은 세금과공과로 처리한다.

(차)	(대)

정답

번호		차변 계정	금액		대변 계정	금액
223	(차)	매출환입 및 에누리	200,000	(대)	외상매출금[일중상사]	200,000
224	(차)	상품	1,050,000	(대)	외상매입금[양촌상사]	1,000,000
					현금	50,000
225	(차)	보통예금	50,000,000	(대)	장기차입금[국빈은행]	50,000,000
226	(차)	외상매출금[한국산업]	5,000,000	(대)	상품매출	5,000,000
		운반비(판)	50,000		현금	50,000
227	(차)	복리후생비(제)	10,000,000	(대)	미지급금[하나카드]	10,000,000
228	(차)	건물	10,000,000	(대)	보통예금	10,000,000
		수선비(판)	2,000,000		현금	2,000,000
229	(차)	급여(판)	2,200,000	(대)	예수금	100,000
					보통예금	2,100,000
230	(차)	가지급금	500,000	(대)	미지급금[국민카드]	500,000
231	(차)	보통예금	5,250,000	(대)	단기대여금[성일상사]	5,000,000
					이자수익	250,000
232	(차)	예수금	270,000	(대)	현금	540,000
		세금과공과(제)	180,000			
		세금과공과(판)	90,000			

233 8월 21일 한라상사는 소유한 창고를 (주)동윤전자에 임대하는 임대차계약을 아래와 같이 체결하여 임대보증금의 10%를 계약일에 (주)동윤전자가 발행한 당좌수표로 받고 잔금은 임대를 개시하는 다음 해(20×6년) 1월 1일에 받기로 하였다.

부동산 임대차계약서 ■ 월세 ◻ 전세

임대인과 임차인 쌍방은 표기 부동산에 관하여 다음 계약내용과 같이 임대차계약을 체결한다.

1. 부동산의 표시

소재지	경기도 수원시 영통구 선원로 71					
토지	지목	대지			면적	572m²
건물	구조	창고	용도	사업용	면적	176m²
임대할 부분	전체				면적	572m²

2. 계약내용

제1조 (목적) 위 부동산의 임대차에 한하여 임대인과 임차인은 합의에 의하여 임차보증금 및 차임을 아래와 같이 지불하기로 한다.

보증금	金 300,000,000원정	
계약금	金 30,000,000원정은 계약 시 지불하고 영수함	영수자 ( ) (인)
중도금	金 원정은 년 월 일에 지불하며	
잔금	金 270,000,000원정은 20×6년 1월 1일에 지불한다.	
차임	金 5,000,000원정은 매월 25일(후불)에 지급한다.	

(차)	(대)

234 8월 22일 명절에 사용할 현금을 확보하기 위하여 경주상사 발행의 약속어음 7,000,000원을 은행에서 할인받고, 할인료 350,000원을 제외한 금액을 당좌예입하다. (단, 매각거래임)

(차)	(대)

235 8월 23일 판매장 직원용 유니폼을 누리패션에서 300,000원에 제작하고 신용카드(국민카드)로 결제하다.

(차)	(대)

236 8월 24일 영업부 사무실의 냉장고가 고장이 나서 이를 수리하고 수리비를 현금으로 지급하였다.

영수증(공급받는자용)					
NO		한라상사		귀하	
공급자	사업자 등록번호	105-18-89246			
	상호	최고설비	성명	백하윤	
	사업장 소재지	경주시 감포읍 오류리 15			
	업태	서비스업	종목	가전제품 수리	
작성일자		공급대가 총액		비고	
20×5.8.24.		65,000원			
공급내역					
월일	품명	수량	단가	금액	
8.24.	수리비			65,000원	
합계		65,000원			
위 금액을 영수(청구)함					

(차)	(대)

237 8월 25일 공장 건물 신축을 위한 1차 중도금 30,000,000원을 자기앞수표로 지급하다. 공장의 착공일은 20×5년 8월 3일이며, 준공 예정일은 다음 해 20×6년 8월 31일이다.

(차)	(대)

정답

233	(차)	현금	30,000,000	(대)	선수금[(주)동윤전자]	30,000,000
234	(차)	당좌예금	6,650,000	(대)	받을어음[경주상사]	7,000,000
		매출채권처분손실	350,000			
235	(차)	복리후생비(판)	300,000	(대)	미지급금[국민카드]	300,000
					또는 미지급비용[국민카드]	
236	(차)	수선비(판)	65,000	(대)	현금	65,000
237	(차)	건설 중인 자산	30,000,000	(대)	현금	30,000,000

238 8월 26일 공장 이전을 위하여 공장 건물의 3층을 (주)수경산업으로부터 임차하기로 하였으며, 임차보증금 50,000,000원을 보통예금으로 이체하였다.

(차)	(대)

239 8월 27일 보유 중인 자기주식 100주(1주당 액면가 10,000원, 1주당 취득가 12,000원) 중 25%를 500,000원에 처분하고 처분대금 전액이 당일에 보통예금으로 입금되었다. 단, 처분 전 자기주식처분이익 및 자기주식처분손실 계정의 잔액은 없다.

(차)	(대)

240 8월 28일 수정조명에 상품매입 대금으로 발행해 준 약속어음 500,000원이 만기가 되어 당사 당좌예금 계좌에서 지급하다.

(차)	(대)

241 8월 29일 영업부서의 소모품비 600,000원을 현금으로 지급하였다.

(차)	(대)

242 8월 30일 주당 발행가액 6,000원에 유상증자를 실시하여 신주 10,000주(주당 액면가액 5,000원)를 발행하였으며, 주금납입액은 보통예금 계좌에 입금되었다. 단, 증자 전 주식할인발행차금 계정의 잔액은 1,000,000원이다.

(차)	(대)

243 8월 31일 회사의 건물 취득 시 취득원가 18,000,000원과 취득세 350,000원 및 중개수수료 150,000원을 전액 현금으로 지급하다.

(차)	(대)

244 9월 1일 당해 연도 중 단기시세차익을 목적으로 취득하였던 (주)엘지의 주식 1,000주(1주당 액면가 500원, 1주당 취득가 1,000원) 중 50%를 1주당 1,500원에 처분하고 보통예금에 입금하였다. (시세차익을 모두 단기매매증권처분이익으로 회계처리할 것)

(차)	(대)

245 9월 2일 당사가 보유 중인 매도가능증권(보통주 15,000주, 주당 액면가액 5,000원, 주당 장부가액 7,000원)에 대하여 현금배당(1주당 100원)과 주식배당을 아래와 같이 지급받았으며, 현금배당은 보통예금 계좌로 입금되었다.

구분	수령액	1주당 공정가치	1주당 발행금액
현금배당	1,500,000원	–	–
주식배당	보통주 1,000주	6,000원	5,000원

(차) (대)

246 9월 3일 매출처 (주)대원의 부도로 외상매출금 잔액 1,500,000원이 회수 불가능하여 대손처리하였다. 대손처리 전 재무상태표상 대손충당금 잔액은 84,000원이다. (단, 부가가치세는 고려하지 말 것)

(차) (대)

정답

238	(차) 임차보증금[(주)수경산업]	50,000,000	(대) 보통예금	50,000,000
239	(차) 보통예금	500,000	(대) 자기주식	300,000*
			자기주식처분이익	200,000

* 12,000원×100주×25%=300,000원

240	(차) 지급어음[수정조명]	500,000	(대) 당좌예금	500,000
241	(차) 소모품비(판)	600,000	(대) 현금	600,000
242	(차) 보통예금	60,000,000	(대) 자본금	50,000,000
			주식할인발행차금	1,000,000
			주식발행초과금	9,000,000
243	(차) 건물	18,500,000	(대) 현금	18,500,000
244	(차) 보통예금	750,000*1	(대) 단기매매증권	500,000*2
			단기매매증권처분이익	250,000

*1 1,500원×500주=750,000원
*2 1,000원×1,000주×50%=500,000원

포인트 단기매매증권 취득원가=취득시점의 공정가치

245	(차) 보통예금	1,500,000	(대) 배당금수익	1,500,000
246	(차) 대손충당금(외상매출금)	84,000	(대) 외상매출금[(주)대원]	1,500,000
	대손상각비(판)	1,416,000		

247 9월 4일 급여 지급 시 공제한 소득세 및 국민연금 250,000원과 회사 부담분 국민연금 150,000원을 보통예금에서 지급하다. (회사 부담분 국민연금은 세금과공과로 처리함)

(차)	(대)

248 9월 5일 회사는 기업은행과 당좌차월 계약 중이며, 현재 당좌수표 발행액은 당좌예금 예입액을 초과하였다. 당일 회사는 7월 20일에 (주)토즈상사에서 외상으로 구입한 기계장치의 구입대금 18,000,000원을 당좌수표를 발행하여 지급하였으며 이는 당좌계약 한도 내의 금액이다.

(차)	(대)

249 9월 6일 당사의 최대주주인 김지운 씨로부터 본사를 신축할 토지를 기증받았다. 토지의 공정가치는 40,000,000원이며 소유권 이전 비용으로 취득세 및 등록세 1,500,000원을 현금으로 지출하였다.

(차)	(대)

250 9월 7일 임시주주총회에서 6월 29일 결의하고 미지급한 중간배당금 10,000,000원에 대하여 원천징수세액 1,540,000원을 제외한 금액을 보통예금 계좌에서 지급하였다.

(차)	(대)

251 9월 8일 (주)봄꽃상사의 미수금 2,000,000원이 대손처리 요건에 충족되어 당일 대손처리하기로 하였다. 대손충당금 잔액은 800,000원으로 가정한다. (단, 부가가치세는 고려하지 말 것)

(차)	(대)

252 9월 9일 (주)울진에 단기대여(6개월 후 회수, 연 이자율 3%)하면서 타인 발행 당좌수표 10,000,000원을 지급하였다.

(차)	(대)

253 9월 10일 (주)마진상사에 지급할 외상매입금 15,000,000원 중 50%는 3개월 만기 약속어음을 발행하여 지급하고 나머지는 면제받았다.

(차)	(대)

254 9월 11일 중고세상에서 도서운반용 트럭을 13,000,000원에 외상으로 구입하였다. 트럭 구입 시 취득세 2,000,000원은 현금으로 납부하다.

(차)	(대)

255 9월 12일 회사는 9월 1일 개최된 이사회에서 현금배당 80,000원의 중간배당을 결의하였다. (단, 이익준비금은 고려하지 않는 것으로 함)

(차)	(대)

정답

247	(차)	예수금	250,000	(대)	보통예금	400,000
		세금과공과(판)	150,000			
248	(차)	미지급금[(주)토즈상사]	18,000,000	(대)	당좌차월[기업은행]	18,000,000
					또는 단기차입금[기업은행]	
249	(차)	토지	41,500,000	(대)	자산수증이익	40,000,000
					현금	1,500,000

(포인트) 자산 무상취득 = 공정가치 + 취득부대비용

250	(차)	미지급배당금	10,000,000	(대)	보통예금	8,460,000
					예수금	1,540,000
251	(차)	대손충당금(미수금)	800,000	(대)	미수금[(주)봄꽃상사]	2,000,000
		기타의 대손상각비	1,200,000			
252	(차)	단기대여금[(주)울진]	10,000,000	(대)	현금	10,000,000
253	(차)	외상매입금[(주)마진상사]	15,000,000	(대)	지급어음[(주)마진상사]	7,500,000
					채무면제이익	7,500,000
254	(차)	차량운반구	15,000,000	(대)	미지급금[중고세상]	13,000,000
					현금	2,000,000
255	(차)	이월이익잉여금	80,000	(대)	미지급배당금	80,000
		또는 미처분이익잉여금				

256 □□□

9월 13일 기업이 속한 한국자동차 판매자 협회(법으로 정한 단체에 해당함)에 일반 회비 250,000원과 대한적십자에 대한 기부금 500,000원을 현금으로 납부하다.

(차)	(대)

257 □□□

9월 14일 거래처 인성상사에 대한 단기대여금 1,530,000원과 이자 40,000원을 현금으로 받다.

(차)	(대)

258 □□□

9월 15일 8월 1일에 선적하여 '미국 Ace Co.'에 수출한 제품에 대한 외상매출금을 회수하여 원화로 당사 보통예금 계좌에 입금하였다.

- 외상매출금: $20,000
- 8월 1일 환율: 1,100원/$
- 9월 15일 환율: 1,070원/$

(차)	(대)

259 □□□

9월 16일 본사 영업부 직원 김부장 씨가 출장에서 돌아와 회사에서 받았던 출장비(가지급금) 500,000원에 대해 실제 사용한 교통비 및 숙박비 475,000원을 정산하고 잔액은 현금으로 회수하였다.

(차)	(대)

260 □□□

9월 17일 나래상사에 상품 3,000,000원을 판매하기로 하고, 계약금 300,000원을 나래상사 발행 당좌수표로 받다.

(차)	(대)

261 □□□

9월 18일 영업부 직원의 퇴직으로 인해 발생한 퇴직금은 8,800,000원이다. 당사는 모든 직원에 대해 전액 확정급여형(DB형) 퇴직연금에 가입하고 있으며, 현재 퇴직연금운용자산의 잔액은 52,000,000원이다. 단, 퇴직급여충당부채와 퇴직연금충당부채는 설정하지 않았다.

(차)	(대)

262 9월 19일 미국에서 수입한 원재료 5톤을 인천공항에서 공장까지 운송하고 운송료 2,000,000원을 현금으로 지급하였다.

(차)	(대)

263 9월 20일 공장 신축을 위한 차입금의 이자비용 5,000,000원을 현금으로 지급하였다. 차입금의 이자비용을 자본적 지출로 처리하시오. (공장의 착공일: 20×5년 7월 15일, 완공일: 20×6년 12월 31일)

(차)	(대)

264 9월 21일 당월분 공장임차료 500,000원과 송금수수료 1,600원을 보통예금에서 인출하여 지급하였다.

(차)	(대)

정답

256	(차)	세금과공과(판)	250,000	(대)	현금	750,000
		기부금	500,000			
257	(차)	현금	1,570,000	(대)	단기대여금[인성상사]	1,530,000
					이자수익	40,000
258	(차)	보통예금	21,400,000*1	(대)	외상매출금[미국 Ace Co.]	22,000,000*2
		외환차손	600,000			
259	(차)	여비교통비(판)	475,000	(대)	가지급금[김부장]	500,000
		현금	25,000			
260	(차)	현금	300,000	(대)	선수금[나래상사]	300,000
261	(차)	퇴직급여(판)	8,800,000	(대)	퇴직연금운용자산	8,800,000
262	(차)	원재료	2,000,000	(대)	현금	2,000,000
263	(차)	건설 중인 자산	5,000,000	(대)	현금	5,000,000
264	(차)	임차료(제)	500,000	(대)	보통예금	501,600
		수수료비용(제)	1,600			

*1 $20,000×1,070원/$=21,400,000원
*2 $20,000×1,100원/$=22,000,000원

265 □□□ 9월 22일 (주)상주상사에 대한 지급어음 10,000,000원을 결제하기 위하여 당사가 제품매출 대가로 받아 보유하고 있던 (주)영주상회의 약속어음 10,000,000원을 배서하여 지급하였다.

(차)	(대)

266 □□□ 9월 23일 회사는 판매부문 이사의 변경으로 변경등기를 하고 취득세 50,000원을 현금으로 지급하였다.

(차)	(대)

267 □□□ 9월 24일 단기매매차익을 목적으로 상장회사인 (주)도전의 주식 100주를 주당 15,000원(액면가액 5,000원)에 구입하고 매입수수료 5,000원을 포함하여 당사의 보통예금 계좌에서 인터넷뱅킹으로 지급하였다.

(차)	(대)

268 □□□ 9월 25일 기계장치 취득 후 1년이 지난 현재 주요 수선 및 설비증진을 위한 자본적 지출로 8,000,000원을 현금으로 지급하였다.

(차)	(대)

269 □□□ 9월 26일 회사가 보유 중인 자기주식을 모두 12,000,000원에 처분하고 매각대금은 보통예금으로 입금되었다. 처분시점의 장부가액은 13,250,000원이다. (자기주식처분이익 잔액은 250,000원임)

(차)	(대)

270 □□□ 9월 27일 일본 홋카이상사로부터 ￥400,000을 2년 후 상환조건으로 차입하고, 대구은행의 보통예금 계좌에 예입하였다. (단, 9월 27일 현재 대고객매입률은 ￥100＝1,100원이고 외화의 장기차입인 경우에도 장기차입금 계정을 사용할 것)

(차)	(대)

271 9월 28일 공장 신축용 토지를 취득하였으며, 취득대가로 당사의 주식 100주(주당 액면금액 5,000원)를 신규 발행하여 교부하였다. 취득 당시 토지의 공정가치는 1,000,000원이다.

(차)	(대)

272 9월 29일 제2기 부가가치세 예정 신고분에 대한 부가세예수금 37,494,500원과 부가세대급금 20,048,400원을 상계처리하고 잔액을 10월 25일에 납부할 예정이다. 9월 29일 기준으로 적절한 회계처리를 하시오. (미지급세금 계정을 사용할 것)

(차)	(대)

273 9월 30일 공장의 기계장치를 (주)대성기업에서 수리하고 당좌수표를 발행하여 수리비용 3,000,000원을 지급했다. (수익적 지출로 회계처리할 것)

(차)	(대)

정답

265	(차)	지급어음[(주)상주상사]	10,000,000	(대)	받을어음[(주)영주상회]	10,000,000
266	(차)	세금과공과(판)	50,000	(대)	현금	50,000
267	(차)	단기매매증권	1,500,000	(대)	보통예금	1,505,000
		수수료비용	5,000			

포인트 단기매매증권 취득 시 발생한 수수료는 수수료비용으로 처리한다.

268	(차)	기계장치	8,000,000	(대)	현금	8,000,000
269	(차)	보통예금	12,000,000	(대)	자기주식	13,250,000
		자기주식처분이익	250,000			
		자기주식처분손실	1,000,000			
270	(차)	보통예금	4,400,000*	(대)	장기차입금[홋카이상사]	4,400,000

* ¥400,000×11원/¥ = 4,400,000원

271	(차)	토지	1,000,000	(대)	자본금	500,000
					주식발행초과금	500,000
272	(차)	부가세예수금	37,494,500	(대)	부가세대급금	20,048,400
					미지급세금	17,446,100
273	(차)	수선비(제)	3,000,000	(대)	당좌예금	3,000,000

274 10월 1일 공장 건물을 신축하기 위해 외부로부터 취득한 토지 50,000,000원에 대해 건물 신축을 포기하게 되어, 토지의 보유 목적을 지가 상승으로 하는 투자자산으로 변경하였다.

(차)	(대)

275 10월 2일 회사에서 보관 중이던 원재료(원가 600,000원, 시가 800,000원)를 영업부 소모품으로 사용하였다. (단, 비용으로 처리할 것)

(차)	(대)

276 10월 3일 만기가 도래하여 거래은행에 추심 의뢰한 (주)영진전자의 받을어음 15,000,000원 중에서 추심수수료 150,000원을 차감한 금액이 보통예금 계좌에 입금되었다.

(차)	(대)

277 10월 4일 7월 10일에 제품을 매출하고 (주)동우로부터 수취한 어음 5,000,000원이 부도처리되었다는 것을 행복은행으로부터 통보받았다.

(차)	(대)

278 10월 5일 10월 2일 동아전자에 대한 외상매출금 15,000,000원에 대하여 다음의 약속어음을 배서양도받고, 나머지 금액은 동점 발행 당좌수표로 받았다.

약 속 어 음

동아전자 귀하
금 10,000,000원

위의 금액을 귀하 또는 귀하의 지시인에게 이 약속어음과 상환하여 지급하겠습니다.

지급기일	20×5.11.2.	발행일	20×5.10.5.
지급지	****************	발행지	********************
지급장소	**************	주소	***********************

발행인 (주)평화산업

(차)	(대)

279 10월 6일 영업직 직원에 대한 일본뇌염 예방접종을 세계로병원에서 실시하고, 접종비용 2,500,000원을 법인카드인 신한카드로 결제하였다. (단, 미지급금으로 회계처리할 것)

(차)	(대)

280 10월 7일 창고에서 화재가 발생하여 보관하고 있던 제품 32,500,000원(장부가액)이 소실되었다. 당사는 이와 관련한 보험에 가입되어 있지 않다.

(차)	(대)

281 10월 8일 당사는 영업부 임직원 전원의 퇴직금에 대하여 확정기여형(DC) 퇴직연금에 가입했으며, 10월분 퇴직연금 납입액 5,000,000원을 당사의 보통예금 계좌에서 이체하였다.

(차)	(대)

정답

274	(차)	투자부동산	50,000,000	(대)	토지	50,000,000
275	(차)	소모품비(판)	600,000	(대)	원재료(타계정대체)	600,000
276	(차)	보통예금	14,850,000	(대)	받을어음[(주)영진전자]	15,000,000
		수수료비용(판)	150,000			
277	(차)	부도어음과 수표[(주)동우]	5,000,000	(대)	받을어음[(주)동우]	5,000,000
278	(차)	받을어음[(주)평화산업]	10,000,000	(대)	외상매출금[동아전자]	15,000,000
		현금	5,000,000			
279	(차)	복리후생비(판)	2,500,000	(대)	미지급금[신한카드]	2,500,000
280	(차)	재해손실	32,500,000	(대)	제품(타계정대체)	32,500,000
281	(차)	퇴직급여(판)	5,000,000	(대)	보통예금	5,000,000

282 10월 9일 (주)형태의 외상매출금 13,000,000원 중 3,000,000원은 현금으로 받고 잔액은 6개월 만기의 어음으로 받았다. (단, 하나의 대체전표로 작성할 것)

(차)	(대)

283 10월 10일 사업 확장에 필요한 자금을 조달하기 위하여 새로운 보통주 주식 10,000주(1주당 액면금액 5,000원, 1주당 발행금액 10,000원)를 추가 발행하였으며, 발행대금은 보통예금 통장으로 입금되었다. 신주발행과 관련된 비용 1,000,000원은 당좌수표를 발행하여 지급하였다.

(차)	(대)

284 10월 11일 국민은행의 이자수익 중 원천징수세액 9,240원을 제외한 나머지 금액인 50,760원이 보통예금으로 입금되었음을 확인하였다. (단, 원천징수세액은 자산으로 처리할 것)

(차)	(대)

285 10월 12일 영업부 직원의 업무역량 향상을 위해 외부강사를 초청하여 교육하고 강사료 1,000,000원 중 원천징수세액 33,000원을 제외한 나머지 금액은 보통예금 계좌로 지급하였다.

(차)	(대)

286 10월 13일 수입한 원재료에 대해 관세 2,000,000원, 통관수수료 300,000원을 현금으로 지출하였다.

(차)	(대)

287 10월 14일 (주)에이텍으로부터 공장 건물 건축용 토지를 60,000,000원에 구입하고, 토지대금 중 40,000,000원과 토지 매입에 따른 취득세 등 관련 부대비용 6,000,000원을 보통예금 계좌에서 지급하였으며, 나머지는 외상으로 하였다.

(차)	(대)

288 □□□ 10월 15일 자기주식 300주를 총 2,700,000원에 처분하고 대금은 보통예금 계좌로 입금받았다. (단, 자기주식처분이익 800,000원이 존재하며, 취득금액은 주당 12,000원임)

(차)	(대)

289 □□□ 10월 16일 물품 보관 장소로 사용한 (주)여유빌딩 사무실의 계약기간이 만료되어 보증금 50,000,000원을 국민은행 보통예금 통장으로 입금받았다.

(차)	(대)

290 □□□ 10월 17일 영업관리직 사원에 대한 확정급여형(DB) 퇴직연금에 가입하고, 8월분 퇴직연금 9,800,000원을 당사 보통예금에서 이체하여 납부하였다.

(차)	(대)

정답

번호		차변 계정	금액		대변 계정	금액
282	(차)	받을어음[(주)형태]	10,000,000	(대)	외상매출금[(주)형태]	13,000,000
		현금	3,000,000			
283	(차)	보통예금	100,000,000	(대)	자본금	50,000,000
					당좌예금	1,000,000
					주식발행초과금	49,000,000
284	(차)	보통예금	50,760	(대)	이자수익	60,000
		선납세금	9,240			
285	(차)	교육훈련비(판)	1,000,000	(대)	예수금	33,000
					보통예금	967,000
286	(차)	원재료	2,300,000	(대)	현금	2,300,000
		또는 미착품				
287	(차)	토지	66,000,000*	(대)	보통예금	46,000,000
					미지급금[(주)에이텍]	20,000,000

* 60,000,000원 + 6,000,000원 = 66,000,000원

번호		차변 계정	금액		대변 계정	금액
288	(차)	보통예금	2,700,000	(대)	자기주식	3,600,000
		자기주식처분이익	800,000			
		자기주식처분손실	100,000			
289	(차)	보통예금	50,000,000	(대)	임차보증금[(주)여유빌딩]	50,000,000
290	(차)	퇴직연금운용자산	9,800,000	(대)	보통예금	9,800,000

291 10월 18일 다음은 영업팀에서 거래처 임원과의 식사비용을 법인카드(비씨카드)로 결제하고 수취한 신용카드 매출전표이다.

매 출 전 표			
단말기번호	11213692	전표번호	
카드종류		거래종류	결제방법
비씨카드		신용구매	일시불
회원번호(Card No)		취소 시 원거래일자	
4140－0202－3245－9958			
유효기간		거래일시	품명
		20×5.10.18.	
전표제출		금 액/AMOUNT	155,455원
		부 가 세/VAT	15,545원
전표매입사		봉 사 료/TIPS	
		합 계/TOTAL	171,000원
거래번호		승인번호/(Approval No.)	
		98421147	
가맹점	맛나일식		
대표자	김성수	TEL	
가맹점번호		사업자번호	126－25－65948
주소	경기 성남시 수정구 고등동 525-5		
		서명(Signature)	Semusa

(차)	(대)

292 10월 19일 (주)참길무역에서 발행한 채권(만기는 다음 해 5월 31일이고, 시장성은 없음)을 만기까지 보유할 목적으로 당좌수표를 발행하여 20,000,000원에 취득하였다. 또한, 채권을 취득하는 과정에서 발생한 수수료 100,000원은 보통예금에서 지급하였다.

(차)	(대)

293 10월 20일 지난달 급여 지급 시 원천징수했던 소득세 153,870원을 보통예금에서 이체 납부하였다.

(차)	(대)

294 □□□ 10월 21일 제품을 판매하고 (주)대전으로부터 받은 약속어음 5,000,000원을 만기 전에 광주은행에 할인하고 할인료 50,000원을 차감한 후 보통예금 계좌로 이체받았다. (단, 매각거래로 처리할 것)

(차)	(대)

295 □□□ 10월 22일 창고에 보관 중인 제품(원가 1,000,000원)을 판매직 직원의 복리후생 목적으로 무상 제공하다.

(차)	(대)

296 □□□ 10월 23일 국민은행에서 장기차입한 운전자금 20,000,000원이 만기가 도래하여 이자 120,000원과 원금을 당좌수표를 발행하여 상환하였다.

(차)	(대)

297 □□□ 10월 24일 한부자 씨로부터 공장용 토지를 200,000,000원에 취득하면서 토지대금은 전액 미지급하였다. 취득세 등 공과금 9,530,000원은 현금으로 지출하였다.

(차)	(대)

정답

291	(차)	기업업무추진비(판)	171,000	(대)	미지급금[비씨카드] 또는 미지급비용[비씨카드]	171,000
292	(차)	만기보유증권	20,100,000	(대)	당좌예금 보통예금	20,000,000 100,000
293	(차)	예수금	153,870	(대)	보통예금	153,870
294	(차)	매출채권처분손실 보통예금	50,000 4,950,000	(대)	받을어음[(주)대전]	5,000,000
295	(차)	복리후생비(판)	1,000,000	(대)	제품(타계정대체)	1,000,000
296	(차)	장기차입금[국민은행] 이자비용	20,000,000 120,000	(대)	당좌예금	20,120,000
297	(차)	토지	209,530,000	(대)	미지급금[한부자] 현금	200,000,000 9,530,000

298 10월 25일 재작년에 대손이 확정되어 대손충당금과 상계처리한 외상매출금 400,000원이 당사의 보통예금에 입금되었다. (단, 부가가치세법상 대손세액은 고려하지 말 것)

(차)	(대)

299 10월 26일 공장 건물에 대한 재산세 1,550,000원과 영업부 사무실에 대한 재산세 2,370,000원을 보통예금으로 납부하였다.

(차)	(대)

300 10월 27일 자금부족으로 인하여 업무용으로 사용하던 토지(장부금액 19,000,000원)를 35,000,000원에 처분하고, 대금은 (주)개성이 발행한 어음(90일 만기)을 받았다.

(차)	(대)

301 10월 28일 (주)서울에서 발행한 채권(만기는 2년 후 3월 31일이고, 시장성이 있음) 10,000,000원을 만기까지 보유할 목적으로 당좌수표를 발행하여 취득하였다. 채권을 취득하는 과정에서 발생한 수수료 50,000원은 현금으로 지급하였다.

(차)	(대)

302 10월 29일 인천세관으로부터 수입 원재료에 대한 통관수수료 230,000원이 발생하여 보통예금으로 지급하였다. (취득원가로 회계처리할 것)

(차)	(대)

303 10월 30일 (주)케스터에 대한 받을어음 30,000,000원이 만기가 되었다. 추심수수료 170,000원을 차감한 나머지 잔액은 당좌예입되었다.

(차)	(대)

304 ☐☐☐ 10월 31일 당사의 제품 대리점을 운영하는 안성실 씨가 법원으로부터 파산선고를 받아 안성실 씨가 운영하던 이화상사의 외상매출금 6,600,000원이 회수가 불가능할 것으로 판단되어 당일자로 대손처리하였다. (단, 외상매출금에 대한 대손충당금 잔액은 현재 4,250,000원임)

(차)	(대)

305 ☐☐☐ 11월 1일 이자수익 500,000원에 대하여 원천징수세액을 제외한 나머지 금액이 보통예금에 입금되었다. (원천징수세율은 15.4%로 가정하고, 자산으로 처리할 것)

(차)	(대)

306 ☐☐☐ 11월 2일 당사는 제조공장 직원들의 퇴직금 지급을 대비하기 위해 금융기관에 확정기여형(DC) 퇴직연금제도를 운용하고 있다. 10월분 퇴직연금 8,500,000원을 당사 보통예금 계좌에서 이체 납부하였다.

(차)	(대)

정답

298	(차)	보통예금	400,000	(대)	대손충당금(외상매출금)	400,000
299	(차)	세금과공과(제)	1,550,000	(대)	보통예금	3,920,000
		세금과공과(판)	2,370,000			
300	(차)	미수금[(주)개성]	35,000,000	(대)	토지	19,000,000
					유형자산처분이익	16,000,000

포인트 재고자산 외의 자산을 처분하면서 상대방이 발행한 어음을 받는 경우에는 미수금 계정으로 처리한다.

301	(차)	만기보유증권	10,050,000	(대)	당좌예금	10,000,000
					현금	50,000
302	(차)	원재료	230,000	(대)	보통예금	230,000
303	(차)	당좌예금	29,830,000	(대)	받을어음[(주)케스터]	30,000,000
		수수료비용(판)	170,000			
304	(차)	대손충당금	4,250,000	(대)	외상매출금[이화상사]	6,600,000
		대손상각비(판)	2,350,000			
305	(차)	선납세금	77,000*	(대)	이자수익	500,000
		보통예금	423,000			
306	(차)	퇴직급여(제)	8,500,000	(대)	보통예금	8,500,000

* 500,000원 × 15.4% = 77,000원

307 11월 3일 (주)대한모터스로부터 업무용 승용차를 구입하면서 관련 법령에 따라 공채를 현금 600,000원에 매입하였다. 일반기업회계기준에 따라 평가한 공채의 현재가치는 380,000원이다. (단기매매증권으로 회계처리할 것)

(차)	(대)

308 11월 4일 영업부 업무용 승용차(1,998cc)의 주차를 위하여 은평주차장에 1개월분 주차비인 110,000원을 현금으로 지급하고 현금영수증을 수취하였다.

(차)	(대)

309 11월 5일 원재료 보관용 창고의 8월분 임차료 800,000원과 영업부서에서 사용하는 제품 보관용 창고의 8월분 임차료 500,000원을 모두 보통예금에서 이체하였다.

(차)	(대)

310 11월 6일 영업부서에서 기업컨설팅 전문가인 김성수 씨에게 경영고문을 받고 다음과 같이 고문수수료를 당좌예금에서 지급하다.

- 고문료: 5,000,000원
- 소득의 종류: 기타소득
- 원천세: 440,000원(소득세와 지방소득세 합계액)
- 원천세 차감 후 지급액: 4,560,000원

(차)	(대)

311 11월 7일 제품매출 거래처인 대한전자(주)에 대한 외상매출금 13,500,000원이 약정기일보다 빠르게 회수되어 2% 할인을 해주고 잔액을 보통예금 계좌로 송금 받았다.

(차)	(대)

312 11월 8일 유전기업에서 원재료 4,000,000원을 구입하면서 계약금으로 지급한 400,000원을 차감한 잔액을 약속어음(3개월 만기)으로 발행하여 지급하다.

(차)	(대)

313 11월 9일 다음과 같이 10월분 국민연금보험료를 보통예금으로 납부하였다.

- 회사 부담분: 400,000원(영업부 직원), 600,000원(생산부 직원)
- 종업원 부담분: 1,000,000원(급여 지급 시 이 금액을 차감하고 지급함)
- 회사 부담분 국민연금보험료는 세금과공과로 회계처리한다.

(차)	(대)

정답

307	(차)	차량운반구	220,000	(대)	현금	600,000
		단기매매증권	380,000			

(포인트) 국공채 매입 시 공채 매입가액과 현재가치와의 차액은 유형자산의 취득원가로 한다.

308	(차)	차량유지비(판)	110,000	(대)	현금	110,000
309	(차)	임차료(제)	800,000	(대)	보통예금	1,300,000
		임차료(판)	500,000			
310	(차)	수수료비용(판)	5,000,000	(대)	당좌예금	4,560,000
					예수금	440,000
311	(차)	보통예금	13,230,000	(대)	외상매출금[대한전자(주)]	13,500,000
		매출할인	270,000*			

* 13,500,000원×2%=270,000원

312	(차)	원재료	4,000,000	(대)	선급금[유전기업]	400,000
					지급어음[유전기업]	3,600,000
313	(차)	세금과공과(판)	400,000	(대)	보통예금	2,000,000
		세금과공과(제)	600,000			
		예수금	1,000,000			

314 11월 10일 (주)장수식품에서 상품매출대금으로 수취한 전자어음 11,000,000원을 만기일 이전에 하나은행 서대문지점에서 할인받고, 할인료 190,000원을 제외한 잔액은 하나은행 보통예금 계좌로 입금받았다. (단, 매각거래로 봄)

(차)	(대)

315 11월 11일 공장의 전등설비 수선대금 24,000,000원을 (주)태양조명에 어음으로 발행(1년 이내 만기)하여 지급하였다. 단, 수선비용 중 4,000,000원은 수익적 지출로 처리하고, 나머지는 자본적 지출(비품 계정)로 처리한다.

(차)	(대)

316 11월 12일 (주)부흥상사에 사무실을 임대하면서 임대보증금 30,000,000원 중 3,000,000원만 (주)부흥상사 발행 당좌수표로 받고, 나머지는 월말에 지급받기로 하였다.

(차)	(대)

317 11월 13일 다음은 공장 건물에 대한 지출내역이다. 대금은 전액 당좌수표를 발행하여 지급하였다.

- 파손으로 인한 유리 교체비용: 1,800,000원
- 내용연수 증가를 위한 대수선비: 14,600,000원
- 건물 외벽의 도색비: 3,300,000원

(차)	(대)

318 11월 14일 생산직 직원 장현정 씨의 퇴직으로 퇴직금 12,000,000원 중 소득세 및 지방소득세로 1,320,000원을 원천징수한 후 차인지급액을 전액 보통예금 계좌에서 이체하였다. 퇴직 직전 퇴직금을 지급하기 위한 퇴직급여충당부채는 20,000,000원이다.

(차)	(대)

319 ☐☐☐ 11월 15일 공장의 기계장치에 대하여 삼일화재보험사에 화재보험(보험기간: 20×5.11.15.~20×6.11.14.)을 가입하고 4,800,000원을 현금 지급하였다. (전액 자산으로 회계처리할 것)

(차)	(대)

320 ☐☐☐ 11월 16일 공장 신축을 위하여 (주)서산산업으로부터 건물이 있는 부지를 구입하고 건물을 철거하였다. 건물이 있는 부지를 50,000,000원에 일괄 구입한 후 대금은 신한은행으로부터 대출(대출기간 3년)을 받아 지불하였다. 또한 건물의 철거비용 3,000,000원과 토지 정지비용 3,200,000원을 당좌수표를 발행하여 지급하였다.

(차)	(대)

321 ☐☐☐ 11월 17일 매입거래처 (주)화성의 외상매입금 17,000,000원 중 10,000,000원은 3개월 만기 약속어음을 발행하여 지급하고, 나머지는 면제받았다.

(차)	(대)

정답

314	(차)	매출채권처분손실	190,000	(대)	받을어음[(주)장수식품]	11,000,000
		보통예금	10,810,000			
315	(차)	수선비(제)	4,000,000	(대)	미지급금[(주)태양조명]	24,000,000
		비품	20,000,000			
316	(차)	현금	3,000,000	(대)	임대보증금[(주)부흥상사]	30,000,000
		미수금[(주)부흥상사]	27,000,000			
317	(차)	수선비(제)	5,100,000*	(대)	당좌예금	19,700,000
		건물	14,600,000			
		* 1,800,000원+3,300,000원=5,100,000원				
318	(차)	퇴직급여충당부채	12,000,000	(대)	보통예금	10,680,000
					예수금	1,320,000
319	(차)	선급비용	4,800,000	(대)	현금	4,800,000
320	(차)	토지	56,200,000	(대)	장기차입금[신한은행]	50,000,000
					당좌예금	6,200,000
321	(차)	외상매입금[(주)화성]	17,000,000	(대)	지급어음[(주)화성]	10,000,000
					채무면제이익	7,000,000

322 □□□

11월 18일 본사 창고에서 화재가 발생하여 창고에 보관하고 있던 제품 15,000,000원(장부가액)이 소실되었다. 당사는 이와 관련한 보험에 가입되어 있지 않다.

(차)	(대)

323 □□□

11월 19일 본사 신규 창고를 건설하기 위해 구입한 토지의 취득세 3,680,000원을 기업은행 보통예금 계좌에서 이체하여 납부하였다.

(차)	(대)

324 □□□

11월 20일 미지급금으로 계상되어 있는 공장 임차료 3,000,000원을 임대인(공장부동산)과 합의하에 보증금과 상계했다.

(차)	(대)

325 □□□

11월 21일 (주)강남의 외상매입금 25,000,000원을 결제하기 위해 당사에서 제품매출로 받아 보관하고 있던 거래처 (주)화명 발행의 약속어음 20,000,000원을 배서양도하고, 나머지는 당사의 보통예금으로 지급하였다.

(차)	(대)

326 □□□

11월 22일 본사 영업팀에서 사용한 수도요금 120,000원과 공장의 전기요금 2,500,000원을 현금으로 은행에 납부하였다.

(차)	(대)

327 □□□

11월 23일 제조공장에서 원재료 운반에 사용하는 트럭의 자동차세 120,000원을 보통예금에서 납부하였다.

(차)	(대)

328 ☐☐☐ 11월 24일 일시 보유 목적으로 취득한 시장성 있는 (주)소영 주식 100주(장부금액 1,400,000원)를 주당 13,000원에 전부 처분하고 대금은 보통예금 계좌로 이체받았다. 단, 주식 처분과 관련하여 발생한 수수료 50,000원은 현금으로 지급하였다.

(차)	(대)

329 ☐☐☐ 11월 25일 정기적금이 만기가 되어 이자를 포함하여 전액 정기예금으로 이체되었다. (원천징수세액은 자산으로 처리할 것)

- 정기적금 원금: 12,000,000원
- 정기적금 이자: 500,000원
- 원천징수세액: 77,000원

(차)	(대)

330 ☐☐☐ 11월 26일 액면금액 10,000,000원의 사채를 발행하여 12,000,000원이 보통예금 계좌로 입금되었다. 사채발행 관련 수수료 2,500,000원은 현금으로 지급하였다.

(차)	(대)

정답

322	(차)	재해손실	15,000,000	(대)	제품(타계정대체)	15,000,000
323	(차)	토지	3,680,000	(대)	보통예금	3,680,000
324	(차)	미지급금[공장부동산]	3,000,000	(대)	임차보증금[공장부동산]	3,000,000
325	(차)	외상매입금[(주)강남]	25,000,000	(대)	받을어음[(주)화명]	20,000,000
					보통예금	5,000,000
326	(차)	수도광열비(판)	120,000	(대)	현금	2,620,000
		전력비(제)	2,500,000			
327	(차)	세금과공과(제)	120,000	(대)	보통예금	120,000
328	(차)	보통예금	1,300,000	(대)	단기매매증권	1,400,000
		단기매매증권처분손실	150,000*		현금	50,000
	* (100주×13,000원－50,000원)－1,400,000원＝(－)150,000원					
329	(차)	정기예금	12,423,000	(대)	정기적금	12,000,000
		선납세금	77,000		이자수익	500,000
330	(차)	보통예금	12,000,000	(대)	사채	10,000,000
		사채할인발행차금	500,000		현금	2,500,000

331 11월 27일 사업 축소를 위하여 당사의 주식 2,000주(액면 @5,000원)를 1주당 4,000원에 매입한 후 즉시 소각하고 대금은 현금으로 지급하였다.

(차)	(대)

332 11월 28일 영업부 김흥국은 출장에서 돌아와 출장 전에 지급된 출장비 500,000원(지급 시 선급금 처리)에 대한 아래의 지출내역을 제출하였다. 모든 비용은 적격증빙을 첨부하였고 잔액 50,000원은 현금으로 반환하였다. (단, 부가가치세는 고려하지 않으며 거래처는 생략할 것)

- KTX 승차권 구입: 100,000원
- 현지 택시비: 50,000원
- 거래처 미팅 시 식대: 300,000원

(차)	(대)

333 11월 29일 투자 목적으로 토지를 50,000,000원에 현금으로 매입하였고, 취득 과정에서 취득세 3,000,000원을 현금으로 납부하였다.

(차)	(대)

334 11월 30일 당사가 보유 중인 매도가능증권을 다음과 같은 조건으로 처분하고 현금을 회수하였으며, 전년도 기말 평가는 일반기업회계기준에 따라 처리하였다.

취득원가	기말 공정가액	양도가액	비고
취득일 20×4년 10월 1일	20×4년 12월 31일		
10,000,000원	15,000,000원	12,000,000원	시장성 있음

(차)	(대)

335 12월 1일 자기주식(취득원가: 20,000,000원)을 18,000,000원에 처분하고 처분대금은 보통예금으로 입금받았다. 단, 처분 당시 자기주식처분이익 계정 잔액은 5,000,000원이었다.

(차)	(대)

336 ☐☐☐ 12월 2일 일시 보유 목적으로 취득한 시장성 있는 (주)세정 주식 100주(장부금액 1,600,000원)를 주당 15,000원에 전부 처분하고 대금은 보통예금 계좌로 이체받았다. 단, 주식 처분과 관련하여 발생한 수수료 50,000원은 현금으로 지급하였다.

(차)	(대)

337 ☐☐☐ 12월 3일 과거에 수령한 가수금 10,000,000원 중 2,000,000원은 (주)신흥에 대한 제품매출의 계약금이고, 나머지는 (주)신흥의 외상매출금을 회수한 것으로 확인되었다.

(차)	(대)

정답

331	(차)	자본금	10,000,000	(대)	현금	8,000,000
					감자차익	2,000,000*
	* 2,000주×(5,000원－4,000원)＝2,000,000원					
332	(차)	여비교통비(판)	150,000	(대)	선급금[김흥국]	500,000
		기업업무추진비(판)	300,000			
		현금	50,000			
333	(차)	투자부동산	53,000,000	(대)	현금	53,000,000
334	(차)	현금	12,000,000	(대)	매도가능증권	15,000,000
		매도가능증권평가이익	5,000,000		매도가능증권처분이익	2,000,000*
	* 12,000,000원－10,000,000원＝2,000,000원					
335	(차)	보통예금	18,000,000	(대)	자기주식	20,000,000
		자기주식처분이익	2,000,000			
336	(차)	보통예금	1,500,000	(대)	단기매매증권	1,600,000
		단기매매증권처분손실	150,000*		현금	50,000
	* (100주×15,000원－50,000원)－1,600,000원＝(－)150,000원					
337	(차)	가수금	10,000,000	(대)	선수금[(주)신흥]	2,000,000
					외상매출금[(주)신흥]	8,000,000

338 □□□ 12월 4일 거래처 남산문구로부터 입금된 2,970,000원은 외상매출금 3,000,000원이 약정기일보다 빠르게 회수되어 외상매출금의 1%를 할인한 후의 금액을 보통예금 계좌로 입금받았다.

(차)	(대)

339 □□□ 12월 5일 보통예금 계좌로 임대료 300,000원을 받았다.

(차)	(대)

340 □□□ 12월 6일 수진상회로부터 상품을 매입하고 4,500,000원을 보통예금에서 지급하였다. 해당 상품매입에 대한 회계처리 시 매입계약에 따라 선지급했던 계약금 500,000원을 누락하였다.

(차)	(대)

341 □□□ 12월 7일 차량운반구의 취득세 3,000,000원을 국민은행 보통예금 계좌이체를 통해 납부하였다.

(차)	(대)

342 □□□ 12월 8일 대여금 3,000,000원을 현금으로 지급하였다. 상환기간은 2년 후 9월 30일이다.

(차)	(대)

343 □□□ 12월 9일 아현상사의 외상대금을 결제하기 위해 보통예금 계좌에서 이체한 금액 1,000,000원에는 송금수수료 12,000원이 포함되어 있다.

(차)	(대)

344 12월 10일 직원 급여 지급 시 징수한 소득세 10,000원을 현금 납부하였다.

(차)	(대)

345 12월 11일 11월 30일 현재 선적이 완료되어 운송 중인 원재료 20,000,000원이 있으며, 이에 대한 전표처리가 누락되어 있음을 발견하였다. 당 원재료의 수입계약은 AmaZon과의 선적지 인도조건이며 대금은 도착 후 1개월 이내에 지급하기로 하였다.

(차)	(대)

346 12월 12일 보통예금에서 자동이체되어 회계처리한 전기요금 200,000원 중에는 사무실 전화요금 80,000원이 포함되어 있다.

(차)	(대)

정답

338	(차)	보통예금	2,970,000	(대)	외상매출금[남산문구]	3,000,000
		매출할인	30,000			
339	(차)	보통예금	300,000	(대)	임대료	300,000
340	(차)	상품	5,000,000	(대)	보통예금	4,500,000
					선급금[수진상회]	500,000
341	(차)	차량운반구	3,000,000	(대)	보통예금	3,000,000
342	(차)	장기대여금	3,000,000	(대)	현금	3,000,000
343	(차)	외상매입금[아현상사]	988,000	(대)	보통예금	1,000,000
		수수료비용(판)	12,000			
344	(차)	예수금	10,000	(대)	현금	10,000
345	(차)	원재료	20,000,000	(대)	외상매입금[AmaZon]	20,000,000
		또는 미착품				
346	(차)	수도광열비(판)	120,000	(대)	보통예금	200,000
		통신비(판)	80,000			

347 12월 13일 매출처 (주)반도전자의 부도로 외상매출금 잔액 2,200,000원이 회수 불가능하여 대손처리하였다. 부도시점에 외상매출금에 대한 대손충당금 잔액은 950,000원이었다.

(차)	(대)

348 12월 14일 뉴욕은행으로부터 전년도에 차입한 외화장기차입금 $50,000를 우리은행 보통예금 계좌에서 이체하여 상환하였다.

- 20×4년 12월 31일 기준환율: 1,192원/$
- 20×5년 12월 14일 기준환율: 1,150원/$

(차)	(대)

349 12월 15일 세금과공과로 처리한 것은 당해 1기 확정 부가가치세를 가산세 25,000원을 포함하여 보통예금으로 납부한 것이다. (단, 6월 30일자 부가가치세 납부세액은 9,724,000원이며, 가산세는 세금과공과(판)로 처리할 것)

(차)	(대)

350 12월 16일 영업부 직원들에 대한 확정급여형(DB) 퇴직연금 납입액 10,000,000원과 퇴직연금운용수수료 550,000원을 보통예금 계좌에서 이체하였다.

(차)	(대)

351 12월 17일 회사가 보유 중인 자기주식 전량을 10,000,000원에 처분하고 매각대금은 보통예금으로 입금되었다. 단, 처분시점의 자기주식 장부가액은 8,000,000원이며, 자기주식처분손실 계정의 잔액은 1,300,000원이다.

(차)	(대)

352 12월 18일 당사는 자금조달을 위하여 액면가액 1,000,000원의 사채를 960,000원에 할인발행하였다. 사채발행대금은 보통예금 계좌로 입금되었고, 사채발행비 20,000원은 현금으로 지급하였다.

(차)	(대)

353 12월 19일 영업부 사원 김기덕의 지방출장비에 대한 회계처리가 누락된 것이 발견되었다. 출장비 사용내역은 다음과 같으며, 비용은 보통예금 계좌에서 개인 계좌로 이체하여 지급하였다.

- KTX 기차요금: 120,000원
- 숙박비: 100,000원
- 기타 제비용: 80,000원

(차)	(대)

354 12월 20일 비품을 현금 3,000,000원을 받고 전자세금계산서를 발급하여 (주)여수에 처분하였다. 비품의 취득가액은 6,000,000원이고 감가상각누계액은 3,500,000원이다.

(차)	(대)

355 12월 21일 제조공장의 직원을 위한 확정기여형(DC) 퇴직연금에 가입하고 18,000,000원을 보통예금 계좌에서 퇴직연금 계좌로 이체하였다.

(차)	(대)

정답

347	(차)	대손충당금(외상매출금)	950,000	(대)	외상매출금[(주)반도전자]	2,200,000
		대손상각비(판)	1,250,000			
348	(차)	외화장기차입금[뉴욕은행]	59,600,000	(대)	보통예금	57,500,000
					외환차익	2,100,000
349	(차)	미지급세금	9,724,000	(대)	보통예금	9,749,000
		세금과공과(판)	25,000			
350	(차)	퇴직연금운용자산	10,000,000	(대)	보통예금	10,550,000
		수수료비용(판)	550,000			
351	(차)	보통예금	10,000,000	(대)	자기주식	8,000,000
					자기주식처분손실	1,300,000
					자기주식처분이익	700,000
352	(차)	보통예금	960,000	(대)	사채	1,000,000
		사채할인발행차금	60,000		현금	20,000
353	(차)	여비교통비(판)	300,000	(대)	보통예금	300,000
354	(차)	현금	3,000,000	(대)	비품	6,000,000
		감가상각누계액(비품)	3,500,000		유형자산처분이익	500,000
355	(차)	퇴직급여(제)	18,000,000	(대)	보통예금	18,000,000

356 12월 22일 주주총회에서 현금배당 5,000,000원과 현금배당금액의 10%인 500,000원의 이익준비금 설정을 결정하였다.

(차)	(대)

357 12월 23일 당사는 (주)미라컴에 제품을 판매하여 계상되었던 외상매출금 3,000,000원(부가가치세 불포함 금액)이 회수 불능 채권으로 확정되어 대손처리하였다. (단, 부가가치세는 고려하지 않으며 대손충당금 잔액은 2,500,000원임)

(차)	(대)

358 12월 24일 회사가 발행 중인 사채(액면가액 50,000,000원) 중 액면가 30,000,000원을 30,850,000원에 보통예금에서 이체하여 조기 상환하였다. 당사의 사채할인(할증)발행차금 계정의 잔액은 없었다.

(차)	(대)

359 12월 24일 유상증자로 신주 10,000주(주당 액면가액 1,000원)를 1주당 2,000원에 발행하여 대금은 보통예금에 입금되었다. 주식 발행과 관련하여 김법무사 수수료 300,000원이 미지급되었다. (단, 현재 주식할인발행차금 500,000원이 있음)

(차)	(대)

360 12월 24일 영업사원 직무교육에 대한 강사료 3,500,000원을 지급하고 원천징수하였다. 강사료는 원천징수세액(지방소득세 포함) 115,500원을 차감하고 보통예금 계좌에서 이체하였다.

(차)	(대)

361 12월 24일 회사가 보유하고 있던 매도가능증권(투자자산)을 다음과 같은 조건으로 처분하고 대금은 현금으로 회수하였다. (단, 전기의 기말평가는 일반기업회계기준에 따라 처리함)

취득가액	시가(전기 12월 31일 현재)	처분가액	비고
28,000,000원	24,000,000원	26,000,000원	시장성 있음

(차)	(대)

362 12월 24일 당사는 확정급여형(DB) 퇴직연금을 가입하고 있으며, 가입한 퇴직연금에 대한 이자 150,000원이 퇴직연금 계좌로 입금되었다.

(차)	(대)

363 12월 24일 단기투자 목적으로 주식시장에 상장되어 있는 (주)중앙의 주식을 주당 13,000원의 가격으로 1,000주를 매입하였으며, 이 매입 과정에서 카오증권에 80,000원의 수수료가 발생하였다. 주식 매입과 관련된 모든 대금은 보통예금에서 이체하였다.

(차)	(대)

정답

356	(차)	미처분이익잉여금	5,500,000	(대)	이익준비금	500,000
					미지급배당금	5,000,000
357	(차)	대손충당금(외상매출금)	2,500,000	(대)	외상매출금[(주)미라컴]	3,000,000
		대손상각비(판)	500,000			
358	(차)	사채	30,000,000	(대)	보통예금	30,850,000
		사채상환손실	850,000			
359	(차)	보통예금	20,000,000	(대)	자본금	10,000,000
					주식할인발행차금	500,000
					미지급금[김법무사]	300,000
					주식발행초과금	9,200,000
360	(차)	교육훈련비(판)	3,500,000	(대)	예수금	115,500
					보통예금	3,384,500
361	(차)	현금	26,000,000	(대)	매도가능증권	24,000,000
		매도가능증권처분손실	2,000,000*		매도가능증권평가손실	4,000,000
362	(차)	퇴직연금운용자산	150,000	(대)	이자수익	150,000
363	(차)	단기매매증권	13,000,000	(대)	보통예금	13,080,000
		수수료비용	80,000			

* 26,000,000원 – 28,000,000원 = (–)2,000,000원 (361)

364 12월 24일 전기에 제품을 수출한 수출거래처 STAR사의 외화외상매출금 $100,000가 전액 보통예금으로 입금되었다. 전기 말 적용환율은 $1당 1,200원으로 외화자산, 부채평가는 적절하게 이루어졌고, 회수 시 적용환율은 $1당 1,100원이다. (단, 외화외상매출금은 외상매출금 계정과목으로 반영할 것)

(차)	(대)

365 12월 24일 (주)대한에 9,000,000원을 15개월 후 회수조건으로 대여하고 보통예금 계좌에서 이체하였다.

(차)	(대)

366 12월 24일 12월 15일에 자기주식 400주를 1,350,000원에 취득하였다. 이 중 300주를 주당 5,700원에 매각하고 대금은 전액 보통예금으로 입금받았다.

(차)	(대)

367 12월 24일 영업부 직원들이 출장 업무 중 가나분식에서 법인 신용카드(우리카드)로 식사비를 결제하였다. (거래일 현재 가나분식은 간이과세자이고, 복리후생비로 처리할 것)

가나분식

506-20-43238 TEL: 02-546-1857 김미영
서울시 관악구 관악로 894
20×5/12/24 12:21 POS: 02 BILL: 000042

품명	단가	수량	금액
라면	2,500원	4	10,000원
소계			10,000원
청구금액			10,000원
받은금액			10,000원
거스름액			0원
신용카드			10,000원

신용카드 매출전표 [고 객 용]
[카 드 번 호] 1111-****-****-4444
[할 부 개 월] 일시불 [카 드 사 명] 우리카드
[가 맹 번 호] 00856457 [승 인 번 호] 07977800

(차)	(대)

368 12월 24일 퇴직연금부담금(확정기여형) 10,000,000원(제조 5,000,000원, 판매 5,000,000원)을 당 회사의 보통예금 계좌에서 이체하였다.

(차)	(대)

369 12월 24일 당사는 액면가액 1주당 10,000원인 보통주 1,000주를 1주당 12,000원에 발행하고 전액 보통예금으로 납입받았으며, 주식 발행에 관련된 법무사 수수료(부가가치세는 무시하기로 함) 500,000원은 현금으로 지급하였다. (주식할인발행차금 잔액은 없음)

(차)	(대)

370 12월 24일 당사는 교육 전문가인 나전파 씨를 초빙하여 제조부서의 직원들을 대상으로 성희롱 예방교육을 실시하였고, 그 대가로 나전파 씨에게 600,000원 중 원천징수세액 19,800원을 제외한 금액을 보통예금 계좌에서 지급하였다. (단, 수수료비용 계정과목으로 회계처리할 것)

(차)	(대)

정답

364	(차)	보통예금	110,000,000*1	(대)	외상매출금[STAR사]	120,000,000*2
		외환차손	10,000,000			

*1 $100,000×1,100원=110,000,000원
*2 $100,000×1,200원=120,000,000원

365	(차)	장기대여금[(주)대한]	9,000,000	(대)	보통예금	9,000,000
366	(차)	보통예금	1,710,000	(대)	자기주식	1,012,500*
					자기주식처분이익	697,500

* 1,350,000원×300주/400주=1,012,500원

367	(차)	복리후생비(판)	10,000	(대)	미지급금[우리카드] 또는 미지급비용[우리카드]	10,000
368	(차)	퇴직급여(판)	5,000,000	(대)	보통예금	10,000,000
		퇴직급여(제)	5,000,000			
369	(차)	보통예금	12,000,000	(대)	자본금	10,000,000
					주식발행초과금	1,500,000
					현금	500,000
370	(차)	수수료비용(제)	600,000	(대)	예수금	19,800
					보통예금	580,200

371 12월 24일 법원에 법인 등기변경 관련 서류접수를 위한 수입인지를 구입하고 대금 20,000원을 현금으로 지급하였다.

(차)	(대)

372 12월 24일 당사의 대주주로 있는 이강인 씨는 본인이 50,000,000원에 취득한 기계장치를 무상으로 회사에 기증하였다. (시가 70,000,000원)

(차)	(대)

373 12월 24일 당사는 12월 17일에 미국에 있는 볼케이노에 제품 1,000개를 개당 $50에 외상으로 판매하였고, 12월 24일에 전액 외화로 보통예금 계좌에 입금되었다. (단, 12월 17일 환율은 $1당 1,000원이고, 12월 24일 환율은 $1당 1,025원임)

(차)	(대)

374 12월 25일 당사의 토지 중 영업부 토지와 관련한 재산세 700,000원과 제조부 토지와 관련한 재산세 1,200,000원을 보통예금 계좌에서 이체하였다.

(차)	(대)

375 12월 25일 우리은행에 예치된 정기예금이 만기가 되어 원금 50,000,000원과 이자 1,000,000원 중 소득세 등 154,000원이 원천징수되어 차감 잔액인 50,846,000원이 보통예금 계좌로 입금되었다. (단, 원천징수세액은 자산으로 처리할 것)

(차)	(대)

376 12월 25일 당해 2기 예정 신고기간의 부가가치세 미납세액 1,500,000원(미지급세금으로 처리되어 있음)과 가산세(납부불성실 가산세로 가정함) 100,000원을 법인카드(신한카드)로 납부하였다. 국세카드납부 수수료는 결제대금의 1%로 가정한다. (단, 가산세는 세금과공과(판), 카드수수료는 수수료비용(판)으로 회계처리할 것)

(차)	(대)

377 12월 25일 원재료 구매거래처 직원 김갑수의 결혼 축의금으로 500,000원을 보통예금에서 이체하였다.

(차)	(대)

378 12월 25일 (주)필연에 제품을 판매하고 받은 약속어음 3,000,000원이 (주)필연의 부도로 인하여 대손이 확정되었다. 받을어음에 대한 대손충당금 2,000,000원이 기설정되어 있으며, 부가가치세법의 대손세액공제는 고려하지 않는다.

(차)	(대)

379 12월 25일 투자 목적으로 부동산을 (주)경주로부터 30,000,000원에 외상으로 매입하였다.

(차)	(대)

정답

371	(차)	세금과공과(판)	20,000	(대)	현금	20,000
372	(차)	기계장치	70,000,000	(대)	자산수증이익	70,000,000
373	(차)	보통예금	51,250,000	(대)	외상매출금[볼케이노]	50,000,000*1
					외환차익	1,250,000*2

*1 1,000개×$50×1,000원=50,000,000원
*2 1,000개×$50×(1,025원−1,000원)=1,250,000원

374	(차)	세금과공과(판)	700,000	(대)	보통예금	1,900,000
		세금과공과(제)	1,200,000			
375	(차)	보통예금	50,846,000	(대)	정기예금	50,000,000
		선납세금	154,000		이자수익	1,000,000
376	(차)	미지급세금	1,500,000	(대)	미지급금[신한카드]	1,616,000
		세금과공과(판)	100,000		또는 미지급비용[신한카드]	
		수수료비용(판)	16,000*			

* (1,500,000원+100,000원)×1%=16,000원

377	(차)	기업업무추진비(제)	500,000	(대)	보통예금	500,000
378	(차)	대손충당금(받을어음)	2,000,000	(대)	받을어음[(주)필연]	3,000,000
		대손상각비(판)	1,000,000			
379	(차)	투자부동산	30,000,000	(대)	미지급금[(주)경주]	30,000,000

380 12월 25일 ABC사의 외상매출금 $20,000를 회수하여 당사의 보통예금에 입금하였다. 환율은 다음과 같다.

- 외상매출금 인식 당시 적용환율: $1당 1,200원
- 입금시점의 적용환율: $1당 1,300원

(차)	(대)

381 12월 25일 (주)바른자동차로부터 업무용 승용차 구입 시 취득해야 하는 공채를 현금 300,000원(액면금액)에 구입하였다. 공채의 공정가치는 220,000원이며 회사는 이를 단기매매증권으로 처리하고 있다.

(차)	(대)

382 12월 25일 액면가액 10,000,000원(3년 만기)인 사채를 10,200,000원에 할증발행하였으며, 대금을 전액 보통예금으로 입금하였다.

(차)	(대)

383 12월 26일 보유 중인 단기매매증권(취득가액 9,500,000원)을 (주)에스제이물산에 9,000,000원에 매각하고, 대금은 다음 달에 받기로 하였다.

(차)	(대)

384 12월 26일 거래처인 (주)바른유통의 외상매입금 50,000,000원 중 49,000,000원은 당사 발행 당좌수표로 지급하고, 나머지 금액은 면제받았다.

(차)	(대)

385 12월 26일 하나(주)로부터 차입한 장기차입금의 이자비용 2,000,000원을 지급하면서 원천징수세액 상당액 550,000원을 차감한 금액을 현금으로 지급하였다. (단, 이자비용에 대한 원천징수세율은 27.5%로 가정함)

(차)	(대)

386 12월 26일 당사는 12월 10일에 (주)나라로부터 원재료 1,430,000원(부가세 포함)을 외상으로 구입하였는데, 지급하지 못한 외상매입금을 결제하기 위하여 (주)대신으로부터 받은 약속어음 1,000,000원을 (주)나라에 배서양도하고 잔액을 보통예금 계좌에서 지급하였다.

(차)	(대)

387 12월 26일 마케팅부서에서는 판매 활성화를 위해 인터넷쇼핑몰 통신판매업 신고를 하면서 등록면허세 70,500원을 보통예금으로 지급하였다.

(차)	(대)

정답

380	(차)	보통예금	26,000,000	(대)	외상매출금[ABC사]	24,000,000*1
					외환차익	2,000,000*2

*1 $20,000×1,200원=24,000,000원
*2 $20,000×(1,300원−1,200원)=2,000,000원

381	(차)	단기매매증권	220,000	(대)	현금	300,000
		차량운반구	80,000			
382	(차)	보통예금	10,200,000	(대)	사채	10,000,000
					사채할증발행차금	200,000
383	(차)	미수금[(주)에스제이물산]	9,000,000	(대)	단기매매증권	9,500,000
		단기매매증권처분손실	500,000			
384	(차)	외상매입금[(주)바른유통]	50,000,000	(대)	당좌예금	49,000,000
					채무면제이익	1,000,000
385	(차)	이자비용	2,000,000	(대)	예수금	550,000
					현금	1,450,000
386	(차)	외상매입금[(주)나라]	1,430,000	(대)	받을어음[(주)대신]	1,000,000
					보통예금	430,000
387	(차)	세금과공과(판)	70,500	(대)	보통예금	70,500

388 12월 27일 자금을 조달할 목적으로 유상증자를 실시하였다. 1주당 7,500원(액면가액: 1주당 5,000원)에 2,000주를 발행하면서 대금은 보통예금으로 받았다. (단, 현재까지 주식할인발행차금 잔액은 없음)

(차)	(대)

389 12월 27일 (주)동국 소유의 건물로 사무실 이전을 하면서 임차보증금 15,000,000원 중 12월 3일에 지급한 계약금 5,000,000원을 제외한 10,000,000원을 보통예금에서 지급하였다.

(차)	(대)

390 12월 28일 출장 중인 영업부 직원들이 Cafe New에서 신용카드(법인 삼성카드)로 주문 결제하였다. (거래일 현재 Cafe New는 간이과세자이고, 여비교통비로 처리할 것)

Cafe New

123–45–67890 TEL: 031–646–1858 김풍미
경기도 안산시 단원구 광덕대로 894
20×5/12/28 14:21(화) POS: 03 BILL: 000057

품명	단가	수량	금액
ICE 아메리카노	3,000원	2	6,000원
소계			6,000원
청구금액			6,000원
받은금액			6,000원
거스름액			0원
신용카드			6,000원

신용카드 매출전표 [고 객 용]
[카 드 번 호] 8945–****–****–8973
[할 부 개 월] 일시불
[카 드 사 명] 삼성카드
[가 맹 번 호] 00856468
[승 인 번 호] 07977897

(차)	(대)

391 □□□ 12월 28일 7월 25일 부가가치세 제1기 확정분에 대한 납부세액 1,689,000원(미지급세금에 반영되어 있음)을 법인 보통예금 통장에서 계좌이체로 납부하였다.

(차)	(대)

392 □□□ 12월 29일 보통예금에서 이자수익 350,000원이 발생하여 원천징수세액 53,900원(지방소득세 포함)을 제외한 296,100원이 입금되었다. (원천징수세액은 자산으로 처리할 것)

(차)	(대)

393 □□□ 12월 30일 본사 업무용으로 사용하기 위하여 구입한 차량을 등록하면서 법령에 의거한 공채를 420,000원(액면금액)으로 매입하고 대금은 현금으로 지급하였다. (단, 공채의 매입 당시 공정가치는 390,000원이며 회사는 이를 단기매매증권으로 취급하고 있음)

(차)	(대)

394 □□□ 12월 30일 당사가 지급한 운반비 200,000원은 상품매입에 따른 운반비가 아니라 상품매출에 따른 운반비로 판명되었다.

(차)	(대)

정답

388	(차)	보통예금	15,000,000	(대)	자본금	10,000,000
					주식발행초과금	5,000,000
389	(차)	임차보증금[(주)동국]	15,000,000	(대)	선급금[(주)동국]	5,000,000
					보통예금	10,000,000
390	(차)	여비교통비(판)	6,000	(대)	미지급금[삼성카드]	6,000
					또는 미지급비용[삼성카드]	
391	(차)	미지급세금	1,689,000	(대)	보통예금	1,689,000
392	(차)	보통예금	296,100	(대)	이자수익	350,000
		선납세금	53,900			
393	(차)	단기매매증권	390,000	(대)	현금	420,000
		차량운반구	30,000			
394	(차)	운반비(판)	200,000	(대)	현금	200,000

395 12월 30일 다음의 거래명세표를 수령하고 대금은 보통예금 계좌에서 지급하였다. (단, 비용으로 처리할 것)

1권	2호	거래명세표(거래용)				
20×5년 12월 30일		공급자	등록번호	123-03-85375		
청도상사 귀하			상호	좋은문구	성명	정좋은 ㉑
			사업장 소재지	경기 의정부시 의정로 77(의정부동)		
아래와 같이 계산합니다.			업태	도 · 소매업	종목	문구류

합계금액	이십만 원정 (₩ 200,000)					
월일	품목	규격	수량	단가	공급가액	세액
12/30	A4 용지		10	20,000원	200,000원	
전잔금			합계		200,000원	
입금	200,000원	잔금		인수자	김동호 ㉑	
비고						

(차) (대)

396 12월 30일 원재료를 보관하는 창고에서 화재가 발생하여 원가 200,000원, 시가 300,000원의 원재료가 소실되었다. (당사는 화재보험에 가입되어 있음)

(차) (대)

397 12월 30일 회사는 매출처인 (주)예준의 제품매출에 대한 외상매출금 잔액을 현금으로 받았다. 동 대금 잔액은 (2/10, n/15)의 매출할인 조건부 거래에 대한 것으로 10일 이내 조기 결제가 이루어진 것으로 가정한다. (단, 부가가치세는 고려하지 않으며, 외상매출금 잔액은 5,000,000원이라 가정함)

(차) (대)

398 12월 30일 (주)예준이 발행한 어음 1,000,000원이 만기가 되어 금융기관에 추심수수료 2,000원을 차감하고 잔액은 보통예금에 입금되었다.

(차) (대)

399 12월 30일 (주)예준에서 받은 받을어음 5,000,000원을 기업은행에서 할인하고 할인료 120,000원을 제외한 전액을 당좌예금으로 송금 받았다. (매각거래로 처리할 것)

(차)	(대)

400 12월 30일 영업활동상의 이유로 (주)K스포츠의 받을어음 3,000,000원을 기업은행에서 할인하고 할인료 100,000원을 제외한 금액을 현금으로 수취하였다. (차입거래로 처리할 것)

(차)	(대)

401 12월 30일 업무용 승용차 구입을 위해 액면금액 1,000,000원의 10년 만기 무이자 국공채를 액면금액에 현금으로 매입하였다. 구입 당시 만기보유증권의 공정가액은 600,000원이며, 당 회사는 해당 국공채를 만기까지 보유할 의도와 능력이 충분하다.

(차)	(대)

정답

395	(차)	사무용품비(판) 또는 소모품비(판)	200,000	(대)	보통예금	200,000
396	(차)	재해손실	200,000	(대)	원재료(타계정대체)	200,000
397	(차)	현금 매출할인	4,900,000 100,000	(대)	외상매출금[(주)예준]	5,000,000

포인트 거래 조건이 (2/10, n/15)인 경우 15일 이내 대금 지급이 이루어져야 하며 10일 이내 조기 결제 시 대금의 2%를 할인받는다.

398	(차)	보통예금 수수료비용(판)	998,000 2,000	(대)	받을어음[(주)예준]	1,000,000
399	(차)	당좌예금 매출채권처분손실	4,880,000 120,000	(대)	받을어음[(주)예준]	5,000,000
400	(차)	현금 이자비용	2,900,000 100,000	(대)	단기차입금[기업은행]	3,000,000
401	(차)	차량운반구 만기보유증권	400,000 600,000	(대)	현금	1,000,000

※ [**402~500**] 다음은 20×5년 12월 31일의 기말수정분개이다. 문제에 제시된 거래에 대한 정보를 바탕으로 20×5년 12월 31일의 분개를 수행하시오.

402 12월 31일 12월 1일에 대여금의 향후 3개월분 이자수익 9,000원을 현금으로 수령하고 이를 전액 선수수익으로 계상하였다.

(차)	(대)

403 12월 31일 12월 1일에 향후 3개월분 이자비용 3,000원을 현금으로 지급하고 이를 전액 이자비용으로 계상하였다.

(차)	(대)

404 12월 31일 무형자산으로 처리된 개발비의 당기 무형자산상각액은 12,000,000원이다. (단, 판매비와 관리비로 처리하고 직접법으로 상각함)

(차)	(대)

405 12월 31일 장부상 현금 잔액은 35,235,450원이나, 실제 보유하고 있는 현금 잔액은 35,232,780원으로 현금 부족액에 대한 원인이 밝혀지지 않았다. (영업외비용 중 적절한 계정과목으로 회계처리할 것)

(차)	(대)

406 12월 31일 당해 7월 1일에 현금 120,000원을 은행에서 차입하였다. (연 이자율은 10%이고 이자 지급일은 매년 6월 30일임)

(차)	(대)

407 12월 31일 당해 7월 1일에 사무실을 임대(임대기간: 20×5.7.1.~20×6.6.30.)하면서 1년분 임대료 12,000,000원을 자기앞수표로 받고 전액 선수수익으로 회계처리하였다. (월할계산할 것)

(차)	(대)

408 □□□ 12월 31일 당해 4월 1일에 (주)상훈상사에 300,000,000원을 2년 후 3월 31일까지 대여하고, 연 12%의 이자를 매년 3월 31일에 수취하기로 계약을 체결하였다. 기간 경과분에 대한 이자를 결산서상에 반영하시오. (이자는 월할계산하고, 거래처를 입력할 것)

(차)	(대)

409 □□□ 12월 31일 기말 현재 당사가 단기매매차익을 목적으로 보유하고 있는 주식 현황과 기말 현재 공정가치는 다음과 같다.

주식명	보유주식 수	주당 취득원가	기말 공정가치
(주)한성 보통주	2,000주	10,000원	주당 12,000원
(주)강화 보통주	1,500주	8,000원	주당 10,000원
(주)도전 보통주	100주	15,000원	주당 15,000원

(차)	(대)

정답

402 (차) 선수수익 3,000 (대) 이자수익 3,000

403 (차) 선급비용 2,000 (대) 이자비용 2,000

404 (차) 무형자산상각비(판) 12,000,000 (대) 개발비 12,000,000

405 (차) 잡손실 2,670 (대) 현금 2,670

406 (차) 이자비용 6,000* (대) 미지급비용 6,000
* 120,000원×10%×6개월/12개월=6,000원

407 (차) 선수수익 6,000,000 (대) 임대료 6,000,000*
* 12,000,000원×6개월/12개월=6,000,000원

408 (차) 미수수익[(주)상훈상사] 27,000,000 (대) 이자수익 27,000,000*
* 300,000,000원×12%×9개월/12개월=27,000,000원

409 (차) 단기매매증권 7,000,000 (대) 단기매매증권평가이익 7,000,000*
* (2,000주×12,000원+1,500주×10,000원+100주×15,000원)−(2,000주×10,000원+1,500주×8,000원+100주×15,000원)=7,000,000원

410 12월 31일 결산일 현재 12월 19일자 가수금 3,000,000원의 내역이 다음과 같이 확인되었다.

- (주)정상에 대한 거래로 제품매출을 위한 계약금을 받은 금액: 500,000원
- (주)정상에 대한 외상대금 중 일부를 회수한 금액: 2,500,000원

(차)	(대)

411 12월 31일 단기차입금 중에는 (주)연재의 외화단기차입금 10,000,000원(미화 $10,000)이 포함되어 있다. (회계기간 종료일 현재 적용환율: 미화 $1당 1,100원)

(차)	(대)

412 12월 31일 거래은행인 우리은행에 예금된 정기예금에 대하여 당기분 경과이자를 인식하다.

- 예금금액: 50,000,000원
- 예금기간: 20×5.4.1.~20×6.3.31.
- 연 이자율: 10%, 월할계산으로 할 것
- 이자 지급일: 연 1회(매년 3월 31일)

(차)	(대)

413 12월 31일 영업부문의 자동차보험료 720,000원(1년분)을 현금으로 납부하면서 모두 자산으로 처리하였다. (보험기간은 20×5.7.1.~20×6.6.30.이며 보험료는 월할계산할 것)

(차)	(대)

414 12월 31일 당사는 마이너스 통장을 개설하여 사용하고 있으며, 결산일 현재 대박은행에 당사의 보통예금 계좌의 잔고가 −4,500,000원인 것으로 나타나 이를 단기차입금으로 대체하고자 한다.

(차)	(대)

415 12월 31일 법인세등 예상액은 21,000,000원이며, 중간예납세액 8,000,000원과 이자소득에 대한 원천징수세액 2,100,000원은 선납세금으로 계상되어 있다.

(차)	(대)

416 ☐☐☐ 12월 31일 일시적으로 제품 판매용 매장을 임차(임차기간: 20×5.11.1.~20×6.1.31.)하고 11월 1일에 3개월분 임차료 3,000,000원을 전액 자산으로 회계처리하였다. (단, 월할계산할 것)

(차)	(대)

417 ☐☐☐ 12월 31일 전기에 취득한 매도가능증권의 기말 현재 보유 현황은 다음과 같다. 단, 주어진 내용 이외의 거래는 고려하지 않는다.

- 발행회사: (주)예준
- 취득가액: 15,000,000원
- 전기 말 공정가액: 14,800,000원
- 기말 공정가액: 15,500,000원

(차)	(대)

정답

번호	차변 계정	금액	대변 계정	금액
410	(차) 가수금	3,000,000	(대) 선수금[(주)정상]	500,000
			외상매출금[(주)정상]	2,500,000
411	(차) 외화환산손실	1,000,000*	(대) 단기차입금[(주)연재]	1,000,000
412	(차) 미수수익	3,750,000	(대) 이자수익	3,750,000*
413	(차) 보험료(판)	360,000*	(대) 선급비용	360,000
414	(차) 보통예금	4,500,000	(대) 단기차입금[대박은행]	4,500,000
415	(차) 법인세비용	21,000,000	(대) 선납세금	10,100,000
			미지급세금	10,900,000
416	(차) 임차료(판)	2,000,000*	(대) 선급비용	2,000,000
417	(차) 매도가능증권	700,000	(대) 매도가능증권평가손실	200,000*1
			매도가능증권평가이익	500,000*2

411: * 10,000,000원 − $10,000×1,100원 = (−)1,000,000원

412: * 50,000,000원×10%×9개월/12개월 = 3,750,000원

413: * 720,000원×6개월/12개월 = 360,000원

416: * 3,000,000원×2개월/3개월 = 2,000,000원

417: *1 14,800,000원 − 15,000,000원 = (−)200,000원
*2 15,500,000원 − 15,000,000원 = 500,000원

418 12월 31일 거래은행인 대한은행에 예입된 정기예금에 대한 자료는 다음과 같다. 당기분 경과이자를 인식하여 반영하시오. (단, 이자수익은 월할계산할 것)

- 예금금액: 60,000,000원
- 예금기간: 20×5.4.1.~20×8.3.31.
- 연 이자율: 10%
- 이자 지급조건: 만기 시 전액 후불

(차) (대)

419 12월 31일 당사의 기말 외상매출금 잔액에 대하여 대손충당금(보충법)을 설정했다. (단, 대손율은 2%이며, 관련 계정 잔액을 확인할 것)

구분	대손충당금	외상매출금
설정 전	5,200,000원	325,000,000원
설정 후	?	325,000,000원

(차) (대)

420 12월 31일 시장성이 있는 매도가능증권에 대한 보유내역이 다음과 같다. 기말 매도가능증권평가에 대한 회계처리를 하시오.

- 20×4년 취득가액: 2,000,000원
- 20×4년 기말 공정가액: 2,200,000원
- 20×5년 기말 공정가액: 1,900,000원

(차) (대)

421 12월 31일 단기대여금 중에는 당기 중에 발생한 SONIC사에 대한 외화대여금 9,000,000원(미화 $9,000)이 포함되어 있다. 기말 현재 기준환율은 $1당 1,200원이다.

(차) (대)

422 12월 31일 결산일 현재 별이상사의 단기대여금 5,000,000원에 대한 기간 경과분 미수이자 62,500원을 계상하다.

(차) (대)

423 12월 31일 하나은행의 보통예금 통장은 마이너스 통장으로 개설된 것이다. 기말 현재 하나은행의 보통예금 통장 잔액은 −6,352,500원이다. (단기차입금으로 대체하여 회계처리할 것)

(차)	(대)

424 12월 31일 전기 말 유동성 장기부채로 대체한 신한은행의 장기차입금 20,000,000원의 상환기간을 당사의 자금 사정으로 인하여 2년 연장하기로 계약하였다.

(차)	(대)

425 12월 31일 기말 합계잔액시산표의 가지급금 잔액 500,000원은 거래처 대연상사에 대한 외상매입금 상환액으로 판명되다.

(차)	(대)

정답

418 (차) 미수수익 4,500,000 (대) 이자수익 4,500,000*
* 60,000,000원×10%×9개월/12개월=4,500,000원

419 (차) 대손상각비(판) 1,300,000* (대) 대손충당금 1,300,000
* 325,000,000원×2%−5,200,000원=1,300,000원

420 (차) 매도가능증권평가이익 200,000 (대) 매도가능증권 300,000
매도가능증권평가손실 100,000

421 (차) 단기대여금[SONIC사] 1,800,000 (대) 외화환산이익 1,800,000*
* $9,000×(1,200원−1,000원)=1,800,000원

422 (차) 미수수익 62,500 (대) 이자수익 62,500

423 (차) 보통예금 6,352,500 (대) 단기차입금[하나은행] 6,352,500

424 (차) 유동성 장기부채[신한은행] 20,000,000 (대) 장기차입금[신한은행] 20,000,000

425 (차) 외상매입금[대연상사] 500,000 (대) 가지급금[대연상사] 500,000

426 □□□ 12월 31일 회사는 자금을 조달할 목적으로 사채를 아래와 같이 발행하였다. (단, 이외의 다른 사채는 없다고 가정함)

- 액면가액 10,000,000원의 사채를 당기 1월 1일에 할인발행하였다. (만기 3년)
- 발행가액은 9,455,350원이고, 액면이자율은 연 3%, 유효이자율은 연 5%이다.
- 액면이자는 매년 말 현금으로 지급하며, 유효이자율법을 이용하여 상각한다.
- 원단위 미만은 절사하기로 한다.

(차)	(대)

427 □□□ 12월 31일 우현상사에서 사용하고 있는 자산에 대한 당기분 감가상각비(판)는 건물 1,500,000원, 차량운반구 2,500,000원, 비품 1,100,000원이다.

(차)	(대)

428 □□□ 12월 31일 당기분 차량운반구 감가상각비(판)는 250,000원이며, 비품 감가상각비(판)는 150,000원이다.

(차)	(대)

429 □□□ 12월 31일 대한은행으로부터 차입한 장기차입금 중 12,000,000원이 만기가 1년 미만으로 도래하였다.

(차)	(대)

430 □□□ 12월 31일 외상매출금 계정에는 미국에 소재한 STAR CAMP의 외화외상매출금 $40,000가 포함되어 있다. (회계기간 종료일 현재 기준환율: 1,250원/$, 선적(발생)일 기준환율: 1,200원/$)

(차)	(대)

431 □□□ 12월 31일 8월 31일에 구입하여 자산(취득원가 470,000원)으로 회계처리한 소모품 중 기말까지 사용하고 남은 금액은 210,000원이다.

(차)	(대)

432 12월 31일 기말 현재 단기차입금에 대한 이자 미지급액 300,000원을 계상하다.

(차)	(대)

433 12월 31일 12월 1일에 12개월분 화재보험료(보험계약기간: 20×5.12.1.~20×6.11.30.) 3,000,000원을 보통예금 계좌에서 이체하면서 전액 보험료(판)로 처리하였다. (단, 월할계산할 것)

(차)	(대)

정답

426 (차) 이자비용 472,767*1 (대) 현금 300,000*2
사채할인발행차금 172,767

*1 9,455,350원×5%=472,767원(원단위 미만 절사)
*2 10,000,000원×3%=300,000원

427 (차) 감가상각비(판) 5,100,000 (대) 감가상각누계액(건물) 1,500,000
감가상각누계액(차량운반구) 2,500,000
감가상각누계액(비품) 1,100,000

428 (차) 감가상각비(판) 400,000 (대) 감가상각누계액(차량운반구) 250,000
감가상각누계액(비품) 150,000

429 (차) 장기차입금[대한은행] 12,000,000 (대) 유동성 장기부채[대한은행] 12,000,000

430 (차) 외상매출금[STAR CAMP] 2,000,000 (대) 외화환산이익 2,000,000*
* $40,000×(1,250원−1,200원)=2,000,000원

431 (차) 소모품비(판) 260,000 (대) 소모품 260,000

432 (차) 이자비용 300,000 (대) 미지급비용 300,000

433 (차) 선급비용 2,750,000* (대) 보험료(판) 2,750,000
* 3,000,000원×11개월/12개월=2,750,000원

434 12월 31일 20×5년 9월 16일에 지급된 2,550,000원은 그 원인을 알 수 없어 가지급금으로 처리하였던바, 결산일인 12월 31일에 2,500,000원은 하나무역의 외상매입금을 상환한 것으로 확인되었으며 나머지 금액은 그 원인을 알 수 없어 당기비용(영업외비용)으로 처리하기로 하였다.

(차)	(대)

435 12월 31일 당사는 일반기업회계기준에 따라 퇴직급여충당부채를 설정하며, 관련 자료는 다음과 같다.

구분	기초금액	기중 감소(사용)금액	기말금액(퇴직금 추계액)
생산부	20,000,000원	8,000,000원	22,000,000원
영업부	17,000,000원	7,000,000원	19,000,000원

(차)	(대)

436 12월 31일 기말 현재 우리은행 차입금(3년 만기) 중 3,000,000원의 상환기간이 1년 이내로 도래하였다.

(차)	(대)

437 12월 31일 결산일 현재 영업부서가 보유하고 있는 유형자산은 다음과 같다.

취득일	유형자산	취득원가	잔존가치	내용연수	상각방법
20×5.1.1.	건물	50,000,000원	0원	50년	정액법

(차)	(대)

438 12월 31일 4월 1일에 당사 소유 차량에 대한 보험료(보험기간: 20×5.4.1.~20×6.3.31.) 360,000원을 지급하면서 자산으로 회계처리하였다. (단, 월할계산할 것)

(차)	(대)

439 12월 31일 결산일 현재 장부에 계상되지 않은 당기분 임대료(영업외수익)는 300,000원이다.

(차)	(대)

440 12월 31일 10월 1일 우리은행에서 50,000,000원을 연 이자율 6%로 12개월(20×5.10.1.~20×6.9.30.)간 차입하고, 이자는 12개월 후 차입금 상환 시 일시 지급하기로 하였다. (단, 월할계산할 것)

(차)	(대)

441 12월 31일 5월 1일 (주)전주로부터 1년분(20×5.5.1.~20×6.4.30.) 임대료 7,200,000원을 수취하면서 전부 부채로 처리하였다. (단, 월할계산할 것)

(차)	(대)

442 12월 31일 기말 외상매출금 중에는 영국 브리티시 기업의 외화로 계상된 외상매출금 130,000,000원($100,000)이 포함되어 있다. (결산일 현재 적용환율: 1,280원/$)

(차)	(대)

정답

434	(차) 외상매입금[하나무역]	2,500,000	(대) 가지급금	2,550,000
	잡손실	50,000		
435	(차) 퇴직급여(제)	10,000,000*1	(대) 퇴직급여충당부채	19,000,000
	퇴직급여(판)	9,000,000*2		

*1 22,000,000원 − (20,000,000원 − 8,000,000원) = 10,000,000원
*2 19,000,000원 − (17,000,000원 − 7,000,000원) = 9,000,000원

436	(차) 장기차입금[우리은행]	3,000,000	(대) 유동성 장기부채[우리은행]	3,000,000
437	(차) 감가상각비(판)	1,000,000	(대) 감가상각누계액(건물)	1,000,000*

* (50,000,000원 − 0원) × 1/50 = 1,000,000원

438	(차) 보험료(판)	270,000*	(대) 선급비용	270,000

* 360,000원 × 9개월/12개월 = 270,000원

439	(차) 미수수익	300,000	(대) 임대료	300,000
440	(차) 이자비용	750,000*	(대) 미지급비용	750,000

* 50,000,000원 × 6% × 3개월/12개월 = 750,000원

441	(차) 선수수익[(주)전주]	4,800,000*	(대) 임대료	4,800,000

* 7,200,000원 × 8개월/12개월 = 4,800,000원

442	(차) 외화환산손실	2,000,000*	(대) 외상매출금[영국 브리티시]	2,000,000

* $100,000원 × 1,280원 − 130,000,000원 = (−)2,000,000원

443 12월 31일 12월분 생산부 직원의 급여 미지급액은 2,000,000원이다.

(차)	(대)

444 12월 31일 당기 중 현금 시재가 부족하여 현금과부족으로 처리했던 623,000원을 결산일에 확인한 결과 내용은 다음과 같다.

- 불우이웃돕기 성금 500,000원
- 생산부에서 발생한 운반비(간이영수증 수령) 23,000원
- 영업부 거래처 직원의 결혼 축의금 100,000원

(차)	(대)

445 12월 31일 기말 외상매입금 중에는 미국 코메리사의 외상매입금 6,000,000원(미화 $5,000)이 포함되어 있다. (결산일 현재 적용환율: 1,100원/$)

(차)	(대)

446 12월 31일 당해 9월 1일 1년분 보험료(보험기간: 20×5.9.1.～20×6.8.31.) 2,400,000원(제조부문: 1,800,000원, 본사관리부문: 600,000원)을 현금으로 납부하면서 모두 자산으로 회계처리하였다. (단, 보험료는 월할계산할 것)

(차)	(대)

447 12월 31일 다음 자료를 이용하여 12월 31일 부가세대급금과 부가세예수금을 정리하는 분개를 하시오. 제2기 부가가치세 예정 신고 시 부가세대급금과 부가세예수금에 대한 회계처리는 적절하게 이루어진 것으로 가정한다. (납부세액은 미지급세금으로, 환급세액은 미수금으로 계상할 것)

- 부가세대급금: 18,000,000원
- 부가세예수금: 20,000,000원
- 예정 신고 미환급세액: 2,000,000원

(차)	(대)

448 □□□ 12월 31일 기말 현재 장기대여금 계정과목 중에는 RET사에 외화로 빌려준 10,000,000원($10,000)이 계상되어 있다. (기말 현재 기준환율: 1,200원/$)

(차)	(대)

449 □□□ 12월 31일 당기 말 현재 보유하고 있는 매도가능증권(투자자산)에 대한 다음의 자료만 고려하여 기말 매도가능증권 평가에 대한 회계처리를 한다.

회사명	20×4년 취득가액	20×4년 기말 공정가액	20×5년 기말 공정가액
(주)마인드	25,000,000원	24,500,000원	26,000,000원

(차)	(대)

정답

443	(차) 급여(제)	2,000,000	(대) 미지급금 또는 미지급비용	2,000,000
444	(차) 기부금 운반비(제) 기업업무추진비(판)	500,000 23,000 100,000	(대) 현금과부족	623,000
445	(차) 외상매입금[코메리사] * $5,000×(1,200원−1,100원)=500,000원	500,000	(대) 외화환산이익	500,000*
446	(차) 보험료(제) 보험료(판) *1 1,800,000원×4개월/12개월=600,000원 *2 600,000원×4개월/12개월=200,000원	600,000*1 200,000*2	(대) 선급비용	800,000
447	(차) 부가세예수금	20,000,000	(대) 부가세대급금 미수금	18,000,000 2,000,000
448	(차) 장기대여금[RET사] * $10,000×(1,200원−1,000원)=2,000,000원	2,000,000	(대) 외화환산이익	2,000,000*
449	(차) 매도가능증권 *1 24,500,000원−25,000,000원=(−)500,000원 *2 26,000,000원−25,000,000원=1,000,000원	1,500,000	(대) 매도가능증권평가손실 매도가능증권평가이익	500,000*1 1,000,000*2

450 ☐☐☐ 12월 31일 당기 법인세(법인세에 대한 지방소득세 포함)는 8,500,000원이고 결산일 현재 선납세금 계정에는 법인의 이자수익에 대한 선납법인세 및 선납지방소득세 합계 956,000원과 법인세 중간예납액 3,456,000원이 존재한다.

(차)	(대)

451 ☐☐☐ 12월 31일 8월 1일에 제조공장의 화재보험료(보험기간: 20×5.8.1.～20×6.7.31.) 1,200,000원을 현금으로 납부하면서 모두 자산 계정으로 처리하였다. (단, 보험료는 월할계산함)

(차)	(대)

452 ☐☐☐ 12월 31일 당기 중 실제 현금보다 장부상 현금이 100,000원 과다하여 현금과부족으로 처리했던 금액의 원인을 결산일까지 찾지 못했다.

(차)	(대)

453 ☐☐☐ 12월 31일 다음 자료를 이용하여, 제2기 확정 부가가치세 신고기간의 부가가치세 예수금과 부가가치세 대급금을 정리한다. (단, 환급세액은 미수금으로, 납부세액은 미지급세금으로, 전자신고세액공제액은 잡이익으로 인식할 것)

- 부가세예수금: 25,000,000원
- 부가세대급금: 35,000,000원
- 전자신고세액공제: 10,000원

(차)	(대)

454 ☐☐☐ 12월 31일 당해 1월 1일에 영업권(무형자산) 상각 후 잔액이 4,000,000원이며, 이 영업권은 2년 전 1월 초에 취득한 것이다. 회사는 당해 연도부터 영업권의 내용연수를 기존 10년에서 6년으로 변경하였다. (단, 회계추정의 변경은 기업회계기준에 적합한 것으로 가정하며 감가상각방법은 정액법이고 상각기간 계산 시 1개월 미만의 기간은 1개월로 간주함)

(차)	(대)

455 12월 31일 당기 말 장기투자 목적으로 보유한 유가증권(주식)의 내역은 다음과 같다.

주식명	취득 당시			20×5년 12월 31일 현재	
	취득일	취득 주식 수	주당 취득원가	보유주식 수	주당 공정가치
(주)우리세무	20×4년 12월 6일	100주	10,000원	50주	12,000원

(차)	(대)

456 12월 31일 영업외수익 중 임대료 계정에 10월 1일자로 입금된 6,000,000원은 1년간(20×5.10.1.～20×6.9.30.)의 임대료이다. (단, 음수로 회계처리하지 말고, 월할계산할 것)

(차)	(대)

정답

450 (차) 법인세등 8,500,000 (대) 선납세금 4,412,000*1
미지급세금 4,088,000*2

*1 956,000원+3,456,000원=4,412,000원
*2 8,500,000원－4,412,000원=4,088,000원

451 (차) 보험료(제) 500,000* (대) 선급비용 500,000
* 1,200,000원×5개월/12개월=500,000원

452 (차) 잡손실 100,000 (대) 현금과부족 100,000

453 (차) 부가세예수금 25,000,000 (대) 부가세대급금 35,000,000
미수금 10,010,000 잡이익 10,000

454 (차) 무형자산상각비 1,000,000* (대) 영업권 1,000,000
* 4,000,000원÷4년(남은 연수)=1,000,000원

455 (차) 매도가능증권 100,000 (대) 매도가능증권평가이익 100,000*
* 50주×(12,000원－10,000원)=100,000원

456 (차) 임대료 4,500,000* (대) 선수수익 4,500,000
* 6,000,000원×9개월/12개월=4,500,000원

457 □□□ 12월 31일 작년에 외화은행에서 $15,000를 차입한 금액이 당기 말 현재 외화장기차입금으로 남아 있고 환율은 다음과 같다.

- 차입일 현재 환율: 1,000원/$
- 전기 말 현재 환율: 1,050원/$
- 당기 말 현재 환율: 1,030원/$

(차) (대)

458 □□□ 12월 31일 영업부서가 5월에 구입한 소모품 900,000원 중 결산일까지 사용하지 못하고 남아 있는 것이 200,000원이다. 회사는 소모품 구입 시 모두 당기비용으로 회계처리한다.

(차) (대)

459 □□□ 12월 31일 서준상사에 대여한 자금에 대하여 장부에 계상한 이자수익 중 360,000원은 차기에 해당하는 금액이다.

(차) (대)

460 □□□ 12월 31일 회사가 단기간 내의 시세차익을 목적으로 보유한 유가증권의 내역은 다음과 같다. 제시된 자료 이외의 다른 유가증권은 없고, 당기 중에 처분은 없었다고 가정한다.

- 취득금액: 12,000,000원
- 20×4년 12월 31일 공정가치: 13,000,000원
- 20×5년 12월 31일 공정가치: 12,500,000원

(차) (대)

461 □□□ 12월 31일 다음의 유형자산에 대한 감가상각 내역을 결산에 반영하시오.

계정과목	자산 사용 및 구입내역	당기 감가상각비
공구와기구	제조공장에서 사용	1,250,000원
차량운반구	영업부서 업무용으로 사용	3,500,000원

(차) (대)

462 12월 31일 기말 현재 퇴직급여추계액 및 퇴직급여충당부채를 설정하기 전 퇴직급여충당부채의 잔액은 다음과 같다. 퇴직급여충당부채는 퇴직급여추계액의 100%를 설정한다.

구분	퇴직급여추계액	퇴직급여충당부채 잔액
생산직	40,000,000원	15,000,000원
본사 사무직	20,000,000원	9,000,000원

(차) (대)

463 12월 31일 20×5년 10월 1일 미국의 ABS사로부터 $100,000를 3년 후 상환하는 조건으로 차입하였다. 환율정보가 다음과 같을 때 결산분개를 하시오. (단, 외화장기차입금으로 회계처리할 것)

20×5년 10월 1일	20×5년 12월 31일
1,050원 = $1	1,100원 = $1

(차) (대)

정답

457	(차) 외화장기차입금[외화은행] 300,000	(대) 외화환산이익	300,000*
	* $15,000×(1,050원－1,030원)=300,000원		
458	(차) 소모품 200,000	(대) 소모품비(판)	200,000
459	(차) 이자수익 360,000	(대) 선수수익	360,000
460	(차) 단기매매증권평가손실 500,000	(대) 단기매매증권	500,000
461	(차) 감가상각비(제) 1,250,000 감가상각비(판) 3,500,000	(대) 감가상각누계액(공구와기구) 감가상각누계액(차량운반구)	1,250,000 3,500,000
462	(차) 퇴직급여(제) 25,000,000 퇴직급여(판) 11,000,000	(대) 퇴직급여충당부채	36,000,000
463	(차) 외화환산손실 5,000,000*	(대) 외화장기차입금[ABS사]	5,000,000
	* $100,000×(1,050원－1,100원)=(－)5,000,000원		

464 □□□ 12월 31일 영업부에서 사용하는 법인명의 차량에 대한 자동차보험료(20×5.4.1.~20×6.3.31.) 1,200,000원을 20×5년 4월 1일에 국민화재보험에 지급하면서 전액 보험료로 계상하였다. (단, 보험료 기간배분은 월할계산하며, 음수로 회계처리하지 말 것)

(차)	(대)

465 □□□ 12월 31일 당기 말 보유하고 있는 단기매매증권의 내역은 다음과 같다. 기말 현재 (주)코스파의 주당 공정가치는 120,000원이다.

주식발행법인	취득일	처분일	주식 수	주당 단가
(주)코스파	20×5.1.30.	–	1,000주	100,000원
(주)코스파	–	20×5.10.25.	300주	120,000원

(차)	(대)

466 □□□ 12월 31일 결산 마감 전 영업권(무형자산) 잔액이 12,000,000원이며, 이 영업권은 이번 연도 12월 30일에 취득한 것이다. (단, 회사는 무형자산에 대하여 5년간 월할 균등상각하며 상각기간 계산 시 1개월 미만의 기간은 1개월로 함)

(차)	(대)

467 □□□ 12월 31일 당기 법인세비용이 지방소득세를 포함하여 22,000,000원으로 산출되었다. 선납세금은 7,053,900원으로 가정한다. (단, 당기 법인세비용 중 선납세금을 제외한 나머지 금액은 미지급세금 계정을 사용할 것)

(차)	(대)

468 □□□ 12월 31일 외상매입금 계정에는 홍콩 거래처 만리상사에 대한 외화외상매입금 2,400,000원($2,000)이 계상되어 있다. (회계기간 종료일 현재 적용환율: 1,180원/$)

(차)	(대)

469 ☐☐☐ 12월 31일 회사는 매출채권 잔액에 대하여 1%의 대손충당금을 보충법으로 설정하다. (단, 수정 전 시산표 상 잔액은 외상매출금 277,260,000원, 받을어음 47,750,000원이며, 대손충당금 설정 전 금액은 외상매출금 700,000원, 받을어음 150,000원임)

(차)	(대)

470 ☐☐☐ 12월 31일 당기에 회사가 계상할 감가상각비는 다음과 같다.

- 공장 기계장치 감가상각비: 9,200,000원
- 제품 판매 홍보용 트럭 감가상각비: 2,100,000원

(차)	(대)

471 ☐☐☐ 12월 31일 영업부서의 소모품비로 계상된 금액 중 결산일 현재 미사용된 소모품이 120,000원 있다.

(차)	(대)

정답

464	(차) 선급비용	300,000*	(대)보험료(판)	300,000
	* 1,200,000원×3개월/12개월=300,000원			
465	(차) 단기매매증권	14,000,000*	(대) 단기매매증권평가이익	14,000,000
	* 700주×(120,000원－100,000원)=14,000,000원			
466	(차) 무형자산상각비	200,000*	(대) 영업권	200,000
	* 12,000,000원÷5년×1개월/12개월=200,000원			
467	(차) 법인세등	22,000,000	(대) 선납세금	7,053,900
			미지급세금	14,946,100
468	(차) 외상매입금[만리상사]	40,000	(대) 외화환산이익	40,000*
	* $2,000×(1,200원－1,180원)=40,000원			
469	(차) 대손상각비(판)	2,400,100	(대) 대손충당금(외상매출금)	2,072,600*1
			대손충당금(받을어음)	327,500*2
	*1 277,260,000원×1%－700,000원=2,072,600원			
	*2 47,750,000원×1%－150,000원=327,500원			
470	(차) 감가상각비(제)	9,200,000	(대) 감가상각누계액(기계장치)	9,200,000
	감가상각비(판)	2,100,000	감가상각누계액(차량운반구)	2,100,000
471	(차) 소모품	120,000	(대) 소모품비(판)	120,000

472 ☐☐☐

12월 31일　20×5년 10월 1일에 아래와 같이 보험에 가입하고 전액 당기비용으로 처리하였다. 기말수정분개를 하시오. (단, 월할계산하고, 음수로 회계처리하지 말 것)

• 보험회사: (주)울산보험
• 보험금납입액: 600,000원
• 보험적용기간: 20×5.10.1.~20×6.9.30.

(차)	(대)

473 ☐☐☐

12월 31일　기말 외상매출금 중에는 미국 abc의 외상매출금 12,000,000원(미화 $10,000)이 포함되어 있으며, 결산일 환율에 의해 평가하고 있다. (결산일 현재 적용환율: 1,100원/$)

(차)	(대)

474 ☐☐☐

12월 31일　회사는 외상매출금과 받을어음의 기말 잔액에 대하여 1%의 대손충당금을 보충법으로 설정하다. (단, 수정 전 시산표상 잔액은 외상매출금 60,450,000원, 받을어음 50,000,000원이며, 대손충당금 설정 전 금액은 외상매출금 55,000원, 받을어음 38,000원임)

(차)	(대)

475 ☐☐☐

12월 31일　국일은행으로부터 차입한 장기차입금 중 25,000,000원이 만기가 1년 미만으로 도래하였다.

(차)	(대)

476 ☐☐☐

12월 31일　9월 1일에 1년분(20×5.9.1.~20×6.8.31.)의 판매관리비인 임차료 18,000,000원을 현금으로 지급하고 비용으로 처리하였다. (단, 월할계산할 것)

(차)	(대)

477 ☐☐☐ 12월 31일 기말 결산일 현재 현금과부족 계정의 원인을 발견하지 못하였다. (단, 현금과부족 대변 잔액은 370,000원임)

(차)	(대)

478 ☐☐☐ 12월 31일 결산일 현재 장부상 현금 잔액이 현금 실제액보다 30,000원 많은 것으로 확인되었으나, 그 원인은 밝혀지지 않았다.

(차)	(대)

479 ☐☐☐ 12월 31일 기말 합계잔액시산표의 가지급금 잔액 711,000원은 거래처 보석상사에 이자를 지급한 것으로 판명되다.

(차)	(대)

정답

472 (차) 선급비용 450,000 (대) 보험료(판) 450,000*
* 600,000원×9개월/12개월=450,000원

473 (차) 외화환산손실 1,000,000* (대) 외상매출금[미국 abc] 1,000,000
* $10,000×1,100원−12,000,000원=(−)1,000,000원

474 (차) 대손상각비(판) 1,011,500 (대) 대손충당금(외상매출금) 549,500*1
대손충당금(받을어음) 462,000*2
*1 60,450,000원×1%−55,000원=549,500원
*2 50,000,000원×1%−38,000원=462,000원

475 (차) 장기차입금[국일은행] 25,000,000 (대) 유동성 장기부채[국일은행] 25,000,000

476 (차) 선급비용 12,000,000* (대) 임차료(판) 12,000,000
* 18,000,000원−18,000,000원×4개월/12개월=12,000,000원

477 (차) 현금과부족 370,000 (대) 잡이익 370,000

478 (차) 잡손실 30,000 (대) 현금 30,000

479 (차) 이자비용 711,000 (대) 가지급금[보석상사] 711,000

480 □□□ 12월 31일 대손충당금은 기말 매출채권 잔액에 대하여 1% 보충법으로 설정하다. (단, 수정 전 시산표 잔액은 외상매출금 68,560,000원, 받을어음 38,800,000원이며, 대손충당금 설정 전 잔액은 외상매출금 485,000원, 받을어음 318,000원임)

(차)	(대)

481 □□□ 12월 31일 결산일 현재 기말상품재고액은 9,200,000원이며, 수정 전 시산표상 상품 잔액은 152,320,000원이다.

(차)	(대)

482 □□□ 12월 31일 당사는 이번 연도 9월 1일에 거래처에 30,000,000원을 대여하고, 이자는 다음 해 8월 31일에 수령하기로 약정하였다. (단, 대여금에 대한 이자율은 연 7%이고 월할계산할 것)

(차)	(대)

483 □□□ 12월 31일 3월 1일에 12개월분 사무실 임차료(임차기간: 20×5.3.1.～20×6.2.28.) 12,000,000원을 보통예금 계좌에서 이체하면서 전액 선급비용으로 처리하였다. (단, 월할계산할 것)

(차)	(대)

484 □□□ 12월 31일 결산일 현재 현금과부족 계정으로 처리되어 있는 현금 부족액 60,000원에 대한 원인이 밝혀지지 않았다.

(차)	(대)

485 □□□ 12월 31일 단기대여금에 대한 기간 미경과분 이자 410,000원이 이자수익으로 계상되어 있다.

(차)	(대)

486 □□□ 12월 31일 당기분 감가상각비(판)는 비품 900,000원, 차량운반구 2,000,000원이다.

(차)	(대)

정답

480	(차)	대손상각비(판)	270,600	(대)	대손충당금(외상매출금)	200,600*1
					대손충당금(받을어음)	70,000*2
	*1 68,560,000원×1%−485,000원=200,600원					
	*2 38,800,000원×1%−318,000원=70,000원					
481	(차)	상품매출원가	143,120,000*	(대)	상품	143,120,000
	* 152,320,000원−9,200,000원=143,120,000원					
482	(차)	미수수익	700,000	(대)	이자수익	700,000*
	* 30,000,000원×7%×4개월/12개월=700,000원					
483	(차)	임차료(판)	10,000,000*	(대)	선급비용	10,000,000
	* 12,000,000원×10개월/12개월=10,000,000원					
484	(차)	잡손실	60,000	(대)	현금과부족	60,000
485	(차)	이자수익	410,000	(대)	선수수익	410,000
486	(차)	감가상각비(판)	2,900,000	(대)	감가상각누계액(비품)	900,000
					감가상각누계액(차량운반구)	2,000,000

487 12월 31일 이번 연도 5월 1일에 영업부 건물에 대한 화재보험료(보험기간: 20×5.5.1.~20×6.4.30.) 12,000,000원을 일시에 납입하고 선급비용으로 회계처리하였다. (단, 월할계산할 것)

(차)	(대)

488 12월 31일 당기(20×5년) 말 현재 보유하고 있는 단기매매증권의 내역은 다음과 같다.

주식명	취득일	주식 수	전기 말 주당 시가	당기 말 주당 시가
(주)갑	20×4.12.30.	1,000주	105,000원	115,000원

(차)	(대)

489 12월 31일 기말 현재 외화장기차입금(ABC은행)이 65,000,000원(미화 $50,000)으로 계상되어 있으며, 결산일 현재 환율은 1,200원/$이다.

(차)	(대)

490 12월 31일 당사는 당해 연도 결산을 하면서 법인세 20,000,000원(지방소득세 포함)을 확정하였다. 이자수익에 대한 원천징수세액 500,000원 및 법인세 중간예납세액 6,000,000원은 선납세금으로 계상하였다.

(차)	(대)

491 12월 31일 8월 1일에 임차인 (주)최강상사로부터 6개월간 임대료 3,600,000원(20×5.8.1.~20×6.1.31.)을 미리 받고, 임대료를 받은 날에 전액 임대료 계정으로 계상하였다. (단, 월할계산하고 음수로 회계처리하지 말 것)

(차)	(대)

492 ☐☐☐ 12월 31일 당사는 이번 연도 초에 소모품 6,000,000원을 구입하고 소모품 계정으로 회계처리하였으며, 기말에 소모품 잔액이 600,000원 남아 있었다. 사용한 소모품 중 40%는 영업부서에서 사용했으며 나머지는 생산부서에서 사용했다. (단, 음수로 회계처리하지 말 것)

(차)	(대)

493 ☐☐☐ 12월 31일 기말 현재 외화장기차입금으로 계상된 외화차입금 10,000,000원은 외환은행에서 차입한 금액($10,000)으로 결산일 현재 환율은 1,200원/$이다.

(차)	(대)

정답

487 (차) 보험료(판) 8,000,000* (대) 선급비용 8,000,000
* 12,000,000원×8개월/12개월=8,000,000원

488 (차) 단기매매증권 10,000,000 (대) 단기매매증권평가이익 10,000,000*
* 1,000주×(115,000원−105,000원)=10,000,000원

489 (차) 외화장기차입금[ABC은행] 5,000,000 (대) 외화환산이익 5,000,000*
* 65,000,000원−$50,000×1,200원=5,000,000원

490 (차) 법인세등 20,000,000 (대) 선납세금 6,500,000
미지급세금 13,500,000

491 (차) 임대료 600,000* (대) 선수수익 600,000
* 3,600,000원×1개월/6개월=600,000원

492 (차) 소모품비(판) 2,160,000*1 (대) 소모품 5,400,000
소모품비(제) 3,240,000*2
*1 (6,000,000원−600,000원)×40%=2,160,000원
*2 (6,000,000원−600,000원)×60%=3,240,000원

493 (차) 외화환산손실 2,000,000* (대) 외화장기차입금[외환은행] 2,000,000
* 10,000,000원−$10,000×1,200원=(−)2,000,000원

494 □□□

12월 31일 결산 마감 전 영업권(무형자산) 잔액이 6,000,000원 있으며 이 영업권은 2년 전 1월 초에 취득한 것이다. (단, 회사는 무형자산에 대하여 5년간 월할 균등상각하고 있으며, 상각기간 계산 시 1개월 미만은 1개월로 간주함)

(차)	(대)

495 □□□

12월 31일 당해 회계연도의 임대료 수익 6,000원이 발생하였으나 12월 31일 현재 회수되지 않고 다음 달 말일에 회수될 예정이다.

(차)	(대)

496 □□□

12월 31일 기말 현재 당기비용으로 처리한 대표이사 업무용 차량에 대한 보험료 중 기간 미경과액은 400,000원이다.

(차)	(대)

497 □□□

12월 31일 당사는 영업부에서 소모품 구입 시 전액 소모품비로 비용처리하고 결산 시 미사용분을 자산으로 계상하고 있다. 결산 시 영업부로부터 미사용분 소모품이 1,000,000원임을 통보받았다.

(차)	(대)

498 □□□

12월 31일 당해 12월분 영업부 직원 급여로 2,500,000원이 다음 해 1월에 지급될 예정이다.

(차)	(대)

499 □□□ 12월 31일 장부상 현금 잔액은 54,325,540원이나, 실제 보유하고 있는 현금 잔액은 54,412,370원으로 현금 과잉액에 대한 원인이 밝혀지지 않았다. (영업외비용 중 적절한 계정과목을 사용할 것)

(차)	(대)

500 □□□ 12월 31일 전기 말 큰빛은행으로부터 차입한 장기차입금 중 5,000,000원은 다음 해 3월 1일에 만기가 도래하고 회사는 이를 상환할 계획이다.

(차)	(대)

정답

494	(차) 무형자산상각비	2,000,000*	(대)	영업권	2,000,000
	* 6,000,000원÷3년(남은 연수)=2,000,000원				
495	(차) 미수수익	6,000	(대)	임대료수익	6,000
496	(차) 선급비용	400,000	(대)	보험료(판)	400,000
497	(차) 소모품	1,000,000	(대)	소모품비(판)	1,000,000
498	(차) 급여(판)	2,500,000	(대)	미지급비용 또는 미지급금	2,500,000
499	(차) 현금	86,830	(대)	잡이익	86,830
500	(차) 장기차입금[큰빛은행]	5,000,000	(대)	유동성 장기부채[큰빛은행]	5,000,000

에듀윌이
너를
지지할게

ENERGY

삶의 순간순간이
아름다운 마무리이며
새로운 시작이어야 한다.

– 법정 스님

START

여러분의 작은 소리
에듀윌은 크게 듣겠습니다.

본 교재에 대한 여러분의 목소리를 들려주세요.
공부하시면서 어려웠던 점, 궁금한 점,
칭찬하고 싶은 점, 개선할 점, 어떤 것이라도 좋습니다.

에듀윌은 여러분께서 나누어 주신 의견을
통해 끊임없이 발전하고 있습니다.

에듀윌 도서몰 book.eduwill.net
- 부가학습자료 및 정오표: 에듀윌 도서몰 → 도서자료실
- 교재 문의: 에듀윌 도서몰 → 문의하기 → 교재(내용, 출간) / 주문 및 배송

2025 에듀윌 분개로 익히는 기초회계원리 2주완성

발 행 일	2024년 8월 16일
편 저 자	김성수, 박진혁
펴 낸 이	양형남
개 발	정상욱, 신은빈
펴 낸 곳	(주)에듀윌
등록번호	제25100-2002-000052호
주 소	08378 서울특별시 구로구 디지털로34길 55 코오롱싸이언스밸리 2차 3층

www.eduwill.net
대표전화 1600-6700